el Otro Lado del Cielo

el Otro Lado del Cielo

JOHN H. GROBERG

GREY MOUNTAIN
PUBLISHING

Idaho Falls, ID

Previamente publicado en inglés con el título *In the Eye of the Storm*.

Traducción: Berenice Ventura

Revisión: Raquel Rivero Young

Primera edición en tapa dura 1993.
Primera edición en rústica 2001.

Library of Congress Catalog Card Number: 93-72856

ISBN-10 1939970016
ISBN-13 978-1-939970-01-5
ISBN 0-88494-900-1 (tapas duras, versión en inglés)
ISBN-10 1-57008-789-X (tapas blandas, versión en inglés)
ISBN-13 978-1-57008-789-9 (tapas blandas, versión en inglés)

Impreso en los Estados Unidos de América
R. R. Donnelley and Sons

13 14 15 16 RRD(H) 10 9 8 7 6 5 4 3 2 1

Índice de Materias

Agradecimientos

Quisiera agradecer a mi esposa, Jean, el ánimo que me ha dado, y su apoyo y sabiduría al ayudarme a crear este libro; y también quisiera agradecer el aliento y la ayuda de mis padres, D. V. y Jennie H. Groberg, y de nuestros hijos: Nancy, Elizabeth, Marilyn, Jane, Gayle, John E., Susan, Thomas, Jennie, Viki y Emily. Susan, Viki y Emily han contribuido en forma particular para digitalizar el libro y hacer la corrección del texto

También quiero reconocer a la maravillosa gente de Tonga, muchos de los cuales ya se han ido al otro lado del velo pero aun así han dejado un legado de fe que resulta difícil explicar.

Expreso gratitud especial a Richard Romney y a Jennifer Scott, quienes han donado muchas horas de su tiempo para leer, corregir, reescribir y pulir el manuscrito. También agradezco a las muchas otras personas que han proporcionado su valiosa ayuda de diversas maneras.

Agradezco el apoyo y el ánimo de varios de mis colegas. Sin su aliento, este libro no se hubiera escrito. Ellos saben quiénes son y por eso, sin nombrarlos, sencillamente les digo: ¡gracias!

Esta no es una publicación oficial de la Iglesia. Si bien me han ayudado durante el proceso, soy el único responsable de los puntos de vista que se expresan en el libro.

Introducción

Ya han pasado casi cuarenta años desde que comencé mi primera misión en Tonga. Tras la insistencia de muchas personas a quienes admiro he intentado describir algunas de las experiencias y los sentimientos con los que me encontré tantos años atrás. El propósito principal de este libro es recalcar cuán indispensable es la fe en nuestra existencia.

Soy consciente de que, en cierto modo, estoy describiendo una época, un lugar y circunstancias que ya no existen. Sin embargo, en otro sentido, describo sentimientos y desafíos que han existido siempre y que siguen siendo tan reales como el sol de la mañana. Estoy convencido de que, sea cual sea nuestro entorno físico o la época en que tengan lugar las experiencias que vivamos, la necesidad del amor y de la fe que den significado a nuestra vida y justifiquen nuestras decisiones sigue siendo la misma.

No me disculpo por la época, el lugar ni las circunstancias que describo, ya que así eran en realidad. Me imagino que la mayoría de las personas que han pasado por el planeta Tierra han vivido y han muerto rodeadas de circunstancias más parecidas a las que se describen aquí que al frenético estilo de vida actual de los Estados Unidos. Todos necesitamos más fe y sé que podemos aprender de otras personas.

He tratado de describir lo que sentía en aquella época y, para hacerlo, recurrí a mis recuerdos y a las cartas y otros escritos de aquellos tiempos. No pensé que fuera a enfrentarme con ninguna situación particularmente difícil ni que las experiencias iban a ser arduas, no pretendía hacer nada fuera de lo común, sino que sencillamente deseaba poner el mayor empeño por salir adelante día a día haciendo todo el bien que pudiera y causando el menor daño posible.

No he intentado analizar a fondo lo que pensaban otras personas ni tampoco realizar un estudio sociológico o psicológico; lo que he tratado de hacer es relatar los hechos de acuerdo con el punto de vista de un joven de veinte años. Me imagino que un caballo puede parecerle a un niñito tan grande y temible como un monstruo gigante a un adulto. Todos vemos y sentimos lo que nos pasa de acuerdo con nuestro entorno y la manera en que hayamos sido criados, de acuerdo con la forma en que percibamos los lugares y las personas y según los intereses de la época. Me doy cuenta de que es posible que haya exagerado algunas de las emociones que experimentaba o bien que les haya restado importancia, y quizá difieran de la forma en que otra persona podría percibirlas; a pesar de eso, en aquel tiempo, así era la realidad para mí.

He escuchado a algunas personas decir: «Esa gente llevaba una vida tan simple y tenía una fe tan sencilla que en realidad eso no se aplica a nosotros hoy en día». No estoy de acuerdo con ellas.

En primer lugar, su vida no era tan simple. Al principio pensaba que lo era, pero en seguida me di cuenta de que era tan compleja como la nuestra, no en el contexto físico en el que todos andan a las corridas sino en el contexto de las relaciones interpersonales, en lo que respecta a encontrar el lugar que uno ocupa en la sociedad y a llegar a estar en paz con Dios y con la función que le haya tocado cumplir a cada uno en esta existencia. En ese sentido, su vida no tenía ninguna diferencia con la nuestra—no era ni más simple ni más compleja—la única diferencia era el entorno. Ciertos inventos físicos quizá hagan que algunos aspectos de nuestro diario vivir sean más convenientes en la actualidad; de todos modos, la necesidad de tener fe y amor jamás ha cambiado ni tampoco cambiará.

En segundo lugar, no usaría la palabra *sencilla* para definir su fe, sino más bien la palabra *profunda*. Si existe la «fe sencilla», entonces de eso se deduce que hay una fe más compleja o sofisticada y que una podría ser superior a la otra. No creo que esto sea cierto. No creo que existan varios tipos de fe, como sencilla o superior, compleja o sofisticada. Considero que la fe existe o no existe; tenemos fe o no la tenemos. Lo que sí es cierto es que la de algunas personas es más firme que la de otras.

Para mí la fe es como una llama que puede ser tan pequeña como la de una diminuta vela o tan grande como la de una inmensa fogata. Según cómo alimentemos el fuego, una pequeña vela puede convertirse en una gran fogata o ésta puede ir apagándose hasta no ser más que una vela insignificante. Ambas son llamas naturales que tienen el poder de aumentar o reducirse, de extinguirse o arder, a diferencia de una linterna u otro dispositivo mecánico que puede iluminar de manera provisoria pero que no supera la luz que su fuente de energía original le permita emitir.

En este mundo, no todos tienen acceso a dispositivos mecánicos de luz, pero todas las personas de todos los tiempos, sean ricas o pobres, jóvenes o viejas, hombres o mujeres, tienen acceso al fuego. La intensidad de nuestra llama personal depende de nuestra fe, no de nuestra riqueza ni de factores mundanos.

La llama purifica en gran manera. Me intrigan las palabras de Malaquías que hablan de afinar y refinar por medio del fuego: «¿Y quién podrá soportar el día de su venida?, o, ¿quién podrá estar cuando él se manifieste? Porque él es como fuego purificador y como jabón de lavadores. Y se sentará para refinar y purificar la plata … Porque he aquí, viene el día ardiente como un horno, y todos los soberbios y todos los que hacen maldad serán estopa; y aquel día que vendrá los abrasará, ha dicho Jehová de los ejércitos, y no les dejará ni raíz ni rama» (Malaquías 3:2-3; 4:1).

Aquellos que confían únicamente en el intelecto pueden aclarar mecánicamente diferentes asuntos y hacerlo bastante bien, pero sólo la llama de la fe, a la cual tienen acceso todos los hombres y las mujeres y que se alimenta del poder de Dios, puede aumentar ilimitadamente y proporcionarnos la luz suficiente para que, con el tiempo, seamos capaces de comprender todas las cosas. Hay dos versículos del libro de Doctrina y Convenios que explican bien este principio: «Lo que es de Dios es luz; y el que recibe luz y persevera en Dios, recibe más luz, y esa luz se hace más y más resplandeciente hasta el día perfecto» (D. y C. 50:24). «Y si vuestra mira está puesta únicamente en mi gloria, vuestro cuerpo entero será lleno de luz y no habrá tinieblas en vosotros; y el cuerpo lleno de luz comprende todas las cosas» (D. y C. 88:67).

Si aumentamos nuestra fe en el Señor Jesucristo, que es la luz y la vida del mundo, ¿será esa la manera de aumentar la intensidad de nuestra luz interior para que al fin lleguemos a comprender todas las cosas?

Todos nacemos con algo de luz. El Señor dijo: «Yo soy la luz verdadera que ilumina a todo hombre que viene al mundo» (D. y C. 93:2). Todos tenemos la oportunidad de desarrollar una fe firme y de tener una luz brillante en nuestra vida. ¡Espero que no usemos las fuentes de luz mecánica y provisoria como sustitutos de la luz eterna de la fe!

En este libro, he optado por usar la frase *fe en Dios* de tal manera que incluya fe en nuestro Padre Celestial, fe en el Señor Jesucristo y fe en toda la Trinidad y en Sus mandamientos y representantes.

Durante la misión, aprendí que la fe realmente tiene poder e incluso está compuesta por materia, y que Dios actúa con los hombres de acuerdo con la que ellos tengan, tal como se expresa en el Libro de Mormón: «Porque he aquí, yo soy Dios; y soy un Dios de milagros; y manifestaré al mundo que soy el mismo ayer, hoy y para siempre; y no obro entre los hijos de los hombres sino de conformidad con su fe» (2 Nefi 27:23). «Porque él ha cumplido los fines de la ley, y reclama a todos los que tienen fe en él; y los que tienen fe en él se allegarán a todo lo bueno; por tanto, él aboga por la causa de los hijos de los hombres; y mora eternamente en los cielos» (Moroni 7:28).

No me parecía tener mucha fe; de hecho, tal como digo en la página 53: «…me sentía más como espectador que como participante activo. Sentía como si estuviera de pie en la orilla de un imponente río mirando pasar la poderosa corriente de fe. Ese río de fe era como un torrente incomprensible que veía y sentía, pero que no podía llegar a comprender de dónde venía ni hacia dónde se dirigía; de todos modos, cada parte de mi ser sentía su fuerza, belleza y poder. ¡Era grandioso!».

El objetivo principal de la fe en Dios se encuentra resumido muy bien en Éter 12:4: «De modo que los que creen en Dios pueden tener la firme esperanza de un mundo mejor, sí, aun un lugar a la diestra de Dios; y esta esperanza viene por la fe, proporciona un ancla a las almas de los hombres y los hace seguros y firmes, abundando siempre en buenas obras, siendo impulsados a glorificar a Dios».

Muchos han preguntado: «¿Cómo se logra la fe?». Mi respuesta es: «Se llega a tener fe haciendo aquello para lo cual se necesita fe». Me doy cuenta de que este es un don que proviene de Dios pero que, tal como sucede con muchos de Sus dones, es necesario que nos esforcemos por recibirlo. He aprendido que algunas de las experiencias más dulces de la vida resultan de hacer cosas que quizá no parezcan lógicas pero que, por la fe, sabemos que son correctas; y luego, con el tiempo, vemos que nos inundan las razones y las bendiciones.

He tenido el privilegio de prestar servicio como misionero, como obispo, como presidente de misión, en todo tipo de llamamientos de barrio y de estaca, como Representante Regional y como Autoridad General. Si bien he aprendido mucho de cada llamamiento, incluso hoy en día siento que es probable que lo que aprendí durante mi primera misión en Tonga sea más importante que todo lo demás que he llegado a aprender en el resto de los llamamientos; se convirtió en la base de todo lo demás y todavía recurro al recuerdo de experiencias y sentimientos de aquellos días para que me guíen en muchas de las decisiones que tengo que tomar en esta época. ¡Qué gran experiencia puede ser la misión!

Aprendí que para vivir el Evangelio no es necesario hablar el mismo idioma ni tener los mismos hábitos alimenticios de la cultura en la que crecí. Aprendí que el Evangelio es verdaderamente universal y que uno no tiene por qué transigir en los principios por causa de otro idioma u otra cultura.

En ocasiones, recuerdo con nostalgia aquellos días despreocupados, cuando lo único que me inquietaba era que el mar fuera peligroso, que las sogas se rompieran o las velas se rasgaran, que me ahogara, que chocáramos contra un coral filoso, que me golpeara la gente enfadada, que me mareara navegando por el mar; o aprender otro idioma, encontrar un lugar donde dormir, conseguir suficiente comida y otras cosas.

Pero aquellas eran más que nada preocupaciones físicas y no constituyen un verdadero problema si uno se concentra en lo espiritual y ve claramente su deber como el de predicar a «Jesucristo, y a éste crucificado» (1 Corintios 2:2), y a Él resucitado y a Él como cabeza de Su Iglesia en la tierra, y a Él que pronto vendrá y juzgará a toda la tierra de acuerdo con Sus leyes y llevará a los fieles de regreso al gozo de la presencia del Padre.

Espero que disfruten del espíritu del mensaje y que sientan consuelo, tal como yo lo sentí al releer y recordar y escribir aquellas experiencias de tantos años atrás.

Sé que Dios vive y que nos ama y nos ayuda, y que este conocimiento está al alcance de todo ser humano por medio de la fe en Él. ¡Que lo disfruten!

1

¡Abandonen el bote!

Tres de nosotros regresábamos a nuestro puerto de origen en Pangai, después de haber pasado diez días predicando en algunas islas lejanas. Habíamos tenido éxito en el viaje; encontramos a la gente más receptiva que de costumbre, habíamos bautizado a una persona y la situación prometía que se bautizarían algunos más. Les habíamos expresado nuestros testimonios y enseñado la verdad, y los tres nos sentíamos de maravilla.

De ser como siempre, habríamos estado en el velero de la misión, pero esa vez usamos una lancha a motor; si bien ésta no era mucho más rápida que nuestro velero, parecía más confiable en cuanto a horarios. El capitán, quien también servía de mecánico, estaba bien alerta y sabía mucho del asunto, gracias a lo cual no habíamos tenido mayores problemas durante el viaje.

A pesar de que habíamos disfrutado de los viajes para predicar, siempre nos quedaba una dulce nostalgia cuando emprendíamos el regreso. Ya estábamos a sólo seis u ocho horas de Pangai.

El tiempo había estado tormentoso y amenazador, pero no era nada fuera de lo común, al menos no lo era para mí. Acabábamos de pasar una isla pequeña y nos acercábamos al último trecho de mar abierto que había antes de llegar a nuestra isla.

El capitán se mostró preocupado al notar las densas nubes de tormenta que teníamos por delante. Le dije que no se preocupara, ya que nos encontrábamos en la obra del Señor; le recordé que muchas personas habían escuchado nuestros testimonios y creído en ellos; y puesto que íbamos de regreso a casa, sin dudas, Él nos protegería durante el resto del camino. El capitán dijo que la tormenta estaba exactamente en nuestra ruta y parecía venir hacia nosotros, y propuso que volviéramos a la última isla. Una vez más, le dije que no se preocupara, pero algo muy dentro de mí me tenía inquieto. Y seguimos avanzando.

El mar se volvió más turbulento y el viento más tempestuoso; las olas se tornaron más bruscas y la marejada más profunda; en poco tiempo, ya estábamos rodeados por una furiosa borrasca tropical. Yo todavía confiaba en que todo saldría bien; después de todo, nos hallábamos en la obra del Señor y Él protegía a aquellos que lo servían, de eso estaba seguro; entonces ¿por qué me sentía tan intranquilo?

El bote subió trabajosamente las gigantes olas, y luego se hundió desde la cima. La hélice se aceleró cuando emergió del agua por unos breves momentos. Yo hubiera deseado estar en nuestro bote a vela, viejo pero fiel. Los botes a vela casi nunca se dan vuelta, ya que siguen el movimiento de las olas; por el contrario, los botes a motor tienden a luchar con las olas.

Subíamos, subíamos y subíamos sobre las olas amenazadoras; luego, parecía que no dejábamos de descender por valles cada vez más profundos. Cuando llegamos a lo más bajo de uno de esos valles, alcé la mirada y vi otra ola gigante que se nos venía encima. La situación estaba comenzando a asustarme. El capitán giró el bote para intentar pasar por el costado de la ola, en vez de darnos de frente contra ella.

El motor luchó con todas sus fuerzas para trepar la ola monstruosa. Yo seguía sintiendo que estaríamos a salvo, pero me daba cuenta de que nos esperaban momentos difíciles. Aquello era mucho peor que cualquier montaña rusa y los riesgos eran muchísimo más altos.

Estábamos a punto de alcanzar la cresta de esta ola enorme, cuando, inmediatamente detrás de ella, apareció otra aún más grande; al llegar a la cresta, el bote giró descontrolado y comenzó a descender. De repente, sin que lo advirtiéramos, la segunda ola volvió a levantarse rugiendo, pegó contra el frente del bote y nos lanzó por los aires, como si fuera un león al deshacerse de un ratón muerto.

No cabía duda de lo que estaba sucediendo. Los tres caímos uno sobre el otro e intentamos agarrarnos de lo que estuviera a nuestro alcance. Lo último que recuerdo son los chirridos desaforados de la hélice acelerada y los gritos del capitán: «¡Abandonen el bote!».

Me acuerdo de que, mientras volaba por los aires, pensaba: «¡Esto no puede sucedernos! ¡No está bien! ¿Dónde está nuestra protección?». En ese instante, me pareció como si toda mi vida pasara ante mis ojos. No era una sensación agradable, aunque tampoco desagradable; era una sensación pragmática; y entre mi confianza machucada y mis quejas pasajeras, sentía una vaga seguridad que me daba un poco de paz.

Recuerdo la sensación de caer y caer en medio del silbido del viento y de la espuma salada y pungente, y terminar en el caldero en ebullición de un mar embravecido. Al dar de nuevo contra el agua, me preguntaba dónde estarían los demás y dónde estaría el bote, y rogaba que no fuera a caerme encima. Todavía me parecía oír el quejido incontrolable de la frenética hélice acelerada.

Al hundirme en el agua, aún tenía la sensación de estar descendiendo, cayendo cada vez más en lo profundo. La presión era casi insoportable; sentía que mis pulmones estaban a punto de estallar. *¿Cuándo terminaría aquello? ¿Cómo terminaría?* Pensé en las Escrituras, en los folletos y en las otras pocas cosas que llevábamos en el bote; pensé en el certificado del bautismo más reciente que, con mucho cuidado, había puesto en mis Escrituras. Es extraño lo que pasa por la mente de uno en momentos como ése.

Y entonces volví a salir a la superficie, fuera del alcance de esa terriblepresión, pero todavía en el centro de un universo donde reinaba una increíble conmoción. No veía a nadie ni oía otra cosa aparte de los sonidos confusos de un mar arremolinado y fuera de sí.

Por un instante, volví a pensar: «¡Esto no puede ser! ¡No puede ser cierto! Soy misionero; ¡no se supone que me ocurran estas cosas! ¡Incluso, en la misión no debo nadar!». Sin embargo, *era* cierto y yo *estaba* allí, y sabía que lo mejor era que dejara de quejarme y comenzara a nadar.

Mientras esos pensamientos me ocupaban la mente, otra ola gigante rugió sobre mí y volví a hundirme. A medida que iba aumentando la presión, me daba cuenta de que no podía desperdiciar ni un poquito de esfuerzo en quejarme ni dudar; tenía que guardar toda mi energía para nadar y respirar, y para mantener la cabeza fuera del agua. Me di cuenta de que el mar me había arrancado las sandalias y que mi camisa se había rasgado, pero todavía conservaba la corbata y el cinturón, por lo cual estaba agradecido.

Cuando salí a la superficie por segunda vez, empecé a nadar. Parecía casi inútil, ya que la ira desenfrenada del mar me lanzaba de un lado a otro y me tiraba y arrastraba en cualquier dirección y parecía no conformarse con nada menos que hacerme añicos.

Empecé a perder un poco las esperanzas y, una vez más, me encontré bajo el agua. Entonces esa pizca de esperanza que había tenido por un breve momento logró entrar en mi conciencia; me pareció sentir que el Salvador calmaba las aguas turbulentas, y, en mi corazón, pedí a gritos: «Maestro, ¡ayúdame! ¡Oh, ayúdame, por favor!».

La pequeñísima luz de paz comenzó a expandirse y hacerse más profunda. Cuando salí a la superficie por tercera vez, me parecía más verosímil nadar e incluso mantenerme a flote; contaba con ayuda adicional y podía sentirla. Tuve la impresión de que, si me esforzaba al máximo, todo iba a estar bien. Comencé a nadar una vez más.

Era media tarde, y me acordé de que habíamos pasado una isla pequeña hacía no más de una hora. Mientras me encontraba en la cresta de la ola, miré en todas direcciones; justo antes de comenzar a bajar y quedar detrás de la ola, vi el contorno de la isla. Todavía estaba muy lejos pero se veía, y empecé a nadar en esa dirección.

En aquel momento lo único que me importaba era salir del mar tempestuoso y llegar a la orilla, donde podría pisar tierra firme. Miré a mi alrededor en busca de los demás, pero no veía ni oía a nadie. Al alzarme sobre la cresta de otra gran ola, me pareció ver la forma estropeada de nuestro pobre bote a motor, pero no estaba seguro.

Seguí nadando sin cesar; sabía que no tenía que entrar en pánico ni hacer demasiado esfuerzo. La tierra firme estaba muy lejos y lo que debía hacer era flotar tanto como fuera posible y esforzarme por nadar sólo para mantenerme a flote. La borrasca empezaba a calmarse y me dio la sensación de que las olas eran cada vez menos intensas y que el viento ya no era tan fuerte.

Nadaba, flotaba y miraba. Finalmente, sobre una ola, vi a uno de mis compañeros de bote. Parecía estar bien y le señalé en dirección a la isla; él también me hizo señas, pero hacia mi costado. Cuando miré, vi a nuestro otro compañero, que no parecía muy seguro de sí mismo. Seguimos avanzando en dirección a la isla y tratando de acercarnos más los unos a los otros.

Es difícil decir cuánto tiempo estuvimos en el agua; probablemente hayan sido algunas horas. La tormenta se alejó, pero las aguas todavía estaban agitadas. Aunque ya nos acercábamos al final de la tarde, estábamos bastante cerca uno del otro como para no perdernos de vista. A pesar de que había empezado a cansarme, me consolaba el saber que, si me daba un calambre o comenzaba a hundirme, los otros dos estaban suficientemente cerca para ayudarme.

A medida que nos íbamos acercando a la costa, las olas y el viento se hacían cada vez más débiles. Escuché gritar al compañero que tenía a mi derecha y entonces lo vi manteniéndose en pie con dificultad y saludando con las manos. ¡Se encontraba parado sobre una roca que estaba casi en la superficie! Hasta aquel momento, había estado preocupado principalmente por mantener la cabeza fuera del agua, pero, cuando lo vi, pensé en la agradable sensación de estar sobre una roca, aunque sólo fuera por un momento. Llegué hasta donde él estaba y, efectivamente, yo también pude estar de pie con la cabeza al menos sobre el agua. ¡Qué bien me sentí! Todavía estábamos lejos de la orilla pero ese breve momento de pisar algo sólido, como si fuera una palabra bondadosa de aliento, tuvo como resultado darme la confianza de que todo estaría bien.

Cuando comenzamos a nadar de nuevo, pensé: «Todos necesitamos que nos infundan seguridad de vez en cuando: una palabra de aliento, una demostración de cariño y de confianza o una roca sobre la cual descansar en medio de un mar de problemas. El escuchar o experimentar eso, aunque sólo sea por un momento, nos da ánimo para seguir, para avanzar». Me sentía agradecido por esa roca, sumergida, pero sólida; y pensé que debía mejorar y dar ánimo y expresar cariño a otras personas más a menudo.

Ya estábamos más cerca el uno del otro e incluso nos las arreglamos para sonreír un poco. Seguimos nadando lentamente por un rato largo. Justo antes de que se pusiera el sol, llegamos a tocar el fondo y las rocas y terminamos el recorrido hasta la arena nadando un poco y caminando otro poco. ¡Qué sensación maravillosa era tener tierra firme bajo nuestros pies! Cuando estuvimos bastante cerca de la orilla para mantenernos arrodillados fuera del agua, nos unimos en una oración sincera para dar gracias.

Algunas personas de la isla nos vieron cuando llegamos a tierra y nos invitaron a quedarnos con ellos. Les explicamos lo que había sucedido y se ofrecieron a ayudarnos de cualquier modo que les fuera posible. Fueron muy hospitalarios y nos quedamos con ellos varios días; finalmente, encontramos lo que quedaba del bote y, con abundante ayuda y un clima mucho más favorable, recuperamos la mayor parte de él. Un tiempo después, por aguas más tranquilas, llegamos a salvo a nuestro puerto de origen.

He pensado mucho acerca de esa experiencia. Dios estaba con nosotros. Él nos salvó. Aunque habría podido hacer que atravesáramos la tormenta sin sufrir daño alguno y depositarnos a salvo en nuestro puerto de Pangai, sin embargo, por alguna razón, quiso que fuera de otra manera. He escuchado decir que algunas veces el Señor calma las tormentas, y que otras deja que la tempestad ruja y calma a Sus hijos.

No sé por qué llegó la tormenta, por qué nos quedamos atrapados en medio de ella ni por qué sucedieron las cosas de esa manera; pero sí sé que, finalmente, llegamos a casa ilesos. No importa cuánto nos costó: llegamos sanos y salvos, y experimentamos Su gracia salvadora de primera mano.

A menudo, a lo largo de nuestra vida, pensamos que debido a que hemos actuado de determinada manera, obtendremos ciertos resultados como consecuencia; no obstante, la vida es como el océano: a veces, quedamos atrapados en medio de borrascas y tormentas y las cosas no salen como pensamos que deberían salir, incluso en ocasiones en que consideramos que hemos hecho lo correcto. Pero Dios puede encontrarnos en el ojo de la tormenta y darnos aliento para nadar en aguas agitadas. Gracias a las tormentas, aprendemos lecciones que no podemos aprender en aguas tranquilas.

Con más certeza que nunca, sentía que realmente se aplicaban a mí las palabras que el Señor nos dirigió a todos nosotros: «Si eres echado en el foso o en manos de homicidas, y eres condenado a muerte; si eres arrojado al abismo; si las bravas olas conspiran contra ti; si el viento huracanado se hace tu enemigo; si los cielos se ennegrecen y todos los elementos se combinan para obstruir la vía; y sobre todo, si las puertas mismas del infierno se abren de par en par para tragarte, entiende, hijo mío, que todas estas cosas te servirán de experiencia, y serán para tu bien» (D. y C. 122:7).

Pensé en José cuando estaba en la prisión en Egipto y en José Smith mientras estaba en la prisión en Misuri; y recordé que el Señor le dijo que sobrellevara con paciencia todas las cosas. Pensé en Job y en personas de esta época que sufren grandes aflicciones que, aparente y probablemente, no son las consecuencias que merecen por sus acciones. Pensé en las personas que quedan lisiadas por causa de accidentes o enfermedades, y pensé en las familias buenas que llevan a cabo la noche de hogar y hacen todo lo que deben hacer y, aun así, algunos integrantes de su familia no hacen lo correcto. Me di cuenta de que las tormentas y las borrascas de la vida se nos presentan a todos.

Comprendí mejor que nunca que lo que el Señor nos promete a todos nosotros es que, si hacemos lo correcto, Él nos dará paz donde sea que nos encontremos. Yo sé que eso es cierto. Esa paz quizá no venga de la procedencia que esperamos, ni de la manera, ni en el lugar, ni en el momento en que pensamos; pero, si miramos ese período en una

"En medio de la tempestad", pintura por Clark Kelly Price, un misionero que sirve en Tonga.

perspectiva eterna, llegará de la manera que sea mejor para nosotros e igualmente honraremos Su nombre por cosas que ahora no entendemos.

Durante los años que pasé en las islas, me recordaba a mí mismo que tendría que atravesar otras borrascas; no obstante, a partir de aquella experiencia, sabía perfectamente que podíamos llegar a salvo, y fue por eso que me hice la siguiente amonestación: «Cuando nos encontremos con estas borrascas y tormentas, debemos recordar que no contamos con suficiente energía como para quejarnos y, aun así, seguir manteniéndonos a flote. Nuestro deber es nadar, y no dudar ni quejarnos. Lo que tenemos que hacer es llegar a la costa y, para eso, debemos dejar la explicación de la tormenta en manos del Señor. Si todas las energías que dedicamos a preguntar "por qué" las usáramos para nadar, con Su ayuda, muchos más de nosotros llegaríamos a la orilla».

Se podría decir que este episodio particular es un ejemplo típico de las muchas experiencias de aprendizaje que recuerdo de mi primera misión en Tonga.

Creo que si aprendí algo en la misión fue que, si tratamos sinceramente de cumplir con nuestro deber y trabajamos arduamente y somos pacientes y dedicados a la oración y, sobre todo, si tenemos una fe inquebrantable en Dios, podemos lograr cualquier cosa que Él desee, porque Dios *siempre* cumple con sus promesas.

Pero permítanme comenzar por el principio.

2

El principio

Nací y me crié en Idaho Falls, Idaho. Me parecía que conocía a todas las personas del pueblo y estaba seguro de que todos conocían a mi padre. Crecí en medio de la Gran Depresión, así que calculo que éramos tan pobres como el resto de la gente, pero no pensábamos ni hablábamos de ello.

Idaho Falls era un pueblo rodeado principalmente de granjas donde todos trabajaban arduamente y parecía que toda la gente tenía suficiente para comer; nadie nos decía que debíamos esforzarnos en el trabajo y no derrochar: simplemente eso era lo que hacíamos, porque era lo que todo el mundo hacía. Usábamos la misma ropa casi todos los días, y en casi todas las comidas comíamos algo hecho con papas. Íbamos a la escuela y jugábamos a «policías y ladrones», a las escondidas y otros juegos parecidos, y disfrutábamos muchísimo de nuestra familia y amigos.

Después que se desató la Segunda Guerra Mundial, las cosas comenzaron a cambiar. Recuerdo que cuando tenía alrededor de cinco años, una noche me tapé hasta la cabeza con las cobijas, tratando de quedar bien escondido bajo las mantas mientras el vendedor de diarios vociferaba: «¡Extra! ¡Extra! ¡Guerra en Europa! ¡Aviones alemanes están bombardeando Polonia!». Yo no sabía qué era exactamente lo que significaba, pero presentía que algo malo estaba sucediendo.

Cursaba el segundo año de la escuela primaria cuando bombardearon Pearl Harbor. Ese domingo fuimos a la casa de un tío que tenía hijos que estaban en la marina de guerra, en Hawai. Todos estaban pegados a la radio y algunos lloraban. Yo no entendía mucho, pero, una vez más, sentí que pasaba algo muy desagradable.

Las memorias que tengo de la guerra tienen que ver con el patriotismo y el racionamiento. Recuerdo una noche en que mi padre anunció: «¿A que no se imaginan lo que tenemos para la cena? ¡Mantequilla fresca!». Me acuerdo de los trágicos titulares, del gemido de las sirenas y de las instrucciones que nos daban en la escuela para caso de bombardeo aéreo; en las películas y por la radio trataban de persuadirnos a odiar a los japoneses y a los alemanes. Yo nunca lo logré, ya que muchos de nuestros vecinos eran japoneses; eran buenos granjeros y conocía a sus hijos de la escuela y la Iglesia; eran personas decentes. Más tarde, llegaron algunos prisioneros de guerra alemanes para trabajar en las carreteras que estaban cerca del pueblo. A mí me parecían jóvenes muy buenos.

Los niños jugábamos a la guerra y éramos soldados, pilotos o capitanes de fragata. Uno de los árboles de nuestro patio tenía una rama que era perfecta para un piloto y su copiloto, una para un artillero, otra para un bombardero y otros puestos más. A nosotros siempre nos atacaban durante los bombardeos, pero siempre llegábamos a salvo a la base, aunque a duras penas.

Eran los tiempos del Capitán Medianoche, de los vaqueros Tom Mix y Gene Autry (el «vaquero cantor»), del Llanero Solitario y muchas otras estrellas de series famosas de la radio. Yo estaba embelesado con La Sombra, que decía: «¿Quién conoce el mal que se esconde en el alma humana?». ¡Yo estaba seguro de que La Sombra lo sabía! Me moría de ganas de llegar a casa para escuchar el siguiente episodio por la radio. La televisión no existía.

Recuerdo cuando miraba las ondas de calor que ascendían desde los radiadores y desdibujaban levemente la vista que ofrecía la ventana del tercer piso de la vieja escuela primaria East Side. A menudo, miraba a través de ellas y me preguntaba qué habría más allá.

Papá era el obispo de nuestro barrio y mamá tocaba el órgano los domingos; íbamos todos juntos a la iglesia.

Fue una linda época y un buen lugar para criarse. Todos trabajaban arduamente, todos eran patriotas y todos amaban a su familia; nadie tenía mucho, pero todos disfrutaban de lo que tenían. Recuerdo un día en que volvía de la escuela y llevaba puestos mis pantalones de pana preferidos, que usaba prácticamente todos los días, y escuché a dos señoras susurrar que «el pobrecito niño de los Groberg sólo tiene un par de pantalones para ponerse». Una vez que las hube pasado, me di vuelta y les grité: «¡Los uso porque me gustan! ¡Me los hizo mi mamá!». Estaba diciendo la verdad y jamás se me había ocurrido pensar que quizá fueran los únicos que tenía.

Cuando tenía seis años, asistí a la ceremonia en la cual colocaron la piedra angular del Templo de Idaho Falls y le sostuve el sombrero al presidente McKay mientras papá sacaba una foto. ¡Llevaba puestos mis pantalones de pana!

Estaba en el quinto año de la escuela primaria cuando la directora, la señorita Bunker, convocó a toda la escuela para que saliera y, de pie, prestáramos atención mientras ella bajaba la bandera a media asta. Ya habíamos hecho lo mismo cuando falleció Franklin D. Roosevelt, Presidente de los Estados Unidos de América; pero aquel día fue un acto mucho más solemne; nos pidió a todos que inclináramos la cabeza mientras ella nos explicaba algo de una bomba atómica, de miles de personas que habían muerto y del comienzo de una nueva era. Aunque me resultaba confuso, sentí claramente que las cosas iban a cambiar.

La guerra terminó, pero la siguieron la guerra fría, la Cortina de Hierro y la guerra de Corea: hubo nuevas victorias y nuevos enemigos.

La época de la escuela secundaria fue muy emocionante: restaurantes que nos llevaban la comida al automóvil, autocines, exámenes, deportes, bailes, citas, viajes con la banda, el trabajo y la posibilidad de manejar un auto, lo cual, en Idaho, era legal a partir de los catorce años. Yo tocaba el piano, la trompeta y la trompa. No estoy seguro de que me gustara o de hasta qué punto lo hacía porque mis padres querían que lo hiciera, pero me alegra que se aseguraran de que perseverara.

Recuerdo que una vez no quería ir a la clase de piano y me puse un sapo en el bolsillo; cuando el sapo croó, la profesora de piano me hizo llevarlo afuera y soltarlo; yo pensaba que me mandaría de regreso a mi casa, en cambio, me hizo volver y seguir con la lección después de lavarme las manos.

Tuve varios trabajos, entre ellos fui vendedor en una ferretería, hice encuestas, trabajé en granjas, hice tareas de jardín, recogí papas, escarbé con una azada y trabajé cortando la parte superior de las remolachas azucareras. Trabajábamos en la granja de bienestar de la Iglesia, recolectábamos las ofrendas de ayuno y les entregábamos pedidos a «los pobres».

Yo era el mayor de siete hermanos y tenía dos hermanas mayores y dos menores. La música era una parte muy importante de nuestra vida, al igual que lo eran la escuela, la Iglesia, la diversión, el trabajo y las excursiones de verano en las que visitábamos parientes. Fuimos de vacaciones a Utah, California, el parque Yellowstone y otros lugares. En 1952, me gradué en la escuela secundaria Idaho Falls.

La universidad era el siguiente paso. Las viejas habitaciones del ejército de la Universidad Brigham Young, sumadas a la clase de ROTC [sigla en inglés para Cuerpo de Entrenamiento de los Oficiales de Reserva], me dieron una pequeña muestra de lo que sería la vida militar. En mi primera cita conocí a una joven de California llamada Jean Sabin, una cita a ciegas que habían arreglado mi hermana y la hermana de ella; Jean me dejó sumamente intrigado; era hermosa pero no fingida, era amable, evasiva, misteriosa y, sin embargo, agradable. Tuve la sensación de que algún día me casaría con ella. Los dos salíamos en citas con otras personas, pero en muchas ocasiones terminamos volviendo a salir juntos durante los dos años de universidad, antes de que recibiera mi llamamiento para cumplir una misión.

En aquella época, uno tenía que esperar que le tocara su turno, ya que la junta de reclutamiento sólo permitía que dos jóvenes por barrio y por año cumplieran una misión. A pesar de que la guerra de Corea había terminado cuando yo tenía dieciséis años y el llamado a las filas se iba reduciendo de a poco, antes de recibir la aprobación de la junta de reclutamiento para salir a la misión, ya tenía casi veinte años.

Mandé los papeles y me dijeron que recibiría mi llamamiento misional dos o tres semanas más tarde, pero se cumplió el plazo y no llegó ningún llamamiento. Esperé y esperé. Pasaron otras semanas. Al fin, llamé a las

Oficinas Generales de la Iglesia en Salt Lake City y me dijeron que tuviera paciencia. Me preguntaba cuál sería el problema cuando, alrededor de dos meses después, recibí un llamamiento firmado por el presidente David O. McKay para prestar servicio como misionero en Tonga.

¡Estaba muy emocionado! Nunca había escuchado hablar de Tonga y, por lo que sabía, lo mismo podía quedar en África. Poco después, con la ayuda de un atlas y de algunas enciclopedias, me enteré de que está en la Polinesia. Muy ansioso le conté a un pariente mayor, a quien admiraba, acerca de mi llamamiento a Tonga. Él me miró y dijo: «Pero ¿¡cómo!? ¡Un muchacho inteligente como tú! ¿Por qué no te pueden mandar a un lugar civilizado, como Inglaterra?» Quedé alicaído por su actitud; no obstante, me repuse y le contesté: «Voy a ir a Tonga y será el lugar indicado para mí, porque allí es donde el Señor desea que vaya. Sé que el llamamiento es lo que debe ser».

Antes de partir, lo cual sucedió el 17 de agosto de 1954, hubo un aluvión de actividades. Le escribí a Jean y le conté de mi llamamiento. El único acuerdo que teníamos era que nos escribiríamos de vez en cuando y veríamos qué sucedía. Una de mis hermanas se casó el día antes de que me fuera; todos fuimos al templo y tuvimos un día completo antes de que yo tomara el tren de medianoche que iba a Salt Lake City, para comenzar la misión.

En Salt Lake City, teníamos una capacitación de tres días para misioneros nuevos; después de eso, tomamos un tren que iba a Los Ángeles.Viajé con otros seis élderes: tres iban a Australia, tres a Nueva Zelanda y yo a Tonga.

En la estación de trenes de Los Ángeles, nos encontramos con el presidente de la Misión de California, quien nos llevó a la casa de la misión, al lado del templo casi terminado de Los Ángeles; allí comimos algo y descansamos un rato; luego, nos llevó al puerto Wilmington, donde pusimos nuestras maletas a bordo del *SS Ventura* para la travesía hasta Pago Pago, Samoa estadounidense.

El barco tenía que zarpar a las dos de la madrugada pero, a medianoche, hubo una huelga no sindical causada por un conflicto laboral. El presidente de la misión nos dijo que tendríamos que esperar algunos días hasta que las cosas se calmaran.

La situación no se calmó y la travesía se pospuso indefinidamente, por lo cual el presidente nos dio asignaciones para trabajar en varias partes del sur de California, con misioneros que ya se encontraban allí. A mí se me asignó el distrito Orange y vivía en Whittier. Todo el condado de Orange estaba a nuestro cargo. Todavía quedaban muchísimas arboledas de naranjos y los pueblos se diferenciaban bien unos de otros. Me tocó un gran compañero, que se aseguraba de que trabajáramos arduamente.

Durante las pocas semanas que estuvimos juntos entregamos folletos, bautizamos a varias familias y a otras personas, y tuvimos muchas experiencias especiales de las cuales mencionaré dos.

Un día, recibimos una llamada de una funeraria preguntándonos si podríamos dirigir el servicio de un hombre que «había sido mormón». Mi compañero dijo que sí y nos indicaron el camino hacia la casa de la hermana del hombre que había fallecido, para que nos diera un poco más de información acerca de él; la hermana también «había sido mormona»; era una persona mayor y no gozaba de buena salud. Nos contó que ella y su hermano se habían mudado de Utah a California muchos años atrás, que el hermano se había casado, pero al poco tiempo se divorció y no tuvo hijos. Ella nunca se había casado. Con el tiempo, los dos se mudaron a la misma casa mientras ambos ejercían sus respectivas profesiones.

Nos dijo que eran los únicos hijos y que sus padres ya habían muerto. Nos contó un poco de la vida de su hermano, y luego nos preguntó si podríamos dirigir también su funeral cuando ella muriera. Le dimos el número telefónico de la casa de la misión y le aseguramos que alguien de la Iglesia lo haría.

Entonces miró a lo lejos y, suspirando, dijo: «Calculo que aquí es donde termina todo. Mis padres eran buenas personas; no sé por qué nosotros nos rebelamos. Ahora lamento que hayamos dejado la Iglesia. Cuando uno llega a la edad que tengo yo, se da cuenta de cuán importante es la Iglesia; pero el mundo y su dinero, sus encantos y poder resultan sumamente atrayentes. ¡Ojalá hubiera escuchado a mis padres! Aquí es donde termina todo. Supongo que es el fin de nuestra familia. Es triste».

Intentamos instarla a que volviera a la Iglesia, pero ella cambió de tema y dijo que debíamos ir a la funeraria. Dirigimos el funeral lo mejor que pudimos con lo que sabíamos. Aparte del hombre que había muerto, había seis personas: dos misioneros, dos empleados de la funeraria, la hermana y una de las mujeres que ella conocía de su trabajo.

Cuando terminamos, fui a estrecharle la mano; me agradeció, y entonces me dijo: «Mira, hazles caso a tus padres. Ellos saben más de lo que tú crees. Adiós». Aquello tuvo una influencia profunda y duradera en mí.

La otra experiencia tuvo lugar mientras golpeábamos puertas. En ésa me tocaba a mí hablar. Un hombre de mediana edad abrió la puerta y nos preguntó qué deseábamos.

—Somos ministros del Evangelio y tenemos un mensaje para usted —dije yo.

—Pasen —contestó él—. Soy el reverendo Miller. Acaban de elegirme para ser ministro de una iglesia nueva que van a construir en Beverly Hills. Un grupo de inversores está construyendo una capilla hermosa; han estado escuchando a varios predicadores de esta zona ¡y me eligieron a mí! Me darán un cierto porcentaje de las colectas. Si digo lo que esas personas quieren escuchar, estoy seguro de que me va a ir bastante bien.

¿No les parece genial? A propósito, ¿cuánto ganan ustedes muchachos?

Era la primera vez que hablaba personalmente con alguien que había optado por predicar como un buen medio para ganar dinero y no salía de mi asombro; nunca se me había ocurrido la idea de modificar lo que uno enseña para obtener más dinero. Pensé en cuán agradecidos debemos estar por tener doctrinas correctas para que las personas se pongan a la altura de ellas, en vez de poner las doctrinas a la altura de los caprichos de la gente.

—¿Cómo se llama su iglesia? —le pregunté.

—¡Ah! Todavía no lo han decidido, pero estoy seguro de que ya se les va a ocurrir algo bueno. Son hombres astutos, inversores inteligentes—. Yo estaba fascinado, ya que se trataba de una idea totalmente nueva para mí.

—¿Y le pagan por los sermones? —le pregunté, casi sin pensarlo.

—¡Por supuesto! —dijo, con tono de incredulidad—. ¿Por qué otra razón habría uno de predicar? Uno tiene que ganarse la vida. Dicho sea de paso, nunca respondieron a mi pregunta. ¿Cuánto les pagan a ustedes y para qué iglesia trabajan?

Le dije que no nos pagaban y que éramos miembros de La Iglesia de Jesucristo de los Santos de los Últimos Días.

—Nunca oí hablar de esa iglesia —dijo él—. ¿En qué lugar están?

—Quizá haya escuchado que nos llaman «mormones» —dije.

—¡Ah! ¿Ustedes son misioneros *mormones*?

Vi que se le iluminaba el rostro, como a un gato que está listo para devorar a dos ratones indefensos. Durante la media hora que siguió, eso fue más o menos lo que sucedió; abrió las Escrituras y nos paseó por todos lados. No pudimos contestarle casi nada.

Finalmente cerró el libro, se puso de pie y dijo: «¡Ay, muchachos!, esto no tiene nada de divertido; ustedes no saben nada».

Por poco le di la razón. Entonces, de repente, me invadió un fuerte sentimiento y le dije:

—Señor Miller, reconozco que no conocemos la Biblia tan bien como usted, pero hay algo que yo sé y que usted no sabe.

—¿Qué sabes tú que yo no sepa? —preguntó, mirándome con una sonrisa un tanto despectiva.

—Sé que la Iglesia a la que pertenezco, La Iglesia de Jesucristo de los Santos de los Últimos Días, es la verdadera Iglesia de Dios sobre la tierra y que tiene la autoridad de Su sacerdocio. Sé que José Smith fue un Profeta de Dios. Y sé que tenemos un Profeta viviente en la actualidad. Usted no sabe eso.

—José Smith fue un profeta falso —, replicó.

—Usted no sabe eso —dije yo.

—Te lo acabo de decir —contestó él.

—Lo dijo con palabras —le respondí—, pero no lo sabe. Yo sé que él fue un Profeta verdadero y usted no puede negarlo. —La única forma en que yo habría podido decir eso era por medio del Espíritu del Señor, porque no tenía la valentía suficiente para hacerlo por mi cuenta—. Le doy mi testimonio de que la Iglesia a la que pertenezco es verdadera y que José Smith es un Profeta verdadero de Dios. Y ahora lo desafío a usted a que dé testimonio de que su iglesia es verdadera y que el fundador de su iglesia es un verdadero profeta de Dios.

Se quedó de pie por un momento y nos miró. Seguía con la Biblia en la mano, la miró, miró al piso y volvió a mirarnos a nosotros, con un leve movimiento de la cabeza. Volvió a mirar la Biblia, y entonces nos dijo:

—Vamos, muchachos, esto no tiene ninguna gracia. Adiós.

—¿Ve? —dije con delicadeza mientras salía—, no lo puede hacer, ¿o me equivoco? Usted no puede dar testimonio de que su iglesia es verdadera.

No creo que hayamos logrado mucho con respecto a él, pero fue un gran testimonio para mí.

Debo decir que algunas de las mejores personas que conozco predican en otras iglesias. La mayoría son muy sinceras y dan lo mejor de sí para enseñar la verdad; tengo un profundo respeto por ellas. Pero la actitud de aquel hombre era nueva para mí y su filosofía me pareció muy extraña.

Aprendí que una de las cosas que brinda fortaleza a un misionero es dar su testimonio de la misión divina de José Smith. Cuando nos hallamos en lugares y situaciones en los cuales no sabemos bien qué hacer, podemos compartir nuestro testimonio de José Smith. El solo hecho de compartir ese testimonio con sinceridad es como si pusiera en funcionamiento procesos eternos que nos permiten hallar las palabras justas, las ideas correctas y las maneras de actuar apropiadas para cada ocasión.

Seguimos trabajando en nuestra área, desde Santa Fe Springs hasta Laguna Beach, y en todos los lugares entre esos dos puntos; estaba empezando a acostumbrarme a California y disfrutaba muchísimo de la obra. Sabía que estaba cerca de Jean, que vivía en Hollywood Norte, pero nunca la llamé porque iba en contra de las normas de la misión. Los días se convirtieron en semanas. Todos los días llamábamos a la casa de la misión por si había alguna novedad. Finalmente, después de siete semanas, nos dijeron: «El barco sale mañana». Me despedí del distrito de Orange, empaqué algunas cosas y fui a la casa de la misión en Los Ángeles.

La tarde siguiente, el presidente de la misión nos llevó al barco, a mí y a los otros seis misioneros. Por fin abordamos el *SS Ventura*, listos para hacernos a la mar desde California hasta la Polinesia.

3

El viaje hacia el sur

El *SS Ventura* era un buque de carga que llevaba madera; estaba previsto que hiciera una parada en Samoa estadounidense, donde me tenía que bajar y tomar otro barco hasta Tonga. Salimos de California al caer la noche y me parecía muy emocionante estar, por fin, en alta mar. A veces, el océano estaba un poco agitado, pero, en general, tuvimos un viaje tranquilo. Me gustaba charlar con los otros élderes. Uno de los cocineros intentó convertirme a su religión de meditación, pero yo no podía entenderlo muy bien y él no estaba interesado en la Iglesia, así que, después de eso, nos limitamos a comer y no hablé más con él.

Una mañana, tras doce días sin tener tierra a la vista, aparecieron las montañas de Pago Pago, Samoa estadounidense. ¡Qué emoción sentí por estar en las islas de Polinesia!

Temprano por la mañana entramos al puerto de Pago Pago. Estaba ansioso por saber cómo iba a llegar hasta Tonga y confiaba en que alguien estaría en el muelle para recibirme; miré por todos lados pero al poco rato me di cuenta de que no iba a ir nadie y quedé desilusionado.

La tripulación comenzó a descargar el cargamento. Sacaron mi baúl, lo pusieron en el muelle y me dijeron que allí era lo más lejos que me llevaría mi boleto; traté de explicarles que yo iba a Tonga, pero ellos dijeron que tenían que llevarme sólo hasta Samoa estadounidense, «y, además, nosotros no vamos a Tonga».

Bajé del barco y les pregunté a las personas que estaban en el muelle si sabían de algún barco que fuera a Tonga y si había misioneros mormones por la zona; alguien me dijo que había habido un barco para Tonga, pero que había salido seis semanas atrás. Cuando mencioné a los mormones, varias personas señalaron hacia el otro extremo de la bahía. Seguí esperando a que llegara alguien, pero nadie apareció. Llegó el mediodía y el capitán dijo que el bote se iba. Me había encariñado bastante con los otros seis élderes compañeros de viaje y ellos protestaron diciendo que no debían dejarme solo; sin embargo, el capitán dijo que eso no era problema suyo. Como mi pasaporte era de Estados Unidos, no tenía dificultad para quedarme en Samoa estadounidense, pero me preocupaba no saber a dónde iría ni qué iba a hacer.

La tripulación levantó la plancha, ordenó que desamarraran los cabos y el barco comenzó a alejarse del puerto en dirección a Nueva Zelanda y Australia. Me sentí muy solo. Al hacer adiós con la mano a los élderes, me brotaron algunas lágrimas. El bote comenzó a alejarse cada vez más, hasta que desapareció de mi vista y me quedé solo con mi baúl en el puerto.

Un jovencito samoano que trabajaba en el muelle y hablaba inglés me dijo: «Hay unos mormones que viven al final de la bahía. Si quiere ir a buscarlos, yo le vigilo el baúl». Como estaba seguro de que no me quedaba otra opción, comencé a caminar según las indicaciones que él me había dado; hacía calor y el final de la bahía quedaba muy, muy lejos. Probablemente me haya llevado sólo treinta minutos llegar allí, pero, con el calor, me parecieron horas.

El muchacho me había descrito la casa y me había dicho que estaba al lado de una iglesia. Cuando por fin la encontré, tuve la impresión de que estaba en el lugar correcto. Empecé a golpear la puerta, y oí gritos y discusiones; pensé que quizá me habría equivocado de casa. Escuché que alguien tiraba algo y, entonces, la puerta se abrió estrepitosamente y un hombre salió corriendo. Aparentemente no me vio, porque pasó a mi lado y siguió de largo.

Vacilé, pero decidí volver a golpear de todos modos, ya que la casa respondía a la descripción que me habían dado. Al oír los golpes, oí una voz de mujer que gritaba:

—¡Te dije que no volvieras!

—Señora, sólo estoy buscando a unos misioneros mormones —le expliqué. Se hizo silencio.

La mujer acudió a la puerta y dijo: «¿Quién es usted y qué quiere?». Le expliqué que era misionero mormón y que iba camino a Tonga, pero que nuestro barco había llegado dos meses tarde y yo suponía que había perdido la conexión.

Me miró con incredulidad. «¿Cómo se llama y de dónde es?». (En aquella época, no teníamos placas con el nombre.) Le dije que era el élder Groberg, de Idaho Falls, y que tenía que encontrar la manera de llegar a destino y buscaba un lugar donde quedarme hasta que pudiera irme para Tonga, a lo que me contestó que ella y su esposo eran mormones, pero que no tenían lugar y que no me podía quedar con ellos; y además, que nadie le había dicho que yo iba a ir.

A esa altura, ya era bastante avanzada la tarde y yo no había comido nada desde el desayuno. Le pregunté si tenía algo para comer y me respondió:

—No, no tenemos comida que nos sobre ni lugar para que se quede. ¿Por cuánto tiempo tiene pensado quedarse?

—No lo sé —dije—. Se supone que tengo que conseguir un barco que vaya a Tonga.

—Yo no sé de ningún barco que vaya a Tonga desde aquí —afirmó—. Si usted realmente es misionero y necesita un lugar donde quedarse y algo de comida, vaya hasta el otro lado de la bahía; allí están construyendo una capilla y probablemente pueda trabajar con ellos.

Quizás le den un lugar donde dormir y algo de comer. —Señaló en dirección el puerto y dio un portazo.

En ese momento, me sentí muy desanimado. Tenía sed, calor, hambre y cansancio; todos mis amigos se habían ido y estaba preocupado por mi baúl. Lo único que se me ocurrió fue seguir caminando por la bahía y ver si podía encontrar una capilla en construcción.

Por fin, avanzada la tarde, encontré a un grupo de samoanos jóvenes que estaban transportando arena y haciendo bloques de cemento, y les pregunté si eran mormones; algunos hablaban inglés y me dijeron: «Sí, así es. ¿Y tú quién eres?». Les conté mi historia, les expliqué lo relacionado con el baúl y les pregunté si me podrían dar algo de comer y de tomar.

Ellos fueron muy amables. Uno me dio una banana cocida y otro me dio un coco verde para beber. ¡Ambas cosas estaban deliciosas!

Poco después, llegó en una furgoneta de reparto un hombre que parecía ser el jefe. Los otros, hablando en samoano, le contaron del aprieto en el que me encontraba. El jefe hablaba bien inglés y me dijo: «No sabíamos nada de su llegada, pero le creo. Súbase; iremos a buscar su baúl y lo traeremos aquí; si está dispuesto a trabajar, le daremos comida y una estera para que duerma en la playa con el resto de nosotros». A mí me pareció muy bien.

Regresamos al muelle. El jovencito todavía estaba allí cuidando el baúl; ya hacía rato que había terminado su horario de trabajo, sin embargo, se quedó allí, tal como me había dicho que haría. Desde aquel momento, siempre he tenido gran simpatía hacia los samoanos. Él se alegró de que hubiera encontrado a otros mormones y me dijo que él también era miembro de la Iglesia.

Cuando regresamos al lugar de la construcción, ya estaba oscuro. Habían hecho una fogata en la playa y me dieron un poco más de su comida; también me dieron una estera y una sábana, y me mostraron dónde estaba el excusado y dónde podía bañarme y cambiarme.

Durante los días que siguieron, trabajé cargando arena en baldes, mezclándola con cemento y sacudiendo moldes para hacer bloques. El trabajo era arduo, pero tenía comida, un lugar donde dormir y sentía que estaba entre amigos. Recuerdo haber pensado: «No sabía que la obra misional podía ser así».

Pasados unos días, vino alguien de la hacienda agronómica de la Iglesia en Malaeimi, que estaba en el extremo opuesto de la isla, y me dijo que había oído que yo era misionero proselitista y que me encontraba camino a Tonga; luego agregó que el presidente de la misión de Samoa llegaría dentro de unos días y que pensaba que yo estaría bajo mejor influencia si viviera con él y no con los misioneros de construcción. Le dije que a mí no me importaba, pero, como parecía que él era el encargado, me llevó a la hacienda donde le ayudé a arriar vacas, a echar cocos en carretas y a hacer otros trabajos de agronomía por un par de días.

Poco tiempo después, llegó el presidente de la misión y tuve la oportunidad de hablar con él y explicarle mis circunstancias. Él me dijo: «No hay ningún barco que salga de aquí para Tonga. Venga conmigo a Apia, en Samoa Occidental, donde se encuentra la casa de la misión, y veré qué puedo hacer».

Viajamos en bote hasta Apia, lo cual sólo nos llevó un día. Fuimos a la casa de la misión, un edificio grande, de madera y de dos plantas, estilo colonial alemán, con muchas habitaciones, que me pareció hermosa. El presidente me asignó una habitación y me dijo que iba a averiguar si había alguna manera de que yo pudiera llegar a Tonga.

—Desde aquí, no hay ningún barco que vaya hasta Tonga —me comunicó al día siguiente—. ¿Por qué no se queda aquí?

—Es que mi llamamiento es para Tonga —dije—. Probablemente es allá donde debo ir.

—Bueno, si eso es lo que usted siente, está bien. Déjeme hacer algunas averiguaciones más. Mientras tanto, asegúrese de ser lo más útil que pueda por aquí.

Estuve allí varios días y ayudé en la cocina, lavé platos y trabajé en el jardín.

Poco después, el presidente de la misión se dio cuenta de que yo no tenía mucho que hacer, así que me dio la responsabilidad de mantener limpio su auto, negro y grande. Ninguna de las calles estaba pavimentada, así que cada vez que llevaban el auto a algún lugar volvía cubierto de polvo, y mantenerlo limpio terminó siendo casi un trabajo de tiempo completo. Recuerdo un día en particular, en que tuve que lavar el auto ¡diecisiete veces! Una vez más pensé: «De seguro, esta es una obra misional diferente de aquella en la que supuse que iba a estar».

Unos días más tarde, el presidente de la misión me dijo: «Si va a Fiji, de vez en cuando hay barcos que van de allí a Tonga; acabamos de mandar a dos misioneros el mes pasado a abrir la obra allá y ellos le pueden ayudar. Les enviaré un telegrama para que vayan a recibirlo». Al día siguiente, me puso en un barco que iba a Fiji y me dijo que llegaría en dos o tres días.

Estaba muy entusiasmado por estar en el barco que, supuestamente, me iba a acercar a Tonga. Me tocó un camarote pequeño que estaba muy por debajo de la línea de flotación; allí hacía mucho calor, por lo cual pasaba mucho tiempo en la cubierta, donde corría una brisa. Conocí a una joven isleña que hablaba bien inglés y que era muy amigable; al principio, estaba contento de tener alguien con quien hablar, y le conté lo que estaba haciendo y a dónde me dirigía; pero en seguida quedó claro que ella estaba pensando en algo muy diferente de la religión y, cuando empezó a pedirme que fuera a su camarote, me di cuenta de que la situación iba en la dirección equivocada, así que me disculpé y me quedé en mi camarote el resto de la travesía.

El buque de carga S.S. Ventura, en el cual viajamos a Samoa.

El día anterior a que llegáramos a Suva, Fiji, era domingo. Ya hacía mucho tiempo que estaba solo en mi caluroso camarote, pero no quería volver a la cubierta. ¡Cómo extrañé la capilla ese día! De pronto, se me ocurrió pensar: *Eres misionero. Tienes el sacerdocio; puedes tener una reunión de la Iglesia.* No sé si fue lo correcto, pero tomé un poco de pan y de agua, un plato, una taza y mis Escrituras, y tuve un «servicio» religioso: Me di a mí mismo una clase de la Escuela Dominical, canté un himno y ofrecí la primera oración de la reunión sacramental; luego, canté un himno sacramental, bendije la Santa Cena y participé de ella. Después di un discurso, canté un último himno y ofrecí la última oración.

¡Me sentí estupendamente! El camarote ya no parecía tan caluroso y yo estaba menos desanimado, porque sentía que Dios había enviado Su Espíritu a aquella pequeña reunión sacramental en alta mar, no muy lejos de Suva, Fiji. Aun así, estaba deseando ver a aquellos dos misioneros la mañana siguiente.

4

En la plancha de desembarco

Cuando el barco llegó a Suva, miré en todas direcciones, pero no había élderes. Pasó una hora, pasaron dos, pasaron tres y aún no había élderes a la vista. El capitán seguía diciéndome que bajara del barco, ya que no demorarían en irse. Le dije que iban a recibirme dos jóvenes, pero no apareció nadie.

Finalmente, llegó el mediodía y el capitán estaba listo para partir. «Bájese —me dijo—; usted sólo tiene un pasaje a Suva. Yo me voy y usted se queda aquí».

Muy asustado, comencé a descender por la plancha, donde me encontré con unos oficiales de inmigración. «Muéstrenos su visa, su pasaje para seguir y el dinero con el que cuenta para su estadía aquí», me exigieron.

No tenía visa, no tenía ningún otro pasaje y tampoco tenía dinero suficiente; les aseguré que dos jóvenes irían a buscarme en seguida con lo que fuera necesario. ¡Cuánto oré! Pero no llegaron.

—De vuelta al barco, entonces —insistieron.

—¡A mi barco no! —rugió el capitán.

Recuerdo estar de pie en medio de la plancha y levantar la vista hacia los brazos cruzados y la mirada fulminante del severo capitán; y luego, bajar la vista hacia los rostros severos, de mandíbulas apretadas, de los hombres de inmigración que expresaban la misma determinación.

Miré el agua del océano que se veía por debajo de la plancha preguntándome durante cuánto tiempo podría mantenerme a flote. Estaba bastante asustado.

Al final, el capitán probó ser el más obstinado. En medio de insultos y gritos y estrépitos de maletas, la plancha se elevó, el barco zarpó y yo me encontré en las manos nada amistosas de los oficiales de inmigración.

Tuvieron una larga charla entre ellos, la mayor parte en un idioma que me era desconocido. Finalmente, uno de los hombres más jóvenes, que parecía más amable, se acercó y me explicó que, por el momento, tendría que irme con mi equipaje al galpón de la aduana donde quedaban las cosas que no tenían permiso para estar en el país hasta que se pagara un impuesto por ellas. Me aseguró que pensaba que los dos jóvenes de los que yo había hablado llegarían pronto y que todo marcharía bien.

Se pasaba la tarde. Varias veces, intenté hallar la manera de contactar a los misioneros, pero fue en vano. Sé que se supone que los misioneros deben ser valientes, pero en ese preciso momento estaba asustado, cansado y hambriento. El sol cada vez bajaba más y parecía que cuanto más bajaba, más desanimado estaba yo. Sabía que no me encontraba realmente en peligro ni en prisión; sin embargo, para una persona que está acostumbrada a tener mucha libertad, eso era lo que me parecía.

El picante olor a curry, a *copra* (carne de coco seca), al pescado que colgaban para que se secara, y la inmensa cantidad de sonidos, olores y vistas que presentaba el puerto tropical y grasiento me resultaban sumamente ajenos a los aromas frescos y agradables de mi Idaho natal. Extrañaba mucho mi hogar. Tenía ganas de llorar, pero sabía que no serviría de nada.

Finalmente, cesaron el runrún de los tornos, el crujido de los bloques y los cables, los estruendos del cargamento y el ruido de las máquinas. Las personas que trabajaban en el puerto comenzaron a irse; los siguió la gente de inmigración, hasta que sólo quedaron la guardia y los supervisores.

Intenté recostarme en el sucio y desparejo piso de cemento. Oré para saber qué hacer, pero no parecía recibir respuesta. Observé los últimos rayos de luz penetrar las nubes y centellear en el océano y en los agujeros de metal del galpón de la aduana.

«¿Cuánto tiempo durará la luz?», pensé. Luego me pregunté: «¿Qué sucederá cuando desaparezcan esos últimos rayos de luz y den paso a la oscuridad de la noche? Si cierro los ojos, quizá desaparezca o, al menos, las circunstancias cambien». Cerré los ojos, pero no sucedió nada, así que los abrí y me dije: «Tengo que tener esperanza. Las cosas tienen que salirme bien».

Volví a cerrar los ojos, pero entonces para orar. De repente, sentí casi como si hubiera sido transportado; no vi ni oí nada en un sentido físico; sin embargo, en un sentido más real, vi a mi familia, en el lejano Idaho, arrodillada para dar la oración; y escuché que la persona que ofrecía la oración decía muy claramente: «Y bendice a John en su misión».

Cuando mi familia fiel invocó los poderes de los cielos para que bendijeran a su misionero de una manera que a ellos no les era físicamente posible, los poderes de los cielos descendieron, me elevaron y espiritualmente me permitieron, por un breve momento, volver a unirme al círculo de oración de mis familiares. Era uno con ellos. Literalmente, me inundaron el amor y la preocupación de mi amorosa familia y sentí, por un momento, cómo sería que a uno lo llevaran al seno de Abraham (véase Lucas 16:22). Se me dio a entender también que hay otros círculos de amor, interés y compasión, en los cuales no existen los límites del tiempo ni del espacio, y a los que todos pertenecemos y de los que podemos obtener fortaleza. Dios no nos deja completamente solos, ¡nunca!

Lágrimas de gozo fluyeron libremente al haberme sido restaurada la calidez de la familia, la luz del amor y la fortaleza de la esperanza. Cuando volví a sentir el duro y desparejo cemento debajo de mí, no tenía temor, ni tristeza ni inquietud, solo profunda gratitud y confianza.

Esperé. Menos de media hora después, vi que el joven de inmigración que había sido tan amable se acercaba al galpón con dos élderes a su lado. ¡Qué feliz me quedé al verlos! Al parecer, mientras regresaba a su casa, simplemente «se había tropezado» con dos jóvenes estadounidenses que llevaban camisa blanca y corbata y les contó del otro igual a ellos que se encontraba en el puerto. No habían recibido ningún telegrama, pero le creyeron y lo siguieron hasta el galpón de la aduana. Poco tiempo después, todo quedó claro y me fui con los élderes a su apartamento en Lami, Fiji. Tenían otra cama para mí y estaban contentos de que los acompañara.

Me explicaron que su asignación en Fiji consistía en recorrer la isla y averiguar cuántos miembros había. Todos los días andábamos preguntando: «¿Usted es mormón o conoce a algún mormón?». De esa manera, encontramos a varios miembros; también hallamos bastantes familias en las que algunos de sus integrantes no eran miembros y pudimos enseñarles; además, dimos con otras personas que estaban interesadas en saber de la Iglesia. Aquélla era mi primera oportunidad de enseñar las charlas desde que había estado en California, y lo disfruté.

Recuerdo que los dos élderes me llevaron a un restaurante indio (aproximadamente la mitad de la población de Fiji tiene antepasados de la zona este de India) y me dijeron que la comida era insípida y que tenía que ponerle más curry para que quedara sabrosa. Debería haberme dado cuenta de que se trataba de una vieja broma de misioneros, pero no fue el caso, y cuando probé el primer bocado de comida con aquella cantidad impresionante de curry, pensé que tenía la boca literalmente en llamas. Por más agua que tomara, no era suficiente para sofocar el fuego; a ellos les dio un ataque de risa, pero seguimos siendo buenos amigos.

Trabajamos juntos un par de semanas; todos los días averiguábamos si había algún barco que fuera a Tonga. Finalmente, nos avisaron de un carguero que llegaba a los pocos días. No contaba con alojamiento para pasajeros pero dijeron que, si me alistaba como parte de la tripulación y trabajaba durante todo el viaje, podía ir. No dejé pasar la oportunidad.

El barco era tan viejo que resultaba evidente por qué les faltaba tripulación; llevaba una carga de madera y me asignaron a un compañero al que llamaban Swede [«sueco» en inglés], que hablaba un inglés chapurreado pero nos entendíamos lo suficiente.

Me contó que había nacido en el mar y que había vivido toda su vida en el mar. «Me gusta», dijo. Era bastante mayor que yo. Nuestro trabajo consistía en revisar las cuerdas con que estaban atadas las maderas; yo tenía una responsabilidad mínima, porque Swede era el que realmente hacía el trabajo. Estábamos aproximadamente seis horas de turno y durante las siguientes seis descansábamos. Había varias personas que hacían lo mismo que nosotros, pero en diferentes turnos. La mayor parte de la madera consistía en barrotes de 10x10 cm o 20x20 cm, y de unos 3,5 m hasta casi 5 m de largo. Era importante que nos encargáramos de que estuviera bien amarrada, ya que, si llegaba a soltarse en los momentos en que el mar estaba agitado, se convertiría en jabalinas gigantes que podían perforar el barco, sobre todo la superestructura, haciendo que se hundiera.

Swede y yo compartíamos la habitación y, por lo general, llevábamos a cabo nuestras labores juntos. Nos hicimos buenos amigos. No nos podíamos comunicar lo suficiente para que le diera las charlas misionales, pero, al poco tiempo, se dio cuenta de que yo tenía una Biblia y un Libro de Mormón y que era religioso. Intenté explicarle qué era el Libro de Mormón, pero él no estaba interesado.

Teníamos mucho tiempo para charlar y estar en mutua compañía. Al fin, un día me dijo:

—Ahora, explícame de nuevo, ¿eres misionero? ¿Vas a ser misionero?

—Sí —le contesté y traté de explicarle qué significaba eso; mientras lo hacía, me di cuenta de que se estaba enojando.

—Ven conmigo —dijo, después de un rato. Sacó un pequeño álbum de fotos de su cajón y agregó—: Tú no quieres ir a Tonga ni quieres ser misionero. Quédate conmigo. Sabes trabajar bien. Te conseguiré un trabajo de jornada completa en este barco. —Entonces abrió el álbum y me mostró fotos de todas «sus muchachas»; la mayoría de las fotografías no eran del tipo que deberían mirar los misioneros—. Ésta es de Ecuador, ésta de Perú, ésta de Tahití y ésta de Tonga. Puedo llevarte para que las conozcas, a ésta y ésta y ésta. ¡Disfrutarías mucho más esa vida que la de misionero!

Traté de explicarle que me había llevado tanto tiempo y esfuerzo llegar tan cerca de Tonga y que no pensaba cambiar de planes; le dije que su estilo de vida no le traería verdadero gozo ni felicidad, pero que el tipo de vida que yo llevaba podía brindar una felicidad eterna.

Cuando se dio cuenta de que no me iba a convencer, se puso casi violento y comenzó a recriminarme: «¡Ustedes, los misioneros! Ustedes y sus Biblias arruinan toda la diversión a los demás hombres. Vas a llegar a Tonga y les vas a enseñar a las muchachas todas esas sandeces y que no deben salir con hombres como yo. ¡Les vas a enseñar que se deben casar y bla-bla-blá!». Usó un lenguaje bastante descriptivo; no llegué a entenderle todo. Pero, al final, se calmó.

Ya estábamos muy cerca de Tonga; sin embargo, las últimas horas del viaje fueron un tanto deprimentes. No tenía miedo de que Swede me lastimara ni nada por el estilo, pero él estaba bastante fastidiado. La mañana siguiente, llegamos a Tonga.

Antes de bajarme del barco, Swede intentó una vez más convencerme de que me quedara; me dijo que había hablado con el capitán y que éste le había dicho que podía quedarme a trabajar, ya que siempre necesitaban más gente para la tripulación.

—No, yo me bajo aquí —le contesté.

—Bueno —me dijo, esa vez sin enojarse—, no estoy de acuerdo con nada de lo que estás haciendo. A mi modo de ver, en vez de mejorar el mundo, lo estás empeorando; pero te admiro por mantenerte firme y te deseo suerte.

Nos dimos un apretón de manos y le conté que mis bisabuelos se habían unido a la Iglesia en Suecia y que habían llegado a los Estados Unidos como conversos mormones; él se rió y exclamó: «¡Tendría que haberme dado cuenta! ¡Estos suecos cabeza dura!». Nos despedimos en buenos términos.

Al descender por la plancha, me fijé en la fecha: era 17 de noviembre. Me había llevado exactamente tres meses llegar hasta Tonga, contando desde el día en que me fui de mi casa. Me alegraba estar allí. Miré a mi alrededor pero, nuevamente, no había nadie esperándome. Los élderes de Fiji me habían dicho que iban a enviar un telegrama. No sabía qué habría sucedido, pero, por lo menos tenía permiso para estar en Tonga. Me bajé del barco y pasé por la aduana y por la oficina de inmigración.

Empecé a preguntar por la casa de la misión mormona. Allí fue mucho más fácil que en Fiji, porque todas las personas sabían dónde estaba. Fui hasta la tienda de un miembro que hablaba inglés y me dijo que esperara mientras él iba a buscar al presidente de la misión, que no vivía muy lejos.

Cuando llegó el presidente de la misión, en seguida me acerqué a él y me dijo: «Élder Groberg, lo esperaba hace dos meses. ¿Dónde se había metido?». Me dieron ganas de decirle: «Si tiene algunas horas, le contaré dónde me había metido». En cambio, me limité a decir que me alegraba estar allí y que esperaba cumplir una buena misión.

Me llevó con mi baúl a la casa de la misión. Después de una buena charla, me dijo: «He orado al respecto y tengo el lugar perfecto para usted; es una isla pequeña llamada Niuatoputapu; tiene alrededor de setecientos habitantes y es la isla de Tonga que queda más lejos de aquí. Por lo que sé, no hay gente blanca allí y nadie habla inglés». Recuerdo haberme preguntado: «¿Por qué razón es ése el lugar perfecto para mí?"; pero no dije nada. Confiaba en el presidente de la misión.

—El barco que lo llevará no demorará en salir. Le llevará siete u ocho días llegar, ya que hacen una parada en la isla Viuato'ou. Le asignaré un compañero que se llama Feki Po'uha; es un buen muchacho; está en una misión de construcción en este momento, pero no quiero que usted esté solo en su primera área. —Y, solemnemente, agregó—: Le daré dos asignaciones. En primer lugar, aprenda el idioma lo antes posible; y, segundo, edifique el reino. ¿Tiene alguna pregunta?

—No.

—Está bien; entonces lo llevaré a Liahona para que conozca a Feki.

Apenas lo conocí, supe que me caería bien. ¡Era una persona sumamente positiva! Según estaba previsto, el barco que nos llevaría a Niuatoputapu saldría aproximadamente una semana más tarde, así que, mientras tanto, los dos nos quedamos en la escuela de la Iglesia, que se llamaba Liahona. El presidente de la misión no quiso que yo enseñara en la escuela sino que predicara con Feki en la zona circundante; por ello, a pesar de que los misioneros de construcción aún estaban trabajando en Liahona, Feki y yo viajábamos todos los días a las aldeas de la periferia y predicábamos. Pienso que, dadas las experiencias que había tenido hasta el momento, no debería haberme sorprendido cuando postergaban una y otra vez la partida del barco. Tenía que aprender a ser más paciente.

5

Feki

Dudo que alguien pueda tener mejor compañero que el que yo encontré en Feki Po'uha; era paciente, amable, muy trabajador y obediente; tenía el oficio de presbítero en el Sacerdocio Aarónico; era digno de ser élder pero, en aquella época, en Tonga, no se ordenaba a los hombres de élderes hasta que se casaban. Él fue mi primer, último y único compañero de misión.

Llegué a querer la sonrisa contagiosa de Feki, sus ojos chispeantes y su actitud optimista. Aunque el tongano era su lengua materna, me maravillaba la habilidad que tenía para hablarlo. Y lo que me maravillaba aún más era su obediencia.

El presidente de la misión le había dicho que quería que yo aprendiera a hablar tongano y le pidió que sólo me hablara en ese idioma. Feki hablaba algo de inglés, pero, durante los trece meses que estuvimos juntos, sólo me habló en tongano.

En Tonga, el mes de diciembre es caluroso y lluvioso. A veces, mientras caminábamos de una aldea a otra, escuchábamos un sonido estruendoso que parecía una manada de caballos que avanzaba a todo galope detrás de nosotros. La lluvia aparecía tan rápido y en oleadas tan fuertes que no había manera de escapar, y a menudo terminábamos empapados.

En un principio, me molestaba mojarme tan seguido y me preguntaba por qué no usábamos paraguas. Pero, cuando vi los ojos picarescos de Feki y me percaté de su actitud despreocupada y alegre, no pude evitar el sentir lo mismo. Normalmente, después del diluvio aparecía un sol muy fuerte, así que, por lo general, ya estábamos bastante secos cuando llegábamos a la siguiente aldea. Feki se reía: «¿Por qué no disfrutar de ella? Los paraguas son un estorbo. ¡A los tonganos nos gusta divertirnos en la lluvia! Es como una ducha gratis».

El barro y los insectos estaban por todas partes. Con las lluvias y el sol tan fuertes, en seguida aprendí por qué la ropa vieja y el calzado viejo (o andar descalzo) eran mejores que cualquier cosa que uno quisiera mantener limpia o seca.

A pesar de que entendía muy poco de lo que decían, sentía la alegría de estar con Feki y de llevar a cabo la obra misional. A la gente de Tonga le gusta mucho la música y se me había sugerido que llevara mi trompeta a la misión; a menudo, Feki me pedía que tocara en las reuniones que teníamos en las casas. Cuando tocaba la trompeta, siempre acudía mucha gente de los alrededores, aunque la mayoría se iba cuando dejaba de tocar y comenzaba la reunión, pero algunos se quedaban y escuchaban.

Como no había líneas telefónicas en Liahona, íbamos en bicicleta hasta Nuku'alofa casi todos los días para averiguar por el barco; para hacer el viaje de ida y vuelta teníamos que recorrer aproximadamente veinticinco kilómetros; aun así, en seguida nos acostumbramos.

Mientras esperábamos el barco que nos llevaría hasta Niuatoputapu, el presidente de la misión recibió un telegrama que decía que dentro de una semana llegarían el presidente David O. McKay y su esposa y algunas otras personas en el barco *SS Tofua* para visitar la Misión de Tonga. ¡Qué gran acontecimiento! Todos nos pusimos en marcha y trabajamos arduamente a fin de que todo estuviera perfecto para la visita del Profeta. Era magnífico ver qué unidos y felices estaban todos.

A Feki y a mí nos habían dado la asignación de ayudar a limpiar los jardines de la escuela y también algunos de los senderos de la hacienda de la Iglesia, que era donde estaba la escuela en la época en que el presidente McKay había visitado Tonga en el año 1921.

Pocos días después, llegaron el presidente y la hermana McKay. ¡Qué hombre espléndido y qué dama tan encantadora! A mis ojos, su cabello blanco, su presencia majestuosa y su mirada penetrante lo convertían en un modelo de profeta. ¿Cómo podía alguien dudar?

Los caminos estaban cubiertos con tela de *tapa* y, alineados a ambos lados, había niños de la escuela y misioneros. Mientras el Presidente y la hermana McKay caminaban por entre aquellos niños que los saludaban con palmas, sus ojos se llenaron de lágrimas.

El Presidente participó en una tradicional ceremonia de *kava* y tomó un poco de la bebida. (Mezclaban una especie de raíz de pimienta con agua y la servían de acuerdo con el rango.) De hecho, dijo: «Sírvame más. Algunas personas dicen que la *kava* está en contra de la Palabra de Sabiduría, pero no es así y yo seré el primero en demostrarlo». Era muy cortés y se mostraba muy agradecido por los alimentos y el entretenimiento que le proporcionaban.

Había pocos misioneros, así que siempre nos sentábamos muy cerca de él. Cuando me presentaron oficialmente al presidente McKay, él me dijo, sin dudar un segundo: «Yo conocí a su padre; no, a su abuelo, en Ogden; trabajamos juntos en la Escuela Dominical de la Estaca Weber. Era un gran hombre. Dele razón para estar orgulloso de usted». Quedé impactado.

Más tarde, me pidió que le sostuviera el sombrero mientras él revisaba las pezuñas de algunas vacas de la hacienda; le mencioné entonces que ya le había sostenido el sombrero antes, durante la ceremonia de la piedra angular del Templo de Idaho Falls. Me miró con una sonrisa de complicidad y me dijo: «Era muchísimo más pequeño en aquella época». ¡Su mirada era algo fuera de lo común!

Él le dijo al presidente de la misión que comenzara a ordenar a algunos hombres al Sacerdocio de Melquisedec y que solicitara permiso para la construcción de una capilla de ladrillos. Tuvo muchísimas reuniones con los santos y estrechó la mano a casi todo el mundo.

En una ocasión, tuvo una reunión aparte con los misioneros *palangi* (blancos), un grupo que constaba de tres misioneros proselitistas y alrededor de diez maestros de escuela. Recuerdo que estábamos todos sentados en el piso; mientras él hablaba, me sentía maravillado de tal manera que tenía escalofríos. Miraba a cada misionero en particular y, cuando sus ojos se encontraron con los míos y habló en cuanto a ser buenos misioneros, ¡sentí como si Dios mismo me hubiera dado una nueva responsabilidad! No podía hacer nada menos que ser un buen misionero.

Pasados algunos días, el presidente y la hermana McKay partieron hacia otras islas, ¡pero dejaron un gran legado de fe y amor y resolución entre nosotros! Alrededor de una semana después que se fueron, nos avisaron que, al día siguiente, salía el barco que iba a Niuatoputapu; eataba seguro de que la partida se había retrasado para que pudiéramos conocer y escuchar al presidente McKay.

El barco de copra en que navegaríamos era relativamente pequeño; llevaba un cargamento de cerdos y otros animales y la cubierta iba llena de pasajeros. El olor me causaba repulsión, pero estaba ansioso por llegar al área que nos habían asignado. Subimos a bordo y, en poco tiempo, ya estábamos en alta mar.

En los barcos grandes que me habían llevado a Tonga, me había mareado un poco, pero era tolerable; aquellos barcos eran relativamente grandes y tenían buenos lugares donde dormir; y el olor no era tan fuerte. En cambio, este otro era pequeño, el lugar para dormir era miserable y el olor sumamente peculiar: una mezcla de cerdos, gallinas, copra, combustible y gente que vomitaba.

En cuestión de un día, volví a aprender la definición típica de mareo: al principio, uno tiene miedo porque piensa que va a morir; luego, se siente tan mal que tiene miedo de seguir vivo. Cuando no quería o no podía comer solo, Feki iba con un integrante de la tripulación: uno me tapaba la nariz y el otro me echaba sopa garganta abajo. «No queremos un hombre muerto en nuestras manos», decía el capitán. Estoy seguro de que ellos sabían qué era lo mejor, aunque en aquel momento no supe apreciarlo.

Durante ocho días y ocho noches, dimos vueltas y nos zarandeamos por el océano; hicimos una sola parada breve en Niuafo'ou (Isla de Lata) antes de llegar a Niuatoputapu. Durante la mayor parte del viaje, estaba tan enfermo que pensaba que iba a morir; tomé la decisión de que, si llegaba a volver a pisar tierra firme, no me movería de allí nunca más.

Finalmente, el barco ancló a poca distancia de Niuatoputapu y llegamos a la costa en botes más pequeños. Me había imaginado que un grupo grande de santos agradecidos nos darían una cálida bienvenida y nos expresarían su gran agradecimiento por lo que habíamos tenido que pasar para llegar hasta allí; quizá hasta cantaran, nos pusieran collares de flores y nos llevaran algo para comer y beber.

Miré a mi alrededor. Nadie.

—¿Dónde están? —le pregunté a Feki.

—¿Quiénes? —contestó.

—¡Los santos con quienes vinimos a estar!

—No vendrá nadie. Estuve averiguando y no sabían que veníamos. El telégrafo está roto, así que el mensaje no llegó.

Dado que el telégrafo funcionaba con una batería de automóvil, cuando la batería se quedaba sin carga, no había telegramas hasta que llegara una nueva en el siguiente barco.

Con dificultad, llevamos nuestras cosas hasta la playa de arena, lejos del vaivén de las olas. «Tú quédate aquí y cuida nuestras cosas —me dijo Feki—; yo voy a buscar al presidente de la rama. Regresaremos con un *saliote* (un carro tirado por caballos) a buscarte y recoger nuestras cosas para ir donde sea que vayamos a vivir. No permitas que nadie se lleve nuestras cosas y no te alejes. ¡Quédate aquí!».

No tenía alternativa, así que me senté en la arena: cansado, con hambre, con sed y muy desilusionado. Mi sueño de un grupo que nos diera la bienvenida y nos expresara gratitud se había hecho trizas.

Las únicas personas que tenía cerca eran algunos niños; unos pocos de ellos se acercaron, me tocaron y, riéndose, dijeron: «¡*Palangi, palangi!*». Algunos de los niños más pequeños se acercaron pero luego, comenzaron a llorar y salieron corriendo al oír la amenaza de sus respectivas madres que les gritaron: «¡Vengan acá o el *palangi* los atrapará!».

No entendía mucho, pero sí lo suficiente para saber que, lejos de lo que yo esperaba, no era muy bienvenido allí. Me daba cuenta de la mezcla de lástima, temor, curiosidad e indiferencia que sentía la mayor parte de la gente que se encontraba en los alrededores. Las pocas palabras que entendía de los pocos comentarios que escuchaba no me hacían sentir mejor en absoluto.

Algunas personas se acercaron y me hicieron algunas preguntas o me ofrecieron su ayuda, pero mis temores habían comenzado a aumentar e interpretaba a todos y todo como un intento de robar nuestras cosas o causarnos problemas. Recordaba las palabras de Feki, «Quédate aquí y no permitas que nadie se lleve nada», y me protegía de todo el mundo.

El tiempo pasaba; la muchedumbre que se hallaba en la costa disminuía; el sol estaba muy fuerte. Me preguntaba si Feki se habría ido para siempre. Volví a sentirme solo. Tenía ganas de llorar, pero sabía que no debía hacerlo.

Me había percatado de algunos mosquitos mientras iba de un lado a otro para proteger nuestras cosas. En ese momento en que estaba sentado más tranquilo, los mosquitos empezaron a aparecer en nubes: ¡cientos, miles, millones! Parecía como si estuvieran tratando de llevarme. Me imaginaba que el líder les estaba diciendo a sus tropas: «¡Ya hemos bebido muchísima sangre tongana, pero casi nunca tenemos la oportunidad de beber la sangre de un hombre blanco! ¡Démonos un banquete! ¡Ataquen, ataquen!».

Cuanto más intentaba espantarlos, más parecía que se me venían encima. Se estaba poniendo cada vez más caluroso y más desagradable. Feki no había vuelto, y ya había pasado más de una hora desde que se había ido. La mayor parte de las personas habían desaparecido. Me daba cuenta de que el barco ya estaba listo para zarpar otra vez.

De pronto, un verdadero pánico se apoderó de mí. *¿Y qué sucederá si Feki no regresa? Parece que no le caemos bien a la gente. ¿Qué sucederá si no hay santos aquí? ¿Y si todos se han apartado de la Iglesia? ¿Y si nos hemos equivocado de lugar? ¿Y si el barco se va y Feki no vuelve y nadie me ayuda y los mosquitos siguen atacándome y me quedo aquí sentado en la playa y me voy muriendo lentamente?*

Satanás sabe cómo mezclar las ideas para sacar a la luz nuestros peores temores. En ese estado de pánico, me levanté de un salto y pensé: «Si corro rápido, puedo llegar hasta el barco antes de que se vaya. Al menos, conozco a algunos de los tripulantes y estoy seguro de que regresarán a Nukuʻalofa. Le contaré al presidente de la misión lo que sucedió y se pondrá contento de que haya vuelto. No me quedaré aquí a morir de hambre y de sed y por los mosquitos y el calor».

Estaba casi listo para salir disparado, cuando me sacudió otro pensamiento: *¿Ocho días más de mareo?* Recordé mi decisión de no volver a abandonar la tierra firme. Me sentía confundido a causa de la mezcla de mis miedos, del calor, los mosquitos y la incertidumbre; la combinación de todo eso arremetía a golpes contra los sentimientos que me causaban pánico. No sabía qué hacer. Quería correr, pero mi estómago todavía revuelto me decía: «¿Ocho días más de mareo? ¡Ni pensarlo!».

Volví a desplomarme sobre la arena. Debería haber orado; en cambio, lloré. Finalmente, entre sollozos, pregunté: «Padre, ¿qué debo hacer?». Parecía que no recibía ninguna respuesta, pero me quedé allí sentado, como estupefacto, mirando mientras se alejaba el barco.

Estaba completamente solo. *¿Qué he hecho? ¿Por qué estoy aquí? ¿En qué lío me he metido? ¿Dónde está Feki?* Espanté algunos mosquitos más y, luego, me recosté y me resigné a lo que me deparara el destino. *¡Detestables mosquitos! ¡Adelante, disfruten de la sangre del hombre blanco! ¡Eh, madres! ¡Adelante, asusten a sus hijos diciéndoles que si no se portan bien el* palangi *los atrapará! ¡Y todos los demás! Adelante, tóquenme, golpéenme, búrlense de mí y roben nuestras cosas. ¡No me importa! ¡Ya no me importa nada!*

El presidente y la hermana McKay al partir en barco después de visitar la Misión de Tonga en enero de 1955.

Entonces pensé en mi hogar, en el hermoso Idaho. *Allá no hace tanto calor. No hay tantos mosquitos. A mi familia le gusta tenerme cerca. Todos hablan inglés. Mamá tiene un pan integral que acaba de sacar del horno. Hay mantequilla y miel. Ellos parten el pan y observan el vapor que sale de él; huelen la frescura. Miran cómo se derrite la manteca. Saborean ese pan celestial con miel… ¡ajá!* Cerré los ojos al sentir que volvían a brotarme lágrimas de añoranza. *¿Por qué estoy aquí? ¿Por qué no estoy allá?*

Podía ver a mis padres, mis hermanos y hermanas, mi novia y otros amigos. Recordé mi despedida y, vagamente, me acordé de que alguien me había dicho: «Incluso cuando extrañes tu hogar, no te des por vencido. Haz lo correcto y Dios te protegerá. Estaremos orando por ti». *Eso estaba bien para una despedida entre amigos, y quizá fuera cierto a veces; pero ¿cómo se sabe qué es lo correcto cuando uno se encuentra en estas circunstancias? ¿Es aquí donde debería estar?* Cerré los ojos nuevamente, como si quisiera borrar mis miedos.

Alguien me dio un golpecito. Me levanté de un salto. Señaló hacia el final del camino, donde distinguí un carro que se acercaba; todavía estaba muy lejos. *¿Es Feki con otro hombre? Creo que sí. ¡Feki! Feki, ¡estás vivo! ¡Me has venido a buscar! ¡Sí, es él! ¡Esa es su sonrisa!* Miré hacia el barco, que ya estaba lejos, en el canal. Estaba contento por haberme quedado.

6

Los comienzos

El *saliote* se acercó. Feki fue a mi encuentro y me explicó que, a pesar de que el telégrafo estaba roto y los miembros no sabían que estábamos por llegar, estaban contentos de tenernos allí. Le había llevado algún tiempo encontrar al presidente de la rama, otro tanto conseguir el caballo, después hallar un arnés, enganchar el carro y un buen rato llegar desde Vaipoa, más que nada porque el caballo andaba a su propio paso, que variaba entre lento y muy lento.

Cargamos nuestras cosas en el carro. Feki me presentó al presidente de la rama, quien me cubrió de abrazos y besos tonganos (se frotan nariz con nariz y mejilla con mejilla); hacía unos días que no se afeitaba, ¡así que mi cara fue sometida a un lijado profundo!

Finalmente llegamos a Vaipoa, donde vivía la mayor parte de los miembros. Nos alojaron en un extremo de la casa del presidente de la rama. A pesar de que yo estaba cansado y solo quería dormir, era obvio que no habría nada de eso hasta que prepararan una gran comida para nosotros. Nos sentamos al aire libre en el piso, con las piernas cruzadas, en un gran semicírculo, con varias cáscaras de coco humeantes a nuestro lado, las cuales, supuestamente, servían para mantener alejados a los mosquitos.

Comimos y hablamos. Estaban consternados porque yo no hablaba tongano y no podía contestar sus preguntas: «¿De dónde es? ¿Cuántos hermanos tiene? ¿De qué edades? ¿Cómo se llama su padre? ¿Qué títulos posee? ¿Cuál es el tamaño de su isla? ¿Quién tiene más puercos allá? ¿Desde cuándo es miembro? ¿Qué tipo de pescado le gusta? ¿Por qué no habla tongano?». Feki les explicó todo lo que sabía y, aparentemente, se quedaron satisfechos.

Finalmente, después de un tiempo que pareció una eternidad sobre todo para mis piernas cruzadas, alguien comentó que quizá yo estuviera cansado y quisiera irme a dormir; estuve totalmente de acuerdo. Intenté ponerme de pie, pero no pude, porque se me habían dormido las piernas; eso provocó algunas risas. Me mostraron dónde estaba el excusado, afuera, el lugar de la tina para bañarme, la ubicación del pozo para sacar agua y dónde estaban la estera, la manta y la almohada que iba a usar. Había muchos árboles de ceiba, los cuales producen el capoc, una fibra ligera, parecida al algodón, que los tonganos usan para rellenar almohadas. Supongo que algunas de las almohadas no tendrían semillas ni cáscaras en su interior, pero *a mí* nunca me tocó ninguna.

Le dije a Feki que estaba demasiado cansado para bañarme y que iría al excusado y luego a dormir; varios hombres me acompañaron hasta el retrete y se quedaron esperando para acompañarme de nuevo cuando saliera.

—¿Está seguro de que no desea bañarse? Nosotros le traemos el agua.

—No, sólo quiero ir a dormir —respondí.

—Está bien. Pero descansará mejor si se baña.

Había dormido durante varios días con la misma ropa en el bote; por eso supuse que había una razón para tanta insistencia. Por lo general, los tonganos son muy limpios y sensibles a los olores. De todos modos, fui a acostarme, me quité las sandalias, di la oración e inmediatamente me quedé dormido.

A la mañana siguiente sí quería bañarme. Pensé que habría otro lugar aparte de la tina galvanizada en el medio del patio, pero no había. Feki dijo que me llevaría el agua. Por lo que sabía, yo era el único *palangi* de la isla y la gente del lugar parecía estar fascinada por tener la oportunidad de mirarme mientras me bañaba.

Desde que era un niño no me había bañado nunca en presencia de otras personas, pero entonces me enfrenté con otro dilema: era la única persona de la isla que había entrado al templo. No quería faltarle el respeto a nadie, pero no sabía bien qué hacer. El primer día, decidí sacarme el gárment en la tina; de todos modos tenía que lavarlo. Pero no había manera de ponerme un gárment limpio en la tina sin que se me mojara. Al final, decidí cambiarme en la casa e ir y venir con un *tupenu* (un trozo grande de tela) para cubrirme.

Después de unos días, convencí a Feki de que construyéramos una mampara alrededor de la tina que sirviera de protección y la hicimos con hojas de cocotero; la mampara evitaba que los adultos me vieran, pero en seguida me di cuenta de que había ojos más pequeños que me expiaban por las aberturas para ver qué aspecto tenía un *palangi* cuando se bañaba. Con el tiempo, me acostumbré al público que me acompañaba durante mis baños.

Creo que uno puede acostumbrarse a cualquier cosa; por eso, antes de que pasara mucho tiempo, bañarme ya no era un problema. No sé si fue que ellos habían satisfecho su curiosidad o que a mí ya no me importaba; probablemente haya sido un poco de ambas cosas.

Me di cuenta de que los mosquitos eran igualmente encarnizados en Vaipoa que en la playa, junto al muelle. También llegué a la conclusión de que, aunque era agradable vivir en un extremo de la casa del presidente de la rama, no teníamos ninguna privacidad, ni nosotros ni ellos; además, si había algo que él quería que hiciéramos, eso tenía prioridad sobre nuestros planes. No era la mejor de las situaciones.

Feki y yo nos dedicamos a caminar durante los primeros días para ver las otras dos aldeas y el resto de la isla. En unas pocas horas, se puede dar la vuelta completa a su alrededor, una distancia de aproximadamente veintitrés kilómetros. Descubrí que no había agua corriente, ni electricidad, ni autos, ni motores, ni nada mecánico, excepto el telégrafo, que a veces funcionaba; no había tiendas, así que no se podía comprar nada, por mucho que fuera el dinero que uno tuviera. En realidad, en aquel lugar la gente no usaba dinero en esa época.

Percibía que los habitantes de las aldeas tenían curiosidad en cuanto a nosotros, pero, al mismo tiempo, eran reservados. Aunque estaban interesados en saber quiénes éramos y por qué razón estábamos allí, por lo general, se asustaban y no querían escucharnos cuando descubrían que deseábamos hablarles del «mormonismo» y de José Smith. La mayoría de las personas eran amables cuando notaban que necesitábamos comida o agua. Al poco tiempo, sentía que conocía a algunas personas y que ya tenía algunos amigos. Feki, por supuesto, era mi apoyo principal.

Hacía mucho calor. Todos, excepto los niños pequeños, usaban un *tupenu* atado a la cintura; era común que los hombres y las mujeres de todas las edades no llevaran nada puesto en la parte superior del torso. Si las mujeres sabían que yo andaba cerca, muchas veces se tapaban de alguna manera, pero en la mayoría de las ocasiones no lo hacían.

Me cuesta recordar cómo fue la transición, pero no me llevó un lapso muy largo hasta sentirme cómodo con ellos, y dejar de ver la novedad y lo extraño para observar la realidad de las diferentes personalidades con sus diversos problemas y preocupaciones. Al poco tiempo, me di cuenta de que, si bien el lugar era diferente de mi localidad de Idaho, los problemas cotidianos que surgen de vivir y relacionarse con otras personas eran prácticamente los mismos que en cualquier otra parte.

Llegué a la conclusión de que algunas personas eran egoístas y otras eran generosas; algunas eran amables; otras, no tanto. Algunas trataban de llevar una vida cristiana de acuerdo con lo que habían entendido, mientras que otras no parecían preocuparse por ello. Algunas eran abiertas y sociables; otras eran cerradas y distantes. Algunas eran amistosas; otras eran desconfiadas. Allí, entre sólo setecientas personas, se hallaba la gama completa de estilos de vida y personalidades.

En seguida aprendí a ser amable con todos y a ganarme su buena voluntad, en parte porque eso es lo que se supone que debe hacer un misionero, y también porque sabía que esa era la única manera de obtener alimentos. El hecho de que uno no pueda comprar comida aunque tenga dinero sino que sólo pueda conseguirla por medio de la bondad de otras personas ayuda muchísimo a tener una buena actitud hacia ellas. Todos tenían algún parentesco con los demás, así que si uno decía algo malo de alguien, se encontraba en problemas. El presidente de la rama y los miembros llevaban la carga principal de nuestro cuidado, pero prácticamente todas las personas que vivían en la isla estaban pendientes de nuestras necesidades y nos ayudaban siempre que podían. Feki tenía un parentesco con el juez principal y eso contribuía a nuestro bienestar.

Nuestra dieta se basaba en cuatro tipos de alimentos: (1) frutas como ananá, naranjas, mangos y bananas; (2) tubérculos (raíces feculentas) como *talo* (raíz de taro), *ufi*, que se parece a una papa grande (de cuarenta y cinco centímetros o más de largo y unos diez o doce centímetros de diámetro, y que queda muy suave cuando se cocina), y *kumala*, parecido al ñame (batata o boniato); (3) verduras de hojas verdes como el *lu*, similar a la espinaca, y algas; y (4) animales de la laguna, como pescado, cangrejos, langostas y otros por el estilo. Una de mis comidas preferidas era un pescado parecido a la sardina que se cocinaba entero durante dos o tres días, y luego se comía como un colín (grisín), con cabeza, tripas, cola y todo lo demás. Era un verdadero manjar.

La mayor parte del tiempo comíamos *hamu* (sólo frutas y verduras), sin ningún tipo de *kiki* (carne animal, como el pescado o la langosta). Pero un par de veces por semana, teníamos para comer algún tipo de pescado y una o dos veces por mes incluso era posible comer pollo o un poco de carne porcina, especialmente si había un funeral o un casamiento, ocasiones en las cuales se asaba un cerdo entero. No consumíamos carne de vaca, ni leche, ni ningún tipo de producto lácteo. Y, por supuesto, no había refrigeradores, ni hielo ni nada que sirviera para enfriar.

Yo gozaba de excelente salud y me sentía muy bien. Notaba que por lo general, la gente era muy sana y tenía dentadura pareja y bien blanca, cabello hermoso, buena piel, cuerpo fuerte y una energía que parecía inagotable. Como bebida, casi siempre tomábamos leche de coco. Había unos barriles donde se depositaba el agua de lluvia, que también tomábamos; era dulce, pero muy seguido teníamos que tirarla cuando las ratas u otros animales trepaban por los barriles y se ahogaban adentro. Si no llovía durante mucho tiempo, tomábamos agua de pozo, que era bastante salobre; pero cuando uno tiene sed, eso no importa.

Nuestras reuniones de la Iglesia eran maravillosas. El presidente de la rama hacía su mejor esfuerzo por dirigirlas de una manera correcta y reinaba en ellas el Espíritu de Dios, a pesar de algunos problemas obvios. Recuerdo haberle preguntado al presidente a qué hora comenzaba la reunión sacramental; él miró hacia el oeste, señaló un poco más arriba del horizonte y dijo: «Cuando el sol está más o menos por ahí».

Aprendí que ese era el mejor método; todos lo entendían y podían ver el sol. Era un reloj que estaba al alcance de todos. Mi reloj de pulsera se estropeó al poco tiempo por haberse oxidado; lo tiré y no volví a tener otro hasta que regresé a los Estados Unidos. Las personas casi siempre llegaban «a la hora», o sea, llegaban a la Iglesia cuando el sol estaba «más o menos por ahí». Si todos estaban presentes, podíamos empezar temprano; si no habían llegado todos, esperábamos. La asistencia variaba entre veinte y veinticinco personas, de acuerdo con la salud de los miembros y con los investigadores que hubiera. Las reuniones diferían mucho unas de otras y duraban hasta llegar a su fin; los domingos en que no asistía mucha gente, se terminaba una vez que todos hubieran participado; los domingos en que la asistencia era mayor la reunión concluía cuando el *umu* (la comida) estaba *moho* (bien cocida).

Era grandioso ver cuán unidos estaban todos. Nadie tenía reloj y, sin embargo, todos sabían en qué momento debían terminar los servicios de la Iglesia; era una percepción que compartían y entendían de la misma manera. Calculo que las reuniones sacramentales duraban entre una y dos horas: nunca terminaban muy temprano, pero tampoco se extendían mucho. Uno aprende mejor a sentir al unísono en estos ambientes comunitarios que cuando hay relojes y cada persona tiene que cumplir con un horario. La regla que jamás rompían era esta: cuando llegaba el aroma que significaba que el *umu* estaba listo, inmediatamente se procedía a cantar el último himno y a ofrecer la oración final.

La preparación de la comida era un arte, sobre todo cuando se trataba de la comida del domingo. El sábado hacían un pozo, colocaban madera dentro de él y agregaban piedras encima; después prendían fuego a la madera, y así obtenían piedras calientes; luego, cubrían esas piedras con hojas de plátano y arriba ponían tubérculos, pescado, batatas (boniatos) o pollo envueltos también en hojas de plátano; al fin, acomodaban más hojas de plátano sobre todo eso y lo cubrían con tierra. Aquello se cocinaba durante toda la noche y allí quedaba hasta el domingo.

Cada familia tenía su propio *umu*; de cualquier modo, casi todo se compartía. Si alguien pescaba un pez grande el sábado, lo compartía con la mayoría de las familias que se encontraran cerca.

Uno de los símbolos de mayor prestigio de aquellos días era tener una comida bastante buena para invitar a comer a los *Faifekau* (predicador, ministro o misionero). Los predicadores de religiones ya establecidas comían muy bien; nosotros todavía no habíamos llegado a esa categoría al principio de mi misión. Por otra parte, esta costumbre provocaba resentimiento en las familias que invitaban a los predicadores a comer pero que éstos dejaban de lado por otra familia.

Los lugareños a menudo se preguntaban muy interesados: «¿Dónde comerá hoy el predicador?». Yo pensaba cómo tomarían ellos la decisión. Al principio, suponía que dependería de quién les hacía la primera invitación; luego se me ocurrió que un factor importante había de ser quién tenía la mejor comida; más tarde, me di cuenta de que probablemente el factor principal fuera qué familia donaba más dinero durante los servicios religiosos.

Tuve varias experiencias mediante las cuales aprendí que entre la gente había sentimientos de amor y dolor, bondad y venganza mucho más profundos que lo que yo había supuesto. Según mi modo de ver las cosas, la mayoría de las razones que causaban los sentimientos de dolor eran bastante tontas.

Aprendí que uno puede tomar la decisión de discutir por cualquier cosa u ofenderse por lo que sea. Vi cómo aumentaban y empeoraban los resentimientos a medida que pasaban los años cuando los *Faifekau* aceptaban la invitación a comer de una familia en vez de la de otra, o en situaciones similares. Me parecían asuntos insignificantes como para sentirse herido, pero no me llevó mucho tiempo darme cuenta de que algunas de las cosas por las que decidimos dejarnos herir en nuestra cultura son igualmente absurdas. Creo que es tonto ofenderse o sentirse herido por cualquier cosa y me alegraba el hecho de que no me preocuparan los enredos de la vida de la aldea. Yo sólo quería predicar el Evangelio, pero también esperaba conseguir lo suficiente para alimentarme bien.

Trataba de entender lo que sucedía a mi alrededor, pero todos hablaban tan rápidamente que no podía seguirles la conversación. A pesar de que intentábamos salir y hacer visitas todos los días, a veces llovía tanto que apenas podíamos caminar; y en otras ocasiones, el presidente de la rama nos insistía para que le ayudáramos con sus faenas y sentíamos el deber de hacerlo porque él había hecho mucho por nosotros. Era un buen hombre y yo lo apreciaba, al igual que a su esposa y a su hija.

Trataba de obedecer al presidente de la misión y a Feki, pero me sentía incompetente y no estaba seguro de estar haciendo mucho bien. Estudiaba el idioma todo lo que podía y trataba de hablarlo con frecuencia, pero no me sentía satisfecho con lo que sabía. A veces, me parecía que estaba progresando y otras sentía que había retrocedido. Felizmente, Feki siempre estaba alegre y me apoyaba. Aprendí que cuando las personas están desanimadas, no necesitan críticas ni sermones: necesitan ejemplos positivos de felicidad.

7

Abatimiento y sentimientos profundos

Durante varias semanas, todo transcurrió bastante bien. Todos los días había algo nuevo que aprender o algún lugar diferente a donde ir. Sin embargo, al poco tiempo me di cuenta de que cada lugar al que íbamos era uno en donde ya habíamos estado y que cada cosa que hacíamos era algo que ya habíamos hecho; once kilómetros cuadrados es un área bastante pequeña, y el hacer las mismas cosas y visitar los mismos lugares una y otra vez se volvió monótono. Después, el viejo mal de la añoranza y el desánimo que la acompaña empezaron a invadirme una vez más.

Llovía mucho, hacía calor y estaba húmedo; comencé a tener la sensación de que todo tenía olor a humedad. Las palabras en tongano todavía me sonaban como un chorro que fluía sin verdadero significado. Los días me parecían infinitamente largos y la comida menos apetecible; todo tenía aspecto chato, aburrido y sin sentido. Trataba de esforzarme en el estudio e intentaba ser entusiasta y aparentar ánimo por salir y hacer visitas; pero la verdad era que estaba empezando a sentir que ya no soportaba más el clima, los mosquitos, los olores, la comida ni las palabras extrañas.

Cuando empecé a hundirme en el pozo de la autocompasión, encontré mi mayor consuelo en la oración y en el estudio de las Escrituras. Las cartas eran escasas y muy espaciadas, ya que el barco llegaba aproximadamente una vez por mes. El presidente de la misión no nos visitaba y mi compañero se negaba a hablarme en inglés. Me sentía frustrado y desanimado. ¿Por qué no entendía? ¿Por qué no me sentía mejor con respecto a la situación? ¿Qué bien estaba haciendo realmente? ¡Era un lugar tan pequeño, con tan poca gente, tan alejado, tan diferente! ¿Qué estaba haciendo allí? La pregunta que me había hecho antes de si realmente debía estar allí volvía una y otra vez. Podía oír todavía las palabras del presidente de la misión: «He orado al respecto y tengo el lugar perfecto para usted». Lo respetaba y, en cierto modo, esas palabras me ayudaron a seguir adelante.

Algunos días eran mejores que otros, pero, por lo general, tenía una tendencia a descender: descender hacia el desánimo, el descontento y el abatimiento; tenía la sensación de que, en realidad, nadie se preocupaba por mí ni sabía dónde estaba ni lo que me estaba pasando. Traté de luchar contra esas emociones, pero me encontraba cediendo cada vez más ante ellas en lugar de dejarlas atrás.

Recuerdo muy bien una mañana en que me desperté con el sonido de la lluvia. Se había formado una gotera en el techo, cerca de mis pies, y los tenía mojados; todo se sentía y olía húmedo, frío y oscuro. Nadie se movía. Me senté y pensé: «No puedo seguir ni un momento aquí en estas circunstancias. Algo tiene que cambiar. ¡Tengo que salir de aquí! ¡No lo soporto más!». Todavía estaba oscuro. Me levanté y encendí la lámpara de queroseno. Sacudí las manos tratando de alejar las nubes de mosquitos que tenía alrededor e intenté leer algo en las Escrituras.

Abrí el Libro de Mormón y leí un poco. Después de un rato, di con los ojos en unos versículos de Éter que atrajeron mi atención de forma irresistible. Leí Éter 12:27 una y otra vez: «Si los hombres vienen a mí, les mostraré su debilidad. Doy a los hombres debilidad para que sean humildes; y basta mi gracia a todos los hombres que se humillan ante mí; porque si se humillan ante mí, y tienen fe en mí, entonces haré que las cosas débiles sean fuertes para ellos».

Si había alguien que fuera débil, ese era yo. Si había alguien que necesitara fortaleza, era yo. Por alguna razón, este versículo encendió en mí la determinación de «vencer o morir» y de descubrir si realmente debía estar allí. Supongo que parte del ser humildes es saber que uno no sabe todas las cosas, y había muchísimo que yo no sabía. Sentí que tenía que recibir la confirmación de que estaba haciendo lo que Dios deseaba que hiciera y de que estaba donde Él quería que estuviera, me costara lo que me costara. No sé por qué ni cómo recibí esa impresión, pero me llegó, y me llegó con mucha fuerza.

Decidí que iba a ayunar, orar y leer las Escrituras durante todo aquel día. Estaba lloviendo y, de todos modos, no sabía si haría algún bien yendo a visitar a otras personas. Le conté a Feki mi decisión. Él se limitó a sonreír y dijo: «Está bien», y siguió con lo suyo.

No puedo ni debo entrar en detalles en cuanto a lo que sucedió en el transcurso de los días siguientes. Lo importante es que aprendí, como todas las personas pueden aprender, que Dios escucha y contesta las oraciones; quizá no siempre sea de la manera que esperamos, pero siempre es de la manera que resulte mejor para la persona que esté orando.

Si esperamos voces o visiones o una manifestación espectacular, lo más probable es que no lo recibamos. En cambio, si nos humillamos ante Dios y le pedimos con sinceridad que nos ayude, Él nos ayudará. Primero, nos ayudará a vernos como realmente somos, lo cual es, al mismo tiempo, una de las cosas más difíciles de entender y una de las bendiciones más grandes que podemos recibir. Reflexioné en cuanto a las palabras que se encuentran en 2 Nefi 4:17–19: «Mi corazón se entristece a causa de mi carne. Mi alma se aflige a causa de mis iniquidades. Me veo circundado a causa de las tentaciones y pecados que tan fácilmente me asedian. Y cuando deseo regocijarme, mi corazón gime a causa de mis pecados; no obstante, sé en quién he confiado».

Con el correr de los días, leí el resto del salmo de Nefi y los de David y muchos otros. Hay un valle de sombra a través del cual todos somos conducidos, pero, si confiamos en el Señor, llegaremos al punto de no temer «mal alguno», porque sabremos que Su «vara» y Su «cayado» nos «infundirán aliento» (Salmos 23:4).

Basta con decir que, una vez que hube pagado un pequeño precio, una vez que hube hecho un esfuerzo suficiente, el Señor, en Su bondad, consoló mi alma. ¿Qué bendición más grande podría haber? ¿Qué bendición más grande existe?

Supe que Dios sabía quién era yo. Supe que Jesús me conocía, con mis debilidades y todo lo demás, y que aun así me amaba como ama a todos los hombres, mujeres y niños; supe que Él murió por mí y por todo el género humano; supe que Él sufrió y dio Su vida abnegadamente por mí y por todas las personas. Supe que Su amor no tenía límites: era amplio, vasto y profundo como toda la eternidad, sin ninguna restricción. Supe que él era mi Amigo.

Hubo muchas luchas del espíritu y muchas lágrimas, frecuentes lágrimas de gozo; y luego, más lucha para manifestar ese gozo. Las palabras no pueden expresar los sentimientos con precisión, pero cuando llegué al final del camino que había escogido, casi no podía contenerme al leer 2 Nefi 4:34–35: «¡Oh Señor, en ti he puesto mi confianza, y en ti confiaré para siempre! No pondré mi confianza en el brazo de la carne; porque sé que maldito es aquel que confía en el brazo de la carne. Sí, maldito es aquel que pone su confianza en el hombre, o hace de la carne su brazo. Sí, sé que Dios dará liberalmente a quien pida. Sí, mi Dios me dará, si no pido impropiamente. Por lo tanto, elevaré hacia ti mi voz; sí, clamaré a ti, mi Dios, roca de mi rectitud. He aquí, mi voz ascenderá para siempre hacia ti, mi roca y mi Dios eterno».

A veces, cuando las cosas no marchan bien, pensamos que lo que debemos hacer es alejarnos de un lugar o de una persona. En ocasiones, eso es bueno, pero en la mayoría de los casos lo que debemos hacer es alejarnos de la persona que éramos antes y de nuestros sentimientos egoístas. Podemos apartarnos de un lugar o bien podemos quedarnos allí y apartarnos de nuestro egoísmo, el cual a menudo expresamos al sentir lástima por nosotros mismos. Si nos alejamos de un lugar pero llevamos el egoísmo con nosotros, el ciclo de problemas comenzará de nuevo adonde sea que vayamos. En cambio, si nos alejamos de nuestro egoísmo, sea donde sea que nos encontremos, todo comienza a mejorar.

Durante ese tiempo, ni mi compañero ni la gente del lugar me molestaron; se limitaron a dejarme solo y, únicamente de vez en cuando, me preguntaban si podían hacer algo para ayudarme; cuando negaba con la cabeza, se iban sin decir nada más. Según mi experiencia, por lo general la gente de Tonga es mucho más consciente de los sentimientos de las personas que los *palangis*; y aparentemente por instinto, saben cuándo dejarlas solas y cuándo insistir en auxiliarlas.

Desde aquel momento, traté de no mirar hacia atrás. Caí en la cuenta de que cualquier lugar o grupo de personas, por pequeño que fuera, era mucho más complejo de lo que yo podía comprender y tenía más potencial del que quizás a mí me era posible percibir. El precio infinito del sufrimiento y de la muerte del Salvador por todos nosotros hace que incluso una sola alma, en cualquier parte del mundo, sea de un valor infinito y merezca toda la energía, todo el esfuerzo, el sacrificio y el amor que seamos capaces de dar durante nuestra vida entera. En este universo, no existe tal cosa como un lugar demasiado pequeño ni un pueblo demasiado chico como para que no se justifique el poner todo nuestro esfuerzo e incluso más. ¡Me quedé convencido de eso!

El amor verdadero, el amor de Dios, es la respuesta a todos los problemas. Llena el universo y debería llenar nuestra vida, nuestros pensamientos y nuestras acciones. El saber que Él sufrió y murió por otras personas, así como por nosotros, es la fuerza más grande de todo el universo que nos da el deseo y el poder para ayudar a los demás. Todos nosotros nos quedamos cortos en muchos aspectos. Todos amamos mucho menos de lo que deberíamos. Pero el Salvador no se quedó corto ni amó siquiera una pizca menos de lo que debía haber amado. Literalmente, el universo está lleno de Su amor y nosotros debemos estar llenos de amor por causa de Él. ¡Oh, cómo deberíamos tratar con todo el corazón de convertirnos en parte de ese amor infinito! Yo tomé entonces la determinación de hacerlo.

Cuando regresé de mi odisea a la rama y a mi compañero, estaba más tranquilo y más aplacado; derramaba más lágrimas y escuchaba más. Parecía que me llegaba más todo lo que sucedía a mi alrededor y que comprendía mejor los problemas por los que estaban pasando otras personas. Procuraba entender lo que se escondía en los ojos de la gente y trataba de testificar con más fuerza que Dios vive y nos ama. Me esforzaba de todo corazón por hacerles saber que Jesús vive y nos ama y que, gracias a Él, todo estará bien… en algún momento. Trataba de tener fe y de demostrar amor y paciencia en todo. Sentía que entendía, al menos un poco mejor, la importancia de la fe, la esperanza y la caridad, y hacía un esfuerzo por impartir los frutos de esas cualidades tanto como me era posible.

Muchas veces, el élder Groberg se encontraba a solas en la playa.

Desearía estar rodeado constantemente por esa aura de calidez, amor y seguridad que sentí en aquel momento. Ya estaba listo, de otra manera, para ir a trabajar con Feki y enseñar, testificar, amar y ayudar por un motivo diferente del que tenía antes. Esperaba también estar listo para no quejarme más o, al menos, para no quejarme tanto.

8

«Los ángeles registraron el trabajo»

Después de haber recibido mi segundo aliento espiritual, trabajamos más que nunca. Debido a que pasábamos más tiempo haciendo visitas y éramos conscientes de los conflictos que eso causaba con el presidente de la rama, nos dimos cuenta de que debíamos tener nuestra propia casa. Sabíamos que el único modo de obtenerla sería construirla nosotros mismos, así que decidimos hacer exactamente eso. El hacer públicas nuestras intenciones dio lugar a una mezcla de sentimientos profundos; el presidente no quería que nos fuéramos de su casa, pero cuando acordamos construir la nuestra cerca de la suya, se mostró más cooperativo. La rama estaba compuesta por aproximadamente treinta miembros, la mayoría de los cuales eran activos al menos en el sentido de reconocer que eran miembros y asistir a las reuniones; algunos se ofrecieron para ayudar y otros no.

A fin de comenzar a construir, necesitábamos varios postes fuertes de una longitud considerable para que sirvieran de soporte externo. Algunas personas con experiencia nos dijeron que los mejores eran los del «árbol de hierro», cuyo nombre es muy apropiado; es un árbol que crece en los pantanos y dura mucho tiempo, tanto encima como debajo de la tierra. Como no había sierras, la única manera de sacar la madera para los postes era meterse en los pantanos y cortarla con un machete, pero es tan dura que incluso los primeros golpes del machete más filoso apenas le hacían una marquita.

Varios de los hermanos del sacerdocio estuvieron de acuerdo en formar parte de un proyecto para cortar los postes. Una mañana temprano nos encontramos ocho hombres para ir al pantano en grupos de a dos; cada grupo tenía que regresar con cuatro postes de «árboles de hierro» que tuvieran entre doce y quince centímetros de diámetro y de tres a tres metros y medio de largo. Era una tarea formidable, pero todos estuvimos de acuerdo; tomamos algo de beber, comimos unas sobras de *talo* y partimos hacia el pantano.

El presidente de la rama había hecho las asignaciones de los grupos; a mí me tocó de compañero un hombre joven y fuerte; el hecho de que a Feki le tocó el más perezoso de todos no escapó la atención de ninguno; no pudimos evitar una sonrisa, ya que sabíamos que Feki era, sin duda alguna, el que más trabajaba.

Como en el pantano hace siempre mucho calor y los mosquitos son terribles, todos estábamos apurados por cortar los postes y salir lo más rápido que fuera posible. Durante el tiempo que estuvimos allá, las hermanas de la Sociedad de Socorro se juntaron a tejer *polas* (hojas de cocotero tejidas) para el techo y las paredes de nuestra casa. También nos dijeron que nos tendrían preparada una buena comida para media tarde, que era cuando calculaban que regresaríamos con los postes.

Cada grupo se fue a una parte diferente del pantano y comenzó a trabajar con los machetes. Mientras yo daba unos cien machetazos, mi compañero descansaba, ¡si es que uno puede descansar sumergido hasta la rodilla en un pantano caluroso y maloliente, lleno de mosquitos que zumban constantemente a su alrededor! Después de cien machetazos, cambiábamos los puestos, él trabajaba y yo intentaba espantar los mosquitos. A pesar de que por momentos el brazo se me cansaba terriblemente, parecía que era mejor dar machetazos que estar quieto. Creo que, ya fuera quietos o dando con el machete, nos picaban más o menos con la misma frecuencia, pero al trabajar arduamente, no se sentían tanto los mosquitos, el calor ni el olor.

Finalmente, terminamos de cortar nuestros árboles. Una vez que les quitamos las ramas, ya teníamos cuatro postes de longitud y diámetro suficientes para llegar a la meta establecida. Posiblemente serían como las tres de la tarde cuando regresamos arrastrando nuestros postes; una de las parejas de trabajadores había llegado un momento antes que nosotros y otra llegó momentos después. Esperamos y esperamos, pero Feki y su compañero no llegaban. Aunque la Sociedad de Socorro ya tenía la comida lista, decidimos esperar hasta que ellos regresaran. Las mujeres todavía estaban tejiendo *polas* así que mientras esperábamos, las ayudamos.

Tejer *polas* es un proceso interesante. Hay que unir las hojas de cocotero una por una y luego, cada tanto, quebrar el dorso de una de las hojas y clavar el pecíolo roto en la siguiente hoja para mantenerlas unidas. Algunas personas hacen el tejido apretado y firme; otras lo hacen demasiado suelto. Durante las varias semanas que nos llevó construir nuestra casa, tejí muchas *polas* y llegué a ser bastante diestro en esa tarea.

Estuvimos esperando, tejiendo y charlando por un largo rato. Pasó una hora; Feki no aparecía. Teníamos hambre y la comida estaba lista, pero seguimos esperando. Dos horas. *¿Dónde estaba Feki?* Todos sabíamos qué era lo que había pasado y por qué estaban demorando tanto; todos comentámos lo mismo a medida que teníamos más y más hambre.

Finalmente, después de casi tres horas, llegaron Feki y el compañero arrastrando cuatro lindos postes. Casi al unísono exclamamos: «¡Al fin! ¿Por qué demoraron tanto?». Nadie dudaba de que Feki se había encargado prácticamente de todo el trabajo y estábamos presionándolo para que nos dijera cuán haragán era su compañero; a pesar de eso, él se limitó a sonreír al tiempo que colocaban sus postes junto al resto.

Mientras las hermanas de la Sociedad de Socorro servían la comida, nosotros seguíamos insistiendo, pero él no decía nada. Finalmente, yo le dije: «Pero ¡vamos, Feki! Cuéntanos por qué demoraron tanto. ¿Es que tu compañero no trabajó nada?».

Feki me miró fijo a los ojos. Miró al resto también y luego, dijo con voz suave: «¿Qué importancia tendría para ustedes saber por qué demoramos tanto? Trajimos nuestros postes. Los ángeles registraron el trabajo que hemos realizado hoy y eso es lo único que importa». Después nos regaló una gran sonrisa y se sentó. Nos miramos unos a otros un tanto avergonzados, porque en el fondo nos dábamos cuenta de que él había hablado con verdad y había dicho algo realmente profundo. Hasta entonces, nunca había visto a Feki como una persona profunda pero, a partir de aquel momento, así fue. Repentinamente, el ambiente pasó de las bromas a la reflexión.

La comida estaba lista así que, después de la oración, todos comimos y comenzamos a reírnos. Charlamos comentando los diferentes acontecimientos de aquel día; estábamos contentos, puesto que la comida era buena, nuestra hambre había sido satisfecha y ya teníamos los postes.

Aquella noche, durante momentos aislados de silencio, medité sobre la fuerza que tenían las palabras de Feki: «¿Qué importancia tendría para ustedes saber por qué demoramos tanto? Trajimos nuestros postes. Los ángeles registraron el trabajo que hemos realizado hoy y eso es lo único que importa».

Pensé en las muchas cosas que hacemos en la escuela o la universidad, con los amigos, en los negocios e incluso en la Iglesia, la mayoría de las cuales son para hacer ostentación, para obtener reconocimiento o para estar entre los mejores de la clase. Las enseñanzas del Salvador inundaron mi mente: «Donde esté vuestro tesoro, allí estará también vuestro corazón» (Mateo 6:21). «Ninguno puede servir a dos señores» (Mateo 6:24), y otras. Pensé en los fariseos, en la soberbia y en las trompetas para jactarse; pensé en la blanca de la viuda, y luego estuve un largo rato pensando en el publicano: Me parecía verlo y escuchar las palabras que pronunció mientras se golpeaba el pecho: «Dios, sé propicio a mí, pecador» (Lucas 18:13).

Mientras desaparecía la luz del atardecer y a nuestro alrededor caía la oscuridad, me fijé a través de la pequeña fogata en los ojos danzarines de Feki y el corazón se me llenó de admiración; se había negado por completo a degradar a otra persona. Sabía que podía confiar en él. Sí, los ángeles habían dejado un registro del trabajo, de las palabras y los sentimientos de aquel día, y todo era bueno.

9

La construcción de nuestra casa

Continuamos visitando gente todos los días, pero la mayor parte de las semanas siguientes nos dedicamos a la construcción de la vivienda. El primer paso fue decidir el tamaño y la forma de nuestra *fale* (casa) y colocar en los lugares correspondientes los postes que habíamos preparado. Tuvimos que cavar hoyos profundos y asegurar firmemente los postes con rocas y tierra, a fin de que quedaran bien asentados y pudieran resistir el peso, el viento, el paso del tiempo y otras fuerzas; fue una larga labor, pero finalmente logramos levantar los postes principales del exterior y comenzamos a trabajar en el resto de la casa.

Feki era un constructor y planificador muy avezado. Tanto la gente de Niuatoputapu como yo nos maravillábamos ante su talento e ideas. Yo había trabajado un poco en construcción, en Idaho, pero mi experiencia con serruchos, martillos, clavos y madera que ya venía cortada en diferentes tamaños era básicamente inútil allí, lo que a veces me daba vergüenza; por eso, seguía la dirección de Feki. Dentro de los postes principales, hicimos agujeros y colocamos en ellos una serie de postes mucho más cortos, sobre los cuales construimos un piso que quedaba aproximadamente a sesenta centímetros sobre el suelo y que estaba hecho con troncos de cocotero cortados a la mitad y cubierto con varias capas de hojas y esteras de coco.

A continuación, hicimos el techo. Medimos el tamaño exacto, y luego construimos la superestructura sobre el suelo, para lo cual usamos muchos postes de tamaño mediano; era un techo común a dos aguas. Después de sujetar firmemente unos postes con otros y de poner a prueba la fortaleza y la firmeza de la superestructura, le colocamos encima cientos de *polas*, unas sobre otras, bien atadas para sujetarlas y separadas sólo por unos centímetros, como si fueran tejas. En la unión del techo, colocamos algunas *polas* que estaban hechas con el propósito de que la lluvia cayera y corriera equitativamente por ambos lados. Como llovía mucho, probamos muy bien el techo mientras todavía se encontraba en el suelo y llenamos todas las hendijas antes de colocar la estructura completa sobre los postes principales y asegurarla a éstos con más *sennit*.

A continuación, levantamos las paredes atando pequeños postes con *sennit* de coco en sentido horizontal a los postes principales que eran perpendiculares. (El *sennit* era una cuerda trenzada hecha de cáscaras de coco.) Después, llevamos las *polas* ya secas que las hermanas habían tejido y las atamos a la estructura por sectores; dejamos un espacio para la puerta y atamos las *polas* a los postes a una altura aproximada de un metro veinte desde el suelo; el espacio que quedaba entre las *polas* y el comienzo del techo lo dejamos abierto para que hubiera ventilación.

No se usaron clavos para la casa, sólo materiales locales; supongo que alguien habría probado los clavos antes, pero rajaban la madera quebradiza, se oxidaban y su calidad parecía ser inferior a la de los amarres de *sennit*. Durante la construcción, me di cuenta de cuán útiles les resultaban los cocoteros a los tonganos; no sólo les proporcionaban sombra y belleza, sino que con los troncos se hacían postes para las casas; con las hojas se hacían *polas* para los techos y las paredes; los cocos proveían bebida, alimento y aceite; las cáscaras servían como materia prima para los amarres de cuerdas o hilos; y lo que sobraba servía como leña para cocinar.

Algunos de los diseños de ataduras de *sennit* que Feki y otras personas hacían en las vigas eran hermosísimos, y para mí, eran obras de arte. No sólo las vigas cruzadas estaban muy bien aseguradas por el *sennit*, sino que, además, el motivo y el diseño que se formaba al superponer cuidadosamente varias cuerdas de colores (teñidas) eran magníficos a la vista, como si se tratara de una hermosa pintura. Feki, y también otras personas, sentían mucho orgullo de su trabajo.

Después de levantar el techo y asegurarlo con ataduras, tuvimos una estructura que ya tenía el aspecto de una casa, y así lo sentimos. Luego, colocamos una serie de *polas* que no estaban sujetas al techo y que podían bajarse para cubrir el espacio que quedaba abierto en caso de que lloviera fuerte o hubiera viento. Aún necesitábamos una puerta y algunos escalones para subir los sesenta centímetros que había entre el suelo y el piso; pero, de todos modos, comenzamos a dormir en nuestra casa.

Poco tiempo después, nos dimos cuenta de que a los cerdos y a las gallinas les encantaba meterse debajo del piso que habíamos levantado; hacían mucho ruido, y ni hablar del olor y la suciedad que dejaban. Feki y yo llegamos a la conclusión de que la situación no daba para más, así que conseguimos una gran cantidad de postes pequeños, los cortamos de un metro veinte de largo y les afilamos uno de los extremos; después, hicimos unos mazos largos, de madera, y durante muchos días estuvimos clavando postes en la tierra alrededor de nuestra casa. Acabamos con varios mazos, pero, finalmente, logramos cerrar un área de perímetro amplia con cientos de postes que estaban bastante cerca unos de otros como para que los cerdos, los perros y las gallinas no pudieran entrar.

Feki se las ingenió para hacer un portón y una puerta, y poco después ya teníamos una casa de verdad. Nos llevó varias semanas completar el proyecto. Tuvimos bastante ayuda, tanto de los miembros como de otras personas; sin embargo, Feki fue el que hizo la mayor parte del trabajo. Yo ayudé lo mejor que pude, lo cual, probablemente, no haya sido mucho.

Las hojas de coco se tejían y luego se secaban al sol a fin de usarlas para hacer el techo y las paredes de la casa.

El techo se construía sobre el suelo y luego lo levantaban y colocaban en su lugar. Las polas secas se sujetaban como si fueran tejas.

Uno se siente bien cuando por fin ha logrado algo muy difícil. Ojalá más misioneros pudieran tener la experiencia de construir su propia vivienda; una casa se valora mucho más cuando se ha trabajado mucho tiempo para construirla. Por supuesto, los tiempos y las circunstancias han cambiado en la actualidad, pero sigo pensando que los misioneros, por lo general, deberían sentir más orgullo del lugar en donde viven.

Una vez que la casa estuvo terminada, nos mudamos oficialmente con nuestras cosas de la casa del presidente de la rama a la nuestra. ¡Qué día fue aquel! Las mudanzas son igualmente traumáticas en cualquier parte. Estábamos cerca de la vivienda del presidente, pero bastante alejados para vivir aparte y gozar de la privacidad que todos necesitábamos.

Tuvimos un servicio de dedicación de nuestra casa, al cual invitamos a los miembros de la rama y a muchos otros amigos; muchas personas nos habían ayudado y la mayor parte de ellas asistió a la dedicación. Nos

Feki martillando los pequeños postes del cerco para mantener alejados a los animales.

Feki atando polas secas para hacer las paredes de nuestra casa casi terminada.

vimos obligados a ofrecer un banquete a los invitados y, por ello, tuvimos el trabajo extra de preparar la comida y la bebida. Los hermanos del sacerdocio y las hermanas de la Sociedad de Socorro ayudaron tanto y de tan buena gana en la preparación del banquete como lo habían hecho en la construcción de la casa. En consecuencia, la dedicación fue un gran éxito. Le pedimos al presidente de la rama que ofreciera la oración dedicatoria y lo hizo muy bien; de allí en adelante, él se sintió mejor con respecto a todo. Nuestra independencia ya era oficial y nos sentíamos muy bien de estar en nuestra propia casa.

10

El niño y el árbol de mangos

Al poco tiempo de habernos mudado, recibí una gran lección en cuanto a la fe de los tonganos. Esto fue lo que sucedió un día: hacía calor, los mangos estaban maduros y la vida avanzaba lentamente. Feki y yo acabábamos de regresar de hacer visitas cuando, de repente, oímos unos gritos y nos dimos cuenta de que había ocurrido algo fuera de lo común.

El ruido de una pequeña multitud se estaba acercando a nuestra casa. Justo cuando salimos para ver qué sucedía, uno de los miembros, su familia y otras personas iban llegando a nuestra *fale*.

El padre cargaba el cuerpo aparentemente sin vida de su pequeño de diez años, envuelto en un gran *tupenu* (trozo de tela). Al bajar al niño de sus hombros y ponerlo en mis brazos, me dijo: «Se cayó desde lo alto de un árbol de mangos y se golpeó la cabeza y la espalda contra las raíces. Tómelo, haga que se ponga bien y tráigamelo de vuelta».

Miré al niño exánime y contesté: «Pero, ¡está muerto! ¿Qué puedo hacer yo?». El padre simplemente me miró y respondió:

—Si está muerto o no, yo no lo sé. Lo que sí sé es que quiero que vuelva a estar bien y usted tiene el poder para lograrlo.

—La vida proviene de Dios —le expliqué—. Si Dios ha permitido que su vida se vaya, deberíamos resignarnos.

—He hablado con Dios —me respondió—. En este momento, deseo que mi hijo regrese a mí más de lo que Dios desea que vuelva a Él. Sánelo. No es nada malo.

Yo no sabía las palabras que debía usar en tongano para darle una bendición a su hijo y estaba tratando de encontrar una manera de salir de esa situación incómoda; nunca había experimentado personalmente ese tipo de fiel determinación y lo único que deseaba en aquel momento era irme de allí, pero la mirada esperanzada del padre, la madre, los hermanos y los amigos era tan intensa que me sentí sumamente presionado para hacer algo.

«Tenemos que encontrar al presidente de la rama», dije, en un intento por hacer tiempo; apenas lo había dicho, apareció el presidente, que estaba trabajando en el jardín, había escuchado el alboroto y acudió a ver qué sucedía.

Feki le explicó rápidamente la situación. Prácticamente aterrorizado, le dije:

—Usted es el presidente de la rama; ésta es su responsabilidad. —Intenté entregarle al niño, pero él me contestó:

—No, téngalo. Me voy a bañar, a asearme y ponerme mi ropa de domingo. Luego, le daremos una bendición y ya veremos cuál es la voluntad de Dios.

Yo no podía creerlo y me quejé:

—El niño está muerto o muriéndose y ¿usted quiere asearse primero?— Él me miró con compasión (y quizá un poco de desdén por mi falta de fe) y contestó:

—El dar una bendición a alguien es un acto sagrado. No voy a dirigirme a Dios todo sudado y con la ropa sucia.

Tuve la sensación de estar esperando durante horas, aunque probablemente haya sido menos de diez minutos. Todos estaban serenos y tranquilos, pero a mí el corazón me latía con una fuerza tremenda. El niño no se movía. Finalmente, el presidente de la rama regresó vestido con ropa blanca y limpia y con una botella de aceite de oliva. Feki, que era presbítero, me ayudó con las palabras en tongano para que ungiera al niño, y el presidente selló la unción y lo bendijo.

Aunque no entendí todas las palabras de la bendición, entendí lo que el presidente me dijo cuando terminó: «Tome al niño. Ore. Ejercite la fe y se hará según la voluntad de Dios, la fe de sus padres y su fe».

Durante todo aquel tiempo, no había percibido un solo latido ni respiración ni ningún movimiento en el niño; sentí desesperación cuando todos los ojos se volvieron a mí. La lógica de mis pensamientos me inducía a decirles: «Caven la tumba; este niño está muerto. ¡No me obliguen a hacer esto!».

Sin embargo, la fe de los tonganos me llevó a entrar en nuestra casa con Feki, cargando el cuerpo exánime del pequeño. Era casi de noche. Cerramos la puerta, bajamos las persianas y nos quedamos sentados, en una especie de estupor pensando en las últimas palabras del padre: «Nos quedaremos aquí esperando todo el tiempo que sea necesario. Sólo le pido que me devuelva a mi hijo con vida y buena salud». Lo acosté en el piso, envuelto en su *tupenu*. No se notaba absolutamente ningún movimiento.

He estado asustado en muchas ocasiones, como en choques automovilísticos, algunas veces en que estuve a punto de ahogarme, exámenes académicos y situaciones similares; pero no estoy seguro de haber estado nunca más asustado que en aquel momento. Se trataba de una vida; se trataba de la fe. Se trataba nada más y nada menos que del poder del sacerdocio. Y ahí sólo estábamos yo, mi compañero, un cuerpo aparentemente sin vida y... Dios.

Oré cómo nunca había orado: «Ayúdame a salir de ésta. ¿Qué debo hacer?» Derramé lágrimas: lágrimas de tristeza por la familia y el niño y también lágrimas de temor. ¿Qué podía hacer? Mi fe sencillamente no era bastante fuerte. Feki se había sentado en un rincón, esperando en silencio.

Poco a poco, la neblina de mi desesperación mental comenzó a disiparse y esto es lo que empecé a sentir: Esta es la obra de Dios. Yo me encuentro en Su misión. El presidente de la rama posee el sacerdocio; yo también lo poseo. Esas personas tienen fe. Dios no nos abandonaría sin darnos la solución. Esa gente puede entender y no será tan terrible. De alguna manera, la situación se solucionará.

Luego reflexioné: Dios vive y nos ama, Jesús vive y nos ama; Él sanó a los enfermos y devolvió la vida a los muertos. En el momento en que mi mente captó ese pensamiento, comenzó a aparecer una luz; el temor empezó a desvanecerse. La fe empezó a motivar mis oraciones.

Cuanto más fervientemente oraba, más brillante era la luz. Ya no pensaba. «¿Cómo salgo de esta situación?», sino «¿Cuál es la voluntad de Dios? ¿Qué debo hacer? Lo haré, sea lo que sea». Me sentía mucho mejor. Todavía temblaba, pero la luz y el valor estaban reemplazando a la oscuridad y el temor.

El tiempo pasaba; de pronto, tuve una impresión apenas perceptible: «Hazle respiración artificial». Esperé, pero la impresión permaneció. La única respiración artificial que recordaba era la que había aprendido cuando era Boy Scout y nos enseñaban a empujar la parte posterior de la caja torácica, diciendo: «Sale el aire malo, entra el aire bueno». Parecía tonto, pero sentí que debía intentarlo. Ni siquiera pensé en el daño que podía causarle si tenía algún hueso roto. Lo coloqué boca abajo, le puse la cabeza hacia un costado y los brazos formando ángulos rectos. Sentí en su cuerpo el desfallecimiento y el frío de la muerte, pero también sentí el calor y el poder de la fe que parecían estar penetrando las mismísimas paredes de nuestra casa.

No recordaba exactamente qué hacer, excepto presionar la espalda y decir: «Sale el aire malo», luego soltar y decir: «Entra el aire bueno», y eso fue lo que hice. Durante varios minutos fue aumentando mi esperanza, pero, a medida que pasaba el tiempo y no sucedía nada, aquel sentimiento oscuro de temor empezó a invadirme otra vez. «¡No! —dije—. ¡Vete de aquí! ¡No puedes estar aquí; no con la fe que tienen ellos!»

De repente, sentí un pequeño movimiento. ¿Habría sido alguno de mis músculos? Silencio. Más respiración artificial. Otro movimiento. *No soy yo*, pensé. Luego, otro movimiento, y otro más definido. Debía de haber pasado una hora desde que lo habían puesto en mis brazos sin ninguna señal de vida. Más respiración artificial. Un movimiento más fuerte; entonces, de pronto, unas violentas arcadas y un aluvión de vómito con gran cantidad de trozos de mango a medio digerir y jugos gástricos se desparramó por el suelo; salía y salía; parecía mucho más de lo que podía retener un niño pequeño.

El olor era terrible, y sin embargo, era dulce, porque ¿qué era eso que noté cuando se le pasaron las arcadas? ¿Pequeños vestigios de respiración? ¿Leves movimientos ascendentes y descendentes de la espalda? ¿Era posible?

El fiel Feki salió de su rincón y, con un trapo, un balde y agua, comenzó a limpiar lo que se había ensuciado.

La noche siguió su curso. Por momentos, me parecía que respiraba con normalidad; en otros, pensaba que me estaba engañando a mí mismo. Las oraciones continuaron ascendiendo durante toda la noche. La lucha entre la luz de la fe y la oscuridad del temor también continuó. Finalmente, comenzaron a verse las primeras luces del amanecer. Aún no se notaba ningún movimiento continuo. No obstante, a medida que la luz del día fue convirtiéndose en realidad y la oscuridad fue desvaneciéndose, del mismo modo la luz de la fe comenzó a reinar y la oscuridad del temor a desaparecer.

No había duda de que el niño estaba respirando y la zona del corazón estaba tibia. No pensábamos en comer ni en beber nada, sólo en ayunar y orar y en el sostén espiritual de la fe que nos ayudaba a seguir adelante. Durante el correr del día, escuchamos a la familia que seguía afuera, pero en ningún momento se quejaron ni nos hicieron preguntas. Se limitaron a esperar, orar y creer.

Una vez más, llegó el crepúsculo; la luz iba desapareciendo y la leve cobertura de la oscuridad envolvía nuestra pequeña *fale*, pero entonces no llegó acompañada del temor, sino de una dulce seguridad de que todo estaría bien.

Las oraciones continuaron, pero se ofrecieron con más fe durante la segunda noche. Seguimos administrándole un constante *mili mili* (acción de frotar y masajear la espalda). Por fin, al volver la luz de la segunda mañana, el niño movió un poco la cabeza, se oyó un suave gemido y notamos un leve movimiento de los párpados. Al filtrarse los primeros rayos de sol a través de las rendijas de las hojas de cocotero y extenderse por el piso hasta el rostro del niño, como movidos por un resorte, sus ojos se abrieron; miró a su alrededor un momento, aún sin moverse, y sencillamente preguntó: «¿Oku ou 'ife?» («¿Dónde estoy?»).

Luego, volvió a cerrar los ojos por un instante; y volvió a abrirlos. Movió la cabeza; se puso de espaldas y después de costado. Intentó levantarse, pero no pudo. Estaba demasiado débil para caminar, ¡pero estaba vivo! Lo tomé en brazos y lo llevé afuera, donde estaban sus padres. Cuando Feki abrió la puerta, la familia entera estaba esperando de pie. Me limité a devolver el niño a su padre y decirle: «He'e, ko ho foha. Kuo sai» («Aquí está su hijo. Está bien»).

Con lágrimas de gratitud, me agradecieron profusamente. Con la mayor sinceridad que he llegado a sentir, les contesté: «Agradézcanle a Dios, no a mí. Él lo sanó. En un sentido eterno, realmente sólo Él puede sanar. Así es el Salvador: es el gran Sanador de toda la humanidad y de todos nuestros problemas. Si tan solo tenemos fe en Él y hacemos lo que Él dice, nos sanará de todos nuestros males». Ellos me escucharon respetuosamente.

Es difícil comprender los sentimientos de aquel momento, profundos y llenos de amor, fe, lágrimas de gozo y del Espíritu de Dios. Feki y yo regresamos a nuestra casa y, después de orar, dormimos, dormimos y dormimos. Nadie nos molestó. ¡Qué dulce es dormir cuando uno ha cumplido con su deber y seguido la voluntad de Dios, fuera lo que fuera que se le haya requerido!

No sé por qué ni cómo sucedió aquel incidente; todo lo que sé es que sucedió. He visto esa misma fe en muchas otras ocasiones, pero sin los mismos resultados. He aprendido que la verdadera fe en Dios no requiere determinados beneficios físicos, sino más bien el deseo sincero de que se haga la voluntad de Dios, sabiendo que Él sabe qué es lo mejor. Debemos hallar un lugar en nuestro corazón y en nuestra vida para la gran fe que se esconde tras la declaración sublime: «No se haga mi voluntad, sino la tuya» (Lucas 22:42). Cuando entendemos Su voluntad por medio de la fe, no existen más preguntas ni problemas, ya que, incluso si la Suya es diferente de la nuestra al orar, nuestra voluntad se convierte en Su voluntad.

En aquella y en otras situaciones similares que viví en Tonga, me sentía más como espectador que como participante activo. Sentía como si estuviera de pie en la orilla de un imponente río mirando pasar la poderosa corriente de fe. Ese río de fe era como un torrente incomprensible que veía y sentía, pero que no podía llegar a comprender de dónde venía ni hacia dónde se dirigía; de todos modos, cada parte de mi ser sentía su fuerza, belleza y poder. ¡Era grandioso!

Unos días después, el niño ya estaba corriendo por todos lados y trepando árboles de mango otra vez.

No se armó un gran revuelo entre la gente de Niuatoputapu, aun cuando todos se enteraron de lo que había sucedido. Al menos en apariencia, no había habido muchos cambios. Se nos abrieron algunas otras puertas; pero, aunque la mayoría seguían cerradas, sentí un cambio sutil en el ambiente.

Dondequiera que fuésemos, oíamos pequeños susurros, tanto buenos como malos. Las personas ya no nos daban la espalda con tanta brusquedad; nos hicieron más preguntas; algunos nos escucharon y unos cuantos se bautizaron. Las oportunidades de enseñar y de compartir nuestro testimonio aumentaron un poco, y la obra de Dios y la edificación de Su reino empezaron a avanzar.

11

Un remedio rápido

Seguimos haciendo visitas, pero la mayoría de las personas continuaron rechazándonos. De vez en cuando, alguna familia aceptaba escucharnos y, cuando lo hacían, nos quedábamos y hablábamos tanto tiempo como fuera posible. Una noche nos quedamos hasta muy tarde en la casa de una familia que vivía en otra aldea, y ellos nos preguntaron si podíamos pasar la noche en su casa; yo no estaba seguro, así que miré a Feki; él asintió en señal de aprobación y nos quedamos. Nos dieron de comer una gran cena y nos extendieron unas esteras en uno de los extremos de la casa. Después que cada uno dio su oración, en seguida nos dormimos.

Estaba profundamente dormido cuando percibí un movimiento cerca de mí; me di vuelta e intenté volver a dormirme, pero no me sentía tranquilo. Afuera la luna brillaba y, como el extremo de la casa donde nos encontrábamos tenía una parte del techo abierta, era bastante fácil ver lo que había alrededor. Al mirar hacia donde debía estar Feki, me di cuenta de que no estaba allí; entonces miré hacia el otro lado y vi que alguien había puesto otra estera en la que estaba acostada una hermosa joven; una sábana le cubría casi todo el cuerpo. Cuando se dio cuenta de que me había vuelto hacia ella, sonrió y se bajó un poco la sábana.

Me sentí abrumado. *¿Dónde estaba Feki? ¿Cuánto tiempo haría que se había ido?* No podía quedarme allí, pero tenía miedo de levantarme y salir, porque sabía que ella estaba despierta. Si la rechazaba de manera evidente, podría hacer circular malos rumores y yo no sabía lo que haría la joven ni los miembros de su familia. *¿Cómo había llegado a esa situación?* En seguida cerré los ojos con la esperanza de que no se hubiera dado cuenta de que estaba despierto y pensando que su reacción quizás se debiera a mi movimiento al darme vuelta.

Oré de todo corazón. *¿Qué debo hacer? Por favor, ¡ayúdame a salir de esta situación! No tuve la intención de que esto sucediera.* Sentí que empezaba a subirme la temperatura y, de repente, empecé a tener dolores muy fuertes en el estómago y me di cuenta de que estaba por vomitar. De un salto, me levanté de la estera tosiendo y esforzándome por no vomitar allí. Salí corriendo hacia los arbustos que se encontraban más cerca y vomité con arcadas tan seguidas y violentas que pensé que se me iban a salir hasta las entrañas. En seguida se reunió a mi alrededor un pequeño grupo de gente, incluso Feki, los dueños de casa, la joven (que se había vestido apropiadamente) y otras varias personas; todos se daban cuenta de cuánto estaba sufriendo y se preocuparon sinceramente al ver que había un poco de sangre en lo que vomitaba.

Finalmente, comencé a sentirme un poco mejor del estómago pero seguía temblando, estaba cubierto de sudor y muy afiebrado. Mis acompañantes me ayudaron a llegar hasta una cómoda estera que habían puesto al aire libre. Feki y una o dos personas más empezaron a abanicarme y me pusieron unas toallas húmedas en la frente para hacer bajar la fiebre; se quedaron conmigo el resto de la noche mientras me daba vueltas y vueltas muy agitado.

Ya era casi el amanecer cuando logré conciliar el sueño y dormir unas horas. Al despertar ya era de día; alguien había armado un dosel de sábanas sobre mí con cuatro postes. Feki y otras dos personas todavía estaban allí cuidándome; cuando abrí los ojos, eran todo sonrisas.

¡Qué hermoso ver a Feki, con su sonrisa contagiosa, sus dientes tan blancos y esa confianza en sí mismo que comunicaba! Volví a cerrar los ojos y le agradecí a Dios por Su ayuda. Dormí un poco y, cuando volví a despertarme, sólo estaba Feki. Ya no tenía el estómago revuelto, ya casi no tenía fiebre y me sentía bien; le pregunté a mi compañero adónde se había ido durante la noche y él me contó que el padre de la familia le había pedido que fuera a ayudarlo con un trabajo; mientras trabajaban, yo había salido y comenzado a vomitar. Nunca le dije lo que sucedió y dudo que él se lo haya imaginado.

Aprendí que Dios siempre nos mostrará la manera de escapar del peligro si acudimos a Él con sinceridad, aunque quizá los medios que emplee puedan ser a veces un tanto inusuales. También llegué a entender mejor por qué los compañeros de misión deben permanecer siempre juntos.

Al fin me levanté y caminé un poco; todavía no podía mantenerme del todo firme. La familia salió y se disculpó pues pensaban que me habían dado algo envenenado. «Aunque es extraño —reflexionaron—; todos comimos lo mismo y nadie más se enfermó». Me preguntaron cómo me sentía y les aseguré que estaba bien; quedaron muy aliviados y expresaron su alegría de que ya me sintiera mejor. La joven que había estado allí la noche anterior se encontraba entre las personas que parecían reconfortadas al verme mejor. Nunca volvió a mencionarse el incidente y nunca volvimos a dormir en aquella casa.

12

Tangi lau lau

A esa altura, ya podía comunicarme un tanto en tongano, aunque no en conversaciones profundas. A las pocas semanas de habernos mudado a nuestra casa, llegó una delegación de la aldea Falehau y nos preguntó si podríamos acompañarlos a fin de ayudar a un hombre que estaba muy enfermo; como sabíamos que en ese momento no había un doctor ni tampoco un hospital en la isla, dijimos que sí y de inmediato fuimos a Falehau. Cuando llegamos, noté que había muchas personas en los alrededores que nos miraban con escepticismo y, a la vez, expectación.

El hombre que estaba enfermo tenía alrededor de cincuenta años; le había salido en el cuello un forúnculo que había crecido hacia adentro y le estaba obstruyendo el conducto de la garganta; no podía comer ni beber y le costaba respirar. Parecía estar muriendo de hambre y era piel y huesos. A diferencia de la familia y los amigos que se habían reunido cuando se accidentó el niño miembro de la Iglesia, a aquel grupo no lo unía la fe. Yo estaba asustado; no tenía ni la menor idea de qué hacer pero me daba cuenta de que esperaban que hiciera algo.

El contacto principal que los tonganos de esta isla habían tenido con la gente blanca databa de la época de la Segunda Guerra Mundial, cuando algunos soldados de los Aliados pusieron una estación de rastreo en la cima de la montaña; unos meses más tarde, llevaron la estación de rastreo más hacia el oeste, a las Islas Salomón. A pesar de que los soldados sólo habían estado allí poco tiempo, se hicieron famosos por tres cosas: primero, por ser mujeriegos; segundo, por enseñarles a los jóvenes del lugar a usar la piña para hacer «cerveza de monte» o «casera» (que en ocasiones resultó ser mortal); y tercero, por repartir píldoras y medicinas. Calculo que esta gente pensaba que, como yo era blanco, seguramente tendría algunas píldoras o pociones que ayudaran a curar a aquel hombre.

Cuando les dije que no tenía ninguna píldora, sus semblantes decayeron y me asusté aún más. Le pedí a Feki que les explicara que, aunque no tenía píldoras, estaba dispuesto a orar por él, pero se burlaron cuando mencionamos la oración y siguieron insistiendo en que probara con algo diferente.

Cerca de la casa habían encendido una fogata de la cual salía mucho humo para espantar a los mosquitos, y eso hacía que me costara respirar; también me pareció que ese humo no podía ser bueno para el hombre enfermo, que ya tenía dificultades para respirar, y se lo dije a Feki; a pesar de eso, él me dijo que no mencionara nada al respecto y me instó a probar alguna otra cosa.

Aunque oraba y me esforzaba porque se me ocurriera algo, no recibí ninguna impresión de lo que debía hacer. Me pidieron que examinara al hombre más detenidamente, y esa fue una experiencia horrible; estaba seguro de que estaba muy cerca de la muerte: apenas podía moverse y respirar, y a su alrededor había un olor nauseabundo. Me preguntaba si podrían cortarle la garganta con un cuchillo para abrirle el forúnculo y si eso le haría algún bien; pero no podía explicarles cómo hacerlo y tampoco sabía si era lo que debía hacerse, así que lo descarté.

Nos quedamos varias horas, hasta que empezó a anochecer y en ningún momento se me ocurrió qué hacer. Al fin, una vez que se dieron cuenta de que yo no podía o no iba a hacer nada, nos dejaron ir. Cuando nos íbamos, sentí que la expresión que veía en la cara de los familiares y amigos era oscura y con un dejo de ira en sus ojos.

Llegamos a casa ya entrada la noche. Después de realizar las faenas diarias de recoger agua, juntar leña para hacer fuego, barrer la casa y el patio y bañarnos, leímos las Escrituras, hicimos nuestras oraciones y dimos el día por terminado.

Yo no me podía dormir; me perseguían los recuerdos del hombre en agonía, el olor espantoso, el humo y la mirada enojada de su familia y amigos; la combinación de todo eso se convirtió en una pesadilla. Oré pidiendo ayuda para sentirme mejor y le expliqué a Dios que había hecho mi mejor esfuerzo pero que no me había dado cuenta de lo que podía hacer. De a ratos lograba dormirme por un instante y luego me despertaba bruscamente con un sentimiento de temor.

En algún momento de aquella larga y aterradora noche, me desperté sobresaltado con un sonido espeluznante que parecía emanar de las paredes, del piso, del cielo y de todo lo que se encontraba a mi alrededor. Al principio, más que oírlo, lo sentí: un sonido horripilante y casi sobrenatural, y era cada vez más fuerte. No estaba soñando... ¡era real!

¡Qué alaridos y quejidos y llantos! Parecían precipitarse desde los árboles, llenar la isla e invadir nuestra casa y envolverme en el más negro de los temores. Noté que Feki se movía. Frenéticamente, le pregunté:

—¡¿Qué es eso?!

—Es un tangi lau lau (duelo por los muertos) —respondió él. Sentí escalofríos, y me pregunté qué significaría.

El sonido aumentaba y se acercaba cada vez más. Debido al miedo que tenía, me imaginaba que la familia y los amigos del hombre muerto me estaban buscando. *Pero ¿por qué y cómo? ¿Qué van a hacer? ¿Qué puedo hacer yo?* No podía esconderme; no tenía ningún lugar adonde ir. Además, estaban ya casi llegando a nuestra casa.

Temblaba de miedo. No tenía dudas de que, como les había fallado, querrían asegurarse de que las pagara. *Pero ¿en qué forma terrible?* Había dado rienda suelta a mi miedo e imaginación. Casi en estado de histeria, me aferré de Feki. «¡Ayúdame, ayúdame, están llegando! ¡Escucha esos alaridos y llantos! ¡¿Qué haremos?!».

Con tranquilidad, Feki se puso el *tupenu*, abrió la puerta y salió a la espesa oscuridad de donde en ese momento venían llantos y alaridos como yo jamás había oído; pensé en lo valiente que era Feki al introducirse en la mismísima garganta oscura y tumultuosa del infierno, pues eso era lo que me parecía aquel alboroto.

Oí unas voces más bajas, unos susurros, un par de preguntas y algunas respuestas, pero no pude entender la mayor parte de la conversación. Cuando Feki regresó a la habitación, empezaron de nuevo los alaridos. ¿Me habría traicionado? ¿Qué pasaría? Feki no sería capaz de hacer eso. ¿O sí? Quizá lo hubieran hecho víctima de algún hechizo. ¿Qué debía hacer yo?

Tenía una expresión sombría. Se sentó y se quedó mirándome por un largo rato. Yo transpiraba; se me cortaba la respiración y el corazón me latía despiadadamente. Entonces, tranquilamente y con gravedad, me dijo: «El hombre que fuimos a ver esta tarde acaba de morir. Hubo algunas discusiones entre ellos; unos dicen que deberían habernos permitido quedarnos allí y orar; otros dicen que nuestra visita aceleró su muerte; e incluso hay otros que dicen que su muerte era inevitable y que nosotros no tuvimos nada que ver con ella. Finalmente, el jefe de familia les dijo que nosotros hicimos lo mejor que pudimos para ayudarles, pero que la voluntad de Dios era que el hombre muriera y que debían invitarnos al velatorio y al funeral. Por eso, enviaron una delegación para pedirnos que vayamos ahora mismo».

Feki continuó: «Vístete y sígueme. No te preocupes, ellos entienden y no te pasará nada malo. Todo saldrá bien».

No estaba del todo convencido, pero confiaba en Feki. Después de las cosas terribles que me había imaginado, estaba listo para aferrarme a cualquier indicio de esperanza. El cielo comenzaba a iluminarse mientras me vestí y, temblando, seguí a Feki por el camino que conducía a Falehau. En la penumbra del amanecer, las sombras y los sonidos se hacían más pronunciados y parecía que literalmente se nos venían encima. Al no haber absolutamente nada mecánico que interfiriera con el silencio de la mañana, podía oír casi todo e imaginarme el resto. El llanto y los lamentos hacia los cuales nos dirigíamos parecían más fuertes e intensos que nunca. Seguí a Feki. Tenía que confiar en él. No tenía otra salida.

Cuando llegamos al funeral, ya había una gran multitud reunida; estaba completamente claro y había comenzado un nuevo día.

Nos pidieron que nos sentáramos cerca del ataúd del muerto, que estaba cubierto con esteras y tela de *tapa*. Entre los familiares y amigos eran muchísimas personas; todos estaban despeinados, con el cabello alborotado, y con ropas viejas; llevaban esteras gastadas, andrajosas y sucias. Su vestimenta era negra, harapienta y estaba rota (más tarde aprendí que cuanto más vieja y sucia, más respeto se mostraba). Gemían y lanzaban polvo al aire y sobre su cabeza. Algunos se rasgaban la ropa y daban otras demostraciones de profunda emoción y tristeza.

El miedo que sentía se fue transformando en asombro. Aún no entendía bien lo que estaba ocurriendo pero se me iba contagiando la emoción de todo aquel acontecimiento; unos se acercaban y se echaban encima del cuerpo sin vida del hombre, mientras que otros se tiraban a sus pies y proferían alaridos que no pensé que los humanos fueran capaces de producir. Emocionalmente, me debatía entre dos sentimientos: estaba fascinado y asustado al mismo tiempo.

Llegó un grupo de cinco mujeres. Iban vestidas de negro, con esteras viejas, tenían el cabello erizado y sus rostros y ojos estaban sumidos en el pesar y la aflicción. ¡El llanto y los lamentos eran algo impresionante! Me imaginé que serían hermanas o tías o incluso hijas del difunto. ¡Cómo gemían y seguían con los lamentos, tan sinceros y desolados! «¡Oi, oi, ouuuiiii!», se lamentaban con todas sus fuerzas, sosteniendo el sonido final «iiii» tan alto que uno pensaría que los pulmones les iban a explotar; luego comenzaban a descender en la escala como un trombón hasta llegar a sonidos muy graves y suaves. A continuación, respiraban hondo unas cuantas veces y, con vigor renovado, volvían a prorrumpir en otro estallido de «¡Oi, oi, ouiiiii!» aún más agudos y fuertes que los de antes hasta que, finalmente, bajaban el sonido para respirar y volvían a intentar romper la marca de duración, agudización y volumen.

Me maravillaba aquello que, a mi modo de ver, eran la expresión más profunda de tristeza y dolor por el muerto. ¡Cuánto debían de extrañarlo! Empecé a sentirme un poco más tranquilo al darme cuenta de que las emociones de las personas se dirigían hacia el hombre que había fallecido y no hacia mí.

Jamás había presenciado «llantos y lamentos y el crujir de dientes» tan literales (Alma 40:13). La atmósfera de alaridos y cilicio y ceniza parecía salida del Antiguo Testamento y me hizo pensar en estos comentarios de Isaías: «aullad, moradores de la costa…» (Isaías 23:6); y en «Hijas de Israel, llorad» (2 Samuel 1:24).

Había estado leyendo el Antiguo Testamento en tongano y comparándolo con la versión en inglés; en medio de ese duelo, me dio la sensación de que muy bien podría haber estado en la época del rey David o de Abraham. Sentí que uno no puede comprender realmente a la gente de Tonga hasta llegar a entender el Antiguo Testamento; lo mismo es cierto en sentido contrario: uno no llega a comprender del todo el Antiguo Testamento hasta haber vivido con los polinesios y haberlos entendido. Ellos son verdaderamente de la casa de Israel. Cuando predican, cuando se lamentan, cuando cuentan historias y en su manera de actuar, se refieren mucho al Antiguo Testamento y parece que lo entienden por naturaleza.

Yo estaba cada vez más envuelto en aquel suceso y sentía que mis emociones pasaban del miedo al asombro y del asombro al dolor, hasta el punto de sentir que podía unirme a ellos en sus grandes lamentos por la pérdida de un ser querido. No podía olvidarme de las palabras de Isaías: «Aúlla, oh puerta; clama, oh ciudad» (Isaías 14:31). ¡Y eso era lo que hacían aquellas personas!

Me ofrecieron algo de comer, pero les dije: «No, he venido a consolarlos y a lamentarme con ustedes, no a comer». Me dijeron que el *toupai* (postre) estaba casi listo y que sabían que me gustaría. Todavía me preguntaba si todo aquello no sería una estratagema para llevarme hasta allí, dejar que entrara en confianza y lograr que me sintiera seguro para luego hacerme algo por no haber salvado al hombre, como quizá pensaran que debía haber hecho. Esperaba que no fuera así.

A medida que el entorno me envolvía emocionalmente, me fascinaba más y más la intensidad de los «¡Oi, oi, ouiiiiii!» de la mujer que estaba junto a mí. Cada lamentación iba aumentando progresivamente: más fuerte, más aguda y más histérica que la anterior. Nunca había oído nada parecido.

Durante uno de sus «ouiiiii» más fuertes y agudos, me dio la impresión de que no era posible que la voz humana pudiera sostenerse por tanto tiempo; después comenzó a descender y, gradualmente, se fue haciendo más grave y suave. Cuando llegó a la nota más baja, respiró hondo (para mi gran alivio), inesperadamente se volvió hacia mí y, expectante, susurró: «¿ Kuo moho 'ae toupai?» («¿Está listo el postre?»).

Quedé atónito. No podía creer lo que acababa de escuchar. ¡¿Qué había dicho?! El estado de abstracción en el que yo mismo me había hundido comenzó a disolverse. La miré y respondí: «Te'eki ai» («Todavía no»); inmediatamente ella comenzó con otro largo alarido, más agudo y más fuerte que los anteriores.

Más tarde me enteré de que la mujer no era de la familia sino una llorona profesional. La razón por la cual estaba absorta a tal grado en expresar dolor no era la pérdida de un ser querido, sino el esfuerzo que estaba haciendo por desempeñar bien su papel de llorona. A menudo bromeo con los tonganos y les digo que la mujer daba más alaridos porque el postre no estaba listo que porque alguien hubiera muerto.

Resultó ser que las cinco mujeres eran lloronas profesionales y todas eran muy buenas; estaban allí para ayudar a crear la atmósfera adecuada, para que las alimentaran y para estar ocupadas en algo.

Por supuesto, los integrantes de la familia y otras personas se lamentaban sinceramente por la pérdida de su hermano, padre y amigo. Sin embargo, yo me preguntaba si parte de sus lamentos no se deberían al hecho de que tenían que alimentar a tantas personas. En Tonga, lo mejor que se puede llevar a un funeral es un saco de harina o azúcar o una docena de panes para ayudar a dar de comer a todos los amigos y familiares que van y se quedan días, semanas e incluso meses.

No me llevó mucho tiempo darme cuenta de que esas personas eran básicamente iguales a cualesquiera otras de cualquier parte del mundo; están aquellas que son sinceras y aquellas que no lo son. Ellos necesitaban el Evangelio como cualquier otra persona para que les ayudara a entender la muerte como una transición y, además, para comprender que el propósito de la vida es prepararse para esa transición.

Me di cuenta también de que ellos iban, tal como los israelitas de la antigüedad, con llantos y lamentos y el crujir de dientes, vestidos de cilicio y de ceniza, pero necesitaban ayuda; debían recordar algunas cosas que habían quedado profundamente hundidas en su pasado. Volví a entender que el dilema eterno no consiste en la forma de actuar de la gente, en su apariencia, en su origen ni en dónde y cuándo haya vivido ni qué idioma hable, sino que siempre se ha basado y se basará en su manera de ser. ¿Son honestos? ¿Son serviciales? ¿Han venido para beneficiarse ellos mismos o para ayudar a otra persona? Recordé que Jesús habló acerca de levantar hijos de Abraham aun de las piedras y me di cuenta, una vez más, de la importancia de las decisiones personales.

Me quedé varias horas sentado allí, lo cual fue difícil ya que todavía no me había acostumbrado a sentarme con las piernas cruzadas y se me cortaba la circulación una y otra vez. Pensé que estaba aprendiendo algunas cosas importantes en cuanto a la naturaleza humana, tal como que la sinceridad no siempre es evidente, que a menudo le tememos a aquello que no comprendemos y que las personas no siempre son lo que parecen ser.

Recordé que el Salvador habló enérgicamente en contra de la hipocresía y dijo que debemos orar con «verdadera intención», lo cual interpreté como tener la mira puesta únicamente en la gloria de Dios y estar totalmente dispuestos a hacer Su voluntad, sea cual sea. Si tenemos verdadera intención, no tenemos planes ocultos.

Seguí escuchando e incluso comí un poco de *toupai* mientras meditaba sobre estas ideas. Sentía que había un profundo vínculo entre la sociedad tongana y los tiempos del Antiguo Testamento en los que quizá se le diera más lugar a una expresión saludable de pesar que lo que permitimos en la cultura occidental de los tiempos que corren. Enterraron al hombre antes del mediodía; sin embargo, la parte principal del funeral todavía quedaba pendiente, ya que la familia seguía recibiendo a decenas de parientes y amigos. Charlamos con todas las personas que pudimos pero, antes de que se pusiera el sol, regresamos a nuestra casa en Vaipoa.

Aquel día había sido para mí como una montaña rusa emocional, lleno de altibajos. Primero, había temido lo que nunca ocurrió y lo que jamás fue la intención de nadie; segundo, supuse ingenuamente que

Plañideras. El cabello despeinado y las esteras rasgadas demostraban respeto y profundo dolor por los muertos. Más tarde, las coronas se colocan sobre la tumba.

todas las expresiones de dolor son genuinas, cuando en realidad algunas lo son y otras no; tercero, me di cuenta de que en cualquier grupo de personas, sean de donde sean, podemos encontrar diferentes grados en la escala de la sinceridad; y cuarto, aprendí que, por lo general, todo se resolverá si somos pacientes, sinceros y estamos dispuestos a correr algunos riesgos, escuchar más y ponernos en el lugar de otras personas en vez de pensar en nosotros mismos. Lo menos que puedo decir es que fueron veinticuatro horas que me resultaron muy educativas

13

«¡Toe taha mai!»

Me daba cuenta de que para ser un buen misionero, tenía que aprender mejor el idioma; lo hablaba sólo a medias, pero había tomado la decisión de hacer caso al encargo que me había hecho el presidente de la misión que era aprender bien el idioma. Había aprendido de memoria muchas frases y entendía una cantidad considerable, pero sabía que todavía me faltaba mucho. Pasé muchísimo tiempo estudiándolo; Feki me ayudaba un poco, pero, por lo general, mientras yo estudiaba, él se iba a trabajar con el presidente de la rama o con otros miembros. Los únicos libros que tenía en tongano eran el Libro de Mormón y la Biblia. Me pasaba horas sentado leyendo y comparando la versión en inglés del Libro de Mormón con la versión en tongano. No me llevó mucho tiempo darme cuenta de que la frase que tantas veces se repetía, «Pea na'e hoko o pehe», significaba «Y aconteció que».

Estaba atento a las palabras y a las frases, y las anotaba para luego preguntarles a Feki y a otras personas qué significaban. Cuando comencé a aprender más palabras, empecé a entender mejor el Libro de Mormón en tongano que la versión del libro en inglés; recuerdo una ocasión en la que pensé que sabía lo que un versículo significaba en tongano, pero estaba seguro de que mi interpretación no era correcta porque no decía lo mismo en inglés. Cuando volví a leer el versículo en inglés, de repente me di cuenta: «Creo que la interpretación del tongano es la correcta y eso es lo que significa en inglés. Todos estos años no lo había entendido bien».

Estoy convencido de que el aprender otro idioma nos ayuda a entender mejor el nuestro; vemos conceptos que nunca se nos habían ocurrido. Los expertos dicen que el aprender otro idioma nos expande el intelecto tanto como cualquiera otra actividad que emprendamos. Yo estoy de acuerdo.

Me maravillaban las diferentes inflexiones para dar significado que se usan en tongano en las versiones de la Biblia y del Libro de Mormón, en contraste con las del inglés en las que tenía que agregar extensas notas que me recordaran que había diferentes maneras de interpretar determinadas palabras o frases. Los principios nunca cambian, pero el énfasis, al menos en mi manera de pensar, sí.

Al haberme criado en el occidente de los Estados Unidos y provenir de una familia que llevaba varias generaciones en la Iglesia, me resultaba natural sentirme identificado con los pioneros, con José Smith, con la revelación moderna y los profetas. Sin embargo, el leer el Libro de Mormón y la Biblia en tongano y vivir entre aquellas personas hizo que me identificara cada vez más con el Antiguo Testamento. La Biblia en tongano se tradujo directamente del griego y no de la versión en inglés del rey Santiago. Debido a que se han encontrado muchos manuscritos esclarecedores desde que los traductores de dicha versión en inglés realizaron su trabajo, la Biblia en tongano tiene muchos más versículos que han sido traducidos con mayor exactitud que la versión del rey Santiago. Por ejemplo, en tongano el primer versículo de Génesis dice así: «En el principio los dioses [y usa una palabra que significa tres o más] crearon los cielos y la tierra», que es muy diferente del inglés que dice: «En el principio, Dios creó el cielo y la tierra». Y hay muchos ejemplos similares.

El principal cambio que experimenté fue el ver a los profetas modernos y a los pioneros en su contexto histórico y relacionar las Escrituras y mis experiencias mucho más con el Antiguo Testamento y los convenios hechos con Abraham, Isaac y Jacob. Los tonganos son de Israel y casi todo lo que forma parte de su cultura, su fe, sus ideas y su manera de actuar concuerda más con el Antiguo Testamento y con el Libro de Mormón, que se relacionan muchísimo entre sí, que aquello a lo que yo estaba tradicionalmente acostumbrado. Fue una experiencia que me expandió la mente fortaleciéndome la fe al ver la forma en que todo estaba lógicamente conectado.

Con frecuencia, mientras estaba estudiando, el presidente de la rama me pedía que lo acompañara y le ayudara en diferentes proyectos; intentaba ayudarle, pero no siempre entendía qué quería él que hiciera. Cuando me pedía que hiciera una cosa y me limitaba a quedarme de pie sin saber qué me había querido decir, se enojaba, gritaba, sacudía las manos y señalaba en cierta dirección hasta que, por fin, yo adivinaba lo que quería que hiciera.

Recuerdo que una vez me hizo sostener un poste mientras él se alejaba un poco para obtener una perspectiva mejor; y luego me gritó: «*¡Toe taha mai!*» («¡Acérquese un poco más a mí!»). Yo no sabía si debía soltar el poste, moverlo hacia la izquierda, a la derecha o qué y decidí llevarlo un poco hacia atrás. Eso lo enojó muchísimo y, después de aplicarme algunos improperios selectos, me gritó: «*¡Na'aku pehe toe taha mai ikai koe toe taha atu!*» («¡Le dije que lo moviera hacia mí, no que lo alejara de mí!»). Lo moví hacia un costado, luego lo di vuelta y lo único que logré fue que cada vez se enojara más. Al final, lo moví hacia adelante y vi que se le dibujaba una gran sonrisa en el rostro al exclamar: «*¡Ko ia!*» («¡Eso es!»).

A pesar de que no era la mejor manera de aprender, nunca olvidé que «*toe taha mai*» significaba un poco más cerca de la persona que estuviera hablando y que *«toe taha atu»* quería decir un poco más lejos. Muchas veces me sentí frustrado, pero lo que aprendía lo aprendía bien; me maravillaba ver cuánta paciencia tenían conmigo las personas la mayor parte del tiempo.

En aquella época, ya podía expresar mi testimonio sinceramente y entendía mucho de lo que sucedía a mi alrededor. Podía participar un poco en las charlas misionales, pero no me sentía en absoluto capaz de mantener una conversación larga y con sentido ni de explicar algo con claridad suficiente para que me entendieran. Sabía muchas frases y algunas partes de diferentes lecciones, pero Feki seguía presionándome para que me expresara mejor y tuviera más participación en las charlas; yo lo intentaba, aunque muchas veces me parecía que más que una ayuda era un estorbo.

Un día, mientras nos encontrábamos en la casa de una familia que había aceptado escucharnos, Feki comenzó con la introducción que siempre hacía. Yo estaba ocupado repasando mentalmente las palabras para el testimonio y las frases de apoyo para la lección, cuando de repente escuché que mi compañero decía: «Ustedes son tan buenas personas y nos caen tan bien que voy a dejar que el élder Groberg siga con la lección y explique los principios correctos con claridad y verdad». De un sacudón, me vi obligado a salir de mi autocomplacencia mental. Protesté con la mirada y con una expresión de desconcierto e incluso un poco de enojo, pero Feki no hizo más que quedarse sentado sonriendo; toda la familia me miró con expectativa. ¿Qué podía hacer?

Comencé a hablar titubeando, dije un par de frases que había memorizado y testifiqué de su veracidad; luego me detuve y miré a Feki. Se me estaban formando gotas de sudor en la frente y se me secó la garganta. *Por favor, ayúdame*, le decía a Feki la expresión de mi cara; pero él seguía sonriendo con una actitud de confianza en mí. La señora de la casa me dijo: «Creo que todo lo que usted acaba de explicarnos es verdad. ¿Tiene algo más que decirnos?». ¡Me miraban con tanta esperanza, confianza y anhelo! Me daba cuenta de que tenía que decirles algo, pero ¿qué? ¡Cuánto oré!

Cerré los ojos y me pareció ver una hermosa arboleda durante un día despejado de primavera; había como un aura de luz y de paz en la escena. Empecé a hablar y, sin darme cuenta, me encontré hablando del deseo de José Smith de saber a cuál Iglesia deseaba Dios que él se uniera; sin haberlo pensado, empecé a explicar los sentimientos de José: su deseo de complacer a Dios y su confusión porque no estaba seguro de lo que debía hacer para lograrlo.

—¿Se imagina lo que él sentía? —le pregunté al jefe de familia.

—Por supuesto que sí —respondió él.

Después seguí hablando, explicando y respondiendo preguntas y escuchando las respuestas. En ningún momento fui consciente de que estaba usando palabras y frases que nunca había usado ni de que estaba formando oraciones de tal modo que tenían sentido y llegaban al corazón de aquellas buenas personas.

Luego les dije: «Bueno, estoy seguro de que cuando aprendan lo que José Smith aprendió sobre la verdadera Iglesia de Dios, querrán hacer lo que él hizo y bautizarse y cumplir la voluntad de Dios, ¿no es así?». Sólo entonces caí en la cuenta de que había ocurrido un milagro. Marido y mujer se miraron, luego miraron a Feki y, por último, volvieron a mirarme a mí y contestaron: «¡Claro que sí! Tendrán que explicarnos más, pero sí, queremos hacer la voluntad de Dios tal como José Smith».

No sabía qué decir. Me di cuenta de que había sido capaz de dar explicaciones de manera que otras personas pudieran entenderme y hasta había usado los tiempos verbales correctos. Tenía ganas de gritar «¡Aleluya!» o «¡Alabado sea Dios!», pero me pareció que no sería lo más apropiado, así que me limité a decir: «El Espíritu de Dios ha estado aquí. Ahora Feki tomará la palabra».

Él sonrió y rápidamente hizo los arreglos para la próxima reunión. Les agradeció su atención y les preguntó si podíamos arrodillarnos para orar todos juntos; luego pidió al padre de familia que diera la oración pero éste no quiso y, a su vez, le pidió a él que lo hiciera. ¡Qué hermosa oración ofreció Feki! Agradeció al Señor Su ayuda y le dio gracias por enviar Su Espíritu, por desatarme la lengua, por confirmar Su palabra y por haber bendecido a esa familia con fe. Al dar fin a aquella reunión, nadie pudo contener las lágrimas, ni siquiera los niños.

Después de la visita Feki no dijo nada más pero, a partir de aquel momento, se esperaba que me turnara con él para dar las lecciones, para tomar la palabra cuando nos abrían una puerta y para ofrecer las oraciones; también se esperaba que tuviera las mismas responsabilidades que él en cuanto a lo que decíamos y hacíamos. Yo no podía expresar ni entender todo, pero, desde aquel día pude decir todo lo que tenía que decir y comprender todo lo que debía comprender.

Esa es la forma en que obra Dios en nuestra vida. No lo entendemos todo, ni siquiera mucho, pero sí podemos entender todo aquello que debemos entender. Cuando obtenemos esa porción imprescindible de conocimiento, descubrimos que en ella se encuentran las semillas de todo el resto del conocimiento. El testimonio de Jesús no es solo el principio de todo entendimiento, sino que además es la sustancia principal que da vida y de la cual proviene todo otro conocimiento. Sin ese testimonio, nada de lo que aprendamos tiene verdadero valor.

Aprendí que muchos tonganos, a quienes algunos quizá tachen de incultos o incluso analfabetos, tienen una base de conocimiento verdadero superior a la que tienen muchos de los supuestos hombres cultos; y esa base se debe a una fe más firme y a su testimonio de Jesús. No sé cómo nos llegará el resto del conocimiento que necesitamos, pero sí sé que aquellos que se aferran firmemente a la fuente de todo conocimiento, esto es, la fe en el Señor Jesucristo, lo obtendrán en algún momento; en cambio, los que no se aferren a ella no podrán obtenerlo hasta que sean humildes y lo reconozcan a Él no sólo como Su Señor y Salvador, sino también como la fuente de todo conocimiento.

Aquel día aprendí que el don de lenguas es muy real y sigue existiendo en la Iglesia actualmente; y va mucho más allá de tener la capacidad de decir o entender palabras: implica una comprensión más profunda que procede de una fuente divina y excede las meras palabras. También aprendí que este don requiere una labor ardua, horas de estudio y cierto grado de incomodidad, incluso dolor, que pone a prueba nuestra resolución casi hasta el límite.

Me sentí muy bien, especialmente al recordar las expresiones de satisfacción de los padres y las sonrisas que resplandecían en aquellos hermosos niños, y entendí un poco mejor por qué amaba tanto Jesús a los niños. Aquella imagen y las emociones que sentía permanecieron en lo más profundo de mí durante la cena y las oraciones, y fueron la causa de la profunda paz que me invadía al conciliar el sueño esa noche.

14

Mis pies atormentados

Era tanto el calor que hacía en Niuatoputapu que se podía muy bien dormir destapado, pero Feki me había dicho que siempre debía cubrirme con una sábana durante la noche y que especialmente tenía que cuidarme de mantener los pies tapados. No estaba seguro de la razón, pero le creí.

Al poco tiempo, me di cuenta de que la sábana no evitaba que los mosquitos nos picaran. ¡Una tela fina no era barrera suficiente para ellos! Me resultaba difícil dormir con el zumbido constante en los oídos. Con el tiempo, conseguimos un mosquitero en Tongatapu; pero, antes de eso, no nos quedó otra opción que soportar la situación lo mejor que podíamos.

Una noche, a causa de la frustración por los mosquitos, debo de haber tirado de la sábana para taparme la cabeza y me quedaron los pies descubiertos. Cuando me levanté a la mañana siguiente, sentí algo raro; al ponerme de pie en el piso, se me abrieron las plantas de los pies y comenzaron a sangrar. Llamé a Feki y él se preocupó mucho; me preguntó si había tenido los pies destapados durante la noche. Cuando le dije «Creo que sí», ¡él me explicó que las ratas me habían comido las plantas de los pies!

No le creí y pensé que estaba bromeando, ya que no había sentido nada durante la noche. Toda la situación parecía absurda. Creo que nunca sabré lo que sucedió realmente; lo que sí sabía era que no podía caminar y que los pies me dolían terriblemente. El presidente de la rama también estaba muy preocupado, y él y la esposa me dijeron que tendrían que cauterizarme las plantas de los pies, ya fuera con una plancha caliente o con el sol; pensé que me estaban tomando el pelo, pero ellos parecían muy serios al respecto. No quise saber nada con una plancha caliente, así que opté por el sol. Todavía seguía pensando que todo era una locura, pero me daba cuenta de que así no podía caminar y que había que hacer algo para que volviera a hacerlo; y, *al parecer*, ellos sabían lo que estaban hacían.

El presidente me dio una bendición; luego él y Feki me ataron a una silla que después tumbaron para poder ponerme las plantas de los pies de frente hacia el sol abrasador. Me cubrieron todo el cuerpo, excepto los pies. Siempre había alguien conmigo para espantar las moscas, darme algo para beber y ocuparse de cualquier cosa que pudiera necesitar; todos eran muy complacientes. Al principio, el calor me hizo sentir bien, pero muy pronto me di cuenta de que ¡efectivamente se me estaban quemando los pies! ¡Cuánto sufrí en los días que siguieron! Todos los días, durante las cuatro horas de más calor, me iban girando cada media hora aproximadamente a fin de que siempre tuviera las plantas de los pies expuestas al sol. ¡Fue horrible! En aquellos momentos entendí por qué me ataban de la manera que lo hacían. ¡Casi deseaba haber aceptado el tratamiento de la plancha caliente para dar todo por terminado de una buena vez!

Finalmente, después de varios días, dijeron que ya era suficiente y que era lo mismo quedarme adentro y sufrir el dolor que llevarme afuera y sufrir igual. Durante esos días de tanto sufrimiento, estudié el idioma y leí mucho las Escrituras; además, recibí la visita de muchas personas, sobre todo de niños, a quienes entendía mucho mejor. También toqué la trompeta y escribí cartas: ¡hice cualquier cosa con tal de no pensar en mis pies atormentados!

El dolor que sentía era atroz, pero, con el tiempo, se me formó una costra en las plantas de los pies y empecé a sentirme un poco mejor. Feki y la esposa del presidente de rama me los lavaban y frotaban con aceites especiales y aloe. Después de lo que pareció una eternidad, me dijeron que podía intentar volver a caminar.

Todavía recuerdo la alegría y la gratitud tan profundas que me invadieron cuando di esos primeros y escasos pasos después de tantos días sin poder hacerlo. ¡Qué maravilloso es poder caminar! No creo que realmente lleguemos a apreciar algo en todo su significado hasta que lo perdemos, o al menos hasta que hayamos estado algún tiempo sin disfrutarlo. Me pregunto si acaso sentimos verdadero agradecimiento por aquello que nunca nos ha faltado. Lo que sí sé es que, a partir de aquel momento, agradecía poder caminar, algo que siempre había tomado como cosa muy natural.

Durante varios días, todavía tuve que cuidarme mucho y caminar solamente distancias limitadas; aproveché aquel tiempo para seguir estudiando las Escrituras. Pensé mucho en cuanto a la gratitud. Recuerdo haber leído las palabras de Jesús en el Nuevo Testamento: «Dios mío, Dios mío, ¿por qué me has desamparado?» (Mateo 27:46). He escuchado muchas explicaciones, pero me pregunto si incluso Jesús no habrá tenido que sentir lo que era estar sin Su Padre, aunque sólo fuera por poco tiempo, a fin de darse cuenta realmente de lo que significa estar con Él y sentirse envuelto en Su amor. Tuve la impresión de que, después de la Resurrección, estaremos aún más agradecidos por nuestro cuerpo que lo que estamos ahora. Al menos en aquella época de mi vida dudé de que hubiera estado tan agradecido por la facultad de caminar si no la hubiera perdido en forma temporaria.

El tiempo pasó y poco a poco fui mejorando; pasadas algunas semanas, pude caminar de nuevo con normalidad. A menudo me preguntaba si la historia de las ratas sería cierta; lo fuera o no, ¡nunca más volví a dejar los pies descubiertos durante la noche! El recuerdo del dolor que pasé y de la gratitud que sentí cuando me fue posible caminar otra vez todavía es patente.

Alrededor de treinta años más tarde, me salió en un pie una llaga que no se curaba; finalmente, fui a ver a un médico que me hizo una biopsia y descubrió que era cancerígena. Me sacó el tumor que medía aproximadamente un centímetro de diámetro, y los resultados mostraron que habían quitado todo lo maligno. El médico me dijo que jamás había visto nadie con cáncer en esa parte del pie y se preguntaba de dónde habría salido. Le conté acerca del tratamiento con sol y él comentó que probablemente eso fuera lo que me había causado el cáncer, ya que las células cancerosas provocadas por quemaduras de sol graves tardan entre veinte y treinta años en aparecer.

Aunque no quisiera volver a repetirlo, aquel novedoso tratamiento me devolvió la capacidad de caminar, por lo cual estaba y estoy muy agradecido. Todavía duermo con los pies cubiertos y probablemente nunca deje de hacerlo.

15

«*Prudentes como serpientes, e inofensivos como palomas*»

El golpear puertas era a menudo frustrante. Muy pocas personas estaban dispuestas a escucharnos, y menos aún ansiosas de oír nuestro mensaje. Era bastante normal que pasaran días sin que lográramos entrar en una casa para conversar acerca del Evangelio. Pero, a pesar de eso, por lo general la gente era amable con nosotros, sobre todo cuando tenían la impresión de que teníamos hambre o sed.

Muchos nos decían: «Queremos alimentarlos, pero no queremos escuchar su doctrina. Somos miembros de tal y tal iglesia; nuestros padres y abuelos ya eran miembros y se espera que nosotros sigamos siéndolo. Esta es una isla pequeña y todo el mundo sabe todo de todos los demás. La presión social es mucha, así que, incluso si deseáramos creer en la doctrina de ustedes, probablemente no podríamos cambiar».

Yo sentía un profundo amor y respeto por esa buena gente. Por lo general, eran honrados y francos y no deseaban herir a nadie; por el contrario, querían ayudar a otras personas. Las familias eran muy unidas y, en muchos sentidos, me sentía como si estuviera en mi propio pueblo.

A medida que lograba hablar el idioma con mayor fluidez, más frustrado me sentía por no poder compartir el hermoso mensaje del Evangelio con más personas. Pensaba que debíamos hacer las cosas de otra manera, pero no lograba resolver *cómo* hacerlo y, mientras tanto, seguíamos saliendo todos los días y buscando oportunidades de enseñar, aunque no parecía que tuviéramos mucho éxito.

Recuerdo un día especial en que una buena familia nos invitó a comer a su casa. Nos dijeron lo habitual: que deseaban alimentarnos pero no querían escuchar las charlas. ¡Era una familia tan agradable! Ya nos habían dado de comer en otras ocasiones y yo sabía que para ello hacían un gran sacrificio. Aquel día en particular, sentí un deseo muy fuerte de compartir con ellos los principios del Evangelio, pero me desanimé cuando nos dijeron que no querían que sus vecinos y amigos nos vieran enseñándoles. Reconocí que para ellos era difícil y me pregunté cómo podíamos superar la dificultad.

De pronto, como si se hubiera encendido una luz, se me ocurrió algo y les dije: «Me doy cuenta de cuál es el problema que tienen. Ustedes han sido muy buenos y nos gustaría dejar una bendición sobre esta casa.

¿Les parece bien que lo hagamos al bendecir los alimentos?». Me contestaron que estaba bien.

Cuando nos sirvieron la comida, todos inclinamos la cabeza y yo di una oración. Le di gracias a Dios por los alimentos, por aquella familia y le pedí que los bendijera con todo lo que necesitaran. Le expresé agradecimiento por el profeta José Smith, por la Primera Visión, por el Libro de Mormón y por el sacerdocio, el cual se encontraba nuevamente sobre la tierra. Le agradecí el contar en esta época con la autoridad para bautizar a todos aquellos que tuvieran fe en Jesús, que se arrepintieran sinceramente de sus pecados, a fin de ser limpios y recibir el don del Espíritu Santo para que los guiara por el resto de su vida como miembros de la verdadera Iglesia de Jesucristo en estos últimos días. Le agradecí el sacrificio expiatorio de Jesucristo y la oportunidad que tienen Sus verdaderos discípulos de renovar el convenio bautismal todas las semanas al participar de la Santa Cena; y así sucesivamente.

Calculo que esa bendición debe de haber durado más o menos treinta minutos, pero a nadie le importó, excepto por el hecho de que la comida se había enfriado. Sabíamos que los vecinos estaban mirando, pero ellos no se preocuparon demasiado ya que era costumbre que los ministros religiosos oraran durante largo tiempo. Cuando terminé, me sentí satisfecho. Me daba cuenta de que la familia estaba conmovida por lo que había escuchado y sentido.

Seguimos usando ese método unas semanas más para enseñar algunos principios y, durante ese período, varias familias se interesaron. Sin embargo, después de un tiempo, se corrió la voz y las personas que no eran miembros ya no nos invitaban tan seguido a comer en su casa; pero cuando nos invitaban, la familia nos decía que querían ofrecer la bendición en lugar de nosotros.

Otra experiencia que era común cuando golpeábamos puertas era encontrarnos con algún hombre que estuviera trabajando en el huerto y escucharlo decir que estaba demasiado ocupado para hablar con nosotros, ya que tenía que trabajar con la azada o plantar muchísimas hileras antes de que llegara el inspector de huertos. Eso me causaba aún más frustración, porque él podía estar diciendo la verdad y no queríamos causarle problemas; pero me daba la sensación de que, apenas nos fuéramos, lo más probable era que volviera a dormir o se fuera a una fiesta de *kava* y se olvidara por completo del huerto.

Debo explicar de qué se trataban las inspecciones de jardines, las cuales eran una parte importante de la vida de aldea: Como no había almacenes en la isla, no se podía comprar alimentos y, dado que todos tenían la necesidad de comer, el gobierno había emitido un decreto que decía que cada familia tenía que tener un huerto suficientemente grande para su grupo familiar, y un poco extra; había empleados del gobierno que se encargaban de inspeccionar esos huertos regularmente. Si uno no cumplía con lo establecido, primero, se advertía al padre de familia, luego se le ponía una multa y, si no plantaba más, se lo mandaba a la cárcel. La base era que si no tenían un huerto bastante grande para alimentar a los suyos, entonces seguramente estarían robando alimentos del de otra persona.

Lo relacionado con el encarcelamiento era muy interesante. La cárcel consistía en un pequeño barracón rodeado de un par de alambres de púa bajos, sobre los cuales se podía pasar fácilmente. En la isla todos se conocían y no había ningún lugar donde esconderse, así que nadie intentaba escaparse. De hecho, el jefe de la policía advertía a los prisioneros que si no regresaban de sus labores antes de la puesta del sol, cerraría la entrada por lo que se quedarían fuera de la prisión y no se les daría comida esa noche. ¡Nadie se demoraba en regresar!

Supe de muy pocas personas que fueron a la cárcel. Algunos eran haraganes y les gustaba estar presos para que los alimentaran y les dieran un lugar donde dormir. Me imagino que todas las sociedades tienen grupos de gente que trabaja y gente que no trabaja, algunos que acatan las leyes y otros que las quebrantan, de líderes y de seguidores, de personas dignas de confianza y de otras que no lo son.

Recuerdo un día en que, mientras golpeábamos puertas, un hombre nos dijo que tenía que trabajar en el huerto y terminar otras tres hileras, por lo cual no podía escucharnos. Ya me estaba exasperando cuando de repente se me ocurrió algo y propuse: «Esas tres hileras le llevarán un rato largo. ¿Tiene dos azadas más? Nosotros le ayudaremos y podrá terminar mucho más rápido».

Nos dedicó una mirada socarrona, se encogió de hombros y dijo: «Está bien; si quieren...». Después nos dio una azada a cada uno; me di cuenta de que Feki estaba sorprendido, aunque contento. Empezamos a trabajar con él. Cuando llegamos a una parte del terreno en donde no podían escucharnos los vecinos ni los amigos, el hombre nos preguntó:

—¿Por qué hacen esto?

—Porque lo apreciamos y tenemos un mensaje de mucho valor para compartir con usted —contesté.

—Está bien. Escucharé siempre y cuando sigamos trabajando. No quiero que los vecinos sospechen.

A menudo trabajábamos por varias horas con los hombres en su huerto, pero me sentía tranquilo, ya que nos proporcionaba un buen momento para hablar. Casi siempre que ayudábamos a las personas en sus terrenos podíamos presentarles las partes principales de nuestro mensaje. Cuando no podíamos compartir el mensaje, igualmente trabajábamos hasta terminar lo que habíamos dicho que haríamos.

En otras ocasiones, los encontrábamos colocando paja en sus techos o paredes y nos decían que estaban demasiado ocupados para hablar con nosotros. Muchas veces nos ofrecíamos para ayudarles. En la mayoría de

Feki a caballo junto a una capilla que construimos con los miembros en Niuatoputapu.

los casos en que trabajábamos con ellos, teníamos la oportunidad de darles parte de nuestro mensaje, pero, incluso cuando no podíamos hacerlo, nos quedábamos y les ayudábamos hasta que el trabajo estuviera terminado. Aprendí que si uno deja de ayudar cuando las personas no quieren escucharlo, no sólo se pierden oportunidades futuras sino que además se pierde el Espíritu. Uno debe tener el deseo sincero de ayudar y debe permitir que el Espíritu lo guíe, cosa que siempre sucederá. Recordaba a Amón, quien sirvió al rey hasta que las circunstancias fueron tales que éste estaba preparado para escucharlo.

A pesar de que las personas eran amorosas y amables, la mayoría se resistían a nuestro mensaje. Fueron necesarios mucho ingenio, mucho trabajo arduo y mucha guía del Espíritu para llegar hasta ellos pero, con el tiempo, comenzó a surtir efecto. De una u otra manera, el Señor abre el camino para que las personas buenas y honradas escuchen el mensaje de Su Evangelio.

Con el tiempo y muchísimo esfuerzo, encontramos algunas familias dispuestas a escucharnos. A esa altura, la mayoría de nuestros contactos eran familias en las que no todos eran miembros u otras que habían tenido algún contacto previo con la Iglesia. Normalmente, bautizábamos al cónyuge que no era miembro y el que lo era se activaba.

16

Casamientos y bautismos

Antes de ir a Niuatoputapu, el presidente de la misión me había dicho que no podía bautizar a nadie que estuviera viviendo con una persona del sexo opuesto sin estar legalmente casados (o sea, registrados como pareja en una institución del gobierno). Me dijo que, por ser misionero, me había inscripto como alguien que tenía autoridad para casar a las personas. Él dudaba que tuviera que usarla mucho, pero quería que supiera que estaba autorizado para hacerlo.

Cuando empezamos a enseñar a algunas personas, descubrimos que muchos que se habían casado mediante ceremonias que formaban parte de las costumbres locales nunca habían registrado ese matrimonio. Algunos decían que se habían perdido los papeles, pero, por lo general, se debía sencillamente a que no podían pagarlo. El estipendio que tenían que pagar para registrarlo no era muy alto, pero los honorarios que cobraban los ministros (cerdos, comida y cosas similares) sí lo eran.

Cuando estábamos listos para bautizar a una pareja, nos enteramos de que no estaban legalmente casados. Ellos estaban desesperados por bautizarse, pero no podían pagar los honorarios que les pedía su ministro, los cuales eran más elevados que lo común porque estaban amenazando con irse de su iglesia. Cuando estaba pensando en cómo ayudarles, recordé que el presidente de la misión me había dicho que yo podía casar a las parejas. Algunas personas eran un poco escépticas, pero le preguntamos al oficial encargado y él reiteró que yo estaba inscripto y tenía toda la autoridad para llevar a cabo casamientos.

La pareja estaba ansiosa por estar casada oficialmente para luego bautizarse, pero yo me enfrentaba a un nuevo problema: no tenía ni la menor idea de cómo realizar un casamiento. Sólo había estado en una boda en toda mi vida: la boda de mi hermana en el templo, el día anterior a salir en la misión. No me parecía correcto usar las mismas palabras que se usaban allí, pero las ideas eran buenas. Feki y yo hablamos con varias personas; con la información que nos proporcionaron nuestros investigadores y lo que yo recordaba del templo, armamos algo que nos pareció una buena ceremonia de boda.

Con la autoridad que me daba el gobierno, casé a la pareja y luego los bautizamos. Cuando otras personas se enteraron de que podía casar y que no cobraba nada por los servicios, me llegaron muchos pedidos. Yo les decía que estaba dispuesto a casarlos si escuchaban por lo menos una de las charlas. Calculo que algunas personas se habrán ido a quejar al oficial encargado, ya que él me explicó que yo actuaba como oficial del gobierno y que, por lo tanto, no podía imponer condiciones.

Me imagino que algunos de los ministros también se habrán quejado y, por eso, Feki tuvo que llegar a un acuerdo que ellos consideraron aceptable. Aunque no realizaba muchas ceremonias de matrimonio, eran más las personas que casaba que las que bautizaba en Niuatoputapu. Me hacía sentir bien el ayudar a las personas a casarse «oficialmente», aunque, aparentemente, no había muchos cambios en su vida.

Nuestro primer bautismo fue el de la esposa de un miembro menos activo que vivía en otra aldea. Él no estaba interesado en ir a la Iglesia, pero, cuando nos enteramos de que él era miembro y su esposa no, en seguida supimos qué teníamos que hacer. Gracias a que nos hicimos amigos y tuvimos muchas charlas, progresamos mucho y, poco tiempo después, ella se bautizó y él volvió a activarse.

Hubo otras familias y personas solteras que más tarde se unieron a la Iglesia de manera similar. Es bueno sembrar semillas y también es bueno cosechar: tan bueno que nadie que haya sido un instrumento para enseñar la verdad y haya visto cómo se ilumina la vida de la persona a la que le enseñó y estado en el momento en que sale de las aguas del bautismo puede no darse cuenta de cuán sagrada es esa hermosa ordenanza.

Es maravillosa la forma en que el Señor recompensa el esfuerzo sincero, por muy poco productivo que haya parecido en su momento. Intentábamos llegar a todos y estábamos en buenos términos con casi todas las personas, incluso el magistrado (el oficial más alto del gobierno que había en la isla), que siempre era amable y servicial con nosotros. Sin embargo, la realidad era que la mayoría de las personas con las que podíamos hablar y que estaban dispuestas a escuchar nuestro mensaje y nos aceptaban sin reservas eran aquellas que pertenecían a los grupos marginados de la sociedad. Me hacía pensar en la ocasión en que Alma se apartó de los zoramitas adinerados para hablarles a los que eran pobres, a quienes los ricos echaban de su medio (véase Alma 32:4–8).

Había oportunidades en las que me preguntaba si alguna vez encontraríamos a una buena familia que realmente quisiera escucharnos; pero, después que algunas de las personas de los sectores marginados se unieron a la Iglesia y mejoraron su vida de manera asombrosa, otros comenzaron a prestar atención y, poco a poco, algunas familias buenas empezaron a demostrar un poco de interés.

Debo reconocer cuán buenas eran algunas de las familias que no eran miembros pero llevaban una vida cristiana y honrada. Aprendí a admirar las enseñanzas de John Wesley y otros de los que se esforzaron por enseñar la verdad de acuerdo con la forma en que la entendían de las Escrituras, que trataron diligentemente de inculcar en sus seguidores una vida disciplinada y una admirable dedicación a Dios. Algunos de los ministros eran muy estrictos en lo concerniente a vivir de acuerdo con su interpretación de las enseñanzas de la Biblia. En muchos aspectos, la forma en que vivían ciertos miembros de esas Iglesias y la forma en que se esperaba que vivieran los de la nuestra no eran muy diferentes. Por supuesto, aquellos ministros no tenían el sacerdocio autorizado por Dios, pero su vida de bondad y servicio y su esfuerzo por vivir de acuerdo con las leyes de Dios que se encontraban en la Biblia me parecían maravillosas, e incluso inspiradoras.

A menudo veía a hombres y mujeres que pasaban horas sentados leyendo y estudiando la Biblia, tratando de absorber sus enseñanzas y convertirlas en parte de su diario vivir. Mucha gente se empeñaba en llevar una vida buena y cristiana, por lo cual lo que nosotros teníamos para ofrecerles en cuanto a la manera de vivir no era muy diferente.

Por supuesto que había muchas diferencias doctrinales y constantemente me esforzaba por recalcarlas; pero aun así, era difícil lograr que nos escucharan. Aprendí que, a fin de mostrarles una diferencia verdadera, debía hablarles de José Smith, de la autoridad del sacerdocio y de los profetas y apóstoles modernos. Esta fue la única manera que encontré de probarles que había una buena razón para que investigaran la Iglesia.

Desarrollé tolerancia por la labor de otras religiones y llegué a sentirme muy agradecido por sus buenas obras. Estoy convencido de que el mundo es un lugar mucho mejor gracias a la infinidad de personas que se esfuerzan tanto por enseñar a otras que deben tener amor, ser bondadosas y llevar una vida buena y virtuosa. Aprendí que Dios bendice a las personas buenas de todo el mundo de acuerdo con la forma en que se afanen por hacer Su voluntad según la entiendan.

Años más tarde, regresé a Tonga como presidente de la misión y me resultó mucho más sencillo que antes lograr que las personas escucharan nuestro mensaje. No se trataba de que los métodos o el mensaje hubieran cambiado, sino de que había fallecido toda una generación de predicadores sólidos y tradicionales y había surgido una nueva generación de predicadores mucho más liberales.

Ese nuevo grupo tenía la tendencia a evitar condenar explícitamente el pecado y a declarar la necesidad de llevar una vida disciplinada. Por el contrario, nuestra doctrina y enseñanzas seguían siendo las mismas de siempre: el pecado era pecado y no debía tolerarse en el más mínimo grado. No se trataba de que nosotros fuéramos mucho mejores que antes, sino que los predicadores modernos de otras religiones, por lo general, desandaban lo andado, la base tan sólida de la época en que yo conocí a sus padres.

Estoy convencido de que, en gran parte, el mundo seguirá así hasta que llegue el momento en que haya solamente unos pocos grupos, o ninguno, dispuestos a pronunciarse en contra del pecado, ya que parece más fácil hundirse en la trasgresión que elevarse por encima de ella. Espero que siempre podamos estar en la avanzada para enseñar la verdad y aferrarnos a lo que es correcto. Estoy seguro de que podemos. ¡Es nuestro deber!

Pensaba que nuestros bautismos eran experiencias espirituales maravillosas y me encantaba el entorno idílico que los rodeaba. Lo explico.

En un extremo de Niuatoputapu, un pequeño arroyo serpenteaba pacíficamente hasta desembocar en el océano; la fuente del arroyo era un pozo artesiano natural que borboteaba desde unas rocas resguardadas del sol, en una zona densamente arbolada. En cierto punto del curso del arroyo, había una roca grande, alisada por la erosión, que lo desviaba y creaba un hermoso remanso, bastante grande y profundo por lo que resultaba perfecto para los bautismos; quedaba cerca de la aldea, y, sin embargo, estaba oculto por el verde y espeso follaje. Debido a que había sólo un camino que conducía hasta el lugar, había completa privacidad y la densa vegetación que lo rodeaba absorbía los sonidos de la vida cotidiana y convertía al remanso en un sitio de paz y belleza.

Cada vez que íbamos allí para efectuar un bautismo, recordaba la descripción de las aguas de Mormón que se encuentra en el capítulo 18 de Mosíah. No creo que nadie sea capaz de experimentar mayor paz, belleza, amor y unión que lo que sentíamos nosotros allá.

Todavía oigo el canto de los coloridos pájaros que mezclaban sus canciones con el sonido del agua ondulante que se dirigía hacia el mar; todavía veo la luz del sol filtrándose a través de las altas hojas de helecho y percibo el silencio con que se movían lentamente las hermosas palmeras verdes en la calma brisa; todavía huelo el aroma fresco del ambiente y siento el gozo que nos llenaba a todos cuando aquella maravillosa gente fiel hacía el convenio eterno del bautismo en aquel lugar sagrado. La pureza de las ropas blancas que llevaban puestas sólo podía compararse con el profundo gozo que brillaba en sus hermosos rostros tostados al salir de esas aguas sagradas, tras haber enterrado al hombre o a la mujer natural y haberse convertido en nuevas criaturas que se levantaban por la autoridad de Cristo hacia la esperanza de vida eterna que se logra por medio de Él. Cuando se confería el don del Espíritu Santo a los que hacían convenios, todos los presentes tenían en el rostro una sonrisa celestial y todos se daban cuenta de que allí se había realizado algo eternamente bueno.

Me maravillaba el simbolismo de las aguas puras y limpias que provenían de las rocas sólidas y que fluían libremente de una fuente no hecha con mano, pero que, aun así, daba vida a todo lo que tocaba a su paso. Pensé en las aguas vivas que ofrecía Jesús: puras, libres y dadoras de vida.

A pesar de que nuestros bautismos eran pocos y separados en el tiempo, cada uno fue una experiencia maravillosa. ¡Cuánto deseaba bautizar a todos y que sintieran el gozo y la paz que provienen de esas ordenanzas sagradas! Aunque nos esforzábamos mucho, eran muy pocos los que querían escucharnos. De todos modos, no perdimos las esperanzas y continuamos trabajando.

17

Los problemas con las jovencitas

No había nada que nos hiciera más felices que encontrar una buena familia a la cual enseñar. Después que ya llevábamos algún tiempo trabajando con una de esas familias, todo indicaba que estaban dispuestos a escuchar nuestras lecciones; les enseñamos varias veces y parecía que estaban progresando. Me sentía maravillosamente bien, porque existía la posibilidad de que bautizáramos a una familia entera; sin embargo, había algo que me preocupaba.

Desde hacía ya un tiempo me había dado cuenta de que la hija de dieciocho años coqueteaba conmigo y que su familia lo estaba favoreciendo. Había pequeños comentarios, entradas sin razón y salidas repentinas que nos dejaban solos momentáneamente; pero no hice caso de esas cosas y se las atribuí a mi imaginación, así que seguimos visitando a la familia y dándoles las charlas.

Uno de esos días que los misioneros de la actualidad llamarían «día de preparación», nos pusimos de acuerdo en ir a uno de los extremos de la isla para tener una *kai tunu* (comida al aire libre) con esa familia. Los acontecimientos de ese tipo siempre son muy agradables, así que Feki y yo nos levantamos temprano para ayudar a conseguir la leña, preparar la comida y tener las esteras listas. Luego nos encaminamos hacia la zona del picnic con nuestra familia investigadora.

El lugar se hallaba alejado, al fondo de la isla. El sol estaba muy fuerte, el sendero era angosto y, después de un tiempo, los ocho que formábamos el grupo empezamos a separarnos un poco; de a ratos, los que llevaban la delantera paraban y esperaban a que el resto los alcanzara. Casi siempre tenían cocos verdes para que bebiéramos; no hay nada más agradable durante un día caluroso que el sabor fresco del jugo de coco, bajo la sombra de una hoja de plátano, en una pequeña isla del Pacífico Sur.

Feki era uno de los más rápidos y casi siempre iba mucho más adelante; en cambio, yo estaba entre los más lentos que quedaban casi al final. Habíamos estado caminando bastante tiempo y nos habíamos separado y vuelto a juntar varias veces. La vegetación era muy alta y, al doblar en una curva, llegué a ver la espalda de la persona que iba adelante y estaba dando vuelta a otra curva del camino. Cuando empecé a darme prisa para alcanzarlos, oí que alguien que estaba detrás de mí gritaba pidiendo ayuda. El sendero tenía tantas curvas que no veía a la persona, pero, de todos modos, sabía que había alguien allí y volví para ver si podía ayudar.

—¿Qué sucede? —pregunté antes de llegar.

—¡Ayúdame! —contestó una voz femenina—. ¡Me torcí el tobillo!

Doblé en la curva y, efectivamente, allí estaba la joven de dieciocho años. Había soltado lo que llevaba y estaba sacándose la ropa.

—¿Qué pasa? —le pregunté.

Ella en seguida alzó la vista. Al encontrarse sus hermosos ojos castaños con los míos, contestó: «*Ta hola ki he vao*», que traducido literalmente sería: «Huyamos y escondámonos en el bosque» pero que en realidad quiere decir «Hagamos el amor».

En aquel momento, no podía creer que me encontrara separado del resto; sin embargo, al recordar ahora la situación, me imagino que probablemente haya habido algo de complicidad, al menos de parte de algunas de las personas del grupo. Me daba cuenta de que estaba atrapado en una situación nada buena y me preguntaba: «¿Qué hago? ¿Cómo salgo de ésta?»

Casi inmediatamente, tuve una impresión. Le dije: «Mira, vuelve a vestirte. Apurémonos para alcanzar al resto. Mientras se cocine la comida, te prometo que hablaremos del matrimonio, la familia y el verdadero significado del amor». Se le iluminaron los ojos. Me di vuelta y comencé a caminar por el sendero. Ella volvió a ponerse la ropa y me siguió sin decir palabra.

Pocos minutos más tarde, alcanzamos a los demás. Nos preguntaron qué había sucedido y ella les dijo que se había lastimado un pie pero que ya estaba bien. Dado que sólo habían pasado unos pocos minutos, nadie comentó nada más. Poco después, llegamos al lugar a donde nos dirigíamos.

Había algunas zonas rocosas y una bajada no muy empinada que llevaba hasta la playa. Todos sabían que los misioneros no debíamos nadar, de acuerdo con las reglas, así que eso no causó ningún problema. Hicimos algunos juegos y nos divertimos con la familia. Luego, mientras el resto comenzaba a preparar la comida, me senté junto a la joven, en un lugar donde todos pudieran vernos, pero bastante alejados para tener una conversación en privado. Durante más o menos una hora hablamos acerca del amor, el matrimonio y la familia, tal como le había prometido. No había planeado lo que habría de decirle: simplemente comencé a hablar y seguí las impresiones del Espíritu.

Le expliqué que todos somos hijos espirituales de nuestro Padre Celestial y que el cuerpo físico que él nos da es un don maravilloso, un templo hermoso creado por él, donde se aloja el espíritu igualmente maravilloso que da vida al cuerpo. Le dije que, dado que nuestro cuerpo fue creado por Dios, en realidad le pertenece a Él y Él sólo nos lo presta. Lo que nos pertenece realmente es nuestro espíritu, y, debido a que estamos disfrutando de un cuerpo que Él nos dio como un don, debemos usarlo de acuerdo con Sus deseos y no profanarlo ni dañarlo intencionalmente. Dado que Él creó nuestro cuerpo, Dios es quien más sabe en cuanto a la manera de aprovecharlo a fin de que obtengamos el gozo y la felicidad más grandes por medio de él. En las Escrituras y mediante Sus profetas encontramos las instrucciones que Él nos da acerca de cómo usarlo.

Le dije que cada cuerpo tiene dentro unas semillas que Dios, su Creador, le colocó, y que parte del potencial divino que tenemos se manifiesta al participar en la creación de otros cuerpos físicos donde se hospedarán otros hijos espirituales de Él cuando vengan a la tierra. Además, le expliqué que esto se lleva a cabo por medio del matrimonio y la familia.

Le hablé del sacerdocio, de los templos y del convenio del matrimonio eterno. Recordé la boda de mi hermana, la cual tuvo lugar un día antes de que me fuera de Idaho Falls, y le expliqué algunas partes de la ceremonia. Le dije que la voluntad de Dios era que todos los hombres y las mujeres se casaran en el templo para que sus familias pudieran estar juntas para siempre. Le expliqué que es Su voluntad que el acto de la procreación tenga lugar solamente después del matrimonio en el templo; de esa manera, Él puede asegurar el gozo y la satisfacción más grandes a aquellos que le obedecen. Cuando es así, Él es un verdadero socio en el triángulo sagrado compuesto por el hombre, la mujer y Dios. Le dije que las personas que no se casaban en el templo podían experimentar felicidad, pero que el gozo y la felicidad más grandes que era posible lograr sólo se obtenían por medio del matrimonio en el templo.

Levantó la mirada con incredulidad y me preguntó:

—¿Quieres decir que la voluntad de Dios es que sigamos siendo vírgenes hasta que nos casemos?

—Sí —le contesté—; y que, una vez que nos hayamos casado, sigamos siendo fieles a nuestro cónyuge durante toda la vida.

—¡Vaya! —comentó sacudiendo la cabeza—. ¿Cómo es posible que uno logre eso?

—Quizá no puedas hacerlo si lo intentas sola —le respondí—, pero con la ayuda de Dios podemos hacer cualquier cosa, por muy difícil que nos parezca. Recuerda: Dios le estaba hablando a Sarah en cuanto a tener hijos cuando dijo: «¿Hay para Dios alguna cosa difícil?» (véase Génesis 18:14).

Se quedó pensando un largo rato y luego, en voz baja, me preguntó:

—Y ¿qué sucede si ya lo has echado a perder?

—Entonces únete al club de los que necesitan ayuda —respondí.

—¿Al qué?

—Al club de los que necesitan ayuda. Únete al resto de la humanidad; no serías muy diferente de los demás. Todos hemos cometido errores de algún tipo y todos estamos perdidos a no ser que acudamos al Salvador. Si acudes a Él y demuestras tener fe en Él al hacer lo que Él dice, te ayudará mediante el don del arrepentimiento y volverás al camino correcto nuevamente. Esa es la razón principal por la cual he venido a la misión: para enseñar estas verdades y dar testimonio de ellas, especialmente de la fe y el arrepentimiento; y también para bautizar a las personas que crean en estos principios y estén dispuestas a seguirlos.

Que recuerde, nunca le había hablado a nadie en cuanto a estas cosas ni había pensado mucho en ellas, al menos no de esa manera. Sin embargo, mientras hablaba, se abrió mi entendimiento y pude explicar los conceptos del amor, el matrimonio, los templos, nuestro cuerpo, nuestro espíritu, la voluntad de Dios y Su amor por nosotros; y lo hice de tal modo que deseé, más que cualquier otra cosa, ser digno de casarme en el templo algún día. Supe que si me casaba con alguien que tuviera esos mismos deseos, podríamos sentir el amor, el poder y la ayuda de Dios en nuestro matrimonio y en nuestra familia; supe que lo necesitamos a Él como verdadero socio a fin de ser realmente felices; supe que todas las personas necesitan lo mismo y que nadie puede obtener la plenitud de gozo de ninguna otra manera.

Aparentemente, la conversación tuvo un profundo efecto en mí y en la joven. Ella me hizo varias preguntas acerca de cómo sabemos quién es la persona correcta, cuándo es el momento indicado y por qué Dios nos da impulsos tan fuertes si se supone que no debemos usarlos hasta casarnos en el templo.

Yo no tenía muchas respuestas más que la posibilidad de dar mi testimonio de que lo que le había explicado era la voluntad de Dios y que cuanto más cerca estemos de hacer Su voluntad, más feliz será Él y más felices seremos nosotros.

Me preguntó sobre el poder del sacerdocio para sellar por esta vida y por la eternidad, quién tiene ese poder, dónde están los templos y cómo se puede llegar a ellos, y muchas otras cosas.

Le expliqué que pronto habría un templo en Nueva Zelanda y que Dios no privaría a nadie de Sus bendiciones si los deseos de las personas eran correctos. Le prometí que si escuchaba las charlas misionales, oraba, leía el Libro de Mormón, obtenía un testimonio del Evangelio, se arrepentía y se bautizaba y seguía a los líderes de la Iglesia, ella podría ir al templo y tener todas esas bendiciones en el futuro.

En ese momento nos llamaron: «¡Taimi kai!» («¡Hora de comer!»). El llamado hizo estallar la burbuja espiritual en la que me encontraba. De repente, me di cuenta de que me hallaba sobre unas rocas duras, en una pequeña playa de una diminuta isla del Pacífico Sur. Me tomó algunos minutos recordar dónde estaba y qué hacía allí. Entonces me acordé y me di cuenta de que debíamos unirnos a los demás para comer. Habíamos tenido una muy buena charla.

Me fui de aquellas rocas con la firme determinación de seguir la voluntad de Dios y de casarme un día en el templo. El espíritu de paz, confianza y seguridad que había sentido era grandioso. La jovencita debe de haber percibido algunos de esos sentimientos, ya que más tarde se unió a la Iglesia, se casó con un hombre fiel y se sellaron en el templo; con el tiempo llegó a ser la buena madre de varios niños y una fiel esposa que apoyaba a su marido, quien sirvió en muchos cargos. También llegó a ser una buena líder de las varias organizaciones auxiliares y verdaderamente ha dedicado su vida a esforzarse por seguir la voluntad de Dios y edificar Su reino.

Cuánto agradezco a Dios Su ayuda al permitirnos enseñar y comprender Sus verdades, y también al haberme dado la protección que necesitaba contra el mal en algo que podría haber sido tan destructivo.

Todavía me maravillo ante las bendiciones grandiosas que he recibido por haber seguido el espíritu que sentí durante aquella charla sobre unas rocas comunes y corrientes en esa isla remota rodeada por el Océano Pacífico. ¡Cuán bondadoso es Dios!

Después de ese día, no hubo más problemas con aquella jovencita.

18

«¡Seilo, seilo!»

A consecuencia de los últimos problemas, automáticamente escuchaba más a Feki y me quedaba más cerca de él. Estaba contento porque por fin todos entendían bastante bien lo que se nos exigía como misioneros, sobre todo aquello de no perder el tiempo ni involucrarnos con personas del sexo opuesto. Aparentemente, la mayoría de las personas lo aceptaban, pero yo notaba que la madre de la joven todavía estaba resentida.

Siempre era amable con nosotros, nos preparaba comidas y nos ayudaba en muchas formas, pero yo sentía que estaba distante y fría y eso me inquietaba. Intenté hablarle acerca de algunos de los principios sobre los cuales había hablado con su hija, pero no quería escucharme.

Finalmente, en una ocasión en que nos encontramos hablando los dos solos, le pregunté:

—¿Qué le pasa? ¿Hay algo que le moleste?

Cuando se dio cuenta de que no había nadie cerca, se desahogó.

—Usted dice que nos quiere y que está tratando de ayudarnos, pero mi hija no le gusta ¿Es demasiado bueno para ella? ¿Es que no es suficientemente bonita para usted? En definitiva, ¿qué es lo que quiere? Mi esposo le ofreció muchísimas hectáreas de la mejor tierra con tal de que se casara con nuestra hija y se quedara aquí. En cambio, usted nos desprecia. ¿Qué más quiere? Le haré una oferta todavía mejor: ni siquiera tiene que casarse con ella ni quedarse aquí; basta con que nos dé un niño mestizo por medio de nuestra hija y no se volverá a mencionar el asunto. ¡Seguramente no será tan egoísta que no pueda hacer eso por nosotros!

Me esforcé todo lo que pude por explicarle que era la voluntad de Dios que yo no hiciera eso y que, como misionero, tenía la obligación de actuar de acuerdo con Su voluntad. Se negó a aceptar mi respuesta y siguió acusándonos a mí y a mi compañero de ser egoístas y de no compadecernos de su desventajosa situación. «Lo único que queremos es un bebé mestizo», insistió. (En aquella época, algunos isleños todavía creían en el mito de que la gente blanca era más inteligente, más poderosa o con algo de superioridad.)

No quería ofenderla ni que pensara que ellos no nos importaban, pero tampoco podía ofender a Dios ni actuar en contra de Su voluntad. No me daba cuenta de cómo era posible conciliar esos sentimientos tan diferentes. Oré y le supliqué al Padre Celestial que le ablandara el corazón y le ayudara a entender para que no estuviera enojada conmigo; sin embargo, parecía que, cuanto más intentaba explicarle, más se enojaba. El ambiente era tal que no me parecía apropiado compartir mi testimonio en ese momento. Decidí que lo único que podía hacer era alejarme para no empeorar la situación; no quería irme con esos sentimientos negativos, pero no veía otra alternativa.

Cuando me puse de pie para despedirme, una idea acudió a mi mente. Me volví hacia la mujer y le dije: «Sé que mis explicaciones no han sido muy buenas, pero, si tiene paciencia, volveré mañana. Hablaremos otra vez y tendré algo nuevo para decirle». Lo aceptó, aunque calculo que habrá tenido una vaga esperanza de que al día siguiente hubiera cambiado de idea. Me quedé un tanto desconcertado, pues no sabía qué podría decirle al día siguiente que ya no le hubiera dicho; sin embargo, había seguido un dictado del Espíritu y, en esa época, ya había descubierto que lo que el Espíritu me dictaba era lo mejor que podía hacer.

Más tarde, aquel mismo día, oí el sonido tan grato de la voz inconfundible que anunciaba desde lo alto de la montaña: «¡*Seilo, seilo*!» («¡Viene un barco!»).

No es fácil describir los sentimientos que se experimentan los días que llega un barco a una pequeña y lejana isla. Normalmente, llegaba uno alrededor de una vez por mes, pero, dado que en realidad no tenían fechas fijas, a veces llegaban dos por mes y, en otras ocasiones, pasaban dos meses o más entre barco y barco.

Los acontecimientos de los días en que llega un barco sólo pueden apreciarlos aquellos que han estado en lugares apartados durante períodos largos. Es casi imposible describir el revuelo que causa la llegada de un barco y que se siente hasta en el aire. La gente deja lo que estaba haciendo y los ojos se les agrandan reflejando una inmensa alegría; y por todas partes se oyen susurros de gran expectativa. Los caballos, los perros y los cerdos alzan la cabeza y comienzan a olfatear el aire y a moverse, porque también perciben que está sucediendo algo inusual. El ritmo lento del diario vivir se transforma; la isla cobra vida y, casi por instinto de manada, todo y todos comienzan a avanzar hacia el lugar de desembarco.

La voz que anunciaba «¡*Seilo, seilo*!» parecía despertar todas las emociones conocidas por el hombre. Estaban presentes la expectativa y la aprensión (¿quiénes, de los amigos y familiares de otras islas, habrían nacido o se habrían casado, habrían muerto o enfermado?); la alegría y la tristeza (¿quién llegaría y quién partiría?); y la felicidad y el temor (¿qué noticias buenas y qué noticias malas llevaría?). Era como un microcosmos de ese acontecimiento más grandioso que es el ir y venir de los espíritus que llegan o parten de este pequeño planeta, la Tierra.

Desde que se divisaba el bote en la distancia hasta que llegaba pasaban varias horas. Llevaba otras horas más descargar el barco y llevar la bolsa postal hasta la oficina de correo en Hihifo. Todos se reunían en la oficina de correo y esperaban mientras comenzaban a clasificar la correspondencia y a mencionar nombres: «carta para Samu», «paquete para Mele», y así sucesivamente.

Nosotros íbamos a Hihifo, nos mezclábamos con el resto de la gente y escuchábamos las noticias: el cumpleaños de la reina estuvo hermoso; el equipo de rugby perdió en Fiji, pero los árbitros eran parciales; Joe pescó veinticinco peces en una noche; Mele tuvo mellizos. Nadie se preocupaba mucho ni decía nada acerca de los acontecimientos del mundo ni de la economía, ya que tales cosas no tenían ninguna importancia para ellos... ni para mí en aquella época.

Consolábamos a los que habían recibido malas noticias, compartíamos la alegría de los que habían recibido buenas y dábamos ánimo a quienes no habían recibido ninguna. El hecho de que todos compartiéramos absolutamente todos los acontecimientos y sentimientos con el resto de las personas, sumado a la interdependencia de una comunidad pequeña, producía un sentimiento de unidad que, por un lado era frustrante (porque todos se enteraban de todo acerca de los demás) y, por el otro, maravilloso (porque todos se preocupaban por todos los demás y nada pasaba inadvertido). Gracias al rápido aumento de la comunicación y los transportes en la actualidad, los días en que llegan barcos a islas pequeñas y remotas son un acontecimiento que se va extinguiendo. Me pregunto si los cielos no serán más parecidos a los días en que llegaban barcos a Niuatoputapu en la década de 1950 que a los días de tanto trajín de las ciudades congestionadas de las últimas décadas.

Casi todos los días en que llegaba un barco recibía algunas cartas. Aquel día no fue una excepción: recibí cartas de mi casa y de amigos, e incluso una de Jean; Feki también recibió algunas. Pusimos las cartas que habíamos escrito en la bolsa de correo que volvía en el barco, nos llevamos nuestra correspondencia y volvimos caminando hasta nuestra casa en Vaipoa.

Siempre era bueno recibir cartas de casa. Los lazos de amor y los vínculos familiares se fortalecen para todos. Me sentía feliz por haber recibido una carta de Jean. Me la había enviado desde California más de dos meses atrás, pero parecía tan reciente y alentadora como si la hubiera escrito el día anterior; se hallaba cursando el último año en la Universidad Brigham Young y no le faltaba mucho para graduarse. Para mi sorpresa, me había enviado una pequeña pero encantadora foto.

Cuando mis ojos se posaron sobre aquella foto, se me ocurrió algo. No recibí una revelación espectacular ni tampoco instrucciones definitivas, que no dejaran lugar a dudas; en realidad fue una especie de sentimiento de felicidad que me indicó qué dirección debía tomar. Cuando terminamos de leer la correspondencia, ya era tarde, así que, después de orar y estudiar las Escrituras, nos retiramos a nuestros aposentos. Temprano, cuando me desperté a la mañana siguiente, aquel sentimiento poco claro que había tenido antes se había aclarado mucho: Ya sabía lo que debía hacer.

Le dije a Feki que tenía que ir a Hihifo, pero que no demoraría en volver. Era muy temprano y todavía no había casi nadie afuera. Corrí la mayor parte del camino y llegué a la casa a la que me dirigía casi sin aliento. Efectivamente, la madre de familia estaba sentada en el *peito* (cuarto aparte para cocinar), moviendo las brasas y comenzando a hervir agua.

Extendió una estera lejos del humo y el fuego y me hizo señales para que me sentara; su actitud seguía siendo un tanto hosca, pero también se la notaba a la expectativa y mejor que el día anterior. Nos quedamos sentados por un rato bastante largo sin decir palabra. Yo estaba tratando de aclarar mis pensamientos y oraba en silencio a fin de poder decir lo que Dios deseaba que dijera y para que Él le ablandara el corazón y le ayudara a entender.

Finalmente comencé:

—Mire esta foto.

A los tonganos les encantan las fotos. Se quedó observando la foto de Jean por mucho tiempo, admirándola.

—Es mi novia; se llama Jean. Yo la amo y ella me ama a mí. —Esperaba estar diciendo la verdad; sentía que así era—. Queremos casarnos en el templo cuando yo regrese, así que nos prometimos el uno al otro que, hasta que nos casemos, ninguno de los dos tendrá relaciones sexuales con nadie. —Sentí que debía ser claro con ella—. ¿Vio que hermosa es?

Fotografía que le envió Jean a John cuando éste se encontraba en Niuatoputapu y que le ayudó a resolver un problema.

Fotografía del pasaporte de misionero de John, que envió a Jean alrededor de la misma época.

Jean está cumpliendo la promesa que me hizo; usted no querría que yo quebrantara la que le hice a ella, ¿verdad?

Siguió mirando la foto. Percibí que se estaba ablandando un poco, que se estremecía; después, unos sollozos leves mientras respiraba hondo y dejaba salir el aire con un pequeño gemido. Los ojos se le llenaron de lágrimas; finalmente, levantó la vista y me miró.

—¿Se lo prometieron el uno al otro?

—Sí.

—¿Usted la ama?

—Sí.

—¿Se va a casar con ella?

—Sí.

—¿Ella es fiel a su promesa?

—Sí.

—*Kolipoki* (élder Groberg), usted debe cumplir con su promesa.

(En tongano, no existen los sonidos para las letras «g», «r» y «b», y a cada consonante le sigue una vocal. Por esa razón, lo más parecido a «*Groberg*» que podían pronunciar los tonganos era «*Kolipoki*».)

Cuando me devolvió la foto, las lágrimas le rodaban por las mejillas y caían sobre su regazo.

—Ya se puede ir. Gracias por contarme. Está bien. No lo molestaré más. Y, en efecto, no lo hizo.

19

«Uno… dos…»

Tras mucho esfuerzo, otra familia importante por fin accedió a escucharnos. ¡Qué emocionados nos quedamos! La familia parecía ser sincera y nos invitó a volver varias veces. Me imagino que eso debe de haberle molestado a su ministro, ya que, probablemente, ellos hacían buenas contribuciones a su iglesia. Cuando le dimos la cuarta charla a la familia, ellos tenían muchísimas preguntas, así que nos quedamos y hablamos hasta tarde esa noche. Cuando terminamos, el padre dijo: «Nos gustaría que se quedaran esta noche». Había notado que la familia se había puesto un tanto inquieta hacia el final de la charla y me preguntaba a qué se debería, pero pensé que sólo estaban meditando sobre nuestro mensaje.

—Gracias —respondí—, pero tenemos que volver a nuestra casa.

Todavía me preocupaba dormir en la casa de otras personas. La nuestra quedaba como a tres kilómetros, del otro lado de la jungla, entre las dos aldeas; la de aquella familia estaba justo en el extremo de esa vasta zona de bosques, y el angosto sendero que la atravesaba hasta llegar a nuestra vivienda se hallaba justo detrás de la casa de ellos. Ya habíamos usado ese camino muchas veces en otras ocasiones y estaba seguro de que no tendríamos problemas.

—Realmente nos gustaría que se quedaran esta noche —insistió el padre—. Creo que deberían hacerlo.

Vi que hasta mi compañero asentía a modo de aprobación. Pero yo había dado la lección y estaba a cargo, así que, con un poco de obstinación, repetí:

—No. Tenemos que irnos. El quedarnos fuera de casa va en contra de las normas de la misión.

No estaba seguro de que fuera así, pero me pareció que era una buena manera de terminar la conversación.

Volvieron a pedirnos varias veces que nos quedáramos y pensé que quizás estuviera por suceder algo malo; sin embargo, como no fue una impresión clara, dejé de lado el asunto y nos fuimos. A pesar de que me sentía un poco incómodo, estaba tranquilo porque confiaba en que Dios nos protegería en caso de que surgiera alguna dificultad. Apenas salimos al exterior y comenzamos a caminar hacia nuestra casa, tuve un mal presentimiento; no se trataba de que hubiera oído nada sino más bien de una sensación que me causaba escalofríos. Quería regresar a la casa de la que acabábamos de salir, pero, tal como a menudo hacen los jóvenes impulsivos, decidí seguir adelante como habíamos dicho que haríamos. ¡Qué tontos somos a veces!

Cuando ya habíamos recorrido unos cien metros, de detrás de los árboles emergió un grupo de ocho hombres jóvenes y fuertes; estaban un poco borrachos y tenían en las manos piedras, palos, botellas rotas y rocas. Formaron un semicírculo frente a nosotros y comenzaron a cerrarlo acercándose cada vez más a donde estábamos. Nos dábamos cuenta de la dificultad que enfrentábamos, ya que era obvio que estaban empeñados en hacernos daño. Cuando comenzaron a acercarse, mi compañero, como una gallina que cuida de sus polluelos, me empujó detrás de él y me dijo:

—Escucha bien lo que haremos: voy a contar hasta tres. Cuando diga «tres», voy a gritar con todas mis fuerzas y me abalanzaré sobre ellos desde el medio. Apenas lo haga, te darás vuelta y correrás lo más rápido que puedas por el sendero y a través del monte camino a casa. Está oscuro, y por un rato no se darán cuenta de lo que sucede porque yo sacudiré los puños gritando a todo pulmón. Cuando se den cuenta de que soy sólo uno, ya estarás a medio camino de Vaipoa. Es seguro que llegarás bien a casa.

—No puedo hacer eso —le dije (aunque quería hacerlo).

—Mira —contestó él—, yo soy mayor y tengo más experiencia. Haz lo que te he dicho. No tiene sentido que los dos salgamos heridos. No me escuchaste cuando estábamos en la casa, pero mejor que ahora sí me escuches.

Comenzó a contar: «Uno... dos...». Me quedé helado por el miedo y la incertidumbre. *¿Qué debo hacer?* Precisamente en ese momento, desde el arbusto que se encontraba detrás de nosotros, donde comenzaba el sendero, se abalanzó con estrépito el hombre al que más temía toda la gente de la isla; era el más rudo de todos.

Lo primero que pense fue: «¡Estamos perdidos! Nos cerraron el paso por delante y por detrás».

Aquel hombre robusto y bruto pasó a nuestro lado y se detuvo a mitad de camino entre nosotros y los agresores; él también estaba un poco embriagado. Fulminó con la mirada a los ocho hombres y exclamó: «¡Los mormones son míos! Yo me ocuparé de ellos. Si alguien los toca sin avisarme, ¡tendrá que vérselas conmigo!».

Al igual que le pasaría a un cubito de mantequilla si lo pusieran en una sartén caliente, el grupo de jóvenes rápidamente desapareció y se escabulleron en la oscuridad tan rápido como habían aparecido.

Apenas desaparecieron, el hombre nos dijo que comenzáramos a caminar por el sendero que conducía a nuestra aldea. Él se puso detrás de nosotros; yo podía oírlo y hasta olerlo. Pensé: «Cuando lleguemos a algún lugar desolado, seguramente 'se encargará bien' de nosotros».

Me daba cuenta de que era lo bastante grande y fuerte para hacerlo. Seguimos caminando y él no se movió de detrás de nosotros. Yo estaba asustado y me preguntaba en qué momento recibiríamos el primer golpe; no me atrevía a correr ni a mirar hacia atrás. Llevaba una oración ferviente en mi corazón, con la cual contrarrestaba un poco el miedo que tenía. A cada paso que dábamos, estábamos un poco más cerca de Vaipoa. Finalmente, salimos del bosque y llegamos a las afueras de nuestra aldea. Aún no había sucedido nada. El corazón todavía me latía aceleradamente, pero junté el coraje para darme vuelta y enfrentar a nuestro temible acompañante; él se limitó a gruñir y nos indicó que debíamos dirigirnos hacia nuestra casa.

En ese momento, empecé a respirar un poco más tranquilo. Cuando llegamos a casa, finalmente me di cuenta de que estábamos a salvo. Habían sido tres largos kilómetros, pero ¡qué aliviado que me sentía! La caminata le había quitado algunos de los efectos del alcohol a nuestro nuevo amigo y parecía más dispuesto a hablar. Aunque estábamos solos y ya había pasado gran parte de la noche, reunimos el coraje para preguntarle:

—¿Por qué hizo eso? ¿Por qué nos protegió y nos ayudó?

—Bueno —empezó a explicarnos —, una persona que quería que se largaran de aquí nos reunió y nos dio algo de bebida casera gratis. Nos dio a entender que quería que nos ocupáramos de los misioneros mormones y nos aseguráramos de que no volvieran al pueblo. Nos dijo: «Los mormones son mala gente». Cuando escuché eso, algo comenzó a removerse dentro de mí. Estaba bastante borracho, pero no completamente alcoholizado y algo comenzó a molestarme. Pensé: «¿Mala gente los mormones? No, son buenos. Aquí hay un error».

Y a continuación, nos contó la siguiente historia: «Nunca conocí a mis verdaderos padres. Me criaron unos parientes en Niuatoputapu y, cuando tenía alrededor de diez años, me mandaron a Vava'u (otra isla de Tonga). Estoy seguro de que causaba problemas allí, porque los otros se las agarraban conmigo muy a menudo y yo también peleaba para defenderme. Parecía que nadie me quería. No iba a la escuela, así que no sabía leer ni escribir.

»En Vava'u, andaba de un lugar a otro. Un día, estaba holgazaneando en la calle y se me acercaron dos jóvenes de camisa blanca y corbata; me preguntaron por qué no estaba en la escuela y les dije que en realidad no vivía allí y que mi familia no tenía bastante dinero para mandarme a estudiar. Me preguntaron si me gustaría ir a la escuela de ellos y les respondí que no tenía dinero, pero me dijeron que eso no importaba, que fuera de todos modos. Así que fui con ellos. Me enseñaron un poco de inglés e incluso me dejaron quedarme con ellos y me alimentaron. Me enseñaron a escribir mi nombre, a leer un poco y fueron amables conmigo. Todos los demás me maltrataban; en cambio, ellos no lo hacían. Me demostraban amor y se preocupaban por mí, algo que no había sentido muchas veces durante mi vida.

»Después de unas semanas de ir a la escuela, me llevaron al océano, me metieron bajo el agua y dijeron: 'Ahora eres mormón'. Yo no sabía qué significaba eso exactamente, pero me sentí bien al respecto; me caían bien aquellos dos jóvenes y parecía que yo también a ellos.

»Poco después de eso, tuve que regresar a Niuatoputapu. Cuando llegué aquí, no tuve más contacto con la Iglesia, ya que no había misioneros acá y tampoco sabía de ningún miembro; así que me olvidé del asunto por varios años. La gente empezó a buscar pleito conmigo otra vez y no me llevó mucho para convertirme en un verdadero peleador. Pero esta noche, cuando dijeron: 'Los mormones son mala gente. Encárguense de los misioneros y asegúrense de que no vuelvan', recordé todo: yo soy mormón. Los misioneros mormones no son mala gente, son buenas personas; ellos me querían y me ayudaron. Me pregunté qué debía hacer, y entonces se me ocurrió: 'Me quedaré sentado junto a la casa y los protegeré. Los ayudaré, tal como aquellos dos jóvenes de camisa blanca y corbata me ayudaron a mí'. Y eso fue lo que hice».

¡Cuánto agradecimiento sentí por aquellos dos élderes que habían estado en Vava'u veinte años atrás! Y cuán agradecido estaba a Dios por llevar esos buenos sentimientos a la memoria de nuestro protector. Ojalá pudiera decir que volvió a ser un miembro activo, pero no fue así; siguió bebiendo y haciendo otras cosas malas. Sin embargo, no tuvimos más problemas con aquellos hombres ni con ninguna otra persona porque todos sabían que estábamos bajo su protección.

A medida que iba pasando el tiempo, la disposición de los demás hacia nosotros era cada vez mejor. A pesar de que nuestro protector murió en un accidente inesperado unos meses más tarde, a esa altura ya nos habíamos integrado tan bien a la comunidad de la isla que no tuvimos más dificultades de esa naturaleza.

Muchas veces me pregunto qué hubiera sucedido si veinte años antes aquellos dos misioneros no le hubieran demostrado amor a aquel niño. Ni siquiera sé sus nombres ni nada acerca de ellos, excepto que demostraron amor y bondad a un pequeño huérfano a quien otras personas maltrataban. Estoy seguro de que el cariño y la amabilidad que le mostraron fue a parar a algún tipo de banco de bondad eterno y esos fondos fueron retirados veinte años después, con ricos intereses, para ayudarnos y salvarnos del daño y, sin necesidad de forzar mucho la imaginación, probablemente para salvarnos también la vida.

Aprendí cuán importante es que constantemente realicemos depósitos en ese eterno banco de bondad, no solo para nosotros, sino también para otras personas. Ningún acto de bondad se pierde, sino que queda allí depositado y disponible, con intereses extra, para que nosotros u otras personas lo retiremos en momentos de necesidad. Me preguntaba si el universo entero no se mantendrá en equilibrio gracias a los depósitos y extracciones de actos de bondad. Quizá toda la bondad disponible para retirar y bendecirnos sea el total de bondad depositado por todos nosotros cuando bendecimos la vida de otras personas. Tenía sentido, sobre todo al caer en la cuenta de que el mayor depositante es el Salvador. Seguramente Sus depósitos superarán a todos los demás, pero aun así sigo pensando que Él desea que seamos Sus socios en este gran programa de depósitos de bondad. Aunque no es mucho lo que sé, sí sé que debemos ser más bondadosos.

Cuando comencé a esforzarme por cultivar la cualidad de la amabilidad, en seguida descubrí que era imprescindible deshacerme del enojo, la maldad y los malos pensamientos. Además descubrí que, a medida que lo hacía, la paz y el gozo que inundaban mi vida valían cualquier esfuerzo que hubiera hecho.

No fue sencillo pero, con el tiempo, aprendí que dondequiera que nos encontremos, cualesquiera sean nuestros antecedentes y cualquiera que sea la situación, si tenemos el deseo de ser amables, el Salvador nos ayudará a actuar como Él lo haría y a sentir lo mismo que Él sentiría en circunstancias similares. ¡Qué gran bendición!

Mientras pensaba acerca de esto, tomé la decisión de tratar de ser más bondadoso con los demás. Me pareció que debía comenzar por aquellos ocho jóvenes que estaban empeñados en causarnos daño y también las personas que los habían incitado a hacerlo. Fue difícil, ya que ellos se sentían avergonzados y yo estaba un tanto enojado; de todos modos, poco a poco, cultivamos una buena amistad. Uno de los ocho se unió a la Iglesia más adelante. Aprendí que el ser amable rinde sus frutos, no solo por lo que hace en la vida de los demás, sino también por el efecto que tiene en nuestra propia vida.

20

De cerdos y planchas

Seguimos con nuestras actividades cotidianas. A veces me parecía que nunca sucedía nada nuevo, que la vida era demasiado lenta y que cada día parecía igual que el anterior; llovía o estaba soleado; el viento soplaba fuerte o había calma. La rutina era todos los días la misma: levantarse, bañarse, estudiar las Escrituras, comer, decidir qué lugares visitar, salir, intentar compartir el Evangelio, recibir el rechazo de la mayor parte de la gente, volver a casa, comer, orar y, finalmente, irse a dormir.

Cuando estaba húmedo y frío, no me gustaba salir; cuando hacía calor y estaba pesado, no me gustaba salir. Dado que, por lo general, era lo uno o lo otro, y, de todos modos, la gente no nos escuchaba, casi siempre parecía más fácil quedarnos en casa. De no haber sido por Feki, no sé cuán a menudo hubiera salido; pero Feki hacía que el salir y hacer visitas fuera la constante de todos los días, así que eso era lo que hacíamos.

En seguida me di cuenta de que cada día y cada situación estaban lejos de ser los ideales y que, si permitía que las circunstancias y condiciones gobernaran mis acciones, me limitaría a quedarme sentado sin hacer nada excepto terminar en estado de descomposición. Teníamos que decidir de antemano qué debíamos hacer y luego ponernos en movimiento y llevarlo a cabo sin hacer caso al clima, la apatía ni la oposición. Feki siempre me daba ánimo con una gran sonrisa, pero nunca me obligaba. ¡Cuán agradecido estaba por él!

Al pasar mes tras mes entre setecientas personas, muy pronto aprendí el nombre de todos y la relación que tenían entre sí. Supe que no debía hablar mal de nadie, porque invariablemente el objeto de la conversación estaba emparentado con todos los demás, incluso con la persona con quien estuviera hablando. Entre ellos se peleaban mucho, pero siempre estaban unidos cuando se trataba de asuntos importantes. Y no solo reconocía a todas las personas, sino que además podía diferenciar a todos los animales. Cada caballo, perro, cerdo, cabra e incluso gallina tiene una personalidad y una apariencia particulares, igual que los humanos; si uno vive constantemente con ellos, en seguida aprende a diferenciar esas características. Cualquier persona que tenga una mascota lo sabe.

En Niuatoputapu había muchísimos cerdos; eran un símbolo de riqueza y todos sabían a quién pertenecía cada uno. Robar un cerdo era casi tan grave como robar un caballo durante la colonización del oeste de los Estados Unidos. A fin de que los cerdos no se escaparan y estropearan los huertos, que estaban en las afueras, los cercaban dentro de la aldea.

Uno de los acontecimientos más importantes de la vida de aldea eran los banquetes que se celebraban en ocasiones especiales como nacimientos, muertes, casamientos, cumpleaños y días conmemorativos. Para estos banquetes, se les pedía a ciertas familias que llevaran cerdos. El día anterior al banquete, abrían el portón y dejaban que algunos cerdos corrieran hacia el bosque; entonces, minutos después, un grupo de hombres y niños, armados con palos, piedras y machetes, salían a perseguirlos. No tenían armas de fuego. La caza de cerdos era un gran acontecimiento. Todos estaban al tanto de a qué familia se le había pedido el animal y tenían que tener cuidado de no matar a un cerdo que perteneciera a otra persona; de todos modos, había que atrapar al resto de los cerdos y devolverlos al interior de la aldea.

Si bien yo sabía de estos eventos de caza, por muchas razones nunca había participado. Pasaba el tiempo y los cazadores seguían insistiendo en que los acompañara. Finalmente, me dijeron:

—Si va a comer el cerdo, tiene que ayudar a atraparlo.

Su argumento tenía sentido, así que al fin asentí:

—Está bien; los acompañaré una vez.

Me dieron unas buenas piedras y nos dirigimos al portón.

Abrieron el portón y varios cerdos que habían escogido salieron corriendo hacia el monte. Unos minutos después, los cazadores, con fuertes gritos y exclamaciones de entusiasmo, salieron por el portón y los cerdos supieron que había comenzado la persecución. Participaron en la cacería unos quince hombres y niños. Un rato después, alguien encontró al cerdo que estábamos buscando y, casi por arte de magia, los cazadores se pusieron en posición y formaron un semicírculo alrededor del animal. Hicieron caso omiso del resto y se concentraron en atrapar a ese.

Los cazadores fueron cerrando el círculo de a poco hasta que el cerdo se asustó y salió disparado. Intentaron pegarle con una piedra o un palo; la primera vez, le erraron y se escapó sin haber recibido daño alguno. Durante la caza, mientras rodeaban al cerdo e intentaban golpearlo, había que tener mucho cuidado de no pegarle a alguien que se estuviera acercando en la otra dirección.

Al final volvieron a encontrar al mismo animal y comenzaron a acercársele sigilosamente; el hombre que se hallaba junto a mí señaló al cerdo. De repente, el animal saltó y se dirigió a un pequeño sendero que estaba inmediatamente delante de nosotros; en el sendero había un tronco chico y, precisamente en el momento en que el cerdo saltaba sobre él, los dos lanzamos nuestras piedras.

Mientras todavía estaba en el aire, una de las rocas le dio justo en la cabeza, con lo que cayó al suelo aturdido y sin poder hacer nada más que dar patadas. Resonó un grito de victoria e inmediatamente todo el grupo estaba junto al animal con garrotes y machetes para matarlo. Nunca me sobrepuse por completo a la experiencia de haber visto al cerdo desesperado volando por el aire, ver una piedra que le pegaba en la cabeza y luego verlo caer al suelo indefenso, mientras hombres y niños se apiñaban a su alrededor gritando y dando golpes; ni de ver que le cortaban el pescuezo, que la sangre le salía a chorros y que con ella se le iba la vida. Por suerte, el cerdo murió rápidamente. Lo ataron a un poste largo y, poco después, ya estábamos regresando a la aldea. Todos iban riéndose, dando gritos de victoria y divirtiéndose. Todos, excepto yo. Yo no me sentía nada bien.

El hombre que estaba conmigo no dejaba de mencionar la buena puntería que tenía yo ni de recordar la forma en que mi piedra había alcanzado al cerdo mientras todavía estaba en el aire. Sospecho que mi piedra le erró por completo y que fue la que lanzó aquel hombre la que dio en el blanco, pero él seguía insistiendo en que el logro había sido mío. Con eso comenzó la leyenda de la buena puntería que tenía el misionero mormón para tirar piedras.

Al día siguiente, comimos el cerdo en el gran banquete. La gente de la aldea se aseguró de que me tocaran los dos manjares principales: las orejas y la carne de los costados de la columna, ambos deliciosos.

Me presionaron mucho para que fuera a cazar de nuevo, pero me mantuve firme y me negué a hacerlo. De hecho, me retiré como el campeón en lanzamiento de piedras. Supongo que sabía que nunca podría volver a lograr aquella hazaña (si era cierto que realmente había sido mi piedra), pero principalmente no me gustaba la idea de salir a cazar. Feki era muy buen cazador y él aportó nuestra parte del trabajo en expediciones que se realizaron más adelante. Yo nunca volví a participar en las cacerías.

A medida que pasaba el tiempo, cada vez me preocupaban más los sentimientos de las personas (los cuales abundaban) en lugar de sus posesiones (las cuales escaseaban). Aprendí que todas las personas del mundo, sean cuales sean sus circunstancias, tienen sentimientos profundos. También aprendí que hay una cantidad determinada de «cosas» que pueden ser útiles, pero hay muchísimas que pueden ser dañinas. No sé cómo se encuentra el equilibrio, pero me imagino que la declaración «suficiente para nuestras necesidades» es la mejor norma por la cual regirnos.

En una ocasión, poco después de la llegada de un barco, visité a una señora que era miembro. Se la veía muy preocupada y me pidió que pasara. El problema que tenía era que la familia del esposo, que vivía en Tongatapu, le había comprado una plancha moderna que acababa de llegarle en el barco. Tenía un pequeño tanque de gas en la parte posterior que se podía encender como si fuera una lámpara Coleman; las llamas bajaban entre dos piezas de metal y mantenían caliente la plancha.

Me preguntó qué debía hacer. Si se la quedaba para usarla cuando planchaba, podría usarla por mucho tiempo, pero entonces la gente diría que era egoísta y no tendría amigos. Si se la prestaba a otras personas, en seguida la estropearían y ni ella ni las otras personas tendrían una buena plancha.

Le pregunté qué había usado para planchar hasta el momento. Me mostró su plancha de hierro fundido: tenía una parte hueca para poder colocarle carbón caliente o brasas en la parte descubierta e intentar planchar sin quemarse la mano, ya que hacia arriba salía la misma cantidad de calor que hacia abajo.

Le dije que yo no sabía qué debía hacer. Suponía que la familia le había enviado la plancha con la intención de que la usara, pero ella tendría que hacer lo que considerara mejor. Parecía estar llena de incertidumbre. Me apenaba no poder ayudarle más, pero no tenía una respuesta terminante para darle.

Unas semanas después, volví a verla. Parecía estar feliz. Le pregunté qué había sucedido y me dijo que durante un tiempo se había sentido muy mal, porque había tratado de usar ella sola la plancha. Pero luego decidió que el planchado era solo una pequeña parte de su vida y, en cambio, la familia y los amigos eran una parte mucho más importante, así que empezó a prestar la plancha y, como era de esperar, al poco tiempo se rompió y se volvió *ta'eaonga* (inservible).

Señaló hacia el piso, donde se encontraba la plancha; la estaba usando como peso para sujetar unas esteras. Me explicó: «Una piedra podría cumplir la misma función, igualmente bien, pero, ya que la plancha está aquí, puedo decirles a mis suegros que me resulta útil. Me alegra que se haya roto y que pueda hacer las cosas de la misma manera que los demás. Todos hemos vuelto a ser buenos amigos».

Me pregunté cuál sería la correlación entre el progreso temporal y el egoísmo. No llegué a ninguna conclusión.

21

Tétanos

Teníamos muchos buenos amigos, especialmente entre los jóvenes de nuestra edad; uno de ellos, que se llamaba Finau, demostró interés en escucharnos; tenía veintitantos años y era fuerte. Sus padres se oponían a nosotros y no nos dejaban entrar a la casa. A pesar de que él todavía vivía con ellos, tenía edad suficiente para ser independiente, así que iba seguido a nuestra casa para escuchar las lecciones. Era reverente y atento, y parecía aceptar los principios que le enseñábamos.

Un día, después de una lección, nos invitó a ir de pesca con él, pero le explicamos que, por ser misioneros, no podíamos hacerlo. Eso lo sorprendió, ya que prácticamente todos pescaban o realizaban algún tipo de *fangota* (pescar o cavar en busca de cangrejos pequeños o mariscos en la zona de arrecifes).

Un método popular para pescar durante una noche tranquila consiste en adentrarse en la laguna con un farol y un machete y quedarse allí muy quieto; la luz atrae a los peces y, si uno es rápido, puede atravesar el agua con un cuchillo y atrapar uno. Esa noche, un pez grande se acercó a la luz y él con cuidado levantó el cuchillo; aparentemente, al mismo tiempo que él estaba listo para atacar, algún leve movimiento hizo que el pez huyera, pero la resolución de Finau de atraparlo era tal que, de un golpe, introdujo el machete en el agua detrás de sí en el mismo momento en que el pez salía disparado. Debe de haber levantado el pie ya que le erró al pez, ¡pero se rebanó el talón!

Otras personas que estaban pescando cerca de él respondieron a sus alaridos de dolor y lo llevaron hasta su casa. Debido a que no había prácticamente ninguna instalación hospitalaria en la isla, no había mucho que pudieran hacer. Supongo que una inyección antitetánica habría sido lo apropiado, pero no había nada de eso. Hicieron todo lo posible, pero poco después ya se le había declarado el tétanos.

Al principio, sus padres intentaron echarnos la culpa a nosotros y le decían: «¡Eso es lo que logras por escuchar a esos misioneros mormones!». Él seguía pidiendo que nos llamaran, pero ellos no nos dejaban verlo; en cambio, llamaron a sus propios líderes religiosos para que hicieran algo. Finau seguía empeorando y seguía llamándonos. Cuando los padres se dieron cuenta de que de todos modos moriría, finalmente nos pidieron que fuéramos a verlo tal como él quería. No nos permitieron darle una bendición, pero dijeron que podíamos orar por él, y eso fue lo que hicimos.

Jamás había visto algo así. El tétanos es una enfermedad terrible y pensé: «¡Nadie querría morir de esta manera!». Finau estaba sufriendo convulsiones y sacudiéndose violentamente cuando llegamos. La situación era lamentable. Intenté sostenerlo en mis brazos y hablarle; de vez en cuando, me parecía que me miraba intencionalmente, como queriendo decir algo, pero no estaba seguro. Sentía compasión por él y me daba cuenta de que estaba sufriendo muchísimo con esos espasmos y convulsiones. Tratar de sostenerlo era como tratar de sostener a un toro que se retorciera enfurecido. Intenté tranquilizarlo, pero fue en vano a causa de la mucha fuerza que él tenía.

Lo observé durante esa última fase hasta que murió. Mi testimonio de que hay un espíritu en nuestro cuerpo fue confirmado por partida doble en aquella ocasión: En un momento, había un joven de cuerpo fuerte; al momento siguiente, no había nada. Casi se podía sentir que algo se apartaba del cuerpo y éste quedaba sin vida. Supe que el espíritu había abandonado su cuerpo y supe que el espíritu da vida. De hecho, supe que el espíritu es vida y que ésta no existe sin él, literalmente y en sentido figurado.

Cuando su espíritu se fue, sentí claramente que él estaba agradecido por lo que habíamos hecho. Parecía como si, ya libre, estuviera agradeciéndonos el hecho de haberle enseñado y de haber acudido en su ayuda. Tuve la impresión de algo que provenía de él y nos decía: «No se enojen con mis padres, ellos no entienden; ayúdenles. Ayuden al resto de las personas. Yo estoy bien. Gracias por todo».

Pensaba que la forma en que había muerto era muy cruel, pero a su espíritu no parecía importarle. Me preguntaba por qué a algunas personas les resulta tan difícil morir, mientras que otras se van tan tranquilamente. En aquel entonces no tenía respuestas y ahora tampoco las tengo, pero estoy convencido de que, si miramos nuestra vida en una perspectiva eterna, la forma en que pasamos al otro lado rellena pequeñas grietas, alisa aristas ásperas o contribuye a que logremos más entendimiento.

Cuando los padres se dieron cuenta de que se había ido, comenzaron a llorar, a dar alaridos y rasgar sus vestiduras. Afortunadamente, ya no estaban enojados con nosotros. Estoy seguro de que la influencia de su espíritu los ayudó. Sabían que su hijo ya no estaba y también sabían que él había querido que estuviéramos allí, así que se sentían agradecidos porque hubiéramos ido y hecho lo que estaba a nuestro alcance. Mediante sus lamentos y alaridos por la muerte del hijo, nos agradecieron el haber intentado ayudarles y hasta nos pidieron que fuéramos al funeral.

El servicio funerario se llevó a cabo temprano aquella misma tarde. No me pidieron que hablara, pero me invitaron a sentarme en un lugar importante. Aunque habían presionado a la familia para que nos dijeran que no nos presentáramos en el funeral, ellos conocían los buenos sentimientos que su hijo tenía hacia nosotros y nos invitaron igual.

En uno de los momentos de calma durante el funeral, escuché hablar a dos ancianos que estaban sentados junto a mí; se preguntaban: «¿Cómo puede ser que él tenga tanta suerte de morir tan joven y nosotros tengamos que seguir viviendo y trabajando y sudando y sufriendo dolores? No parece justo. ¿Qué tiene Dios en contra de nosotros?».

Nunca lo había pensado de esa manera. Me di cuenta de cuán diferente es la actitud que tiene la gente de occidente hacia la vida comparada con muchos otros lugares del mundo. Para muchas personas, la vida es dura y el seguir viviendo implica seguir sudando, sufriendo dolores y preguntándose cuándo y cómo llegará el fin. Me di cuenta, más que nunca, que todas las personas de todo el mundo necesitan el Evangelio y una comprensión clara de la vida y de la razón por la que estamos en la tierra. Tienen que saber que la vida es de gran valor, que viene de Dios y que estamos aquí para aprender a obedecer a Dios, amarlo y demostrarle ese amor al ayudar a otras personas.

¡Cuán grande era mi deseo de explicar estas cosas a aquella gente! Pero no me hubieran dejado hacerlo en esos momentos. Aunque eran personas buenas, calculo que su mayor problema era estar «cegados por las artimañas de los hombres» (véase D. y C. 76:75).

La experiencia no había sido agradable, pero aprendí mucho. Tuve un conocimiento certero de la verdadera naturaleza del cuerpo y el espíritu; supe que el cuerpo no tiene poder sin el espíritu y que el espíritu puede expresar sentimientos y transmitir ideas, incluso después de haber abandonado el cuerpo.

El Señor tiene maneras de enseñarnos verdades que muchos nos perdemos al rehusarnos a pasar por algunos de los requisitos «desagradables». ¡Cuán agradecido estaba por Finau, sus padres y las grandes lecciones que el Señor me enseñó por medio de ellos! Nosotros seguimos enseñando las verdades del Evangelio cuándo, cómo y a todas las personas que podíamos. Lamentablemente, los padres del joven no se encontraban entre aquellos que estuvieron dispuestos a escuchar.

A pesar de que fue difícil pasar por la muerte de Finau y otras experiencias similares, hasta cierto punto empecé a sentir lástima por los que no pasan por ellas. El nacimiento y la muerte son parte de la vida; el envejecimiento y las enfermedades son parte de la vida. En nuestra sociedad moderna, tenemos la tendencia a aislarnos y aislar a nuestros hijos en esas circunstancias; algunas son difíciles de manejar y a menudo no sabemos qué hacer. Recuerdo que en más de una ocasión intenté salir de situaciones incómodas.

En una ocasión, una familia me llamó y me pidió que fuera a prisa porque una mujer tenía muchísimas complicaciones con el parto. Fui, pero con los gritos, la sangre y la naturaleza tan personal del proceso del nacimiento —sumado a que no tenía ni la menor idea de lo que podía hacer—, eché un vistazo y pregunté si les parecía bien que me quedara afuera y orara por ella. Se dieron cuenta de que estaba asustado, así que me dijeron que estaba bien.

¡Y si habré orado! Quería que todo estuviera en orden, no solo por ellos, sino también para no tener que involucrarme más con la mujer y su criatura, a quien le estaba resultando muy difícil llegar aquí. Me pareció que los gritos duraban mucho tiempo, pero finalmente la criatura nació y tanto la madre como la hija estaban bien. ¡Qué agradecido quedé!

Una vez más, recibí un fuerte testimonio de la oración. Si oramos con todo nuestro corazón por aquello que sea correcto, que esté de acuerdo con la voluntad de Dios, se nos concederá tal como lo prometen las Escrituras. La clave, por supuesto, es estar dispuestos a aceptar Su voluntad y pedir solo las cosas que estén de acuerdo con ella; de hecho, no creo que podamos orar con fe a menos que oremos por aquello que se conforme a Su voluntad.

Recuerdo haber pensado en el plan de Dios para esta tierra. Allí estaba yo: un joven que no sabía mucho acerca de la vida y, aun así, me veía envuelto en nacimientos, muertes y enfermedades, en lo que a veces denominamos «la dura existencia». Volví a pensar en cómo nos aislamos y aislamos a nuestros hijos de algunas de esas porciones de la experiencia terrenal; cuando alguien se enferma, lo llevamos al médico o al hospital; la gente por lo general muere en un hospital, en un hogar de ancianos o bajo cuidado profesional. Muchas veces, los integrantes de una familia no experimentan los sentimientos que resultan de participar de toda esa experiencia.

Me apresuro a agregar que no recomiendo volver a las condiciones primitivas de vida; agradezco tener profesionales de la salud, agentes funerarios y otras personas que nos ayuden en nuestra sociedad moderna. Sin embargo, estoy convencido de que perdemos algo de nuestra vivencia terrenal cuando no participamos personalmente, al menos hasta cierto punto, en estas experiencias básicas de la vida. A veces nosotros, o nuestros hijos, vemos que una persona se enferma y la próxima vez que la vemos ya está colocada en un hermoso ataúd; y no nos damos cuenta del trauma ni del dolor sufrido en el ínterin, ni de la realidad de la separación física y espiritual que ha ocurrido.

El hecho de comprender que el espíritu es vida y de sentir la gratitud que proviene del espíritu de una persona que agradece lo que uno está intentando hacer por ella a menudo nos incentiva mucho más a hacer el bien y a ayudar a los demás que lo que lograría cualquier cantidad de sermones. Dudo que queramos volver al estilo de vida de Niuatoputapu, pero considero que si hubiera más personas que se involucraran más en ese tipo de experiencias, se lograría hacer mucho más el bien.

Quizá en nuestra sociedad estemos muy alejados de los aspectos básicos de la vida. Por lo general, los tonganos dan más importancia de la que les damos nosotros a los sentimientos de las personas, a la forma en que actúan e incluso cómo huelen. Parece que pudieran interpretar mejor que nosotros nuestras miradas y nuestros suspiros.

Recuerdo una vez que, mientras caminábamos por un sendero, Feki de repente se detuvo y se puso el dedo índice sobre la boca al mismo tiempo que señalaba con la otra mano hacia un árbol que se encontraba un poco más adelante.

—¿Qué sucede? —susurré.

—Hay alguien detrás de aquel árbol —me respondió con otro susurró—. Acerquémonos con cuidado.

—¿Cómo puedes estar seguro? —pregunté.

—Ah, no lo comprenderías, pero tengamos cuidado.

Cuando nos acercamos, en efecto, había un hombre descansando detrás del árbol; era claro que no quería hacernos daño y seguimos camino. Me imagino que esa capacidad viene de vivir más cerca de la naturaleza de lo que vivimos nosotros.

Recuerdo que muy seguido las personas nos decían: «Parecen hambrientos o cansados. Les daremos algo de comer. Siéntense y descansen». Poco después, escuchábamos el último cacareo de una gallina antes de morir y al rato, allí estaba: lista para que la comiéramos. Cuando la gente se limita a ir a un negocio y comprar un buen trozo de carne envuelto en plástico o una botella de leche, a menudo no tienen idea de cómo llegó hasta allí. Quizá así deba ser, pero me alegra haber podido sentir y comprender un poco de la otra realidad también.

Aprendí mucho de Finau y su familia. Las expresiones sinceras de ternura y amor, sean cuales sean las circunstancias, en el pasado y en el presente, son muy reales y muy necesarias. La familia de Finau nunca se unió a la Iglesia, pero, a partir de aquel momento, fueron amables con nosotros, nos invitaron a comer y nos ayudaron.

22

«*Para bien y para mal*»

La isla de Niuatoputapu es relativamente pequeña pero, en esa época, ya había aprendido que siempre había mucho para hacer. A veces, a los misioneros les da la impresión de que ya han golpeado todas las puertas de un área; dudo de que tal cosa sea posible. Pasar un año con setecientas personas, en un área de once kilómetros cuadrados y sólo con un compañero, podría parecer aburrido; sin embargo, siempre había más para hacer de lo que yo lograba con mis labores. Sinceramente, durante el último mes de la misión tanto como durante el primero me parecía que era muchísimo lo que todavía tenía que hacer y aprender.

Si en algún momento los misioneros se desaniman al pensar que los han asignado durante mucho tiempo a un lugar donde vivan muy pocas personas, deberían darse cuenta de que otros ya han pasado por eso antes y han progresado gracias a ello. Sé que siempre hay lecciones para aprender, así como bendiciones que podemos obtener, si tan solo estamos dispuestos a pagar el precio por ellas. Estoy convencido de que en el área más pequeña o en el llamamiento aparentemente más insignificante hay mucho más potencial de lograr más de lo que cualquiera de nosotros podría en otro lugar.

Poco después del funeral de Finau, decidimos ir a la cercana isla de Tafahi, que se encuentra a unos trece kilómetros de distancia y es la única isla hasta la cual la distancia que hay que navegar es razonable. Después de Tafahi, las más cercanas son Samoa, Vava'u y Fiji, que quedan a varios cientos de kilómetros.

Tafahi es una isla volcánica alta y muy empinada; allí vivían alrededor de ochenta personas. Como no había ningún lugar que fuera naturalmente llano, los habitantes habían tenido que rebanar uno de los costados de la montaña a fin de tener una zona llana donde construir algunas casas y cultivar.

Si bien en Niuatoputapu no había nada mecánico y la gente vivía en comunión con la naturaleza, sin agua corriente ni electricidad y con muy poco contacto con el mundo exterior, la gente de Tafahi estaba aún más apartada y tenía, si es posible, una relación más estrecha con la naturaleza y menos contacto con la civilización, ya que no contaban con telégrafo ni con barcos que llegaran regularmente.

Cuando fuimos navegando, el océano estaba muy picado. Nos acercamos tanto como pudimos a la orilla, esperamos a que las olas más grandes se retiraran, y de un salto nos metimos en el agua y nadamos y caminamos hasta la costa. Quedé impresionado por la fuerza de la gente que vivía allí. Algunas mujeres jóvenes se ponían un yugo al cuello, le amarraban un gran *kape* (grandes plantas con tubérculos que pesan más de cuarenta kilos cada una) en cada extremo y subían la montaña casi corriendo con ellos a cuestas. Yo apenas podía levantar uno, ¡mucho menos dos!

Poco después de llegar, comenzamos a golpear puertas. Visitamos todas las casas (dieciocho en total), dejamos un folleto en cada una e invitamos a la gente a una reunión que íbamos a tener aquella misma noche. En la última casa, me vino a la mente un pensamiento extraño: «¿Por qué no pones a prueba la profecía de que el nombre de José Smith se conocerá para bien y para mal en todo el mundo?». No sé por qué tuve esa idea, pero así fue.

Reunimos a los seis de la familia, los invitamos a ir a nuestra *po malanga* (reunión en una casa) de esa noche y les entregamos un folleto. Luego les preguntamos:

—¿Alguna vez oyeron hablar del presidente Eisenhower?

—¿Quién es?

Les expliqué que era el presidente de Estados Unidos.

—¿Dónde queda Estados Unidos?

Intenté explicarles dónde se encontraba, pero no entendían. Preguntaron de qué tamaño era la isla. Yo les contesté que era una isla muy grande que se encontraba a miles de kilómetros, donde vivían millones de personas. Les dije que había muchas personas allí que jamás habían visto el océano y que muchos de los habitantes no se conocían entre sí. No lo podían entender. Entonces les pregunté:

—¿Alguna vez oyeron hablar de un hombre llamado Kruschev?

—¿Quién es?

—Bueno, es el líder de Rusia.

—¿Qué es Rusia?

—Rusia es un país.

Intenté explicarles que era una isla grandísima, incluso más grande que Estados Unidos y que allí había millones de personas. No había manera de que lo entendieran.

—¿Alguna vez oyeron hablar de una persona llamada Charles DeGaulle?

—No, ¿quién es?

—Es el presidente de un país llamado Francia.

—¿Dónde queda Francia?

Una vez más les expliqué, y después les pregunté sobre otros países y otros líderes, pero no podían asimilar la idea de las famosas figuras políticas de la época.

Luego les pregunté acerca de figuras del deporte, estrellas de cine, gente de negocios famosa, la Gran Depresión, la Guerra de Corea y otras cosas. El ejercicio fue inútil, ya que no sabían de ninguna de esas personas ni de los acontecimientos.

No había ningún miembro de la Iglesia en aquella isla, pero sí había otras dos iglesias allí. Respiré hondo y dije: «¿Alguna vez han oído hablar de José Smith?»

Inmediatamente, se les iluminó el rostro; todos me miraron y el padre dijo: «¡No nos hablen de ese profeta falso! ¡En nuestra casa no! Sabemos todo acerca de él. ¡Nuestro ministro nos contó!». Casi no podía creer lo que estaba oyendo. El pasaje de la Perla de Gran Precio resonó en mi mente, en el que dice que el nombre de José «se tomaría… para bien y para mal… entre todo pueblo» (JS—H 1:33). A mi modo de ver, ese era el claro cumplimiento de la profecía.

Estoy convencido de que es muy poco probable encontrar otro lugar más remoto, más desconectado de la civilización moderna que la pequeña isla de Tafahi. Los habitantes no sabían nada de los grandes líderes de aquella época —ni políticos, ni económicos ni de ningún tipo— pero conocían el nombre *José Smith*. En aquel caso, lo conocían para mal, al menos al principio. Pasé los días siguientes explicando más acerca de la misión del profeta José Smith, y, antes de que nos fuéramos, algunos de ellos conocieron su nombre para bien.

Hicimos algunos amigos en Tafahi y varios de nosotros subimos caminando hasta la cima de la montaña. Mientras ascendíamos, nos encontramos con nubes y neblina, con bosques de bambú y vegetación espesa que se parecía a la de la selva, hasta que finalmente llegamos a la cima. ¡Qué vista! Parecía que desde allí se podía ver absolutamente todo. Se veía océano en cualquier dirección en que uno mirara. La única tierra que se podía divisar era Niuatoputapu, y parecía muy pequeña y muy distante. Me llamó poderosamente la atención el darme cuenta de cuán diferente puede ser nuestra visión según los diferentes lugares desde donde miremos. Me imagino que para Dios esta tierra debe de parecer bastante pequeña.

Durante mi estadía en Tafahi, varios de los hombres de más edad, quienes decían tener la autoridad, realizaron una ceremonia, me nombraron *matapule* (jefe) y me dieron un nombre oficial: *Ngalu 'o Tafahi* (La ola de Tafahi). Sin contar la ocasión en que lo escribí en mi diario, nunca usé el nombre ni volví a referirme a él. Prefería el título de misionero.

Velero para ir a Tafahi (en el fondo).
La única manera de llegar a la orilla era a nado.

Cuando finalmente nos fuimos, el amor que sentía por el profeta José Smith era más grande y mi testimonio de su llamamiento divino era más firme. Con el tiempo, algunas personas de Tafahi se unieron a la Iglesia. Nunca volví a visitar esa isla, pero no he olvidado a la gente, ni la subida a la cima de la montaña, ni la vista espectacular, ni la ceremonia ni el testimonio más profundo que recibí en la última casa al preguntar acerca del profeta José Smith.

23

El huracán

Después de regresar de Tafahi, seguimos golpeando puertas y tratando de visitar a la gente de Niuatoputapu; sin que supiéramos por qué, parecían menos receptivos que antes. Le pedimos al Señor que les ablandara el corazón y que nos bendijera para que entendiéramos de qué manera podíamos enseñarles mejor. No estoy seguro de que haya una relación directa entre todas estas cosas pero, poco tiempo después, ocurrió algo interesante.

Aunque, en general, Niuatoputapu no tiene mucho relieve, tiene una montaña grande que se eleva de manera un tanto brusca desde las tierras bajas, que constituyen alrededor de dos tercios de la isla, y desciende de manera igualmente brusca hacia el océano, en lo que llamábamos la «parte trasera» de la isla. Los vientos predominantes vienen del sur, o sea, de la parte trasera, donde las olas rompen contra el coral que se eleva abruptamente desde el océano. La montaña detiene el mar revuelto por el viento, hace las veces de barrera y protege el frente de la isla de la mortal espuma salada.

Si uno se dirige hacia el norte desde la montaña, en seguida comienza a descender hacia una gran planicie fértil, bastante llana, y se encuentra con una laguna, la cual, con su arrecife más pequeño, sirve de protección adicional para la tierra de cultivos. Por lo general, la vida transcurre sin problemas: la montaña absorbe la espuma salada y, en la parte que queda protegida, crecen todos los alimentos que la población pueda necesitar.

De todos modos, una vez cada tanto, la naturaleza les juega una mala pasada con un huracán. La mayoría de esas personas conocen los vientos devastadores y las aterradoras olas que suben y bajan más allá de sus límites y que caracterizan a un huracán. Aun así, en las islas pequeñas uno de los elementos más destructivos son los vientos que cambian de dirección y llevan las olas y la espuma salada desde la dirección opuesta hacia la parte desprotegida.

No había ninguna alerta oficial ya que, en esa época y en aquel lugar tan aislado, no llegaba ni el pronóstico del tiempo ni el seguimiento meteorológico. De todos modos, los ancianos decían que lo sentían venir; no sé si yo lo sentía o simplemente creía en lo que decían otras personas. Había algo en la pesadez y lo agobiante del aire que hacía que todos los animales y los humanos sintieran que algo no andaba bien. Cuando el viento comenzó a soplar desde la dirección opuesta, sobrevino una sutil y apenas perceptible sensación de inquietud. El cielo se puso oscuro y el aire pesado; aunque el viento y la lluvia no eran muchos, el ánimo de la gente se ensombreció y se volvió melancólico. Por instinto, todos buscaron refugio.

De repente, esa sensación agobiante estalló con una furia indescriptible sobre la pequeña isla indefensa: rugían los vientos, rompían las olas y la espuma salada y el mar, con su bramido, invadieron los jardines fértiles y las casas desde la costa hasta el frente de la montaña sin que nada los detuviera en el trayecto.

Los árboles quedaban arrancados de raíz, las casas se venían abajo, los techos volaban y la gente y los animales intentaban esconderse donde podían; los escombros que volaban eran peligrosos. En algún momento, durante el huracán, se produjo un efecto de vacío que hacía que trozos de juncos y briznas del pasto se convirtieran en algo parecido a diminutas lanzas que se enterraban en los árboles y hasta llegaron a matar a animales pequeños. Veía los trozos de techos de hojalata que volaban, partían los árboles pequeños por la mitad y se incrustaban en los troncos gruesos de otros árboles. Intentaba comportarme como si estuviera interesado o tuviera curiosidad, pero debo admitir que también estaba asustado. La furia de la naturaleza y las imágenes y los sonidos de destrucción, sobre todo al compararlos con los plácidos días y noches habituales, lo ponían a uno muy nervioso.

No sé con exactitud cuánto duró el huracán. Llegó durante la tarde, continuó toda la noche y se extendió hasta el día siguiente, o al menos así pareció ser.

Fueron una tarde y una noche aterradoras. Cuando uno está más cerca de la naturaleza, sin la protección de edificios de hormigón y sin haberse preparado con anticipación gracias al pronóstico, las cosas se sienten de un modo diferente. Comprendo mejor la profecía del Libro de Mormón en la que se habla de las tormentas durante la crucifixión de Cristo diciendo que «muchos de los reyes de las islas del mar se verán constreñidos a exclamar por el Espíritu de Dios: ¡El Dios de la naturaleza padece!» (1 Nefi 19:12). Así se sentía.

Los huracanes no empiezan de golpe ni terminan con un último gemido, pero al fin acaban por detenerse. Cuando sentimos que los vientos habían amainado y que la tormenta había pasado, salimos de nuestros lugares de refugio con una sensación de sobrecogimiento y con gesto de incredulidad a causa de la terrible destrucción que había ante nuestros ojos: Los árboles habían sido arrancados de raíz, no quedaban techos, las casas estaban destruidas, faltaban cercos y, esparcidos por doquier, había escombros provenientes de todas partes. Casi todos los árboles grandes de mango habían caído, los árboles del pan habían caído, así como muchos otros; los pozos estaban contaminados con agua de mar, pero lo peor era que los cultivos se habían estropeado, en su mayor parte a causa de la destructiva agua salada.

Murieron algunos animales y varias personas habían resultado heridas de una u otra manera, pero por lo que llegué a saber, nadie había muerto. ¡Qué imagen lamentable! Los habitantes comenzaron a buscar a los integrantes de su familia, a amigos, a sus animales y otras posesiones. Los hombres volvían de sus huertos con lágrimas en los ojos, para informar la pérdida de la labor de todo el año y la amenaza de una inminente hambruna.

El oficial representante del gobierno convocó a una reunión especial para todos los adultos. En un intento por calmarlos, les dijo: «Ya hemos pasado por esto antes y podemos superarlo una vez más. Ayudémonos entre todos. Recojan el fruto caído de los árboles del pan y arranquen la mayor cantidad de tubérculos de los cultivos antes de que se echen a perder; empiecen a limpiar y a reconstruir. No escondan reservas de alimentos y asegúrense de que las personas ancianas, los pequeños y los enfermos estén bajo cuidado. Alégrense de que nadie haya muerto. Coman con moderación. Racionemos los alimentos que tengamos para que nos duren aproximadamente cuatro semanas. Debe de venir un barco dentro de tres o cuatro semanas, así que estaremos bien». Le pidió a alguien que orara y diera gracias porque habíamos sido preservados y que le pidiera a Dios que nos guiara y protegiera, especialmente durante las semanas siguientes. ¡Fue una maravillosa reunión oficial del gobierno! El creer en Dios y el santificar el día de reposo son partes muy importantes de la constitución y cultura de Tonga.

Empezamos a limpiar y todos nos aseguramos de que los demás tuvieran algo para comer. Había un bellísimo sentimiento de cooperación. Es extraño cómo los desastres sacan a relucir lo mejor (y a veces lo peor) de nosotros.

A pesar de que el viento había tumbado la mayoría de los árboles frutales, estos tenían muchísimos frutos, así que los recogimos y usamos cuanto pudimos. Gran parte de las raíces de los cultivos se habían plantado hacía muy poco tiempo, por lo cual no teníamos mucho para rescatar allí pero, por lo general, la gente no parecía demasiado preocupada, ya que aparentemente la situación exigía más que nada volver a construir y esperar a que llegara el próximo barco. Fue así que la vida, lentamente, volvió a tener la apariencia de siempre. Supongo que la mayoría de ellos se alegraban de no tener muchas posesiones materiales puesto que, de ese modo, ni la naturaleza ni otras personas podían despojarlos de lo que no tenían.

La tormenta había arruinado el telégrafo, así que no podíamos enviar mensajes para pedir ayuda. Por lo general, el barco llegaba aproximadamente cada cuatro semanas y, por eso, se distribuyó una cantidad de alimentos que debía alcanzar alrededor de cinco semanas, «por las dudas». Con aquellas raciones, uno nunca estaría lleno, pero tampoco pasaría hambre.

Lo primero que comimos fue el fruto del árbol del pan, el cual era nuestro alimento básico; también comíamos mangos, naranjas y otras frutas que no durarían mucho una vez que las habíamos arrancado. Todas, menos las que estaban verdes, sabían bien pero no llenaban.

Todos esperábamos que el barco llegara tres semanas más tarde, ya que se había ido de Niuatoputapu hacia Nuku'alofa varios días antes del huracán. Las dos primeras semanas transcurrieron sin muchos acontecimientos; la tercera semana llegó y pasó sin novedades del barco. Había muchas esperanzas de que llegara durante la cuarta semana pero, cuando esa también transcurrió sin que éste apareciera, percibimos una atmósfera diferente en todas partes. Se parecía a un día nublado: la normal actitud optimista era más moderada y las personas comenzaron a contar historias de tiempos difíciles que habían escuchado cuando eran niños.

Recuerdo que algunos de los hombres de más edad contaban de islas enteras que habían desaparecido por sequías o tormentas que habían estropeado los cultivos. Algunos hablaban de los hoyos que hacían en la tierra para almacenar alimentos; al parecer, en tiempos pasados, los almacenaban por medio de un proceso de fermentación: envolvían ciertos alimentos en hojas y enterraban una gran cantidad, lo suficiente para alimentar a muchas personas durante mucho tiempo. Según los ancianos, se mantenían en buen estado años y años, y había sido el medio por el cual se había salvado la población de muchas islas después de haber sufrido desastres naturales; y se lamentaban de no tener un almacenamiento así en aquel momento. «Dependemos demasiado del mundo exterior, como los barcos y los telégrafos —me dijeron—. Deberíamos ser más autosuficientes».

Cuando llegaba a su fin la quinta semana, la comida se estaba terminando y todavía no había noticias del barco. La situación parecía y se sentía bastante nefasta. Aprendí que la actitud determinaba mucho de lo que sucedía: A medida que la gente empezaba a pensar de manera pesimista, todo empeoraba para ellos. Aunque la situación no se prestaba al optimismo, algunas personas de la isla seguían siendo optimistas. Noté una notable división entre los habitantes: algunos se dejaban llevar por la negatividad y la derrota; otros mantenían el optimismo y la fe intactos y seguían adelante. Aquellos que seguían siendo optimistas parecían estar mejor, tanto física como mentalmente.

La sexta semana comenzó con una atmósfera muy desalentadora. Sospecho que algunas personas habrían escondido un poquito de comida aquí y allí, pero hasta eso ya estaría acabándose. Feki y yo habíamos estado comiendo el equivalente a medio fruto de árbol del pan por día cada uno; luego redujimos esa cantidad a una mitad por día entre los dos; luego a una cuarta parte y después, a medida que seguían pasando los días, a una tajada. El líquido también era muy escaso pues había llovido muy poco después del huracán, los pozos seguían salobres y ya habíamos usado casi todos los cocos.

Es extraño lo que nuestro cuerpo comienza a hacer cuando empezamos a sufrir el hambre. Una vez, fuimos al pantano donde tiempo atrás habíamos cortado madera de carpe para nuestra casa; en tan solo unos segundos, tenía la frente llena de mosquitos. En seguida me di una palmada en la frente, quité la mano y le pasé la lengua para comerme los mosquitos. Jamás hubiera pensado que haría eso, pero alguien lo había mencionado y sentí que el cuerpo me decía que quizá encontrara un poco de proteína en esos mosquitos, así que lo probé. Dado que no satisfacía, sólo fui una vez al pantano.

Otra señal interesante que me enviaba el cuerpo era la de quedarme quieto, no moverme mucho: simplemente, sentarme, esperar y relajarme; no iba muy lejos y no hacía gran cosa. Nadie me dijo que me comportara así; automáticamente comencé a hacerlo todo con más lentitud.

A fines de la sexta semana la situación era grave. Había una lluvia ligera, lo cual la aliviaba algo pero, por lo general, las personas estaban sufriendo mucho, porque habían estado sobreviviendo con raciones limitadas por mucho tiempo. A la séptima semana, ya había verdadera desesperación pero también oraciones más fervientes. Nosotros nos quedábamos cerca de nuestra casa y pasábamos mucho tiempo leyendo las Escrituras. El capítulo 11 de Helamán cobró un significado especial para mí; me daba cuenta de que entendía el pedido de Nefi en el versículo 4: «¡Oh Señor!... haya hambre sobre la tierra para [que los de este pueblo recuerden] al Señor su Dios, y tal vez se arrepientan y se vuelvan a ti».

Además, capté la realidad del versículo 7: «Y ocurrió que los del pueblo vieron que estaban a punto de perecer de hambre, y empezaron a acordarse del Señor su Dios». Percibí que la gente *era* más humilde.

Me preguntaba si viviríamos para ver los mismos acontecimientos que quedaron registrados en los versículos 17 y 18: «Y aconteció que... el Señor apartó su indignación del pueblo e hizo que la lluvia cayera sobre la tierra, de modo que produjo su fruto en la época de su fruto. Y sucedió que produjo su grano en la época de su grano. Y he aquí, el pueblo se regocijó y glorificó a Dios, y se llenó de alegría toda la faz de la tierra».

Durante la séptima semana hubo más lluvia ligera gracias a la cual, aunque no era abundante, hubo agua disponible en cantidades limitadas. La octava semana comenzó con malos presentimientos; nadie se movía mucho; el sol estaba muy fuerte y todos permanecían a la sombra. Sabía que había gente muriendo pero, generalmente, eran las personas de mucha edad o los más pequeños o aquellos que estaban enfermos desde antes y cuyo cuerpo finalmente se había dado por vencido. No creo que nadie haya muerto de lo que técnicamente llamamos inanición, aunque algunos deben de haber estado cerca. Lo más difícil era ver la mirada de hambre de los niños. A las madres se les dificultaba amamantar a sus bebés y por todo se veía sufrimiento y desesperación.

Entendía los sentimientos que Jeremías expresó en Lamentaciones 4:8–9: «Más oscuro que el hollín es su aspecto; no se los reconoce por las calles; su piel está pegada a sus huesos, seca como un palo. Más dichosos fueron los muertos a espada que los muertos por el hambre, porque éstos murieron poco a poco por falta de los frutos de la tierra».

Durante la octava semana casi podía escuchar que mi cuerpo me decía: «No te muevas; no hagas nada». No era muy doloroso; sencillamente no sentía mucho. Recuerdo estar sentado en el suelo, con la espalda recostada en el tronco de un árbol que el viento había arrebatado; algunas de las raíces todavía estaban enterradas y tenían unas pocas ramas con hojas que daban sombra. El árbol se encontraba en un ángulo un tanto extraño, pero perfecto para mí. Me quedé allí sentado durante varios días y medité, oré y leí las Escrituras. Cuando uno no tiene mucha comida ni agua, parece que el cuerpo absorbiera prácticamente todo, así que no hay que moverse mucho.

Fue una época muy buena para meditar. El Señor realmente capta nuestra atención en momentos como esos. El permanecer quietos y débiles por varios días deja una profunda impresión. Me pregunto si esa no habrá sido una de las razones por las cuales el Señor permitió que José Smith pasara varios meses en la cárcel. Medité acerca de la declaración del Profeta: «Las cosas de Dios son de profunda importancia, y sólo se pueden descubrir con el tiempo, la experiencia y los pensamientos cuidadosos, reflexivos y solemnes» (*Enseñanzas de los presidentes de la Iglesia: José Smith,* pág. 281).

Aprendí que debemos dedicar tiempo a meditar. A veces pensamos que las situaciones que nos obligan a hacerlo, como las enfermedades o los desastres naturales, son maldiciones y no vemos las bendiciones en que pueden convertirse si las utilizamos correctamente. ¿Será que en este mundo atareado, de puro trabajar, una de las grandes bendiciones que el Señor nos da sea ponernos en una situación en la que debemos estar tranquilos, sin muchas interrupciones ni presiones exteriores? Quizá entonces estudiemos, meditemos y pensemos en Él, en Su manera de obrar y en Sus propósitos.

Reflexioné acerca del pasaje de las Escrituras que dice: «Quedaos tranquilos y sabed que yo soy Dios» (D. y C. 101:16; Salmos 46:10). Siempre había pensado en ese versículo como la declaración de que debemos procurar Su salvación después de haber hecho todo lo que esté a nuestro alcance. Ahora lo veo más como un mandamiento, o mejor aún, como una invitación y la explicación de una verdad: «Quedaos tranquilos (permanezcan en silencio, desháganse de las presiones externas —vayan al templo, por ejemplo—, no se preocupen de este mundo) y sabed que yo soy Dios». O: «Quédense tranquilos para saber que yo soy Dios y así aprender de Mí y de mi manera de obrar». Si no estamos dispuestos a permanecer tranquilos, es más difícil saber que Él es Dios. Si el propósito de la vida es conocer y amar a Dios, entonces quizás una de las mejores armas de Satanás para evitar que obtengamos ese conocimiento sea mantenernos tan atareados, incluso haciendo cosas buenas, y tan ocupados con compromisos y presiones que ¡nos privemos de la serenidad que se requiere para saber que Dios es Dios!

La novena semana comenzó con muy pocos cambios exteriores; sin embargo, hubo en mí un gran cambio interior. Comencé a decirme o al menos a pensar para mis adentros: «Bueno, quizá mi vida mortal termine aquí». No era en absoluto un sentimiento de pánico; esa etapa ya la había pasado. Era un sentimiento de calma, un sentimiento de tranquilidad, un sentimiento que me decía que en realidad no importaba lo que sucediera porque sabía que todo estaría bien.

Recuerdo haber pensado: «Si llego a morir aquí, mis padres se sentirán tristes durante un tiempo; me mandaron a una misión y esperaban que regresara a casa y a ellos». Esos pensamientos me causaban más tristeza por mis padres que por mí. Pero también recuerdo haber pensado: «Ellos tienen muchísima fe y pueden enfrentar cualquier aflicción».

A esa altura, ya era básicamente piel y huesos. Recuerdo que era consciente de que me sobresalían las costillas, percibía los latidos de mi corazón y el movimiento de los pulmones al respirar y sentía gran asombro por el milagro del cuerpo humano. ¡Qué maravilloso mecanismo preparó el Señor para albergar a un espíritu igualmente maravilloso! La idea de la unión permanente de estos dos elementos, la cual es posible gracias al amor, sufrimiento y resurrección del Salvador, era tan inspiradora y gratificante que cualquier pequeño malestar físico se convertía en nada. ¡Qué gran bendición el saber que todo estará bien! ¡Qué inmensa bendición es la fe! Es lo opuesto al temor; tememos aquello que no comprendemos. Cuando entendemos quién es Dios, quiénes somos nosotros, de qué manera nos ama Él y cuál es Su plan para nosotros, el miedo se evapora.

A veces no estaba seguro de si terminaría de éste o del otro lado del velo, pero eso no era importante; lo único que me importaba era saber que Dios estaba en Su cielo y que Él me conocía y sabía mi situación; Él vería que se había hecho lo correcto ya que, hasta donde yo sabía, había hecho todo lo que estaba a mi alcance.

Recuerdo haber anotado un breve pensamiento que, sin duda alguna, no es original, pero que me vino a la memoria en aquel momento con la fuerza del conocimiento que se recibe directamente: «Lo único importante es cómo te encuentras a la vista de tu Padre Celestial: Si te encuentras como deberías encontrarte, nada más importa; y si no, nada más vale». Me sorprende cuán difícil es aprender esa lección y me sorprende aún más ¡cuán difícil es recordarla!

Sentado allí, cada vez era más consciente de todo lo que tenía que aprender; estaba realmente entusiasmado por seguir obteniendo conocimiento en el lado del velo que el Señor juzgara más apropiado; ¡ojalá pudiera tener siempre ese entusiasmo por aprender conceptos espirituales! Entendí claramente que lo espiritual es más importante y tiene más poder que lo físico, y que, de hecho, controla todo lo físico. Comprendí que tanto los elementos físicos como los espirituales son necesarios y, efectivamente, son uno cuando se integran y se perfeccionan completamente.

Al día siguiente, mientras me encontraba sentado bajo el árbol, totalmente absorto en mis pensamientos, sentí una mano sobre el hombro; apenas me moví. La mano volvió a darme un golpecito, lentamente me volteé y vi a un hombre mayor.

—Toma —me dijo—. Quiero darte esta lata de dulce. Eres joven. Eres misionero. Tú puedes vivir y hacer el bien. Yo soy un hombre viejo y probablemente muera. No soy una buena persona; soy malo. No tengo derecho a vivir. Toma esta mermelada. Te ayudará.

El hombre estaba demacrado y pálido, pero se notaba que era muy sincero y estaba decidido, así que le agradecí y tomé la lata. Él parecía tener un aura de luz a su alrededor y sentí que me había entregado su vida. La mermelada solo me ayudaría a seguir viviendo un poco más pero en aquel momento cada instante, por insignificante que fuera, era crucial. Es probable que sea exagerado decir que me entregó su vida, pero es muy posible que así fuera.

Dio media vuelta y se alejó. Volví a mirar y me pareció reconocerlo; vagamente recordaba haber tenido algunas conversaciones con él en el pasado y recordaba algunos sentimientos que había tenido.

Sí, finalmente lo recordé; era uno de los «rufianes», al menos según como yo lo veía antes. Sabía de algunas cosas que había hecho y que estaban mal desde cualquier punto de vista; sin embargo, en aquel momento me estaba dando su última y preciada lata de mermelada a mí, que en algunos aspectos era un enemigo al menos de su modo de vida.

Me sobrevino el pensamiento de cuán importante es no juzgar (véase D. y C. 64:8–11). Debemos dejar los juicios al Señor; solo Él conoce todos los hechos. Quizás hayamos tenido algunas experiencias con algunas personas en algún momento, pero solo Dios comprende todas las experiencias con todas las personas en todos los momentos. Solamente Él puede considerar cada aspecto en su contexto adecuado.

Es interesante la forma en que el Señor lo organiza todo. Feki y yo comimos la mermelada sobre rodajas muy delgadas de fruta del árbol del pan durante el resto de ese día y del siguiente. Se podría decir que el Señor envió al hombre con la mermelada para preservarnos la vida físicamente y, en cierto modo, es verdad. Sin embargo, en un sentido más importante, tal vez lo haya enviado para preservar nuestra vida espiritual al recordarnos que no debemos juzgar. Aquella mermelada y la disposición de aquel hombre a dárnosla fue una bendición no solo para nosotros, sino también para el dador. Él no murió de inanición sino que falleció unos meses más tarde por otras razones. Estoy seguro de que quedó mucho más feliz por habernos dado la mermelada que nosotros por recibirla.

El día siguiente comenzó como otra serie de horas húmedas y calurosas que pasaban lentamente; seguíamos consumiéndonos físicamente pero crecíamos en un sentido espiritual, que es más importante. Feki era mucho más fuerte que yo; supongo que estaría acostumbrado a arreglárselas sin comida. Yo continuaba leyendo las Escrituras, pero hasta eso me quitaba las fuerzas. Meditaba e intentaba comprender las relaciones existentes. A menudo dormitaba y a veces no estaba del todo seguro de dónde me encontraba. Con frecuencia hay una línea muy delgada entre el «aquí» y el «allá».

Muchas de las experiencias que tuve no pueden ni deben explicarse con mucho detalle. Sí debo decir que durante esos días, mientras estuve sentado tranquilo, estudiando, orando y meditando, aprendí mucho acerca de quién es Dios, en qué consiste el plan de salvación, quién es el Salvador y cuál es Su misión en ese gran plan. Aprendí algo acerca del porqué y de cómo se creó el mundo, aprendí un poco acerca del amor que nuestro Padre Celestial y Jesús tienen por nosotros y por qué Dios permite que ocurran sucesos que son aparentemente malos. De hecho, aprendí que el mundo fue creado para que se cumplan ciertos propósitos y que todo, incluso el hecho de que nosotros estemos aquí y tengamos albedrío moral, se ha diseñado para cumplir con esos propósitos.

Aprendí mucho acerca de las relaciones: la nuestra con nuestro Padre Celestial y con el Salvador, Su relación con nosotros, la que existe entre nosotros como hijos de Dios, y la importantísima función que tiene el Espíritu Santo de comunicar y confirmar la comprensión correcta de estas relaciones. Aprendí un poco de la relación que tenemos con esta tierra, de la que hay entre la tierra y el sistema solar, de su relación con el universo y de la que existe entre sistemas, universos y estrellas, así como también algo de la forma en que se gobiernan. No entendía mucho, pero sí pude darme cuenta de cuán magnífico es el diseño.

Percibí que estaba aprendiendo más y más pero que cada vez sabía menos; y también que cuanto más sabemos, más nos damos cuenta de que hay pocas cosas que son verdaderamente importantes y que algunas que considerábamos de importancia realmente no lo son. Comprendí que no es mucho lo que *debemos* saber a fin de cumplir con nuestro objetivo aquí, pero que lo poco que es indispensable saber *debemos* conocerlo profundamente y muy bien.

Leí y releí los relatos de Abraham y Moisés, y llegué a apreciarlos cada vez más. En mi alma resonaban las palabras de Moisés: «cosa que yo nunca me había imaginado» (Moisés 1:10). Lo único que puedo decir es que éstas son cosas importantes que debemos comprender y que no podemos comprenderlas en su totalidad por medio de teorías del mundo ni de la ingeniería ni de la matemática, aunque esas disciplinas son sin duda válidas y pueden y deben usarse en el contexto apropiado.

Llegué a convencerme de que, al igual que debemos romper los lazos de la fuerza de gravedad a fin de explorar los sitios más remotos del universo, debemos deshacernos de la misma fuerza que nos ata a las preocupaciones del mundo antes de poder captar la realidad de algunas de estas relaciones eternas. Cuando comenzamos a comprender la relación que existe entre la oposición y el progreso, y empezamos a percibir el tipo de progreso que Dios ha diseñado para nosotros y que trata de ayudarnos a alcanzar, solemos dar gracias en vez de quejarnos por los obstáculos que tenemos que superar. Las personas que no pasan por dificultades son, en general, personas que no se desarrollan, ya sea física, mental o espiritualmente.

Pensaba en que, tal como los cohetes espaciales deben vencer la fuerza de gravedad a fin de lanzarse al espacio, nosotros debemos vencer la atracción del mundo a fin de adentrarnos en los reinos eternos del entendimiento. Allí es donde está Dios ¡y eso es lo importante!

Me di cuenta de que, cuando llegamos a vislumbrar estos conceptos aunque solo sea en forma muy limitada, nuestra preocupación por las cosas materiales o del mundo se convierte en algo casi cómico. Pensar que realmente creamos en las mentiras de Satanás, como la de que el poder, la fama y las riquezas del mundo son importantes, es irrisorio o al menos lo sería de no ser tan triste.

Mientras estos pensamientos rondaban mi alma, de a poco fui dándome cuenta de que se escuchaban voces animadas; oía gritar que estaba llegando un barco. Parecía que la atmósfera somnolienta y lánguida que había oprimido a la isla durante tan largo período comenzaba a disiparse, al mismo tiempo que todos empezaban a «despertar». Con la energía renovada que causa la expectativa, la mayoría de las personas comenzaron a moverse en masa hacia la costa, donde pronto iba a llegar el barco que habían divisado.

Los ojos de Feki tenían otra vez su expresión vivaz cuando se acercó y me preguntó si quería ir hasta el barco con él. Aunque creo que ya estaba despierto, le dije: «Gracias, pero esperaré aquí. Estaré bien hasta que tú vuelvas». Varias personas más me preguntaron si quería ir y les di la misma respuesta. Estaba muy cómodo, recostado contra mi árbol.

Recuerdo haberme dado cuenta de que las cosas cambiarían; un capítulo se cerraba y otro se estaba abriendo. Pensé en algunas de las verdades que había aprendido: Si mueres, mueres, y no tiene importancia siempre y cuando hayas hecho lo correcto; lo único que realmente importa es cómo te encuentres a la vista de Dios. Si sientes el amor de Dios y con toda seguridad confías en que Él está cerca, entonces lo demás no es importante. Comprendes que todo lo que estamos haciendo aquí en la tierra tiene que ver con aprender a amar y servir a Dios y a nuestro prójimo. La vida en la tierra es solo un puntito en la eternidad. Aunque la existencia terrenal y lo que ésta abarca es importante en lo que se refiere al progreso, es realmente un estado anómalo y no un estado normal. Creo que entre uno de los mayores dones que podemos recibir se encuentra el de percibir la verdadera relación de todo lo que nos rodea.

Todos los que estaban a mi alrededor se fueron a esperar el barco y poco después me encontré solo de nuevo. Reconocí el jardín, el pozo, las casas; no tenían mal aspecto; de hecho, eran muy bonitos. Pero percibí que tenía deseos de cerrar los ojos, de volver, de comprender mejor esas relaciones eternas. Sin embargo, sentí que me alejaba de todo aquello y que, un poco a regañadientes, volvía a la realidad del cielo, los árboles, la sombra, el agua, la mermelada y el resto de las personas. No sé durante cuánto tiempo me estuve debatiendo entre estas dos realidades antes de escuchar que Feki me decía con emoción: «Llegó el barco y está lleno de comida: harina, azúcar, malanga y bizcochitos crocantes. Traje un poco. ¿No te alegra?».

Tuve que ser sincero y contestar que en realidad no me afectaba mucho. El barco había llegado, así que esa debía de ser la respuesta del Señor y estaba feliz por eso. Feki me dio un trozo de pan con lo último que quedaba de la mermelada. «Toma, cómelo», dijo.

Vacilé. Miré el pan; lo miré a él; miré hacia el cielo, cerré los ojos y escuché que Feki me decía: «Ah, sí. Debemos bendecirlo primero. Yo hago la oración».

Agradeció a Dios la comida, el barco, el habernos preservado la vida y todas las otras bendiciones que habíamos recibido. Yo agregué mi agradecimiento sincero por el nuevo entendimiento que había obtenido, sobre todo el de las relaciones eternas; también pedí ayuda para recordar todo eso y actuar en consecuencia.

Otras personas estaban regresando del barco expresando su gozo. Recuerdo que comí el primer bocado de *ma pakupaku* (bizcochitos secos), cerré los ojos y lloré. Cuando abrí los ojos, los que estaban a mi alrededor también estaban llorando. Algunos hablaban de cuán bueno era volver a comer y sentir ese inmenso agradecimiento a Dios por salvarnos la vida; pero yo sentía algo más profundo. Jamás diría que el poder comer de nuevo me haya causado tristeza, y estaba contento de que la vida allí continuara como antes; no obstante, sentía melancolía: tenía un sentido sutil de postergación, como cuando la oscuridad finalmente acaba con los colores brillantes de una puesta de sol perfecta y uno se da cuenta de que debe esperar a que llegue otro atardecer para disfrutar tal belleza. Afortunadamente, a la vida se le puede poner color con el recuerdo de ese brillo que, aunque no siempre perceptible, está continuamente a nuestro alcance y puede beneficiarnos, especialmente en tiempos de gran necesidad.

Estoy convencido de que todos pueden tener estos sentimientos, pero para ello deben tomarse el tiempo de reflexionar acerca de quiénes son y a quién pertenecen, dónde se encuentran y de dónde provienen, por qué han venido aquí y adónde pueden ir, y qué tipo de ayuda pueden recibir durante el trayecto. Estoy seguro de que ese entendimiento puede influir en nuestra vida tal como aquel atardecer perfecto que, a pesar de haberse desvanecido mucho tiempo atrás, nunca se va del todo de nuestra memoria y podemos valernos de él al encontrarnos cara a cara con la sordidez y los aspectos desagradables de las pruebas de esta tierra.

Cuando experimentamos estos sentimientos especiales, solemos decir: «Nunca volveré a ser el mismo» pero la realidad es que, por lo general, volvemos a serlo. La fuerza de este mundo es potente y, muy a menudo, volvemos a nuestras antiguas actitudes y maneras de comportarnos.

A esa altura, ya se había reunido un grupo bastante grande de amigos y miembros. ¡Qué entusiasmados se los veía por poder llevarme platos de comida caliente! Ofrecimos otra oración de gracias y todos se unieron para comer. Un hombre mayor dijo que no debíamos comer demasiado por uno o dos días. La mayoría de las personas hicieron caso omiso de sus palabras, pero yo sentí que lo que decía era cierto; comí un poco, pero no me uní completamente al grupo que saboreaba con alegría obvia la comida, de la cual en ese momento había en abundancia.

Llegó el anochecer. Miré a Feki y creo que él se daba cuenta de algo de lo que yo estaba sintiendo. Comí otro bocado. Levanté la cabeza y lentamente mastiqué algunas veces. Sentía que cada vez había más oscuridad. Miré por encima de las cabezas del grupo que se encontraba en el círculo y alcancé a ver los últimos rayos del atardecer más hermoso que había visto en mi vida. No pude comer más.

24

Cartas y otros mensajes

El barco de socorro pasó la noche en la isla para salir al día siguiente. Por la mañana, tenía ganas de andar un poco, así que con Feki fuimos caminando despacio hasta el edificio del gobierno en Hihifo para ver si había cartas para nosotros; cuando llegamos, nos dijeron que el barco no había llevado correo sino solamente alimentos y provisiones. Nos explicaron que la misma tormenta que nos había azotado a nosotros se había desplazado hacia el sur y había dejado al barco inutilizado; debido a las reparaciones que hubo que hacerle, ese era el primer viaje que habían podido hacer, pero como llevarían el correo a Nuku'alofa, envié algunas cartas que correspondían a unas diez semanas para asegurar a mis padres y demás personas que me encontraba bien.

Una vez que ese barco se fue, no llegó otro hasta seis semanas después, por lo cual pasaron casi cuatro meses hasta que recibí correspondencia. Aunque no era tan difícil para mí, habían pasado más de tres meses desde la última vez que mis padres habían tenido noticias mías y me imaginaba que estarían preocupados. Sentía pena por ellos pero suponía que, al igual que el Señor me había dejado saber que ellos estaban bien, Él les daría la tranquilidad de que yo también lo estaba.

Cuando llegó el segundo barco después de la tormenta, las consecuencias del huracán ya casi no se sentían ni veían y nosotros estábamos ocupados golpeando puertas y enseñando en toda ocasión y lugar en que podíamos. En el segundo barco, recibí el equivalente a alrededor de cuatro meses de cartas. ¡Fue grandioso! Probablemente no debería haberlo hecho, pero le dije a Feki que me tomaría la tarde libre para leerlas. Hice varias pilas ordenadas cronológicamente de la familia, Jean, la oficina de la misión y los amigos. Era casi como leer un libro, ya que una carta hablaba de un problema, luego la siguiente contaba acerca de otro acontecimiento y cuando llegaba a la última carta, ya se había solucionado la situación. Era fascinante. A veces me preguntaba por qué pasarían tanto tiempo preocupándose por asuntos que de todos modos, por lo general, terminaban bien.

Me daba cuenta de que cada vez estaba más alejado de la vida que se llevaba en mi hogar, porque muchos de los temas de los que me hablaban no me interesaban gran cosa.

Durante varias semanas después del huracán, sentí y comprendí algunas cosas que resultaron ser bendiciones, la mayoría de las cuales no mencionaré; me llegaban principalmente durante las primeras horas de la mañana. Solo daré dos ejemplos.

Una mañana de domingo me desperté temprano con los sentimientos más hermosos y de más serenidad que sea posible imaginar. No recuerdo si fue una voz o si sencillamente supe por una impresión que mi padre había sido ordenado patriarca de nuestra estaca en Idaho Falls. Recuerdo que cuando ofrecí mi oración aquella mañana, dije: «Me alegra que papá sea digno de ser patriarca y agradezco que me hayas dado este entendimiento». Tres meses más tarde, recibí una carta de mi familia que decía: «Adivina qué pasó. El élder Mark E. Petersen entrevistó a tu padre y lo apartó como patriarca». Eso había ocurrido en el momento en el cual tuve aquella impresión.

No sé por qué razón recibí aquel mensaje, pero sentí una profunda reverencia por el llamamiento de patriarca y tuve la impresión de que entre los patriarcas y el cielo existe un vínculo más fuerte de lo que ahora comprendemos. Sentí que más adelante, cuando tengamos una visión más clara, llegaremos a comprender nuestra bendición patriarcal mucho mejor y también que debemos tratar de seguirla más al pie de la letra y estar más agradecidos por ella.

Generalmente experimentaba estos sentimientos al despertarme, temprano por la mañana, cada uno con alguna pequeña diferencia; pero a veces surgían de noche. Todos eran gloriosos y cada uno me infundía sentimientos de amor, paz y belleza difíciles de explicar. Creo que no se pueden describir en términos de esta tierra ya que se sienten por medio del Espíritu y, hasta cierto punto, eso es indescriptible.

El segundo ejemplo tuvo lugar otra mañana temprano. Me vi en una granja con campos y vacas y con extensas pasturas que conducían a una hermosa casa. Era consciente de que algunas personas muy especiales estaban de visita en esa casa, lugar donde vivían mis padres y familiares de otra generación. Había un aura de luz y se sentía un amor que no admiten descripción, que solo pueden experimentarse.

Escuché que alguien decía: «Johnny, ven aquí, quiero que conozcas a alguien». Recorrí las extensas pasturas y entré en la casa; me presentaron a un hombre al que jamás había visto pero que me resultaba conocido, y había allí otras tres personas; estaba seguro de que eran familiares. La persona que hablaba era un hombre mayor, algo canoso, pero con la expresión más amable que uno se pueda imaginar. Me sonrió y me habló diciendo: «Estoy seguro de que has disfrutado el trabajo que has hecho en la granja y otros que has realizado. Es una labor maravillosa. Sin embargo, hay otra obra para hacer, de la que también disfrutarás mucho». Me hizo sentar, me puso las manos sobre la cabeza y me bendijo. Noté que había otras personas alrededor. No oí ninguna palabra, pero sentí que toda la escena se evaporaba y transformaba en un aura de gozo y belleza indescriptibles.

El mensaje principal que recibí fue: «Dondequiera que vayas y sea lo que sea que hagas, habiendo recibido la asignación apropiada, hazlo de todo corazón y con toda tu alma y serás feliz y tendrás gozo en ello. No importa si se trata de familia, trabajo, misiones u otros llamamientos; el gozo proviene de la labor ardua y de la actitud correcta, no del lugar en donde te encuentres ni del tipo de obra o llamamiento». Supe que, si me lo proponía, podría disfrutar de cualquier asignación o de cualquier lugar. Decidí que así sería.

Me alegraba haber pasado por ese período de sentimientos y experiencias especiales, los cuales tenían que ver más que nada con la familia. Sentí sin ninguna duda que lo que importa verdaderamente *es la familia*. Comprendí que ésta no es necesariamente lo que entendemos por núcleo familiar —madre, padre e hijos— sino la más amplia que incluye varias generaciones: el resto de la familia, clan, parientes, tribu o lo que sea. Supe con certeza que todos nosotros —casados o solteros, hombres o mujeres, jóvenes o viejos, de piel clara u oscura— formamos parte de esta gran unidad familiar y debemos entenderla y apreciarla mucho más de lo que la apreciamos ahora. Una vez más, sentí que quizá los tonganos comprendan mejor que los occidentales la verdadera naturaleza eterna de la familia.

Al pensar en las muchas personas de nuestra sociedad que anteponen a la familia otras cosas como la propia conveniencia, los estudios, amigos o ciertas circunstancias, no lo podía creer; una de las razones por las cuales estamos aquí es para hacer por otras personas lo que ellas no puedan hacer por sí mismas, tal como las ordenanzas vicarias del templo y el tener hijos. Recuerdo haber pensado: «Si nosotros, los miembros de la Iglesia, postergamos el momento de tener hijos o nos negamos a hacerlo, ¿a dónde los enviará Dios?».

Al considerar las consecuencias eternas de poner lo mundano antes que Dios y la familia, literalmente me estremecí. Me di cuenta de que todos tenemos albedrío moral y nadie, excepto Dios, puede ver el panorama total; sin embargo, también supe que le rendiremos cuentas a Él por nuestras acciones. Si éstas fueron motivadas por el egoísmo, será un momento lamentable para nosotros. Por el contrario, si lo que nos ha motivado es el deseo sincero de ayudar a los demás, será una ocasión feliz fueran cuales fueran los inconvenientes que hayamos tenido.

Llegué a convencerme firmemente de que siempre debemos tener una perspectiva eterna en todo lo que hagamos y digamos, ya que solo al actuar de acuerdo con esa perspectiva podemos hallar seguridad y gozo. Aquellas fueron unas semanas de felicidad y paz por las cuales estoy sumamente agradecido.

25

La delegación

El presidente de la misión fue a visitarnos en Niuatoputapu en el tercer barco que llegó después del huracán y que pasó la noche allí. ¡Cuánta felicidad sentí al verlo! Era un gran hombre y yo sentía que tenía enorme capacidad para todo. Por ejemplo, se encontró con un miembro que regresaba de su huerto, tenía las manos sucias y por eso no quería darle la mano al presidente. Él lo miró y le dijo: «No me importa cuán sucias estén sus manos siempre y cuando su corazón esté limpio», y se dieron un apretón de manos. ¡Qué gran admiración sentí!

Tuvimos reuniones con el presidente de la misión y los miembros, y pude hablar con él por un tiempo largo acerca de muchas cosas; me preguntó sobre el huracán y también cómo marchaba todo. Le dije que todo iba fantástico y que a Feki y a mí nos encantaba el lugar y teníamos mucho para hacer; agregó que tenía una reunión esa noche con el representante del gobierno y varios líderes importantes de la isla. Quedé impresionado. Yo no sabía a qué se debía la reunión.

Feki y yo no teníamos ninguna visita planeada para aquella noche debido a la presencia del presidente; sin dar explicaciones, él le pidió a Feki que estuviera en la reunión, pero a mí no. No sabía bien qué hacer, así que mi compañero hizo los arreglos para que yo fuera a visitar a una familia investigadora que vivía del otro lado de Vaipoa; me resultaba raro ir solo, pero ellos se alegraron de verme y hablamos un largo rato acerca de principios importantes. Me hicieron muchas preguntas y ya era tarde cuando terminamos y emprendí la caminata de regreso a casa. No tenía idea de qué hora era.

Estábamos entrando de nuevo en los meses de calor; como la gente no usaba relojes ni se manejaba con horarios formales, la actividad en general se alejaba naturalmente de las horas de calor del día y se centraba más en las de la noche, un poco más frescas.

Era una hermosa noche de luna y una brisa suave acariciaba las palmeras y me envolvía con su frescura. ¡Qué encantador parecía lo que me rodeaba! Mientras caminaba hacia nuestra casa, me daba la sensación de que podía ver, sentir y escuchar todo.

Había pequeños destellos de luz que parpadeaban, provenientes de lámparas de kerosene que se encontraban en las pocas casas donde se juntaban amigos para tener fiestas de *kava*. Oía el suave repiqueteo de las piedras que machacaban cuidadosamente la raíz de *kava* e incluso el burbujeo amortiguado que hacía el *fau* al llenar los vasos de coco con *kava*.

Durante el camino de vuelta a casa, oí un sonido hermoso que salía de una casa que se encontraba lejos; instintivamente fui en esa dirección. Al acercarme, oí los sonidos melancólicos de una sincera canción de amor que colmaba el aire y pensé: «Qué voz más hermosa». ¡El joven cantaba con tanto sentimiento! Al escuchar su voz clara y perfecta con el suave acompañamiento de guitarra, volví a pensar: «¿Habrá algo que sea más hermoso?». Me quedé escuchando por un largo rato, fascinado por la belleza de todo lo que me rodeaba. En cierto modo, sentí que estaba cantando sólo para mí. Me alegraba que no hubiera ningún cazatalentos dando vueltas aquella noche, ya que seguramente en seguida hubieran atrapado al joven de la voz de cristal y la dulce guitarra.

Sentí que todo —la canción, la noche y la luz de la luna— había sido organizado solo para mí. En ese momento supe que estaba enamorado de Tonga y de los tonganos, su idioma, su canto, sus personalidades y su fe. Casi no podía contener las lágrimas. Durante largo rato escuché, miré y absorbí lo que me rodeaba; pensé en mi familia, en Jean y en Dios. Me pregunté si el amor verdadero se sentiría así. Si era eso, quería estar enamorado toda la vida.

Finalmente regresé a casa, ofrecí la oración en silencio y me metí en la cama sigilosamente. Feki ya estaba dormido. La mañana siguiente fuimos con el presidente de la misión hasta el barco y lo despedimos. No se dijo nada más, y cuando el barco zarpó, regresamos a trabajar.

Años después supe que el plan original del presidente había sido dejarme en Niuatoputapu sólo unos pocos meses para luego trasladarme de vuelta a la isla principal y hacer regresar a Feki al programa de construcción. Sin embargo, aparentemente el Señor tenía planes diferentes, ya que el huracán azotó la isla, luego vino la hambruna y pasamos casi tres meses sin que llegara un barco. Me imagino que esos tres meses durante los cuales mis padres no recibieron cartas mías los habrán preocupado y que el presidente de la misión habrá ido a Niuatoputapu con la intención de que regresáramos con él.

Los líderes locales deben de haber adivinado sus intenciones, por lo que una delegación de líderes (de los cuales la mayor parte no eran miembros) fue a hablar con él y le suplicó que me permitiera quedarme allí. Probablemente lo que más les interesaría fuera la trompeta. El presidente consideró su pedido durante la noche y, a la mañana siguiente, canceló el traslado para que pudiéramos quedarnos. Yo no sabía absolutamente nada al respecto y él no me dijo nada, excepto que estaba contento con mi labor y que debía seguir trabajando arduamente. Yo estaba feliz y ansioso por hacer cualquier cosa que él me pidiera, pero, como no nos dio ninguna instrucción nueva, continuamos con lo que ya habíamos estado haciendo.

Al mirar hacia atrás, algunas de las lecciones más grandes que aprendí tuvieron lugar en el transcurso de esos últimos meses en Niuatoputapu. Fue durante ese tiempo, cuando el idioma y el lugar ya no eran un gran desafío, que aprendí a sentir de la forma en que sentían los tonganos. Eso es muy importante. Cuán agradecido estoy por los líderes inspirados que escuchan al Espíritu y están dispuestos a cambiar cuando eso es lo que deben hacer, en vez de prestar atención únicamente a la lógica o a lo que les dicte de antemano la razón.

Nunca tuve la oportunidad de volver a ver a ese primer presidente de misión que tuve en Tonga, ya que lo relevaron pocos meses después. De todos modos, la influencia que él tuvo en mi vida fue, y aún es, incalculable. El valor que tuvo para hacer lo que hizo ha sido una inspiración constante para mí.

26

El tercer testimonio

Después que el presidente de la misión se fue, sentí un deseo renovado de esforzarme aún más en nuestra labor. Seguíamos probando métodos diferentes para llegar a las personas y hablarles del Evangelio; algunos funcionaban y otros no. Un día, mientras estábamos planificando, le dije a Feki: «Algo que efectivamente debemos hacer es compartir nuestro testimonio con todas las personas de la isla». Él estuvo de acuerdo. No sabíamos por cuánto tiempo nos quedaríamos allí, pero nos fijamos la meta de compartir nuestro testimonio con al menos tres personas por día. Aunque no era una gran meta, era mejor que lo que habíamos estado haciendo; y, aún más importante, si lo hacíamos, en pocos meses todas las personas de la isla habrían escuchado nuestro testimonio.

Durante varias semanas cumplimos la meta, pero una noche, mientras estábamos volviendo a casa desde Hihifo bordeando la costa, me di cuenta de algo.

—Feki —dije—, solo hemos compartido nuestro testimonio con dos personas hoy y habíamos acordado que lo compartiríamos con tres.

—Bueno —contestó—, pero es muy tarde ahora. No podemos volver y, cuando lleguemos a Vaipoa, ya van a estar todos durmiendo.

A pesar de que estábamos cansados y habíamos trabajado mucho todo el día, seguía sintiendo que estaba mal no cumplir con nuestro acuerdo. Me preguntaba si habría alguna forma en que pudiéramos hablar con otra persona aquella noche.

—Olvídalo. Es muy tarde —comentó Feki—. Hoy solo podremos hacer dos; quizá mañana podamos hacer cuatro.

—Mira, Feki —le dije—, acordamos compartir nuestro testimonio con tres personas. El Señor nos proporcionará a alguien.

—¿A quién? —preguntó—. Ya estarán todos dormidos. —Y seguimos caminando.

Junto al camino por el cual íbamos había un cementerio. Los tonganos eran muy supersticiosos en cuanto a los cementerios; algunos creían que en ellos viven espíritus y demonios que podrían causarles mucho daño. Noté que, a medida que nos íbamos acercando al cementerio, Feki, como era normal, comenzaba a dejar el camino y a meterse en el agua para alejarse del cementerio.

Los tonganos entierran a sus muertos bajo tierra, tal como hacemos nosotros, pero además forman altos montículos de arena encima de la sepultura; decoran el montículo de manera muy bonita, con piedras de colores, flores, esteras, botellas viejas y otras cosas. A medida que va pasando el tiempo, el viento y la lluvia alisan los montículos, de tal manera que parecen ser solamente una serie de pequeñas elevaciones, similares a almohadas.

Cuando llegamos al cementerio, Feki ya se había adentrado en el agua. «¿Qué sucede? —lo reprendí—. ¿Les tienes miedo a los demonios?». Entonces se me ocurrió una idea: *«Le demostraré que no hay ningún demonio en el cementerio»*. Así que le dije: «¡Oye, mira!». Entonces salí del camino y fui directo hacia el centro del cementerio. La luna brillaba aquella noche y le propuse: «Permíteme demostrarte que aquí no hay ningún demonio».

Recordé las palabras que Feki había pronunciado antes: «Estarán todos dormidos», y, por un momento, me pareció que debía expresar mi testimonio por tercera vez en el día ¡a aquellos que estaban dormidos bajo la tierra! Sin embargo, tras reflexionar al respecto decidí que, puesto que eso rayaba en lo sacrílego, debía renunciar a esa idea. Me sobrevino un cansancio repentino y decidí recostarme por un momento, para lo cual utilicé una de las leves elevaciones como almohada.

Me daba cuenta de que Feki estaba asustado por él y preocupado por mí, pero aun así me quedé acostado y descansé unos momentos. Justo cuando estaba listo para ponerme de pie, escuché el sonido de los cascos de un caballo y me di cuenta de que se estaba acercando uno. Lo que oía me indicó que el caballo aceleraba al acercarse al cementerio; era obvio que el hombre que lo montaba quería pasar por allí lo más rápidamente que fuera posible.

De repente, se me ocurrió: «Aquí hay alguien con quien hablar», así que me puse de pie de un salto y exclamé: «Espere un minuto, ¡quiero hablar con usted!». ¡Pueden imaginarse el efecto que causó en aquel pobre hombre el que yo me hubiera levantado y salido del cementerio! Aterrorizado, tiró de la rienda y frenó de golpe. El caballo se encabritó y el hombre cayó. Incluso antes de tocar el suelo con los pies, ya los estaba moviendo a toda velocidad. El caballo siguió corriendo por el camino. A pesar de que lo único que yo quería era hablar con él, me di cuenta de que había cometido un gran error ya que era probable que él pensara ¡que había espíritus del más allá saliendo del cementerio para atraparlo!

Lo llamé y le dije: «¡Oiga! Soy yo. ¡Vuelva!». Para ese entonces, conocía a todas las personas de la isla y todos sabían quién era yo así que, cuando el hombre oyó mi voz y se dio cuenta de que simplemente se trataba de mí y no de un espíritu que estuviera persiguiéndolo, dejó de correr.

Al acercarme, me di cuenta de que estaba asustado y enojado conmigo al mismo tiempo. «¿Por qué hizo eso? —me preguntó—. Además, ¿qué estaba haciendo en el cementerio?» Le dije que lo lamentaba e intenté explicarle que lo había hecho sin pensar. Le pedí a Feki que fuera a buscar el caballo del hombre mientras yo hablaba con él. «Mire —continué—, Feki y yo nos comprometimos a hablar de la Iglesia con tres personas todos los días. Usted es la tercera persona hoy y tenemos que hablar con usted». Él todavía seguía bastante asustado como para no contestarme ni huir, así que me escuchó. Le conté que había viajado miles de kilómetros para darles a él y a otras personas el mensaje más importante que existe: que Dios volvió a aparecer al hombre, levantó profetas vivientes y dio comienzo a la última dispensación del Evangelio. Básicamente lo que hice fue contarle la historia de José Smith y explicarle de qué se trata el Libro de Mormón.

Cuando terminé, Feki ya había regresado con el caballo y el hombre se había tranquilizado. Cuando le entregamos el caballo, parecía estar un poco más enojado que asustado, pero montó y se alejó sin decir mucho más; me preguntaba si no me habría ganado un enemigo. Seguimos caminando hasta casa en silencio. Feki estaba molesto conmigo pero, sin saber por qué, yo me sentía mejor. Habíamos acordado dar nuestro testimonio a tres personas y lo habíamos hecho. La tercera había sido un tanto fuera de lo común, pero lo habíamos logrado.

Unas semanas más tarde, nos encontrábamos en Falehau, la aldea más pequeña de la isla. Habíamos estado trabajando todo el día, pero sin éxito. Justo cuando acabábamos de emprender el regreso a Vaipoa desanimados oímos una voz de hombre que nos llamaba; nos dimos vuelta y vimos que era el que iba a caballo aquella noche junto al cementerio. «Oh, oh, ¡esto podría tener malas consecuencias!», pensé. Nos pidió que entráramos en su casa. Que yo recordara, era la primera vez que nos invitaban a pasar a una casa en esa aldea; dudamos, pues se nos ocurrió que quizá estuviera pensando en vengarse de alguna manera, pero como parecía sincero, entramos.

Se quedó en silencio un momento y luego dijo: «¿Saben qué? No he podido dormir muy bien durante estas últimas semanas. No dejo de pensar en lo que me dijeron, que hay profetas modernos con autoridad como la que tenía Moisés. Por favor, cuéntenme más de este profeta, José Smith».

¡Qué invitación! Con el correr de los días, les dimos a él y a su familia todas las charlas; aunque no se unió en seguida a la Iglesia, lo hizo un tiempo después. Luego se mudó a otra isla y sirvió en muchos llamamientos importantes. Él y su familia se sellaron en el templo y han sido fieles en la Iglesia.

Aprendí que cuando actuamos de acuerdo con el Espíritu, Él y el poder de Dios se hacen cargo. El Espíritu justifica lo que hayamos hecho; a continuación, el Señor hace los arreglos necesarios a fin de que en futuros sucesos algo que haya comenzado espiritualmente se concrete con éxito de una manera maravillosa.

Una tumba en Tonga. El entierro se realiza bajo tierra y luego se le echa arena y coral encima y se decora el sepulcro para diferenciarlo del resto.

Aprendí que si nos esforzamos, si nos comprometemos a hacer aquello que valga la pena y si hacemos todo lo que podamos para mantener esos compromisos, el Señor nos ayudará a guardarlos. A veces, Él obra de maneras que a nosotros jamás se nos ocurrirían pero, si somos humildes y obedientes, siempre obtendremos buenos resultados. La verdad puede ser más extraña que la ficción, y a menudo lo es. Yo sé qué Él nos ayuda, sé que pone de Su parte para compensar nuestros débiles esfuerzos y eso lo cambia todo.

27

«*Ese hombre me da lástima*»

A medida que pasaba el tiempo y conocía cada vez mejor a los isleños, su idioma, su comida y sus costumbres, también me daba cada vez más cuenta de la pobreza material en la que vivían. Pensaba en todas las comodidades que tenía en mi país y me preguntaba por qué tendríamos tanto nosotros en los Estados Unidos y ellos tenían tan poco allí; parecía algo imposible de conciliar. Aún no percibía claramente las grandes bendiciones espirituales que tenía aquella gente.

Cuando los recuerdos de muertes, enfermedades y huracanes se fueron borrando, volvió la monotonía que surge de vivir la rutina diaria de una pequeña isla; un día largo y sin sucesos daba paso a otro con muy pocos cambios en la vida de aldea. A veces llovía ferozmente y luego el sol brillaba con todo su furor. La dieta de pescado y fruto del árbol del pan se mantenía casi sin alteraciones día tras día. La armonía del sol y el mar, la laguna y la suave risa de aquellas hermosas personas de piel morena parecían fundirse formando un manto de paz y tranquilidad.

Y entonces, un día ¡emoción renovada! un barco desconocido estaba intentando entrar al puerto. ¡Qué alegría la de ver algo diferente! En seguida toda la isla bajó hasta la costa para contemplar uno de los veleros más hermosos que he visto en mi vida.

Muy tranquilamente, como si fuera en cámara lenta, uno de los tripulantes echó el ancla en la laguna; no pareció haber salpicado nada, como si no hubiera querido perturbar la belleza de aquella escena. Ya casi estaba anocheciendo. La luz del sol poniente marcaba la silueta del elegante velero, las velas recogidas y plegadas contra el telón de fondo de las aguas de color azul oscuro y los islotes verde esmeralda. Rayos dorados de luz pintaban todo de tonos increíblemente intensos, como si estuvieran enmarcando aquella imagen para la eternidad.

En silencio, la tripulación desenrolló alfombras de color rojo oscuro sobre la cubierta recién restregada y luego el capitán salió vestido con su blanca ropa para el trópico, limpia y almidonada, para estudiar la situación. A esa altura, ya había canoas por todas partes, puesto que los isleños curiosos deseaban ser parte de esa experiencia, ese cambio.

Nuestros miembros estaban cautivados por la emoción. En seguida volvieron con informes y, aunque yo era joven y sin experiencia, no me llevó mucho darme cuenta de lo que estaba sucediendo.

El hombre era un millonario extranjero que andaba recorriendo el mundo; quería comprar alimentos y agua, y conseguir mujeres jóvenes. Había bebidas alcohólicas a bordo y se les prometía verdadera "diversión" a quienes aceptaran su invitación.

Les aconsejé a los miembros que no se acercaran; la mayoría no lo hizo, pero otros sí. El aventurero adinerado se quedó algunos días hasta terminar de obtener lo que quería, y anunció que se iría antes del mediodía del día siguiente. Algunos de los miembros fieles rogaron: «¿Podemos salir antes de que se vaya, sólo para ver el barco?». Acordamos que a las diez en punto de la mañana siguiente iríamos a ver el velero por unos breves momentos.

Cuando llegamos, vi que era mucho más elegante de lo que me había imaginado. Todavía estaban deshaciéndose de la evidencia de las actividades que habían tenido la noche anterior y haciendo los preparativos para levar anclas y hacerse a la mar. Durante un rato nos quedamos maravillados y sobrecogidos, asombrados ante la belleza del revestimiento color caoba intenso, las lujosas instalaciones de bronce, el lustre de las superficies recién pintadas y el blanco resplandeciente del casco que besaba silenciosamente la laguna de color azul oscuro.

Nos subimos a las canoas. El dueño del barco, casi sobrio, se despidió con la mano y nosotros regresamos a la orilla. Al empujar nuestras piraguas hacia la playa de arena, me di vuelta una vez más para observar aquella forma blanca y elegante que avanzaba hacia el horizonte; pensé en el millonario, vestido con su ropa blanca para el trópico, habiendo ya obtenido lo que quería, cómodo y con sus alacenas bien abastecidas y su tripulación experta, con su dinero y su poder. Parecía tener todo lo que deseaba.

Y luego miré a los hombres que me habían llevado hasta la orilla: descalzos, con camisas harapientas, *valas* (polleras) andrajosas sujetadas a la cintura con sogas trenzadas; luego miré más allá de ellos observando la aldea. Vi el humo proveniente de la comida que cocinaban para la mañana, el cual serpenteaba perezosamente en el aire; oí el sonido monótono que se producía al batir *tapa* y sentí en la cabeza la pesadez del sol que se filtraba a través de las palmeras. Observé a los hombres caminando lentamente hacia sus huertos y oí la risa de los niños que perseguían desnudos a perros esqueléticos.

De repente, sentí que la agobiante vida en una isla, con tan pocas oportunidades de cambio, era terriblemente injusta. Me volví una vez más para mirar el velero, que ya se estaba hundiendo en la distancia. El contraste era tan grande que me resultaba difícil de creer. Mi corazón exclamó: «¡Qué injusticia! ¡Qué injusticia! Esta pobre gente: míralos. Y tú: ¡mírate!».

Regresé con el grupo y, lentamente llegamos hasta la orilla y nos dirigimos hacia la aldea. Entonces un hombre mayor se volvió hacia mí y me dijo en voz baja, en su lengua materna:

Este cuadro, que representa el relato "Me da lástima", muestra la costa de Niuatoputapu, con Tafahi en el fondo. Pintura de Clark Kelley Price.

—Estoy muy triste. Me da mucha lástima.

—Sí —lo interrumpí—, yo también estoy muy triste y me da mucha lástima. Sencillamente, no es justo ¿verdad?

—No —continuó—, realmente no es justo. Ese hombre me da lástima porque nunca será feliz.

Me quedé atónito, sin saber qué contestar.

«¿A *usted* le da lástima *ese hombre*? ¿*Él* no va a ser feliz? ¿Qué está diciendo?».

En mi asombro trataba de entender lo que acababa de escuchar. ¡Aquel hombre que no tenía nada me decía que sentía lástima por el que lo tenía todo! Mi mente inmadura daba vueltas y vueltas intentando interpretar palabras, sentimientos y relaciones.

El isleño continuó:

—Me da lástima. Él nunca será feliz, ya que busca solamente su propio placer y no ayuda a otros; pero nosotros sabemos que la felicidad proviene de ayudar a otras personas. Lo único que él hará será navegar por el mundo buscando felicidad y esperando que los demás se la provean, pero otros no pueden hacerlo. Y nunca la encontrará, porque no ha aprendido a ayudar a sus semejantes. Tiene demasiado dinero, demasiados lujos, demasiado poder. Cuánta lástima siento por él.

Observé el cuerpo moreno y arrugado del anciano; ya no le quedaban dientes, tenía el cabello blanco y su piel parecía cuero apergaminado. Sin embargo, sus ojos eran mansos, la voz tranquila y el rostro puro. Sus poderosas palabras me enseñaron una gran lección.

Los años han pasado pero, de vez en cuando, al ver personas orgullosas viajando en sus autos nuevos y lujosos o cuando siento mi propia falta de voluntad para ayudar a los demás, cierro los ojos, veo un hermoso velero avanzando hacia el horizonte y luego contemplo a un anciano de cuerpo moreno y arrugado, cabello blanco y piel apergaminada; y lo escucho mientras sus ojos mansos penetran los míos. Su boca desdentada se mueve y su espíritu me explica: «Me da lástima. Él nunca será feliz. No ha aprendido a ayudar a sus semejantes».

28

«Mi isla»

A esa altura ya estaba tan profundamente inmerso en la vida de la isla que sentía que realmente pertenecía a aquel lugar. Había personas que todavía estaban en contra de la Iglesia y de nosotros, pero me parecía que los entendía: a pesar de que veíamos las cosas de manera diferente, ya no eran tan cerrados y me hablaban como si fueran amigos.

Nos invitaban a Feki y a mí a casi todas las ceremonias importantes, incluso reuniones del gobierno, funerales y acontecimientos similares. Cuando uno se sienta entre la gente y pasa horas enteras allí, aprende algo en cuanto a las culturas, las costumbres y las personas; tuve muchas oportunidades de hacerlo.

Algunas de las ocasiones más importantes en que se realizaban grandes reuniones y festines en Tonga eran los funerales, los casamientos, los días festivos y ciertos cumpleaños. En la actualidad las costumbres han cambiado mucho, pero en aquella época los nacimientos casi no se celebraban; sin embargo, si un niño llegaba al año de vida, esa era razón para celebrar y ese pasaba a considerarse el día de su nacimiento. Desde que nacían hasta que cumplían un año, parecía que los bebés no se veían como personas propiamente dichas; era como una prueba para asegurarse de que el niño sobreviviera ese primer año.

Si una persona llegaba a los veintiún años, eso también se consideraba un gran acontecimiento. No había muchas que supieran exactamente cuándo habían nacido pero, por lo general, tomaban como referencia algún acontecimiento (un huracán, una sequía, un barco que se hubiera hundido, una ocasión en que alguien hubiera atrapado un gran pez, una celebración o algo por el estilo) y así tenían una idea aproximada de cuándo habían nacido.

Los funerales eran acontecimientos importantes. En las islas pequeñas, no hay mucho para hacer; se trabaja, se pesca, se duerme. Los acontecimientos fuera de lo común son bien recibidos, y un funeral implica una variante importante en la rutina.

En Tonga no se embalsamaba a las personas que fallecían. La regla era que si alguien moría durante la tarde, había que enterrarlo antes del mediodía del día siguiente; pero si moría antes del mediodía, había que enterrar al difunto antes de la puesta del sol ese mismo día. Hacía tanto calor y había tanta humedad, que el cuerpo comenzaba a descomponerse en cuestión de horas después de la muerte y el olor era muy fuerte una vez que ya habían pasado varias horas.

A pesar de que enterraban a la persona en seguida, a menudo las visitas fúnebres duraban varias semanas; llegaban familiares y amigos de todas partes para estar con la familia, lo que era un gran peso para los deudos de la persona fallecida ya que tenían que proporcionarles alimento y alojamiento. Los visitantes lloraban y se lamentaban y se consolaban unos a otros de un modo normalmente estrepitoso y que se prolongaba mucho tiempo. Me preguntaba si «dejar salir todo» no sería más saludable emocionalmente que intentar mantenerse bajo control, como solemos hacer en nuestra cultura occidental.

Durante los últimos meses, me pidieron que hablara en varios funerales y descubrí que era una excelente oportunidad para explicar algunas de las doctrinas más importantes de la Iglesia. Al principio, algunas personas criticaron el hecho de que predicara «mi doctrina», pero la verdad es tan reconfortante que, con el tiempo, ya no hubo nadie que se quejara, ni siquiera los ministros religiosos. De hecho, muchas personas aceptaban esas verdades, y me enteré de que varios de los predicadores modificaron la parte de sus sermones en que hablaban de lo que sucede cuando morimos, especialmente lo que enseñaban con respecto a los niños recién nacidos.

Aunque por lo general controlaba mis emociones, hubo oportunidades, como el funeral de la bebé de uno de nuestros investigadores, en que sentí que podía acompañar a la familia descargando mi pesar y mi profunda pena, no por la niñita, que estaba bien, sino por los padres, que aún no comprendían. Mientras los miraba, pensaba en su pasado israelita y me preguntaba cómo se sentirían al leer Miqueas 1:8: «Por tanto, lamentaré y aullaré, y andaré despojado y desnudo; haré aullido como de chacales, y lamento como de avestruces».

A veces lloraba de una manera que no sería aceptable en nuestra sociedad y, sin embargo, era completamente aceptable para ellos. A medida que tenía más confianza con la gente, descubrí que lloraba más a menudo. Me daba cuenta de cómo se relacionaban con las personas del Libro de Mormón, especialmente aquellas de las que se habla en 3 Nefi: «He aquí, empezaron a llorar y a gemir otra vez por la pérdida de sus parientes y amigos» (3 Nefi 10:8).

También descubrí que me identificaba mucho más con lo que ellos sentían hacia la «madre tierra» y el «padre sol» y las plantas, los peces y la naturaleza en general; veían la obra de Dios como lo que realmente era. Captaban la parte espiritual de las cosas temporales y sentían que se les había encargado ser cuidadores en vez de explotadores de todo lo que vivía y respiraba, incluso la tierra, el mar, las plantas y los animales. Más importante aún, sentían eso los unos por los otros.

Recordé haber oído hablar de la forma de sentir de los primeros indios americanos en cuanto a estos temas y me di cuenta de que había una relación muy estrecha que no era casual.

Por lo general, las personas gozaban de muy buena salud, con dentadura blanca y derecha, buen cutis, cabello hermoso y cuerpo fuerte. Yo también gocé de buena salud la mayor parte del tiempo. Rara vez teníamos harina, azúcar o cualquier clase de alimentos procesados; no había refrigeración para los alimentos y toda la comida se cocinaba con fuego.

Lamentablemente, se bebía bastante (sobre todo bebidas caseras) y las personas que podían conseguir cigarrillos fumaban. Había una especie de concurso no oficial entre cierto grupo de muchachos mayores y hombres jóvenes que consistía en ver quién podía mantenerse borracho durante la semana entera que va entre Navidad y Año Nuevo. Lo triste es que había muchos co-campeones.

La cultura de Tonga y los tonganos tenían mucho ingenio para idear ceremonias elaboradas que tomaban muchísimo tiempo. En casi todos los acontecimientos importantes, tales como la coronación de un rey o la bienvenida de algún visitante, había una ceremonia de *kava* que duraba horas, incluso días. Se daban discursos interminables, colmados de palabras floridas pero que no llevaban a ninguna conclusión en particular. En aquella época, me parecía ridículo: hablaban unos, hablaban otros, pero no había ningún cambio en el resultado predeterminado.

En una ocasión, me encontraba ayudando en una de esas ceremonias que parecían eternas. Frustrado, le pregunté a uno de los ancianos que estaba sentado junto a mí:

—¿Por qué demoran tanto? ¿Por qué dedican horas o días para hacer algo que podría terminarse en treinta minutos?

—Bueno —contestó tras pensarlo mucho—, es algo para hacer. Es muy disciplinado y muy largo. Una vez que terminemos con esto, tendremos que pensar en algo más para hacer, así que ¿por qué no hacer esto?

Pensé que eso era tonto. Sin embargo, cuanto más pensaba al respecto, más me daba cuenta de que nuestra cultura no es tan diferente. Los hombres y las mujeres juegan a la canasta por horas, miran telenovelas o pasan tiempo en otras actividades con las que no se logra mucho pero que son algo para hacer; me preguntaba cuánto tiempo de nuestra vida pasamos haciendo esas cosas y, cuanto más lo pensaba, más claro se me hacía que realmente somos como los tonganos, si es que no somos peores. En aquellos días, escribí esto acerca de nuestra sociedad:

La mayoría de las cosas que hacemos no son necesarias.
La mayoría de lo que comemos no es muy bueno para nuestro cuerpo.
La mayor parte de lo que hacemos no es muy importante.
La mayor parte de lo que guardamos deberíamos darlo a otras personas o tirarlo.
La mayoría de lo que hablamos son temas trillados.

¿Por qué no empleamos mejor nuestro tiempo y recursos?
¿Por qué no nos concentramos más en amar y ayudar a otras personas?

En aquel entonces no tenía una buena respuesta, y ahora tampoco la tengo, pero al menos pensaba en ello.

Supongo que estaba llegando a un punto en que el idioma, las costumbres y actividades de Niuatoputapu me parecían correctos y normales. Por el contrario, mis anteriores palabras y modos de actuar *palangi* me parecían extraños, artificiosos y, en muchos aspectos, hipócritas y sin sentido.

Todavía tenía que hacer ajustes, pero a menudo, al caminar hacia otra aldea y pasar junto a algún árbol o roca que me eran familiares, al encontrarme con un caballo o con una persona conocida, al pasar por una casa que conocía u oír un sonido o voz familiar, sentía: *Este es mi idioma; esta es mi gente; esta es mi isla.*

Niuatoputapu (al frente) y Tafahi (en el fondo).
Pintura de Clark Kelley Price.

29

¡Adiós, Niuatoputapu!

Estábamos ocupados y felices y seguíamos trabajando arduamente, enseñando a varias familias con miras a más bautismos, cuando un día recibí este telegrama del nuevo presidente de la misión: *Élder Groberg, Niuatoputapu. Si está allí, por favor responda*. Era la primera notificación que recibía en la que se me avisaba que teníamos un nuevo presidente.

Respondí que estaba allí y él me contestó con otro telegrama: *Nueva asignación: Tome el próximo barco a Nuku'alofa con Feki.*

¡Me tomó completamente de sorpresa! Nuevo presidente de la misión, nueva asignación y tener que irme de Niuatoputapu: ¡todo en un solo telegrama! No estaba seguro de poder lidiar con tanta información, pero sabía que tenía que hacerlo. *¿Irme de Niuatoputapu?* No podía creerlo. Y lo peor era que la llegada del barco estaba programada para las próximas semanas. ¿Cómo era posible que llegara a hacer todo lo que sentía que debía hacer antes de irme?

Una vez que caí en la cuenta de que todo eso era realidad, me puse bastante filosófico; sabía que no podía terminar todo, así que simplemente haría todo lo que estaba a mi alcance y les dejaría el resto a otras personas. Reflexioné sobre lo que había sucedido durante el último año.

Había llegado sin conocer ni el idioma ni a nadie de Niuatoputapu, pero me iba hablando el idioma y conociendo a todos. Al llegar, sentía miedo y me parecía que los lugareños tenían malas intenciones; en el momento de irme, me sentía como en casa y sabía que las personas tenían buenas intenciones y eran maravillosamente serviciales. Había llegado a una pequeña rama con muchísimos problemas; al irme, dejaba una rama relativamente fuerte y al menos con problemas reducidos.

Durante aquel año habíamos bautizado solamente a siete personas, pero nos esforzamos mucho e hicimos lo mejor que sabíamos hacer. Era muy gratificante saber que esas siete personas seguían siendo miembros activos y que su conversión a la Iglesia había sido de muchísimo valor. Por lo general, los que se unen a la Iglesia a pesar de enfrentar mucha oposición tienden a permanecer activos.

Años más tarde hice un cálculo rápido y descubrí que, con el tiempo, de aquellos siete bautismos surgieron seis familias con más de cincuenta miembros, entre los cuales se cuentan esposas e hijos, o sea, una rama de tamaño normal. Todos formaron núcleos familiares grandes y fieles. Por ejemplo, una de las familias que bautizamos tuvo un total de doce hijos: nueve varones y tres mujeres; los doce prestaron servicio en misiones. De acuerdo con el promedio de bautismos por misionero en Tonga, los integrantes de esas seis familias que cumplieron misiones dejaron tras de sí más de cuatrocientos cincuenta miembros nuevos, es decir, un barrio de tamaño considerable. Los hijos después se casaron y muchos de ellos volvieron a salir a la misión como matrimonios; casi todos sus hijos fueron misioneros también. Una vez más, en promedio, este grupo de misioneros habría bautizado más de tres mil miembros nuevos, o sea, una estaca de tamaño normal.

Sin dejar volar demasiado la imaginación, es muy posible que haya habido más de tres mil nuevos miembros en el Evangelio gracias a aquellos siete primeros bautismos de personas que permanecieron fieles, incluso hasta la tercera generación y más allá.

Cuando actuamos de acuerdo con el Espíritu, el poder de Dios se hace cargo, el Espíritu justifica lo que hayamos hecho y el Señor hace los arreglos necesarios a fin de que en futuros sucesos aquello que haya comenzado espiritualmente se concrete con éxito, tanto espiritual como temporalmente. Cuando el apóstol Pablo escribió: «La letra mata, mas el espíritu vivifica» (2 Corintios 3:6), expresó palabras verdaderas. Siete personas no es mucho, pero el Espíritu dio vida. Con el tiempo, se formaron ramas, barrios y estacas, y el final todavía no ha llegado. Si hacemos nuestra parte, si nos comprometemos y cumplimos con esos compromisos, siempre bajo la influencia del Espíritu, ¡suceden cosas maravillosas! Estoy convencido de que lo único que tenemos que hacer es afanarnos lo más que podamos esforzándonos y teniendo gran fe en Dios, y Él en efecto aumentará nuestros esfuerzos.

Esas últimas semanas pasaron volando como una nube fugaz. Cuando quise acordar, ya había llegado el barco en el cual tenía que irme. ¡Ya era hora de partir! La profunda emoción que sentí al darme cuenta de que aquel era mi último día en Niuatoputapu es inexplicable. El barco estaba allí, ya se había comprado el pasaje e íbamos a volver a Tongatapu durante la mañana, dejando atrás Niuatoputapu y su maravillosa gente.

Me costaba creerlo y, sin embargo, era cierto. Me había acostumbrado tanto a la isla y su gente que no quería irme. Un año no parece ser mucho tiempo, pero, desde un punto de vista emocional y espiritual, los meses que pasé en Niuatoputapu parecían ser más importantes que los últimos veinte años de mi vida. Había aprendido mucho. Sabía que

Niuatoputapu siempre sería un lugar sagrado para mí, el lugar donde había visto manifestarse el poder de Dios entre Sus hijos.

Había aprendido las lecciones más importantes que una persona pueda aprender en esta tierra: que Dios vive, que Él es nuestro Padre, que nos ama y que toma parte en nuestra vida y se preocupa por lo que nos sucede; que Jesús es Su hijo, nuestro Hermano, nuestro Amigo, nuestro Redentor, quien, debido a Su infinito amor por nosotros, pagó un precio altísimo para que pudiéramos volver a nuestro verdadero hogar con el Padre Celestial y tener gozo, amor, oportunidades de servir y habilidades indescriptibles. Aprendí que José Smith es un Profeta de Dios y que por medio de él, el Libro de Mormón, otras Escrituras y el sacerdocio de Dios con sus ordenanzas sagradas se encuentran de nuevo sobre la tierra; que el reino de Dios, con profetas vivientes, es real y se encuentra aquí y ahora, con el poder para sellar por toda la eternidad y atar en la tierra y en los cielos; había visto y sentido su poder y sabía de su eficacia.

Yo sabía todo eso y tenía un sentimiento muy profundo por ese conocimiento pero, aunque parezca mentira, aquel día mis pensamientos no se centraban tanto en estos conceptos como en las personas; quería verlos a todos y hablar con todos; los conocía bien, o al menos pensaba que así era. Estaba seguro de poder llamar por su nombre a los setecientos habitantes, decir con quiénes estaban emparentados y en qué casa vivían y cuántos cerdos tenían y cuán a menudo nos daban de comer. El recorrer el lugar y visitar a las personas fue una experiencia que me desgarró el corazón.

A pesar de que no dormimos en toda la noche, la mañana siguiente llegó demasiado rápido. Lentamente, caminamos hacia el barco, donde una gran multitud se había reunido para despedir a los que partíamos. La nave iba a llegar a Nuku'alofa justo antes de que comenzaran las clases, así que estaba lleno de estudiantes, sobre todo en edad de escuela secundaria, que se iban a estudiar a la «gran» isla de Tongatapu (de treinta y tres kilómetros de largo).

Feki y yo nos despedimos y abrazamos a casi todos. Amábamos a nuestro pequeño rebaño y esperábamos dejarlos mejor de lo que los habíamos encontrado. Amábamos a quienes habíamos bautizado y a los que no habíamos bautizado. Teníamos grandes esperanzas para todos ellos. Todos nos expresaron su amor, tanto los miembros como los que no lo eran. El oficial representante del gobierno nos ofreció una cálida despedida; era un hombre excelente y un gran amigo.

Al subirnos al barco, los santos se reunieron y cantaron el hermoso himno de despedida: «*Oka Tau Ka Mavae*» («Para siempre Dios esté con vos») como solo los tonganos saben cantar. ¡Si se nos habrá desgarrado el corazón! Las lágrimas corrían libremente y era difícil controlar las emociones. Me imagino que la mayoría de los misioneros se sienten así cuando se van de una región y dejan a las personas a quienes han prestado servicio y llegado a amar. Para mí, fue un día de asombro y cumplimiento. El primer presidente de la misión me había pedido que aprendiera el idioma y edificara el reino. Sentía que había cumplido con los dos encargos, al menos hasta cierto punto, ¡y qué asombroso todo lo que aprendí en el trayecto!

30

Advertencia por la noche

Finalmente el barco comenzó a moverse. ¡Nuestra partida de Niuatoputapu ya era realidad! Todavía no podía creerlo. Me daba cuenta de que físicamente nos estábamos alejando, pero una parte de mi ser espiritual y emocional se quedaba y se quedaría allí para siempre. Permanecí junto a la baranda durante horas mirando con nostalgia a la gente y la isla, hasta que ésta se escondió tras el horizonte.

¿Volvería en alguna oportunidad? ¿Llegaría a olvidarlos? ¿Volvería a ser el mismo alguna vez? ¿Podría volver a encontrar en tal abundancia el amor y la benignidad de Dios y tanta bondad en el ser humano? Sentí que volvería a hallarlo en algún lugar, en algún momento, al menos en el reino celestial. Me alegraba de tener esa esperanza, pero sentía que estaba perdiendo algo, ya que sabía que sería difícil que se repitieran aquellas emociones en un lugar y momento cercanos. Cuando hemos experimentado dichos sentimientos de amor profundo, uno no quiere nada que sea menos que eso. Esperaba poder perseverar hasta el fin fielmente y sentir ese amor indescriptible por la eternidad.

La promesa de nuevas aventuras parecía un poco vana cuando se la comparaba con la pérdida del amor y la aceptación conocidos y de la seguridad de que a uno lo necesitan y lo quieren. La certeza de que estaba siguiendo las instrucciones de un presidente de misión inspirado, aunque nuevo, me dio la fortaleza para seguir adelante.

El día estaba hermoso y el océano tranquilo; había un tanto de oleaje y el mar estaba un poco picado, pero nada fuera de lo normal. Solo nos llevó tres días viajar directamente hasta Nuku'alofa, ya que el barco era mucho más grande que aquel en el que había llegado yo. Dormíamos en la cubierta junto con muchas otras personas, la mayoría de ellos estudiantes. Hablamos, cantamos y disfrutamos de la travesía; bebimos de los cocos y comimos las galletas, el *taro* y el *ufi* que nos habían dado los miembros. Intenté recordar el tamaño y la forma que tenían los platos y los vasos y me pregunté cómo sería volver a usar cuchillo, tenedor y cuchara, ya que sólo había comido con las manos durante los últimos doce meses.

Aunque parecía raro estar en un barco tan grande con las cubiertas abarrotadas de gente, Feki y yo nos apropiamos de un lugar en la cubierta superior para nuestras esteras, canastas y tela de *tapa* (la cual se usa para dar calor, como las cobijas). Todos se ayudaban mutuamente y disfrutaban de la compañía de los demás. No hubo muchas personas que se marearan, y era muy agradable charlar con buenos amigos; los días pasaron gratamente.

La última noche de la travesía nos dijeron que llegaríamos a Nuku'alofa a la mañana siguiente. Era una noche hermosa y nos balanceábamos con el movimiento suave y ondulante del barco. Me maravillaban las brillantes estrellas del cielo y me causaban admiración las nubes que jugaban a las escondidas con la luna; sentía la calma brisa del mar que me acariciaba y escuchaba el suave murmullo de las conversaciones placenteras. Me embelesaba el armonioso rasguear de guitarras y el canto melodioso de algunas de las mejores voces del mundo. Era casi embriagador. Todo esto y más se combinó para adormecerme y transportarme a un estado de asombro ante la bondad que Dios tiene para con todos nosotros. Finalmente, me quedé dormido pensando en esos hermosos sentimientos. Feki estaba cerca de mí y al día siguiente comenzaría una nueva aventura.

En seguida aprendí que nunca debemos ser demasiado autocomplacientes. Mientras dormía, mi mano había quedado fuera de la tela de *tapa* que me cubría. En algún momento de la noche, sentí que algo me movía la mano ligeramente; hice un movimiento pero no le presté atención. Un momento después, sentí que algo me rozaba la mano y volví a moverme. Mientras una parte de mí me decía: «¡Relájate!», la otra insistía: *Peligro! ¡despiértate!* Me debatí entre ambas unos momentos y luego, repentinamente, sentí la fortaleza y la seguridad de lo que debía hacer.

Me desperté y me incorporé sobresaltado. La luna resplandecía y me permitía ver bastante bien. Miré a mi alrededor. ¿Dónde estaba Feki? ¿Dónde estaba el resto de las personas? Yo me encontraba en el mismo lugar donde me había ido a dormir junto a muchos otros; sin embargo, en ese momento sólo había cerca de mí una joven, que había puesto su estera junto a la mía. Al incorporarme y comenzar a mirar a mi alrededor, oí que algunas personas que se encontraban detrás de una gran pila de chapas se reían por lo bajo y noté que la joven estaba poniéndose de nuevo la camisa que se había quitado. ¿A dónde se habían ido los demás?

Le pregunté dónde estaba Feki y me respondió que se hallaba hablando con alguien «por allá»; luego me preguntó si no quería quedarme donde estaba. «Acuéstate y vuélvete a dormir; no te preocupes», me dijo. Para ese entonces, ya estaba completamente despierto y era bastante sencillo darse cuenta de lo que estaba sucediendo. Me limité a decirle que debía estar con mi compañero. A continuación, se oyeron unos susurros, y poco después Feki regresó. Le pregunté adónde se había ido y él me dijo que varias personas le habían pedido que se acercara y les hablara más de la Iglesia; como había muchos durmiendo cerca de mí, fue con ellos. Cuando regresó, se sorprendió al ver que había tan poca gente alrededor. Le pedí que no volviera a alejarse y él estuvo de acuerdo. La joven y otros estudiantes se fueron y nosotros volvimos a dormirnos.

A la mañana siguiente, la misma joven me preguntó: «*¿Koeha na'a ke hola ai anepo?*» («¿Por qué saliste corriendo anoche?»). Por supuesto, en seguida supe a qué se refería. Le respondí que yo era misionero y que los misioneros no se relacionan de esa manera con otras personas. No era tanto que estuviera enojado sino más bien que deseaba establecer los hechos; sentí gran compasión por ella y por la vasta multitud de la humanidad que han sido engañados por Satanás, ya que buscan el placer o el gozo en lugares y formas en que no pueden encontrarlo.

Pensé en las lecciones que había aprendido, especialmente que en lo que respecta a lo físico nuestra imaginación o nuestras expectativas son mucho más agradables que la realidad; por el contrario, en lo espiritual, sea lo que sea que nos imaginemos o las expectativas que tengamos, la realidad siempre es más grandiosa y profunda y más satisfactoria. Cuánto agradecimiento sentí hacia Dios por Su protección, por el Evangelio de Jesucristo y sus enseñanzas, y por Sus leyes que dan gozo eterno cuando se cumple con ellas.

Muchas veces he meditado acerca de aquella noche. Era una noche templada, hermosa y llena de sensibilidad. El movimiento ondulante del barco, sumado al largo viaje, la brisa tropical, la música hermosa y los tiernos sentimientos se combinaron para producir emociones profundas y sencillas que quizás afloren más en esas circunstancias que en otras situaciones. Estaba agradecido por la ayuda que me había dado el Señor en aquel momento y también por la impresión que me advirtió del peligro. Nunca volví a ver a aquella joven.

Más tarde durante la mañana, alguien gritó y señaló hacia el sur donde se podía divisar, aunque con dificultad, la vaga silueta de la gran isla de Tongatapu. En pocas horas comenzaría una nueva etapa de mi misión y me preguntaba cómo sería. *¿Adónde me mandarán y qué tendré que hacer? ¿Qué aspecto tendrá y cómo será el nuevo presidente de la misión?* Me parecía que nada podría llegar a ser mejor que el tiempo que había pasado en Niuatoputapu, pero al mismo tiempo estaba dispuesto a ir a donde fuera que el presidente de la misión deseara enviarme y hacer lo que él quisiera que hiciese. Estaba seguro de que él recibiría inspiración, tal como había sucedido con el primer presidente. Sabía que con la ayuda de Dios, se puede cumplir cualquier asignación que se reciba; también sabía que habría pruebas y dificultades, ya que son parte de las asignaciones misionales. Pero, a pesar de eso, sabía que si las cumplía con la ayuda de Dios, fueran cuales fueran las dificultades, sentiría felicidad, gozo y profunda satisfacción.

Esperaba no olvidar nunca a Niuatoputapu. Además, esperaba estar preparado para el próximo paso.

31

Camas blandas

Poco antes del mediodía, llegamos a Nuku'alofa, en la isla de Tongatapu. La isla realmente parecía grande y ¡era muy diferente de Niuatoputapu! Tenía dos muelles, calles, automóviles, tiendas, luz eléctrica y gente por todas partes. ¡Cuántas cosas! ¡Cuánto ruido! ¡Cuánta gente! Tenía la mente confusa; hacía un año que me había ido de allí, pero al comparar ese lugar con Niuatoputapu, ¡era tan diferente!

Aunque no sabía qué aspecto tenía el nuevo presidente de la misión, en seguida divisé a un matrimonio estadounidense que parecía amable y que evidentemente nos estaba buscando. Al encontrarnos, me presenté y presenté a Feki; nos preguntaron por nuestras maletas y les respondí que no teníamos ninguna sino que mis posesiones, así como las de mi compañero, estaban envueltas en una estera. El presidente de la misión tenía dos ayudantes que pusieron mi estera en su automóvil y la de Feki en otro; yo quería quedarme un rato y que me dieran una idea de lo que iba a suceder, pero inmediatamente se lo llevaron a él a la misión de construcción en Liahona y casi no tuve tiempo de despedirme; aunque no me parecía justo, porque quería estar con Feki, no pude hacer nada al respecto.

El presidente de la misión y la esposa eran muy buenos. Ella me hacía acordar a mi madre: una mujer cálida y amorosa. Recuerdo que me rodeó con sus brazos y, con lágrimas en los ojos, me dijo: «¡Ay, pobrecito! ¿Cómo lo dejaron en aquella isla durante tanto tiempo?». Por mi parte, no consideraba que hubiera nada que lamentar por haber estado en aquel lugar, ¡había sido grandioso! Sin embargo, no sabía qué decir; de hecho, casi no me salían las palabras en inglés pero ella debe de haber interpretado mi silencio como una demostración de que estaba de acuerdo con lo que había dicho. Después, subimos al auto y fuimos hasta la casa de la misión. Todo —los autos, las calles, las casas de madera, las tiendas y los cables de alta tensión— me parecía muy extraño. Llegamos a la casa de la misión y entramos; ya era mediodía.

La esposa del presidente parecía muy entusiasmada. Mientras ponía la mesa, me dijo que me sentara. La comida consistía en bistec, papas, una salsa hecha con el jugo de la carne, pan, leche, mantequilla y mermelada. «Ya está todo listo», dijo sonriendo. «Sé que disfrutará muchísimo de esta comida que hace tanto que no prueba. ¡Comamos!».

Luego de haber ofrecido una oración, intenté mostrarme feliz y agradecido, pero la verdad era que extrañaba muchísimo a Feki; era la primera vez que nos separábamos en más de un año. Extrañaba el tongano y el inglés me parecía un idioma tan ajeno; extrañaba el sentarme en el piso y comer con las manos; echaba de menos los aromas y sonidos familiares y la gente a la que estaba acostumbrado. Me sentía raro al estar sentado en una silla, con una mesa enfrente, tratando de usar un cuchillo, un tenedor y una cuchara. Me daba la sensación de que los platos y los vasos estaban tan fuera de lugar a la hora de comer. ¡Y esa comida extraña tenía un gusto raro!

Era difícil mantener la conversación; hablaban de cosas que yo no comprendía, como de cuán apenados se sentían por mí y de que ya me encontraba de nuevo en la civilización. Estoy seguro de que eran sinceros, pero a mí no me sonaba convincente. Mi vida no había sido como ellos la describían; había sido feliz en Niuatoputapu; en cambio, en aquel lugar comenzaba a sentirme incómodo, incluso desdichado.

Como se dieron cuenta de que estaba un poco melancólico, me dijeron: «¿Por qué no descansa un rato? Debe de estar agotado después de todo lo que ha pasado. Lo dejaremos solo algunas horas». El presidente de la misión dijo que se iba a unas reuniones en Liahona, pero que volvería para la cena.

Me llevaron a una habitación que tenía una puerta de madera con bisagras y pestillo, ventanas y cortinas; además tenía una cama con un colchón, una almohada y sábanas limpias. Me mostraron un baño interior que tenía una ducha que se abría con un grifo, un lavabo con agua corriente y un espejo; había también un inodoro con una cisterna que soltaba agua al tirar de una cadena y noté que hasta la ventana del baño tenía cortinas que la brisa hacía rozar suavemente.

Antes de dejarme solo me dijeron que descansara, que me relajara, y me aseguraron que todo saldría bien. Me imagino que se preguntarían si estaría bien de la cabeza, porque estaba callado y me quedaba mirando todas aquellas cosas extrañas por largo rato; aunque me parecían conocidas, no estaba del todo seguro de lo que me rodeaba. Me hallaba en una lucha, tratando de volver a unir los dos mundos. Recordaba el bistec y las papas, los colchones, los inodoros y el agua corriente; también las cortinas y las palabras en inglés; sin embargo, me parecían tener poca importancia en ese momento. Me costaba mucho darme cuenta con exactitud del lugar que le correspondía a cada cosa.

Me preguntaba qué tendría que hacer y cuál sería mi nueva asignación. Era difícil estar solo y no era sencillo pensar y sentirme cómodo en aquella atmósfera extraña. Intenté descansar, pero no pude, así que me senté en el piso y comencé a leer el Libro de Mormón en tongano. Me topé con un versículo en el que Jacob se lamenta con estas palabras: «Pues somos un pueblo solitario y solemne, errantes, desterrados de Jerusalén» (Jacob 7:26). Empecé a llorar: sabía lo que había sentido Jacob.

Aquella noche, cenamos y hablamos un rato, y luego me di una ducha y me fui a dormir. Creo que no dormí nada pues me dolía el estómago a causa de la comida diferente, tenía la mente cansada por el idioma extraño, me dolía la espalda por la cama blanda y sentía dolor en todas partes porque extrañaba Niuatoputapu y a Feki.

La mañana siguiente, el presidente de la misión me llamó para tener una entrevista; me dio la asignación de presidente del distrito de Ha'apai, un grupo de alrededor de diecisiete islas que quedaban a uno o dos días de viaje hacia el norte de las oficinas de la misión, y me dijo: «Hay muchos problemas allí, mucha disensión, mucha discordia y falta de armonía. Quiero que vaya y resuelva los conflictos. Estará a cargo de todos los misioneros y de la obra misional, y también de todos los miembros y las ramas. Tendrá que escoger dos buenos consejeros; ore al respecto y, cuando sienta que está inspirado, apártelos y salgan a trabajar. Tenemos pocos misioneros y no creo que pueda darle un compañero pero, si tiene buenos consejeros, todo andará bien. Sus consejeros y otros miembros que estén dispuestos a ayudar pueden servirle de compañeros. Le sugiero que elija para consejeros a dos hombres casados.

«Además, quiero abrir una escuela allí. Hemos comprobado que las escuelas son muy útiles para la obra. No podré ir muy a menudo, pero usted estará bien; el Señor lo bendecirá. Deshágase de la discordia que hay entre ellos; haga lo que sea necesario para que las personas sean unidas; enseñe el Evangelio, edifique la Iglesia, bautice a los que crean; fortalezca las ramas y siga la guía del Espíritu».

Me preguntó si tenía alguna duda y yo negué con la cabeza. Entonces dijo: «El barco que va a Ha'apai sale en un par de días. Ahora tenemos una conferencia en Liahona y me gustaría que fuera y participara». Yo acepté.

Nos preparamos para ir a la conferencia y, antes de que nos fuéramos, la esposa me preguntó si quería algo especial para la cena, ya que estaba deseosa por hacer que mi estadía fuera lo más agradable posible. Creo que ella se daba cuenta de que estaba muy triste. «Si hay algo, lo que sea, que nosotros podamos hacer para que su estadía sea más cómoda, díganos», me dijeron los dos.

Me resultaba difícil, pero ya que me habían preguntado, les contesté amablemente:

—Si realmente puedo elegir, tengo un pedido.

—¿Cuál es? —preguntaron al unísono.

—¿Podría llevarme mis cosas y quedarme con Feki en Liahona hasta que salga el barco que va a Ha'apai?

El presidente se sorprendió y su esposa empezó a llorar. «¿Quiere decir que no le caemos bien?», me dijo sollozando. Intenté explicarles lo mejor posible que mi tristeza no tenía nada que ver con ellos; sencillamente se trataba de que no podía dormir en un colchón blando, no podía comer esa comida, me sentía incómodo hablando en inglés y extrañaba estar con Feki y los tonganos. Me dijeron que los misioneros de construcción solo tenían pequeñas chozas con techo de paja y que las condiciones allí eran muy precarias. Mi respuesta fue que eso me parecía bien. Aunque estoy seguro de que se disgustaron un poco, fueron muy amables y me dijeron que lo pensarían.

Me daba cuenta de que estaban preocupados por mí y por mi salud, eso era evidente. Les aseguré que jamás había gozado de tan buena salud ni había sido tan feliz como durante el tiempo que había estado en Niuatoputapu. Ellos habían oído de la hambruna y otros problemas y dudaban de que fuera así; pero finalmente me creyeron y me dieron permiso para tomar mis cosas; después, nos fuimos todos juntos a la conferencia.

Las reuniones de la conferencia duraron todo el día, pero por la noche me fui caminando hasta las chozas de los misioneros de construcción, busqué a Feki y, entusiasmado, le conté que me habían dado permiso para quedarme con él un par de días, hasta que tuviera que irme a Ha'apai. Era cierto que las chozas solo tenían techos de paja y estaban levantados de un solo lado y por eso uno tenía que entrar a gatas. Aunque no podía ponerme de pie, ¡ah, qué sensación maravillosa la de tomar con la mano un trozo de *taro* hervido y saborearlo y chuparme los dedos! ¡Qué fresco y familiar el aroma de las hojas de coco secas y qué hermoso era dormir en el piso sobre una buena estera tejida! La noche siguiente llovió muy fuerte y se mojó todo, a pesar de lo cual me sentía mucho mejor, ya que mi cuerpo y mi mente estaban acostumbrados a eso.

Disfruté mucho de las reuniones de la conferencia y me pidieron que hablara en varias ocasiones. Me resultó agradable conocer a otras personas. La noche anterior a la partida de mi barco alguien llegó con un mensaje para Feki en el que le comunicaban que su madre había fallecido. Estaba enferma y los dos habíamos ido a visitarla el día anterior. Feki se fue de inmediato; yo quise acompañarlo, pero él me dijo: «No, tú te quedas aquí».

Regresó antes de que saliera el sol y ya estaba listo para ir a trabajar. Le pregunté si íbamos al funeral, que se llevaría a cabo ese mismo día, cerca del mediodía, y él me respondió: «No, yo trabajaré en la obra misional de construcción como todos los días y tú irás a tomar el barco que va a Ha'apai. Eso es lo que mi madre querría que hiciéramos». Nunca lo cuestioné. Su actitud de compromiso absoluto siempre tenía una profunda influencia en mí. Feki me agradeció que hubiera ido a quedarme con él en la escuela y me aseguró que todo andaría bien en Ha'apai si me esforzaba en mi trabajo y era humilde. Yo le agradecí por su ayuda. Esa fue la última vez que vi a Feki durante mi primera misión; de todos modos, en mi corazón sentía que volveríamos a encontrarnos y sabía que él se mantendría leal y fiel.

Años más tarde, me enteré de que aquel pequeño gesto de irme con los misioneros de construcción, que se debió a que me sentía más cómodo entre ellos, fue uno de los factores que influyó para que los miembros de la isla principal de Tongatapu me aceptaran. Cuando vieron que realmente prefería comer comida tongana, dormir en el piso y estar con la gente de Tonga en vez de quedarme en la casa grande con comida muy elaborada y camas blandas, se dieron cuenta de que el amor que sentía por ellos provenía del corazón y que hacía lo que hacía porque era lo que deseaba y no porque tuviera que hacerlo. Definitivamente, lo que me movía no eran motivos ulteriores, sino más bien el hecho de que me sentía mejor física y anímicamente con ellos. De todos modos aquellos días, aunque pocos, me acercaron a los miembros locales, que empezaron a decir: «Él nos entiende; siente lo mismo que nosotros sentimos».

Aprendí que a menos que sintamos del mismo modo que otros sienten, no podemos ser del todo eficientes para satisfacer sus necesidades. A menudo digo que antes de satisfacer las necesidades de otras personas, tenemos que sentirlas. A veces aprendemos otro idioma o acerca de otra cultura y somos capaces de sentir lo que ellos sienten; pero esto no siempre es así. Los sentimientos van mucho más allá del idioma o el conocimiento; el sentir lo que otros sienten es una gran bendición y se logra al sufrir los mismos dolores que ellos, reír con ellos, lamentarnos, regocijarnos y llorar con ellos; sufrir con ellos; maravillarnos, orar y experimentar milagros con ellos y aceptar morir con ellos si fuera necesario.

Creo que el Salvador realmente llegó a sentir lo que otras personas sienten. Las Escrituras nos dicen: «Yo, el Señor, los buscaré» (D. y C. 112:13). Él descendió por debajo de todo a fin de poder ascender por encima de todo y atraer a Sí a *todas* las personas. Pienso que esto no se refiere solo al aspecto físico, sino también al emocional, ya que Él ciertamente nos comprende y siente lo que cada uno de nosotros siente. Creo que no es posible sentir aquello que no hayamos experimentado, al menos no completamente.

Me pregunto si algunas de nuestras supuestas pruebas a causa de hijos caprichosos, mala salud o problemas económicos no serán para ayudarnos a sentir lo que de otro modo no sentiríamos. Estoy seguro de que podemos entender y ayudar mejor a las personas cuando hemos pasado por lo mismo que ellas han experimentado. Dios tiene muchísimos hijos, algunos de los cuales actúan de maneras bastante extrañas; sin embargo, Su amor sigue siendo universal.

A veces, cuando les decimos a otras personas: «Sé cómo te sientes», ellas dirán para sus adentros: «Sí, seguramente solo lo dices por decir. Nadie sabe lo que siento, y menos tú, porque soy el único que se ha sentido así». Se necesita mucha confianza para abrirse y compartir los verdaderos sentimientos con otras personas, pero es posible hacerlo.

Feki y yo podíamos sentir lo mismo. Mi esposa y yo lo sentimos, y hay otras personas con las que también puedo hacerlo. Sé que el Salvador entiende lo que siento; con Él podemos compartir todos nuestros sentimientos y Él nos ayudará cabalmente.

Mientras me preparaba para la nueva asignación en Ha'apai, rogaba poder entender a las personas que vivían allí tal como había intentado hacer con la gente de Niuatoputapu. Si lo lograba, quizá pudiera cumplir lo que el presidente me había pedido que hiciera.

32

Ha'apai veu

Fui desde Liahona hasta el pueblo con el presidente de la misión. Aunque el barco ya estaba listo para partir hacia Ha'apai, todavía teníamos un rato para charlar, así que volví a preguntarle sobre la posibilidad de tener un compañero, pues me resultaba extraño no tenerlo; me dijo que, debido a las restricciones que ponía el gobierno sobre la cantidad de misioneros proselitistas extranjeros que podían estar en Tonga (cuatro, contándolo a él) y como necesitaban que la mayoría de los jóvenes tonganos sanos trabajaran en la construcción, yo tendría que trabajar solo. Me aseguró que estaría bien y me recordó que mis consejeros me ayudarían y harían las veces de compañeros.

También me explicó un poco más en cuanto a mi nueva área: era un lugar más desarrollado y más poblado que Niuatoputapu, con pueblos más grandes, algunas tiendas y mejores medios de transporte y comunicación; dijo que en las islas de Ha'apai había aproximadamente treinta misioneros locales (la mayoría de ellos matrimonios), pero él no sabía exactamente dónde se encontraban ni cómo se llamaban. Me dijo que, apenas tuviera consejeros, recorriéramos las islas y viéramos dónde estaba y cómo se encontraba cada uno de los misioneros; también me aconsejó que llamara para ser misioneros a tantos miembros locales como pudiera; en caso de que necesitara más, debía avisarle y él intentaría hacer lo que estuviera a su alcance, aunque no estaba seguro de cuánto podría ayudarme. «Si usted es listo —agregó—, buscará ayuda a nivel local».

Le pregunté qué hacía con la presidencia del distrito. «Simplemente dígales que quedan relevados y que usted se hará cargo —contestó—. De todos modos, están totalmente desorganizados, así que no tiene porqué tener ningún problema; en caso de que lo tuviera, envíeme un telegrama y yo les confirmaré que usted queda a cargo». (No tuve ningún problema. Los miembros estaban ansiosos porque alguien nuevo se hiciera cargo de todo.)

Básicamente lo que me dijo fue que me las arreglara solo y que no debía molestarlo a menos que fuera absolutamente necesario, ya que él tenía muchísimo que hacer en Tongatapu, como dirigir la escuela principal de la Iglesia, coordinar los proyectos de construcción y encargarse de diferentes asuntos oficiales allí.

Me dio algunas listas y me dijo que les echara un vistazo más tarde. Subí al barco y justo antes de zarpar, me dijo: «Trabaje arduamente. El

Señor lo bendecirá. Tendrá muchísimo para hacer». Jamás se pronunciaron palabras más ciertas que aquellas.

Sentía que el presidente de la misión confiaba en mí y esperaba estar a la altura de sus expectativas. Las listas que me había entregado eran las más nuevas de las doce ramas con sus respectivos presidentes y con los aproximadamente dos mil miembros que había en Ha'apai. Al mirarlas, me preguntaba quiénes serían esas personas, dónde estarían y qué aspecto tendrían. Me llené de una emoción repentina; estaba ansioso por comenzar con mi asignación.

Cuando llegué a Pangai, la capital de Ha'apai, me recibió un grupo grande de miembros y misioneros. No sólo funcionaba el telégrafo, sino que además algunas de las personas habían estado en la conferencia que se había llevado a cabo en Liahona y habían escuchado que yo iba allí como presidente del distrito. El presidente anterior había desaparecido. Los miembros me mostraron la capilla y la casa de los misioneros, que se encontraba junto a ésta: un edificio rectangular de aproximadamente seis metros de ancho por doce de largo; no tenía salones ni oficinas, solo un salón principal lleno de bancos, y parecía encontrarse en buen estado.

La casa de los misioneros era una historia aparte: era una casa blanca, al estilo de las grandes plantaciones pero más pequeña que la capilla, con techo de chapa ondulada roja y un porche en el frente. Tenía una sala de estar justo en el medio con dos paredes a cada lado que servían para dividirla en habitaciones independientes. El lado derecho era para dormir y el lado izquierdo para cocinar (aunque yo nunca preparé nada porque los miembros siempre me llevaban comida). La casa había sido construida alrededor de 1910 y estaba en estado deplorable; tenía gran parte del techo completamente oxidado y una porción considerable de las paredes y de los pisos ya no existía por causa de las termitas.

No me llevó mucho darme cuenta de que el estado de las relaciones entre los miembros era prácticamente el mismo que el estado de aquella casa: estaban enojados unos con otros y había muchos conflictos personales y familiares. La frase «*Ha'apai veu*» básicamente significa «Ha'apai en caos», ¡y así era como estaba!

A modo de explicación debo decir que la gente de Ha'apai vive en diecisiete islas aisladas unas de las otras. Algunas están relativamente cerca de otras y algunas están muy alejadas; hay que recorrer grandes distancias en velero para llegar a cualquier parte de Ha'apai y el solo hecho de mantenerse con vida requiere mucho esfuerzo. Por lo general, los oriundos de ese lugar son los más agresivos de Tonga; muchos líderes, tanto políticos como de la Iglesia, son de Ha'apai, aunque muchos se han mudado a Tongatapu u otros lugares. La gente de Ha'apai presenta la misma característica que los provenientes de pequeñas comunidades agrícolas que se van a vivir a la ciudad: llegan a las zonas más grandes con una firme ética de trabajo, la cual los impulsa casi automáticamente.

En Ha'apai había muchos hombres y mujeres de carácter fuerte. Varios hombres se habían turnado para ser presidentes del distrito: cuando el integrante de una familia en particular pasaba a ser el presidente, muchos miembros de otras familias no participaban; después, cuando alguien de otra familia ocupaba esa posición, el primer grupo se quedaba en su casa. Era un lío.

La Iglesia no crecía mucho debido al exceso de diferencias personales y a la poca unidad que había. Aunque los miembros eran buenas personas, ¡simplemente no se toleraban unos a otros! En esas circunstancias, creo que era razonable que una persona de afuera ocupara el lugar de presidente del distrito. Si bien era muy poco lo que yo sabía en cuanto a la parte administrativa de la Iglesia y no tenía conocimiento de lo implicaba el llamamiento, estaba dispuesto a intentarlo.

Repasé mentalmente lo que el presidente me había pedido que hiciera: primero, establecer orden en la Iglesia; segundo, poner en funcionamiento la obra misional; y tercero, abrir una escuela. No sabía bien por dónde empezar, pero recordé que él me había aconsejado que consiguiera dos buenos consejeros lo antes posible. Durante los días que siguieron, conocí a la mayoría de los miembros que vivían cerca de donde yo me encontraba y me sentí muy a gusto con algunos de ellos.

Cuando pregunté cómo visitaríamos a los miembros que vivían en otras islas, me dijeron que la misión contaba con un velero de ocho metros y medio (que había sido un ballenero), pero las sogas y las velas ya no servían, el casco estaba lleno de agujeros y además, en ese momento, se encontraba varado en la playa; al escuchar esto, en seguida tuve una impresión muy clara: «Para visitar a otros miembros y misioneros, necesitamos un bote; por ende, al menos uno de los consejeros debe ser un buen capitán, que pueda repararlo y al mismo tiempo pilotarlo». Esto redujo un poco mis opciones para elegir.

Después de algunos días y de mucha oración, ya sabía quiénes debían ser mis consejeros; hablé con los dos y con sus respectivas esposas y les informé del llamamiento. El Espíritu se lo había hecho saber de antemano y ambos aceptaron de buena gana.

Cuando me reuní con ellos por primera vez, les pregunté: «¿Qué problemas hay?», a lo cual me miraron y contestaron: «Mencione el que se le ocurra y de seguro lo tenemos». En aquella época, el presidente del distrito estaba a cargo de todos los miembros y misioneros. Mis consejeros eran casados y tenían su familia, por lo que debían pasar bastante tiempo en su hogar así como trabajar para mantenerlo. Los dos eran hombres fuertes y fieles, cada uno con una buena esposa y familia, y ambos ya habían estado en presidencias. Hablamos de cómo repararíamos el velero, cómo restableceríamos el orden en la Iglesia, cómo ayudaríamos a los misioneros a llevar a cabo la obra y cómo abriríamos la escuela, tal como el presidente de la misión había pedido.

Casa de los misioneros (en el frente) y capilla (en el fondo), en Pangai, Ha'apai, Tonga. Las actividades escolares se llevaban a cabo en la veranda del frente, la cual más tarde fue agrandándose a medida que aumentaba la cantidad de alumnos.

Sentimos que debíamos hacerlo oficial, así que convocamos a una conferencia de distrito a la cual asistieron bastantes personas. Les dije a los miembros que el presidente de la misión me había pedido que fuera el nuevo presidente del distrito y que me gustaría que aquellos dos hombres fueran mis consejeros; les pregunté si estaban de acuerdo y todos asintieron. Mientras seguíamos con la reunión, alguien preguntó si no debíamos relevar a la presidencia anterior del distrito. Yo no estaba seguro de cómo se hacía eso ni tampoco sabía quiénes eran los consejeros, así que me puse de pie y dije: «Todos los que estén a favor de relevar a la presidencia anterior del distrito, manifiéstenlo levantando las manos». Todos se pusieron de pie y levantaron las dos manos. Esperaba que así ya fuera oficial; lo fuera o no, ese no parecía ser el asunto más apremiante en aquel momento; sabía que teníamos muchísimo que hacer, ya habíamos emprendido nuestra labor y no había vuelta atrás.

33

«El Espíritu vivifica»

Durante los primeros días, casi todas las noches me reuní con mis consejeros intentando encontrar la manera de cumplir con lo que me había pedido el presidente de la misión: lograr que el distrito fuera unido, ya que aparentemente ese era el problema principal. Como ellos trabajaban, tenía que buscar a otras personas que me ayudaran durante el día, lo cual hacía preguntando a la gente y prestando atención a quiénes iban a la Iglesia regularmente; al poco tiempo ya tenía una lista de varios hombres que podrían acompañarme a hacer visitas. Con ellos y mis consejeros, visitábamos las ramas cercanas donde encontramos muchos problemas; nada funcionaba muy bien, sobre todo porque los miembros se peleaban entre sí. Parecía que los misioneros trabajaban mucho pero prácticamente sin ningún resultado; y, obviamente, aún no habíamos hecho nada con respecto a la escuela. Aunque no estaba seguro de la forma en que debía proceder ni a qué debía dar prioridad, sentía que lo primero que tenía que hacer era trabajar con los miembros y los misioneros, y luego poner manos a la obra para abrir la escuela.

No podía visitar a los misioneros ni las ramas que se encontraban a más distancia porque el velero no se había reparado aún; parecía que nadie estaba dispuesto a ayudar a repararlo. Yo no sabía nada de embarcaciones, así que le dije a uno de mis consejeros que iríamos a visitar las islas más alejadas dos semanas más tarde y que llevaríamos el velero de la Iglesia, por lo que le daba la responsabilidad de lograr que estuviera en condiciones de navegar para ese entonces. Él aceptó la asignación y consiguió a algunas personas que le ayudaran con los arreglos; dos semanas después, el velero estaba listo para navegar.

Sentía el deseo apremiante de visitar en primer lugar a los otros misioneros. Supe que había otro élder *palangi* en Ha'apai y sabía dónde se encontraban él y su compañero, pero no sabía cuántos misioneros locales teníamos ni dónde se encontraban; no me habían dado ninguna lista de nombres, sino que simplemente me dijeron que había bastantes misioneros en Ha'apai, sobre todo matrimonios con familia; todavía ignoraba quiénes eran los otros presidentes de rama y dónde estaba el resto de las capillas.

Puesto que las restricciones de misioneros provenientes de los Estados Unidos eran tan estrictas, la única manera de que la obra misional avanzara era llamar misioneros locales. Los matrimonios eran el grupo más confiable, así que, cuando un hombre y una mujer se casaban y mostraban tener el deseo de permanecer activos, normalmente se los llamaba a una misión de dos años; siempre aceptaban el llamamiento y siempre regresaban más felices y fortalecidos en la fe. En aquella época los líderes no estaban del todo seguros en cuanto a si debían llamar a jóvenes locales a la misión; yo no entendía por qué, ya que Feki no podría haber sido mejor misionero. Sin embargo, después de algunos años, empezaron a llamar a muchos jóvenes, varones y mujeres, para que prestaran servicio en misiones proselitistas de tiempo completo y ellos cumplían muy bien con su asignación.

Me maravillaba ver cómo el Señor convierte en puntos fuertes las supuestas debilidades. Supongo que los enemigos de la Iglesia pensaban que dañarían seriamente nuestra labor al restringir la cantidad de misioneros estadounidenses que podía ir a Tonga; la realidad fue que no podrían habernos ayudado más de lo que nos ayudaron: debido a que los lugareños no contaban con los estadounidenses para la obra misional, tenían que encargarse de eso ellos mismos. ¡Cuánto se fortalecieron por tener que cargar con todo el peso del programa sobre sus hombros!

Una vez que el barco estuvo en condiciones de navegar, empezamos a visitar las islas más alejadas y no fue de mi agrado lo que encontré allí; si es posible, la falta de unidad era peor que en Pangai. Aprendí que cuando los miembros están desorganizados, los misioneros también tienden a estar desorganizados; había discordia entre éstos y los miembros, entre los mismos misioneros y entre los miembros unos con otros.

Intenté resolver las diferencias de la mejor manera que pude pero, después de unas semanas, empecé a preguntarme si en algún momento la Iglesia en Pangai llegaría a ser unida. Parecía que los tres encargos que se nos habían dado —los miembros, los misioneros y la escuela—, en vez de progresar, estaban retrocediendo; me daba la impresión de que todo se venía abajo, incluso la casa y el velero. No se me ocurría qué hacer, excepto seguir haciendo mi mejor esfuerzo por mantener unidas todas las partes.

Lo que más me sorprendía y desanimaba era la mala actitud de los misioneros. Mi experiencia previa con Feki, en Niuatoputapu, había sido muy positiva, ya que había observado su disposición a esforzarse en el trabajo y procurar que fuéramos unidos y dedicados. Me había percatado entonces de que había algunos rencores entre ciertas personas, pero, según recordaba, por lo general duraban poco y se solucionaban con el perdón del Evangelio. En Pangai, sin embargo, había entre la gente enojos que parecían exagerados y persistentes, y no entendía eso.

Cuando encontré compañeros de misión peleándose, matrimonios que no se llevaban bien y misioneros que discutían con los presidentes de rama, se me cayó el alma a los pies. Debido a que todavía no habíamos empezado la escuela, a que mis consejeros cuestionaban algunas de mis acciones diciéndome que yo no entendía y a que el velero no estaba reparado completamente, me daba cuenta de que iba necesitar gran ayuda del cielo. Como no sabía exactamente qué hacer, ayuné y oré mucho, pero parecía que el progreso, aunque valioso, era muy poco.

Recuerdo claramente una noche en particular. Estaba fuera de la casa, caminando solo y meditando en cuanto a qué hacer; era una noche despejada y templada y se sentía una brisa fresca proveniente del mar. En Ha'apai todo está cerca del océano. Era más tarde de lo normal para hacer una caminata de ese tipo. Entonces vi a la hermana de uno de nuestros buenos líderes que iba en bicicleta con uno de los hombres más ricos del pueblo, a pesar de ser casada con otra persona. No podía creer lo que veía: era obvio que estaba completamente enamorada de aquel hombre.

Al día siguiente le pregunté al líder en cuestión acerca de su hermana. Él vaciló y luego me dijo:

—Sí, ha estado saliendo con él. De hecho, está esperando un bebé de él, lo cual es un tanto problemático porque está casada con otra persona y él también es casado; pero es mejor dejar las cosas así.

—¡¿Un tanto problemático?! —estallé—. ¡En esta Iglesia no se puede aceptar eso!

—Bueno —contestó—, pero esa es la situación y usted no puede hacer gran cosa al respecto.

—¡Le aseguro que sí, hay algo que puedo hacer! —le respondí en seguida.

Después, fui a visitar a la madre viuda de la mujer y ¡qué gran sorpresa me llevé! Aunque no estaba a favor de la aventura amorosa, en realidad tampoco estaba en contra, ya que el hombre era una de las personas con más dinero de la isla y ella estaba sacando ventaja de eso. La vida era muy difícil en Ha'apai y, dado que recibía un poco de ayuda del hombre, ¡hacía la vista gorda a los hechos! Si bien me apenaba su situación, me asombró mucho: allí tenía a un supuesto buen líder de la Iglesia y a una hermana que había sido presidenta de la Sociedad de Socorro y ninguno se oponía al amorío porque estaban obteniendo beneficios para sí. Hablamos al respecto, y ella y su hija me dijeron que no las molestara puesto que había mucha gente que hacía lo mismo; me contaron de otro líder importante de la Iglesia que tenía una hija en una situación muy similar: soltera y con hijos. Averigüé y me enteré de que era cierto.

De inmediato convoqué una reunión especial con mis consejeros, les expliqué cuál era la situación y les dije: «Tenemos que ponerle fin a esto».

Con una actitud condescendiente, asintieron pero me dijeron: «Está bien; pero después que haya estado aquí un tiempo, lo comprenderá.

Será mejor que deje las cosas como están». Sobre todo cuando miro en retrospectiva, me doy cuenta de que aquella fue una de esas ocasiones en que sentí claramente la mano del Señor.

—Llevo aquí el tiempo suficiente —les contesté—. Lo que ellas hacen está mal. Volveré a hablarles y les diré que o dejan a esos hombres o se les echará de la Iglesia

—¡Usted no puede hacer eso! ¡Son familias prominentes y destrozará a la Iglesia! —me respondieron ambos.

—Su iniquidad destrozará a la Iglesia si no las detenemos —afirmé.

De todos modos, debía tener en cuenta el consejo de ellos. Sabía que corríamos un riesgo, pero también sabía qué era lo correcto. Después de orar, seguía sintiéndome seguro de lo que debía hacer, así que les dije a mis consejeros que debíamos ir a hablar con las dos mujeres y sus familias y darles la oportunidad de elegir; los dos me dijeron que no con la cabeza; no querían ir, así que fui solo.

«O dejan de hacer lo que están haciendo, lo abandonan por completo, o se les expulsará de la Iglesia», le dije a cada una.

Lo que ellas me respondieron, a su vez, fue: «Usted no puede hacer eso. Mi padre es Fulano de Tal» o «Mi hermano es Mengano».

A lo cual les aseguré: «No solamente puedo, sino que lo haré».

Después, expliqué a mis consejeros lo que había hecho y los dos me dijeron lo mismo:

—Es que no puede hacer eso. Tiene que ser más comprensivo; tiene que ser más amoroso y amable.

—Lo he sido —les respondí—. Les di a ambas dos oportunidades y ninguna de ellas quiso aceptarlas.

Cuando se dieron cuenta de que estaba decidido a hacer algo al respecto, uno de ellos dijo: «Aun así, no puede hacerlo: no tiene la autoridad; tiene que actuar de acuerdo con el manual. ¿Ha leído el *Manual General de Instrucciones*?».

Tuve que admitir que no lo había leído; de hecho, ni siquiera sabía que existía dicho libro. Sin embargo, sabía qué era lo correcto y no tenía que tener un manual que me lo dijera. Hice a las mujeres una tercera advertencia y les expliqué lo que tenían que hacer. Cuando otra vez se negaron a hacerlo, les dije:

—Bueno, entonces no pertenecerán más a la Iglesia.

—¿Acaso eso significa que estoy excomulgada? —fue la pregunta que me hizo cada una.

—No sé exactamente qué significa esa palabra —respondí—. Lo único que sé es que usted ya no puede ser miembro de la Iglesia.

Ambas volvieron a decirme que no podía hacerles eso, a lo cual les contesté que ya lo había hecho. A continuación, les informé a mis consejeros sobre mi acción y los dos sacudieron la cabeza con desaprobación. En la siguiente reunión de liderazgo, anuncié que aquellas dos mujeres ya no eran miembros de la Iglesia, a lo cual observé muchas expresiones de incredulidad.

Al principio, hubo enojo y rencor entre la gente; parecía que había empeorado una situación que ya era mala de por sí, pero poco después comenzó a ocurrir algo interesante. Hubo varias personas que en voz baja y sin poder creerlo, me preguntaron:

—¿Es verdad que Fulana y Zutana ya no son miembros de la Iglesia?

—Es verdad —les contesté—. Ya no son miembros.

Todos sabían lo que ellas habían hecho así que, cuando realmente se las expulsó de la Iglesia, otros miembros empezaron a mejorar su comportamiento. La funesta predicción de que la gente dejaría de asistir a la Iglesia resultó incorrecta; es más, ocurrió todo lo contrario; la gente empezó a volver a la Iglesia, a confesar sus pecados y pedir perdón. En el correr de pocas semanas, la situación no solo había mejorado, sino que era considerablemente superior, ¡y el Espíritu se sentía más fuerte! Empezó a llevarse a cabo un cambio formidable y todo comenzó a mejorar.

Los misioneros comenzaron a cooperar más con los líderes locales y a ser más serviciales los unos con los otros; los miembros no sólo iban a las reuniones, sino que además empezaron a sonreír y a ser más amables al hablar con los demás. Todavía no había mucho progreso en la organización de la escuela, pero al menos hablábamos más al respecto. La gran oposición continuaba, aunque parecía no tener el mismo efecto que antes y sentíamos que por fin estábamos avanzando.

Uno de los firmes testimonios que tengo en cuanto a hacer lo correcto a pesar de la oposición lo obtuve gracias a que, después de un período de no muchas semanas, comenzó a reinar el orden en el distrito de Ha'apai. Empecé a aprender una gran lección: «La letra mata, mas el espíritu vivifica» (2 Corintios 3:6). No seguí la letra quizás por no haber tenido un manual de instrucciones, pero sabía lo que el Espíritu me decía que debía hacer; estaba seguro de que el manual me hubiera dicho que hiciera lo mismo que hice puesto que fue escrito bajo la dirección del Espíritu. Aprendí que, si uno sigue la guía del Espíritu y hace lo correcto, le pasa la responsabilidad al Espíritu, y Él vivifica.

Lo que el Espíritu me dijo fue: «Tú hiciste lo que te pedí que hicieras; ahora yo haré mi parte», y así fue: Le dio vida al distrito; les dio vida a los miembros, energías a los misioneros y ablandó el corazón de nuestros enemigos. Aunque no me esforcé más ni hice nada diferente, todo comenzó a cambiar para bien.

Aplicamos bastantes medidas disciplinarias durante los primeros meses; después ya no hubo tantas. No procurábamos encontrar los problemas, pero nos ocupábamos rápidamente de aquellos de los cuales nos enterábamos. Durante muchos años, algunos miembros del distrito se habían salido con la suya a pesar de las cosas malas que hacían sencillamente porque tenían algún parentesco con personas importantes, lo que iba de acuerdo con la tradición tongana de que si uno es de alta alcurnia, puede hacer prácticamente lo que se le antoje. A pesar de esto, cuando los miembros y los líderes comprendieron que el sacerdocio y los principios tienen prioridad sobre la alcurnia y que no podían salirse con la suya cuando se trataba de violar las leyes de Dios, fueran quienes fueran, las cosas comenzaron a mejorar. Después de las excomuniones y de habernos puesto «más estrictos» en general, la obra misional empezó a avanzar con paso firme y tuvimos muchos bautismos. Aunque Ha'apai era el distrito más chico de los siete que había en la misión de Tonga, durante los dos años siguientes la mayoría de los bautismos que hubo en Tonga tuvieron lugar allí. No considero que fuéramos ni mejores ni más inteligentes, pero sí éramos más unidos. Eso fue lo que marcó la diferencia.

Los líderes de otras áreas a menudo nos preguntaban qué programa usábamos para obtener tales resultados; yo no podía decirles, porque no lo sabía. No teníamos ningún programa; sencillamente tratábamos de hacer lo correcto y éramos muy unidos.

Tuvimos muchas capacitaciones con los miembros y los misioneros, y todos trabajábamos juntos; como en muchos casos los misioneros éramos los presidentes de rama, nos resultaba sencillo hacerlo. El material que usábamos para las lecciones eran las Escrituras, ya que era lo único que se había traducido al tongano, aparte de la serie de folletos *Rays of Living Light* ("Rayos de luz viviente"), de Charles W. Penrose. Los misioneros y los miembros leíamos y estudiábamos las Escrituras, memorizábamos muchos pasajes de éstas y tratábamos de hacer lo que en ellas se decía; ese era nuestro programa y esos eran nuestros principios. Todos nos esforzábamos y, poco a poco, se logró la unidad; después de poco tiempo, la unión comenzó a ser muy fuerte.

Aprendí que la unidad brinda paz y su falta acarrea dolor. Cuando hemos experimentado esa paz que viene a causa de ser unidos, siempre la tendremos como una meta que deseamos alcanzar. Llegué a sentir un agradecimiento renovado por el ruego del Señor de «se[r] uno» y si «no sois uno, no sois míos» (D. y C. 38:27). Sé que este principio es verdadero. No se puede ser uno cuando se hace lo malo o se pasa por alto lo malo que hacen otras personas. Yo experimenté el milagro que se produce al ser unidos; es maravilloso. Aprendí que uno no puede comprometer los principios a fin de lograr la unidad, sino que ésta y la paz solo se obtienen como consecuencia de vivir los principios de Dios; no hay otra manera.

Alrededor de treinta y cinco años más tarde, me encontraba en una conferencia en Ha'apai, cuando me percaté de que en la congregación estaban las dos mujeres que habían sido excomulgadas años atrás y quise saber en qué condición se encontraban. A pesar de haber estado en Tonga muchas veces después de la misión, no sé por qué nunca me había enterado de lo que les había sucedido después. Ese día estuvo lleno de banquetes y reuniones, pero esa noche, después que todos se retiraron, no podía dormir; no dejaba de hacerme preguntas sobre aquellas mujeres, así que me levanté y salí. Aunque eran como las dos de la madrugada, en Ha'apai esa es una hora igual de apropiada para realizar visitas que las dos de la tarde; a la gente no le importa. Para ellos, lo importante es la visita. Además, sabía que era tan probable encontrarlos durmiendo a las dos de la tarde como a las dos de la mañana.

Puesto que siempre había alguien afuera, pregunté a algunas personas y en seguida encontré las casas de ambas mujeres. A pesar de que no habíamos hablado, creo que sentían que era probable que las visitara; al menos parecía que me estaban esperando. Una de ellas me presentó al esposo y a varios de sus ocho hijos; seis de ellos eran ex misioneros y todos se habían casado en el templo.

Ella me dijo que, gracias a haber sido excomulgada, había llegado por primera vez a la siguiente conclusión: «No puedo depender de mi hermano, porque realmente *pierdo* mi condición de miembro de la Iglesia si no hago lo que debo hacer». Con el tiempo, abandonó el pecado, se arrepintió sinceramente, volvió a bautizarse y más adelante, se casó en el templo. Era muy activa en la Iglesia.

A la otra hermana le había sucedido básicamente lo mismo: había tenido más problemas en su matrimonio, pero se arreglaron para solucionarlos; era activa y sus hijos también lo eran. Uno de ellos prestaba servicio como obispo, y él era precisamente el hijo ilegítimo engendrado durante aquel romance; a pesar de eso, ella y el esposo lo habían «adoptado» cuando volvieron a estar juntos.

Aquello fue una gran lección para mí: si nos arrepentimos y abandonamos nuestros malos hábitos, el Señor se hace cargo de casi cualquier situación y la endereza. Pensé en las promesas de Ezequiel, y en David y Betsabé. A pesar de lo terrible de sus pecados y de todo lo que perdió David, evidentemente el arrepentimiento fue suficiente para que de esa unión nacieran los antepasados del Salvador. Él nos dice: «No hagan lo malo, porque el precio que hay que pagar es altísimo». Pero por otra parte, también nos dice: «Si hacen algo malo, arrepiéntanse cuanto antes y por completo, y yo les quitaré el pecado».

Pensé en aquel obispo, el fruto de un amorío. No se puede usar en su contra el hecho de que nació fuera de los lazos del matrimonio; hay que seguir al Espíritu. En la Iglesia y en nuestra vida tiene que haber disciplina. La excomunión tiene su lugar. Las dos hermanas me dijeron lo mismo: «La excomunión fue una de las bendiciones más grandes de mi vida». Sé que no pensaban eso años atrás pero, al mirar en retrospectiva, se dieron cuenta de cuán necesario era y la gran bendición que resultó ser para ellas y para su familia.

Al volver a casa aquella noche, me parecía no tocar el suelo de tanta alegría. Noté las mismas nubes, la misma brisa, la misma noche templada de hacía más de treinta años, y mientras flotaba hacia casa, me pareció volver a oír aquellas palabras: «La letra mata, pero el espíritu vivifica». Entonces comprendí qué significa «vivificar». El Espíritu no solo vivificó al distrito treinta y cinco años atrás, sino que además siguió influyendo en aquellas mujeres a través del tiempo de tal modo que años después ellas y sus respectivas familias gozaban de los frutos más dulces del Evangelio. Ambas habían sido también «vivificadas».

34

La escuela

Los asuntos relacionados con los miembros y los misioneros comenzaban a avanzar en la dirección correcta, por lo cual sentía que debía dirigir mi atención a organizar la escuela; éste era un grandísimo desafío, ya que se trataba de terreno desconocido para mí. Los miembros estaban entusiasmados por ayudar hasta que se dieron cuenta de lo poco que sabía yo sobre el funcionamiento de una escuela. Debe de haber sido difícil para ellos; si sacaban a sus hijos de las escuelas a las que asistían, los enviaban a la «mía» y luego yo me iba o la escuela fracasaba, ¿qué harían?

A pesar de todos los problemas y las reservas que tenían, muchos de los miembros dijeron que tenían fe en el presidente de la misión (no necesariamente en mí): si él había dicho que yo debía abrir una escuela, mandarían a sus hijos allí.

En Niuatoputapu había enseñado a un pequeño grupo en la capilla durante un tiempo, pero era más que nada para los hijos de los miembros e iban después del horario escolar normal. Según había entendido, el presidente de la misión quería que abriera una escuela regular en Ha'apai; y a pesar de que ni yo ni mis consejeros sabíamos cómo abrirla, sentíamos que debíamos hacer algo al respecto pues el presidente nos había enviado un telegrama en el cual nos preguntaba cómo íbamos con ese proyecto.

Los únicos lugares suficientemente grandes para que funcionara una escuela eran la capilla y la galería del frente de nuestra casa. Algunos de los miembros habían ido a la escuela de Liahona y sabían que los colores de los colegios mormones eran el verde y el blanco. Anunciamos que el lunes por la mañana tendríamos una reunión en la galería para todos los que estuvieran interesados en asistir a nuestra escuela y que pudieran costearse una falda verde con rayas blancas, o blanca con rayas verdes. Para nuestra sorpresa, asistieron a la reunión alrededor de veinte niños con sus padres.

Entonces empezaron las preguntas: cuánto habría que pagar, qué asignaturas se dictarían, cuándo y a cargo de quién estarían, a qué hora comenzarían y terminarían las clases, cuánto durarían, qué programa íbamos a usar, cuándo serían las vacaciones, si teníamos permiso del gobierno, si les pagábamos a nuestros maestros y si éstos estaban capacitados.

Lamentablemente, no podíamos responder y no contábamos con el permiso oficial del gobierno, ya que me había imaginado que lo único que necesitaba era la autorización del presidente de la misión. Tampoco teníamos maestros; al menos no teníamos ninguno que supiera lo que tenía que hacer. Lo menos que se puede decir es que el comienzo fue muy dificultoso.

Las otras escuelas de la zona se opusieron a nuestra labor y consiguieron una orden del gobierno local que nos prohibía dictar clases hasta que tuviéramos la autorización oficial del Ministerio de Educación, que se encontraba en Nuku'alofa, el cual exigía que tuviéramos maestros capacitados. Algunos de los miembros comenzaron a discutir con los funcionarios del gobierno y otros empezaron a preguntarse si yo sabría lo que estaba haciendo; en realidad, no lo sabía. Todo era un gran lío pero al menos nos estábamos esforzando.

Ahora me doy cuenta de que fui extremadamente ingenuo: para abrir una escuela se necesitaba todo tipo de autorizaciones del gobierno, y ni el presidente de la misión ni yo nos habíamos informado lo suficiente en cuanto a dónde comenzar ni cómo conseguir el permiso que se nos exigía. Creo que fui tan iluso que pensé que la autoridad que me había dado el presidente sobrepasaba a cualquier otra.

Dado que fueron por lo menos veinte los niños que se mostraron interesados, arremetí y anuncié que comenzaríamos las clases al día siguiente. El resto del día y de la noche lo pasé intentando desesperadamente conseguir la ayuda de personas con experiencia y tratando de resolver qué habríamos de hacer.

A pesar de que hicimos lo mejor que pudimos, cuando comenzamos las clases la confusión era grande. No estábamos bien preparados y la oposición a la escuela era intensa. El director de educación de Ha'apai fue en varias ocasiones y dijo que teníamos que cerrar la escuela hasta que su superior, que se encontraba en Nuku'alofa, nos avisara que nos habían otorgado la autorización. Yo le contesté: «Dígales usted a los niños que no pueden seguir viniendo. Yo no lo haré». Él tampoco lo hizo, así que continuamos las clases. La batalla se extendió durante varias semanas, mientras iban y venían los telegramas que intercambiábamos con el presidente de la misión, con el funcionario local encargado de la educación y con la oficina gubernamental principal de Nuku'alofa.

Después de unas cuantas semanas, todavía no nos iba muy bien y parecía que no obtendríamos el permiso que necesitábamos del gobierno. Cuando la situación ya no daba para más, el presidente de la misión me envió un telegrama en el cual decía que consideraba que los funcionarios de Nuku'alofa le estaban dando largas al asunto, por lo cual me sugería que cerrara la escuela por un tiempo y fuera a Nuku'alofa para ver cómo podíamos solucionarlo.

El telegrama fue un golpe duro para mí y mis consejeros, los que me suplicaron: «Hagamos un ayuno especial antes de decirles a los miembros; es mucho lo que ellos han sacrificado. Sentimos que sería mejor que no cerráramos la escuela y pensamos que el Señor estará de acuerdo; de todos modos, primero debemos comunicarnos con Él».

Al día siguiente, todos ayunamos y oramos, y tuvimos la impresión de que debíamos seguir con la escuela. Le envié un telegrama al presidente diciéndole que sentíamos que debíamos intentar mantener la escuela abierta y preguntándole si le parecía bien que me quedara en Ha'apai y no fuera a Nuku'alofa. Como no recibí respuesta, me quedé y continué las clases escolares. Unos días más tarde, el director de educación local apareció por el camino que conducía a la escuela agitando el telegrama que llevaba en una mano.

Ya había ido muchas veces antes con telegramas de sus superiores. Por la forma extraña en que sonreía, pensé que tendría malas noticias; me pidió para hablar conmigo a solas; me sentía acongojado; todavía no había logrado tener toda la fe que tenían los tonganos. Una vez que estuvimos solos, abrió el telegrama y, con la misma sonrisa extraña, leyó:

> Hoy hemos otorgado permiso oficial a la Iglesia mormona para abrir una escuela en Pangai, Ha'apai, con el señor John H. Groberg como director. Asegúrense de que sigan el programa establecido por el gobierno y tengan un lugar adecuado para las clases.
>
> Director de Educación
> Nuku'alofa, Tonga

Me informó que tendría que reunirme con él inmediatamente para ver el programa. Me dijo que iba a revisar las instalaciones y que supervisaría las clases semanalmente y me advirtió que si no cumplíamos con las normas, tendría que cerrar la escuela. En realidad no parecía estar muy enojado, sino más bien resignado; sin embargo, se le notaba un poco de molestia por haber perdido el primer «encuentro». En ese momento ya me di cuenta de que habría otros.

Me quedé tan feliz que podría haber gritado de alegría, y probablemente lo haya hecho. Fui corriendo a contar las buenas noticias a mis consejeros; ellos asintieron como si ya lo supieran, por lo que les pregunté si no estaban emocionados; su respuesta fue que sí, lo estaban, pero tuve la clara impresión de que se preguntaban: «¿Y qué otra cosa esperaba?».

La escuela, a la cual dimos el nombre de Deseret, comenzó con veinte alumnos, pero siguió creciendo, sobre todo después que obtuvimos la autorización oficial del gobierno. Pasamos de veinte a treinta, de treinta a cuarenta y de cuarenta a cincuenta, hasta llegar a los ciento veinte y luego a los doscientos.

Algunos de los alumnos en la Escuela SUD de Pangai, Ha'apai, enfrente de la veranda donde se dictaban las clases. El élder Groberg está unas cuatro hileras hacia el fondo, a la derecha. Además, en el grupo hay varios de los misioneros que eran maestros. El uniforme oficial de la escuela era verde con rayas blancas, o al revés.

Debido a eso, escribí al presidente de la misión diciéndole que necesitaba más ayuda. Las responsabilidades que tenía (ser presidente del distrito, con todo lo que eso implicaba, y también tener que salir a golpear puertas, visitar las islas más alejadas, trabajar con los misioneros y dar clases en la escuela, todo al mismo tiempo) eran más de lo que mis posibilidades físicas me permitían hacer. Él se alegró por nuestro éxito y me envió tres misioneras y dos élderes locales, todos los cuales eran maestros de profesión. Con esos cinco maestros, además de mí y otros dos que había encontrado allí mismo, tuvimos un buen cuerpo docente.

Los cinco maestros nuevos vivían con los miembros, al igual que todos los misioneros; daban clases en la escuela durante el día y luego golpeaban puertas y enseñaban las charlas durante la noche. Eran buenos maestros: llevaron disciplina y orden a la escuela y ayudaron a que tuviera mucho éxito.

Cuando me fui de Ha'apai, era tanta la unidad y la concordia entre los misioneros que prestaban servicio como maestros que indudablemente tenían una estrecha semejanza con la sociedad que se describe en 4 Nefi, en la cual todos eran uno de corazón y no había contención entre ellos (véase 4 Nefi 1:17). ¡Qué dichosa experiencia fue la escuela! Aunque no puedo decir que existía la misma unidad entre todos los miembros, ya que éstos eran un poco más individualistas, también estaban sentando las bases de una gran unidad.

35

Los recorridos por el circuito

Una vez que todo comenzó a encaminarse en la dirección correcta con los miembros de Pangai y que la escuela estuvo en marcha, volví mi atención al proselitismo.

Viajábamos de una isla a otra en velero y cuando nos encontrábamos en tierra firme, caminábamos o andábamos a caballo. Había muy pocas lanchas a motor y ningún avión; no teníamos auto ni bicicleta, ni teléfonos ni electricidad, ni agua corriente ni instalaciones de agua dentro de las casas; no nos servía el dinero ni teníamos agendas; sin embargo, teníamos en efecto un gran deseo de predicar, testificar y bautizar.

Si bien nuestros métodos para viajar, predicar y hacer proselitismo eran un poco diferentes de los de hoy en día, el procedimiento era prácticamente el mismo que se ha utilizado a lo largo de las épocas: llevábamos nuestro testimonio a la gente y tratábamos de predicarles y testificarles acerca de lo que sabíamos que era verdad. Las dificultades con las que nos encontrábamos eran básicamente las mismas que enfrentaban todos los misioneros: primero, el viajar desde el lugar donde estábamos hasta donde estuvieran las personas; segundo, exhortarlas a escucharnos; tercero, ayudarles a estudiar y orar sobre lo que les habíamos enseñado; cuarto, ayudarles a darse cuenta de la importancia del bautismo y luego bautizarlas; y quinto, ayudarles a permanecer activas en la Iglesia. Aunque no era sencillo, ¡los resultados del esfuerzo eran maravillosos y valían la pena!

Pasábamos muchísimo tiempo en el velero. Calculo que debo de haber pasado por lo menos seis meses sobre la superficie del océano, yendo de una isla a otra. En la mayor parte de las travesías estaba descompuesto, sobre todo durante los primeros tiempos. A menudo me preguntaba: «Ya que el Señor sabía todo lo que pasaría viajando en embarcaciones pequeñas sobre aguas agitadas, ¿por qué no me bendijo con un estómago más fuerte?».

Me llevó un tiempo ver Su sabiduría en estas cosas. Finalmente, me di cuenta de que si las únicas dificultades físicas que hubiera tenido que superar hubieran sido las inclemencias del tiempo y los peligros que presentaban los arrecifes, las velas rotas y los botes agujereados, entonces el ir hacia donde estaba la gente no hubiera sido tan abrumadoramente difícil; sin embargo, cuando a esto se le sumaba la incomodidad personal de estar descompuesto en cada viaje, tuve que desarrollar un deseo suficientemente fuerte de compartir el Evangelio a fin de vencer dicha incomodidad.

Qué agradecido estoy porque Dios me dio el deseo que necesitaba, ya que sé que no habría podido lograrlo por mi cuenta. Quizá aquí haya un principio que se relaciona con las madres, quienes no solo tienen que enfrentar las incomodidades y los peligros de un parto, sino que además soportan largos períodos de malestar personal a fin de hacer posible que un nuevo espíritu obtenga un cuerpo. Sé que ellas serán doblemente bendecidas.

Durante los primeros viajes por Ha'apai, siempre estaba terriblemente descompuesto, pero a medida que fue pasando el tiempo, cada vez me sentía un poco mejor o al menos comenzaba a estar más acostumbrado. Cuando los viajes eran muy impetuosos, me descomponía mucho; no obstante, de vez en cuando había algún viaje en el cual no me descomponía en ningún momento. ¡Qué gran bendición! El hecho de que en la mayoría de los viajes me sintiera mal hacía que mi gozo y mi gratitud fueran más significativos cada vez que uno era relativamente tranquilo y sin malestar. Cada tanto, mi felicidad se convertía casi en éxtasis al darme cuenta de que me encontraba en medio de una fuerte tormenta, en una embarcación que giraba, se sacudía y rebotaba por toda la creación, ¡y no estaba descompuesto! Quizá el gozo que me producía sentirme bien me impidiera preocuparme por otros peligros. No estoy seguro de que realmente fuera así, pero sí sé que estaba muy agradecido cuando no me sentía mal.

Al recordar esas experiencias, me doy cuenta de que debía haber estado terriblemente asustado al tener que navegar en aquel mar impredecible, en un velero diminuto en estado deplorable, con hoyos en el casco, velas viejas que a menudo se rasgaban y sogas que estaban casi completamente estropeadas; pero las preocupaciones por la seguridad y el peligro jamás me cruzaron por la mente, porque esa era la obra de Dios y sabía que Él me protegería. Sabía que parte de mi deber consistía en ir a aquellas islas ya que era donde estaban las personas de las cuales era responsable, y el velero era el único medio que teníamos para llegar hasta allí. Al haber crecido en una comunidad agrícola, en una época en que el telón de fondo era la Gran Depresión y la Segunda Guerra Mundial, había aprendido que uno debía hacer cualquier cosa que fuera necesaria para cumplir con sus responsabilidades.

En la actualidad, uno de los problemas que trae el preocuparse por la seguridad es que a veces nos hace vacilar en hacer aquello que de lo contrario haríamos. Por supuesto, es bueno contar con mejor información, como el estado y el pronóstico del tiempo, las inspecciones de seguridad y las auditorías; pero a veces me pregunto si no nos llenamos de tantos datos, estadísticas y advertencias de posibles peligros que terminamos haciendo menos de lo que deberíamos. Supongo que todos podríamos encontrar razones valederas para hacer muy poco debido a los problemas que pueda implicar nuestra acción, desde no ir a algún lugar porque quizá haya una tormenta hasta no tomar una decisión de negocios porque existe la probabilidad de una pérdida o una demanda, e incluso el no casarse o no tener hijos por la posibilidad de inconvenientes físicos, mentales, sociales o económicos que esas decisiones puedan acarrear.

Según mi modo de pensar, todo en la vida implica un riesgo, y allí es donde entra la fe: hacemos lo correcto venga lo que venga. Dios nos ayudará, ¡de eso estoy seguro! Tendremos problemas relacionados con la salud o por causa de accidentes, dificultades económicas o familiares; de una manera u otra, tendremos las contrariedades que Dios sabe que necesitamos para progresar de la manera que Él desea. Se me ocurre que, de tanto protegernos, ¡quizá nos quedemos fuera del reino celestial!

Sé que no debemos ser imprudentes ni insensatos: ya hay suficientes maldad y peligros a nuestro alrededor sin que los busquemos. En la misión trataba de no hacer tonterías pero sabía que teníamos que movernos y llevar a cabo muchas cosas, gran parte de las cuales implicaban enfrentarnos con posibles peligros. Comprendía que la vida es riesgosa y que el esforzarse por hacer lo bueno le agrega más riesgos aún; pero también sabía que Dios entendía todo eso y, aun así, deseaba que avanzáramos. Recordé algo sobre un plan y también sobre otro que era contrario y con el que, supuestamente, se evitaban todos los riesgos pero con el terrible precio de no poder progresar. Sabía cuál era el plan que había escogido Dios. Aun en aguas turbulentas, progresamos más si nos esforzamos que si nos quedamos esperando a que pasen los peligros y las incomodidades.

Supongo que el Salvador era consciente del peligro que le esperaba cuando entró en Jerusalén por última vez; pero de todos modos fue. Quizá no haya sabido la magnitud de lo que tenía por delante ni tampoco exactamente cómo lo iba a enfrentar (lean Su oración en Mateo 26:39, en la que dijo «*si* es posible, pase de mí esta copa» [cursiva agregada]), pero Su fe en Su Padre y Su amor por todo el género humano fue lo que lo motivó cuando, por voluntad propia, dijo que había acabado Sus «preparativos para con los hijos de los hombres» (D. y C. 19:19).

Yo no veía aquellos viajes nuestros como actos de fe, sino más bien como el cumplimiento de un deber; estoy seguro de que no comprendía los peligros que ellos implicaban, y era mejor así. Muchas veces, en esos recorridos la situación era muy peligrosa y, en algunas ocasiones, la vida y la muerte en el mar pendían de un hilo muy débil; pero, simplemente, eso era parte de la vida allá. ¡Qué gran bendición la de saber que Dios no nos abandonaba! Siempre era reconfortante recordar los momentos en que Él había calmado las aguas turbulentas.

Al visitar las islas, nos enteramos de que teníamos misioneros en aproximadamente la mitad de ellas. La mayoría eran matrimonios, por lo general jóvenes y con hijos pequeños; también teníamos algunos élderes y hermanas jóvenes locales que servían como misioneros. Durante aquella época, cuando el presidente de la misión se encontraba con alguien y sentía que esa persona debía cumplir una misión, sencillamente la llamaba y le daba una asignación; y siempre me consultaba antes de trasladar a alguien a mi distrito o llevarlo del mío a otro. Prácticamente todas las personas con las que yo trabajaba eran miembros locales y ¡qué buen trabajo hacían!

El presidente también me autorizó a llamar misioneros. Cuando llamábamos a un matrimonio, los asignábamos a una isla en particular para que el esposo fuera el presidente de la rama o uno de los consejeros en la presidencia, y se les pedía que durante unos años vivieran y criaran a su familia allí. En la mayoría de las islas, teníamos un *ngoue fakafaifekau* (una porción de tierra que se le daba a la Iglesia o a los misioneros) a fin de que la usaran para cultivar alimentos. Generalmente, ese terreno no era propiedad de la Iglesia, pero todos daban por entendido que pertenecía a la familia misionera mientras se encontrara prestando servicio en ese lugar.

En caso de que no hubiera una casa especial para los misioneros, la rama se unía para construirles una. Normalmente, la casa y la capilla estaban en el mismo terreno, y a veces, la vivienda también se utilizaba como capilla. Se esperaba que la familia misionera cultivara y cuidara la huerta para su familia; cuando los trasladaban y llegaba una nueva, ya tenían la huerta lista, algo similar a lo que hacían los pioneros que viajaban hacia el oeste, cultivando a su paso la tierra para las personas que llegaran después de ellos. El propósito de ese sistema era dar lugar a un ciclo continuo, en el cual cada familia que viviera en la misma casa cultivara y cosechara en la misma huerta; en la mayoría de los casos, funcionaba.

Cuando decidíamos abrir una isla para la prédica del Evangelio, los misioneros empezaban desde cero; a veces les resultaba difícil establecerse y por eso tratábamos de enviar a las islas nuevas solamente a las familias más fuertes.

En aquella época, las misiones no contaban con dinero para cubrir los gastos de los misioneros, así que las familias misioneras confeccionaban o conseguían su propia ropa, cultivaban sus alimentos y vivían en la casa que había construido la rama. Había un poco de dinero para cubrir los gastos de las estampillas y cosas por el estilo, pero los miembros l ocales ayudaban o bien los misioneros trabajaban a fin de obtener lo necesario. Los matrimonios misioneros pasaban por muchas dificultades, pero progresaban espiritualmente; gracias a eso, llegaron a estar entre los miembros más fuertes que he conocido. Con el tiempo, llegamos a tener cuarenta misioneros, entre los cuales contábamos a los maestros de escuela que se encontraban en el Distrito Ha'apai. La mayoría de ellos eran matrimonios con su familia.

Yo daba clases tan a menudo como me era posible pero, por ser responsable de los miembros, de los misioneros y de la escuela, el tiempo que dedicaba a la enseñanza llegó a ser un verdadero problema.

Según los registros del gobierno, era el director de la escuela, así que tenía que pasar allí algo de tiempo; sin embargo, casi siempre delegaba esa responsabilidad en los maestros recién llamados que hubiera enviado el presidente de la misión y, de todos modos, el trabajo que ellos hacían era mucho mejor que el que yo podía hacer. Seguí dando algunas clases de inglés, música, geografía e historia de vez en cuando, pero les asignaba a ellos casi todas las demás; de esa manera, yo podía visitar a los misioneros y las ramas de las otras islas prácticamente todas las semanas durante los viajes para predicar. Por lo general, nos ausentábamos cuatro o cinco días, pero a veces no regresábamos durante varias semanas; los funcionarios del gobierno entendían cuando no podía volver a la escuela por las inclemencias del tiempo o por inconvenientes con el velero.

Tratábamos de tener una agenda fija para visitar las diversas ramas y a todos los misioneros. Llegué a entender bien el ministerio de tiempos anteriores en el cual había jinetes (o predicadores) de circuito. Hasta cierto punto suena interesante, pero implicaba mucho trabajo.

36

Con el viento en el rostro

En una típica semana, partíamos en cualquier momento en que pudiera escaparme de la escuela para visitar dos o tres islas alejadas; entonces pedía a uno de mis consejeros o a otro miembro con experiencia que dirigiera la embarcación y conseguíamos algunos miembros que nos acompañaran y nos ayudaran. En la mayoría de las ocasiones, éramos entre tres y cinco personas en el velero, el cual tenía un mástil en el centro, y se necesitaban al menos tres hombres para timonearlo bien: uno al timón, otro que manejara la vela mayor y otro que se encargara del foque.

Aunque llegué a tener bastante experiencia en cada una de esas labores, siempre prefería que fueran tres tonganos los que manejaran el velero; no era por haragán, sino que me sentía mejor con la manera en que ellos lo hacían, ya que tenían mucho más experiencia. Creo que una sola vez me caí al agua, porque no fui suficientemente veloz para salir del paso de la botavara al balancearse ésta de un lado a otro durante una *fakahua* (maniobra de virada).

Me gustaba manejar el foque porque era más pequeño. Aun así, también tenía sus riesgos, puesto que al moverlo a mano para cambiar el curso del velero, había que vencer la gran fuerza del viento que soplaba en sentido contrario; si uno no tenía cuidado o no había asegurado bien la soga, podía tirarlo por la borda. Todos aprendieron a trabajar arduamente y en equipo; después de todo, su vida dependía de ello. Cuando los vientos eran buenos, el timonel podía manejar el timón y las sogas de la vela mayor al mismo tiempo.

Dudo que haya un sentimiento más emocionante que el que se experimenta al navegar con un buen viento en popa, con la vela mayor extendida (a veces cerca de 90 grados), y sentir el poder de Dios mientras Su viento llena el velamen y lo propulsa a uno para atravesar Su océano. En ocasiones, casi podía verlo sonreír a través de la bóveda celeste; era grandioso sentir Su poder y protección cuando el pequeño barco navegaba a toda vela hacia su destino por el mar azul oscuro.

Cada tanto, cuando el viento era bueno y podía mantener el equilibrio, aunque tambaleándome, trepaba por el mástil (de tres y medio a cuatro metros y medio de altura), enganchaba una pierna alrededor de los aros y las sogas, me ponía en una posición relativamente cómoda sobre el pequeño bloque de madera que evitaba que la parte superior de la vela siguiera deslizándose hacia arriba, y me dedicaba a pensar, escuchar y meditar. El mástil se mecía de atrás hacia adelante, casi hasta el punto de adormecerme. El viento silbaba a mi alrededor y me agitaba la ropa; a veces el azul oscuro del océano y el blanco resplandeciente de la espuma se confundían con el azul del cielo y la blancura de las nubes, y me era difícil darme cuenta de dónde estaba en realidad. Era como estar suspendido en el espacio.

El hallarme en la obra de Dios y sentir Su poder y aprobación en el viento, en el mar y en el cielo, me ponía en un estado de ánimo tal que me hacía entender mejor lo que sentían los pastores de la antigüedad al cuidar de su rebaño durante la noche, estudiar las estrellas y conversar íntimamente con Dios. Cuando observaba la proa introducirse en el agua, sentía el poder del viento que nos impulsaba hacia adelante y percibía el movimiento ondulante del mástil, me sentía muy cerca de Dios. Dudo que alguien pueda negarlo o negar Su poder en esas circunstancias.

Me di cuenta de por qué el tema de los primeros himnos de nuestra Iglesia eran los viajes en el mar. Me dan pena las personas que no comprenden bien de qué hablan los himnos cuando cantan: «Paz, cálmense», «Guíame, oh Salvador», «¡Oh Jesús, mi gran amor!», «Brillan rayos de clemencia», y otros hermosos himnos llenos de significado; hay muchas emociones que tienen que ver con el océano y los viajes marítimos.

He oído hablar acerca de lo que sienten los astronautas cuando ven la tierra como una pequeñísima esfera y perciben la majestad y el poder de Dios. Si avanzamos lo suficiente en el terreno de la tecnología y logramos que bastantes personas viajen al espacio, quizá en algún momento lleguemos a experimentar algunos de los sentimientos importantes de fe que tenían las personas de la antigüedad cuando estudiaban las estrellas y dependían de la ayuda de Dios al encontrarse en Su poderoso océano. Me sentía identificado con el siguiente pasaje de las Escrituras: «Cantad a Jehová un nuevo cántico, su alabanza desde el extremo de la tierra, los que descendéis al mar, y cuanto hay en él, las islas y sus moradores... Den gloria a Jehová, y anuncien sus loores en las islas» (Isaías 42:10, 12).

A veces nos ausentábamos diez días o dos semanas. Tratábamos de regresar los sábados y nunca viajábamos los domingos. Recuerdo varias lecciones que me enseñaron aquellas fieles personas. Siempre orábamos pidiendo protección y éxito, y que nos encontráramos con un mar tranquilo y buen viento que nos llevaran a destino. En una ocasión pedí al Señor que nos bendijera con un buen viento en popa a fin de que pudiéramos llegar a Foa rápidamente. Cuando nos pusimos en marcha, uno de los hombres mayores me dijo:

—Élder Groberg, debe modificar un poco sus oraciones.

—¿Por qué? —le pregunté.

—Le pidió al Señor viento en popa para llegar rápido a Foa. Si ora para que tengamos un viento en popa que nos empuje hacia Foa, ¿qué les sucederá a los que estén tratando de ir desde Foa hasta Pangai? Son buenas personas y usted está orando en contra de ellos. Limítese a orar por un buen viento, no un viento en popa.

Eso me enseñó algo importante. A veces oramos pidiendo cosas que nos beneficiarán a nosotros, pero que podrían herir a otros; tal vez pidamos un tipo especial de clima o que se le preserve la vida a alguien, pero quizá una respuesta afirmativa a nuestra oración lastime a otra persona. Esa es la razón por la cual debemos orar con fe, porque no podemos tener fe verdadera, de la que da Dios, en algo que no esté de acuerdo con Su voluntad. Si está de acuerdo con Su voluntad, todas las partes se beneficiarán. Aprendí a pedir un buen viento y que llegáramos a destino a salvo, y no necesariamente el viento en popa.

Durante un viaje a Uiha, aprendí otra lección acerca de la paciencia. Habíamos partido de Pangai cerca del mediodía, con vientos favorables y llegamos a Uiha en unas pocas horas. Pasamos la tarde y la noche trabajando con los misioneros y teníamos algunos compromisos de proselitismo esa misma noche, así que nos quedamos a dormir allí.

Temprano, a la mañana siguiente, estaba ansioso por volver a Pangai, ya que tenía algunas reuniones importantes en la escuela. Nos fuimos de Uiha apenas empezó a amanecer y estaba seguro de que llegaríamos a Pangai temprano por la tarde. Como me había quedado levantado hasta tarde, estaba cansado, así que después de ayudar a ponernos en marcha, me acosté en el bote y me dormí.

Dormí profundamente. Unas horas después, cuando me desperté, divisé una isla no muy alejada; supuse que era la nuestra y tuve la sensación de que habíamos hecho el viaje rápidamente, pues el sol todavía estaba alto en el cielo. Comenté a los demás cuánto me alegraba que estuviéramos cerca de Pangai. El capitán me miró y dijo: «Esa no es Lifuka [la isla en que se encuentra Pangai], sino Uiha [la misma de la habíamos partido]».

Me sorprendí muchísimo e incluso me molesté, por lo que dije: «Pero ¿por qué? Hemos estado navegando varias horas. ¿Qué estuvieron haciendo? ¡Tendríamos que estar mucho más cerca de Pangai!»

El capitán me respondió simplemente que así era. Entonces demostré mi origen *palangi* diciendo que teníamos que hacer algo para apurarnos porque yo debía llegar pronto a Pangai para ir a una importante reunión.

Cuando terminé, el capitán me miró y, con paciencia, me dijo: «Los vientos no nos han ayudado. ¿A quién culpará de eso? ¿Maldecirá a Dios? ¿O le dirá que Él no sabe lo que hace? Él controla los vientos y las corrientes, y estamos en Sus manos. Será mejor que se calme y aprenda a vivir dentro de los límites que Él ha establecido y no intente obligarlo a cumplir con la agenda que usted tenga».

En vez de enojarme, su razonamiento pacífico y correcto tuvo un efecto profundo en mí; pasé el resto del día pensando en las implicaciones de las verdades que aquel hombre había mencionado.

Un tiempo después escribí a mi familia: «Es viernes por la noche aquí y hay una gran luna llena de verano; sopla una suave brisa del Pacífico Sur. Fui caminando hasta la orilla, a una media cuadra de distancia, y no pude evitar sentirme conmovido por la belleza de todo lo que me rodeaba. Con esa brisa y esa hermosa luna, varios barcos deslizándose para entrar en el puerto y las bellas palmeras de coco, el panorama es verdaderamente maravilloso. Realmente me gusta Ha'apai y he aprendido a disfrutar de los viajes por mar. ¡La brisa es tan refrescante y el aire de mar tan limpio! En el océano se encuentra todo tipo de circunstancias: a veces el agua está bastante tranquila y hay buen viento, y me causa una profunda emoción quedarme de pie en la proa de la embarcación, levantar las velas, observar cómo el viento llena las lonas blancas y ver que la quilla comienza a cortar el agua. Es el hombre moviéndose con el poder de la naturaleza. Me impresiona cuando nuestras grandes velas se hinchan con esa fuerza y literalmente nos deslizamos por el océano. Nunca me había dado cuenta de la aventura que ofrece el mar. La razón por la cual tantas historias, películas y canciones se refieren a él es lo romántico, misterioso, impredecible, suave, hermoso, violento, furioso que es; muchas veces es como un monstruo que cobra vida mediante algún poder que el hombre no puede comprender. Y el viento, un factor que se ha cuestionado durante mucho tiempo, sus corrientes, sus repentinos cambios de dirección, su fuerza, su debilidad, su imprevisibilidad. A veces, un buen viento y un buen mar nos llevan rápidamente a destino; por otra parte, con un viento en contra y un mar agitado, el viaje podría llevarnos horas e incluso días. Hoy fuimos a un pueblito; al principio, nos acompañó un viento bastante bueno, pero cuando ya nos encontrábamos en medio del océano de repente se detuvo y la vela se abatió y quedó inmóvil anunciándonos que la brisa había cesado. La naturaleza tiene la última palabra. No había máquina que desafiara su supremacía.

«Tranquilos, nos sentamos y el agua azul oscuro del cálido Pacífico nos mecía lentamente; cantamos canciones, contamos historias y entendí más profundamente a qué se deben las costumbres tonganas. Si nosotros viviéramos en circunstancias similares, seríamos iguales. De vez en cuando, alguna brisa que andaba vagando por allí levantaba un poco las velas, nos hacía alzar la vista y luego, burlonamente, se alejaba y se perdía en algún lugar del gran océano. El día pasaba y el sol descendía en el cielo nocturno. De repente, se oyó un sonido casi imperceptible y veloz, y todos los ojos se dirigieron a las velas: un viento, al principio suave, acariciándolas levemente, luego alisando los pliegues y por fin empujando el velero. Todos a cubierta: ¡*Fakahua* (viren el velamen)! El agua tranquila empezó a producir espuma en la punta filosa de la embarcación.

«Otros días el viento es como un león y azota al velero empujándolo con tal fuerza que llegamos muy pronto a destino. Nos llenamos de orgullo porque pensamos que tenemos los elementos bajo control; sin embargo, cuando el viento decide detenerse, uno no tarda en darse cuenta de que no es nuestro poder lo que lo domina.

«Realmente me encanta este lugar. Me he preguntado cuánto cambiaría nuestra cultura si no tuviéramos máquinas y dependiéramos de la naturaleza para ir a la oficina; a veces lo haríamos en cuarenta y cinco minutos, otras veces nos tardaríamos horas y otras incluso días; nunca podríamos predecirlo. Eso influiría muchísimo en nuestra manera de pensar y de actuar; quizá aprendiéramos a cantar más canciones, a charlar más y a ser más amigables. Siempre hay algo para aprender de todas las personas y de todas las situaciones».

37

La prédica en el circuito

Recorríamos el circuito para predicar. Muchas de las islas estaban separadas por distancias que requerían seis u ocho horas de viaje, lo cual variaba según como estuviera el tiempo, así que si salíamos temprano por la mañana, podíamos llegar a media tarde a la siguiente isla. Cuando llegábamos, anclábamos el velero, desembarcábamos y repartíamos folletos: la serie *Rayos de luz viviente* y *El testimonio de José Smith,* los únicos que se habían traducido al tongano. La mayoría de las islas tenían entre cincuenta y cien familias, y unas cuantas estaban habitadas por varios cientos de familias. Entregábamos un folleto en cada casa, les pedíamos que lo leyeran y los invitábamos a una reunión que tendríamos esa noche; por lo general, la mayor parte de la población iba a nuestra *po malanga.* En un principio, como iba tanta gente, yo pensaba que estaban interesados en la Iglesia; pero, con el tiempo, me di cuenta de que la mayoría iban porque no tenían nada que hacer y escuchar a un *palangi* hablando su idioma era algo diferente. En algunas de las islas hacía mucho tiempo que la gente no veía un *palangi*; muchos de los niños jamás habían visto a uno, aunque la mayoría de los padres sí.

Casi siempre nos reuníamos al aire libre, bajo los árboles, o en la plaza del pueblo. Cuando llovía, hacíamos la reunión en una escuela o en el edificio de otra iglesia, si el maestro o el ministro lo permitían. Una vez reunidos, cantábamos una canción, ofrecíamos una oración y yo comenzaba a hablar. Las personas que asistían prestaban atención y eran bastante respetuosas.

Como no estaba seguro de cuándo regresaría a una isla en particular, consideraba que tenía la responsabilidad de decirles a los que habían acudido a la reunión lo que sentía en cuanto al Evangelio. Normalmente, dábamos entre siete y ocho charlas en otros tantos días; sin embargo, en esas ocasiones me empeñaba en tratar los puntos principales de todas ellas en una sola noche puesto que a la mañana siguiente íbamos a partir hacia otra isla.

A menudo hablaba durante dos o tres horas seguidas y no era extraño que se me cansara la voz y me quedara ronco de hablar tan fuerte durante tanto tiempo; a veces me dolía tanto la garganta que me corrían las lágrimas. De vez en cuando, el público también derramaba lágrimas: por lo general, las mías eran resultado de mi garganta dolorida; tengo la esperanza de que las de ellos fueran resultado de los testimonios que se habían expresado y de las verdades que habían llegado a su corazón.

En algunas oportunidades en que me dolía demasiado la garganta, les pedía a quienes me hubieran acompañado que dijeran algo mientras yo bebía agua de coco. Una de las razones por las cuales no podía dejar la reunión completamente en sus manos y ni siquiera recurrir mucho a ellos, era que el público había ido para oír hablar a un *palangi* (no sé por qué. pero eso es lo que preferían). Otra razón era que, a pesar de que mis compañeros sabían mucho de las Escrituras y eran grandes predicadores, su método de enseñanza consistía en echar abajo a las personas y sus creencias. No obstante las veces que les explicara que no debían ofender a la gente sino más bien exponer la verdad con sencillez, claridad y amor, no podían hacerlo; parecía que algo los impelía a desacreditarlos y a llamarlos al arrepentimiento enérgicamente diciéndoles que eran mentirosos, tramposos y ladrones, que pertenecían a la iglesia del diablo y que todos se irían al infierno si no se bautizaban. Naturalmente, eso hacía que los oyentes perdieran el interés y que no progresáramos mucho; aquella era la razón principal por la cual recurría a ellos para aclarar algún punto específico o para que dieran su testimonio, y luego volvía a hacerme cargo de la reunión.

Recuerdo una noche en particular en la que sentía que estábamos progresando; por las miradas del público, uno se daba cuenta de que algunas personas estaban bastante interesadas. Estaba a punto de terminar con mi testimonio, pero tenía la garganta tan mal que no podía continuar y sentí que debía dar fin a ese concepto en particular y testificar de su veracidad. Oré con todo mi corazón pidiendo al Señor que me ayudara. Recuerdo haber sentido algo parecido a una voz que me decía: «Está bien; si tienes el deseo de dar tu testimonio, te daré la fuerza que necesitas»; y pude terminar. Tuvimos muchas experiencias espirituales en esas reuniones, entre las cuales se cuentan la postergación de lluvia, el hecho de que algunas personas que habrían interrumpido se quedaran calladas, el poder expresar mi testimonio usando las palabras apropiadas y el presenciar cómo recibían un testimonio algunas buenas personas.

Cuando llegábamos al final de estas reuniones, anunciaba que cantaríamos un último himno y que ofreceríamos la última oración, después de lo cual podían hacer preguntas o regresar a su hogar; además, les pedía que estudiaran más los folletos, que oraran acerca de lo que habían escuchado aquella noche y que, si sentían que era lo correcto y recibían la confirmación del Espíritu (y les testificaba que la recibirían), estaríamos junto a nuestro velero la mañana siguiente antes de partir para otra isla, a fin de bautizar a cualquiera que realmente creyera. En muy raras ocasiones aparecía alguien, pero de vez en cuando llegaba alguna persona que nos decía: «Quiero que me bauticen».

Después de bautizarlos, nos preguntaban: «¿Y ahora qué hacemos?» A los que vivían en una isla donde había una rama los enviábamos a hablar con el presidente; donde no había rama, les dejábamos un Libro de Mormón y unos folletos y les decíamos: «Estúdienlos; volveremos dentro de uno o dos meses y les diremos qué más deben hacer». Por lo general, eran fieles y no teníamos que preocuparnos de que fueran a apartarse del camino.

En aquella época se perseguía mucho a la Iglesia y las palabras «menos activo» y «futuro élder» ni siquiera existían; había unas cuantas personas que no eran activas, pero no muchas. La presión social para que no se unieran a la Iglesia era tan fuerte que, una vez que se comprometían y se convertían, por lo general eran buenos miembros y se mantenían fieles.

Un mes o un mes y medio después volvíamos y, si había otros familiares o amigos que estuvieran interesados, lo que muchas veces sucedía, les enseñábamos y los bautizábamos. Una vez que había unas cuantas familias de miembros, llamábamos a un matrimonio a la misión para que fuera a esa isla y el hombre prestara servicio como presidente de la rama y ayudara a las familias nuevas. Si la primera familia de conversos se mantenía fiel, y en la mayoría de los casos era así, a menudo llamábamos a la pareja como misioneros para que él fuera presidente de rama en alguna otra isla; de este modo, aprendían rápido la doctrina y la manera de dirigir la Iglesia. La mayoría de ellos llegaron a ser miembros fuertes de la Iglesia. Así, poco a poco, fueron creándose ramas.

Cuando las ramas tenían bastantes miembros, pedíamos a los de las islas cercanas que fueran y los ayudaran a construir una capilla. Si bautizábamos a alguien que viviera en una isla muy pequeña o alejada del resto, pedíamos a los miembros de otros lugares que tuvieran asuntos que atender allí que visitaran a esa persona, vieran cómo estaba, la fortalecieran y le ayudaran; supongo que algo parecido a lo que hacen los maestros orientadores.

Mientras recorríamos aquellos circuitos predicando, casi siempre dormíamos en el piso de alguna casa, o en la tierra bajo un árbol. Por lo general, alguien nos prestaba una almohada de madera y una tela de *tapa* que era muy abrigada para usar como cobija. Me acostumbré a dormir en el suelo y a usar almohadas de madera y la tela de *tapa* como reemplazo de la ropa de cama.

Nunca llevábamos eso ni alimentos con nosotros, sino que dependíamos de la bondad de las personas; yo les decía que lo único que llevábamos era el Espíritu del Señor y nuestro testimonio. Ellos casi siempre nos trataban bien. Los únicos objetos materiales que llevábamos eran las Escrituras, una muda de ropa y algunos folletos; generalmente, alguien se ofrecía a lavarnos la ropa y siempre encontrábamos personas que estuvieran dispuestas a dejarnos usar una tina para darnos un baño o a ayudarnos de otras maneras. La mayor parte de las veces nos daban comida y algo para beber.

Puerto de Pangai.
Nuestro velero de la misión se encuentra en el extremo derecho.

A la mañana siguiente, después de bautizar a quien nos estuviera esperando, navegábamos hasta la próxima isla, llegábamos cerca de media tarde y comenzábamos el ciclo de nuevo. Repetíamos ese procedimiento día tras día, semana tras semana y mes tras mes. Algunos de los Santos de los Últimos Días más fuertes de Tonga se unieron a la Iglesia en esa época en que recorríamos los circuitos para predicar.

38

«Ko e Maama e»

Al viajar en velero semana tras semana, mes tras mes y de una isla a otra, aprendimos a confiar en los vientos y las corrientes de las aguas, que por lo general eran favorables, y especialmente en el amor de nuestro Padre Celestial. Fue una época gloriosa, repleta de las dificultades normales del mareo de navegar o de la calma que nos impedía avanzar, de situaciones extrañas, de comidas diferentes y costumbres inusuales. Pero, sobre todo, fue una época de estar espiritualmente cerca de nuestro Padre Celestial, cuyo amor y bondad opacaban cualquier dolor o problema temporal a tal grado que hacía que éstos se perdieran en la nada.

En una ocasión, nos avisaron que había un misionero muy enfermo en una isla bastante alejada; el tiempo estaba amenazador, pero nos sentíamos responsables de su bienestar. Después de orar, partimos para averiguar más en cuanto a su condición. La mar extremadamente agitada enlenteció nuestro progreso y no llegamos hasta muy avanzada la tarde. El misionero estaba realmente muy enfermo. Después de orar fervientemente, le dimos una bendición del sacerdocio durante la cual tuve la fuerte impresión de que debíamos llevarlo al hospital de la isla principal ¡y hacerlo inmediatamente!

El tiempo había empeorado hasta tal punto que se había convertido en un pequeño vendaval; el mar rugía, las nubes eran espesas, soplaba un viento fortísimo, ya era tarde y el sol se escondía rápidamente, lo cual era indicio de la noche larga y oscura que teníamos por delante. Sin embargo, la impresión había sido clara: «¡Váyanse de inmediato!», y ya habíamos aprendido a obedecer los dictados del Espíritu, siempre importantes.

Muchas personas de la isla expresaron preocupación; hablamos bastante sobre la oscuridad, la tormenta y el tremendo arrecife que dejaba un pasaje muy angosto hacia el puerto donde teníamos que entrar. Algunos hallaron razones para quedarse, pero poco después nos embarcamos ocho personas entre las que se incluían el misionero enfermo, un capitán con mucha experiencia y un presidente de distrito bastante preocupado. Y así comenzó aquella travesía inspirada por el Espíritu.

Apenas nos internamos en el mar abierto, nos pareció que la intensidad de la tormenta era siete veces mayor. El pequeño vendaval se convirtió en una gran tempestad. Al hundirse el sol detrás del horizonte provocando oscuridad y desánimo, sentí que mi espíritu también se hundía en la oscuridad de la duda y el temor. Las densas nubes y la lluvia torrencial incrementaban la negrura de nuestro universo, que ya era oscuro de por sí. No había estrellas; no había luna; no había solaz, solo confusión en el mar, y en cuerpo, mente y espíritu. Mientras avanzábamos con extrema dificultad a través de aquella noche temible, sentí espiritualmente gran empatía por aquel padre de un muchacho enfermo, del cual se habla en el Nuevo Testamento, que exclamó: «Creo; ayuda mi incredulidad» (Marcos 9:24). Y el Señor lo hizo, y lo hace, y lo hará. Sé eso sin ninguna duda.

Mientras dábamos vueltas y nos zarandeábamos y nos acercábamos cada vez más al arrecife, nuestros ojos buscaban la luz que indicaba el paso: la única entrada para regresar a casa. ¿Dónde estaba? Parecía que la negrura de la noche iba en aumento; la ferocidad de los elementos que rugían a nuestro alrededor parecía no tener límites; la lluvia nos azotaba la cara y nos lastimaba los ojos, que en vano buscaban la luz que prometía vida.

¡De repente, oí el aterrador sonido de las olas que rompían contra el arrecife tratando de devorarlo! Estábamos cerca, demasiado cerca. ¿Y dónde estaba la luz? A menos que fuéramos muy precisos y lográramos entrar exactamente por el paso, nos estrellaríamos en el arrecife, el monstruo de mil dientes que nos haría trizas. Parecía que todos los elementos se empeñaban salvajemente en destruirnos y, aunque forzábamos la vista tratando de vencer la negrura, no divisábamos la luz.

Algunos empezaron a gimotear, otros a lamentarse y llorar e incluso uno o dos a gritar histéricamente. En medio del pánico, mientras los demás rogaban que viráramos a la izquierda o a la derecha, mientras la violencia de los elementos trataba de obligarnos a abandonar la vida y la esperanza, miré al capitán: al penetrar sus ojos la densa oscuridad que tenía delante, vi en su rostro la calma, la expresión imperecedera de la sabiduría y la experiencia. Serenamente, sus labios resecos por el clima se separaron y, con la mirada fija en las tinieblas y haciendo un movimiento casi imperceptible con el timón, dejó salir las palabras que nos prometían vida: «*Ko e Maama e*» («¡Allí está la luz!»).

Yo no lograba verla pero él la vio, y yo sabía que era así. Aquellos ojos que contaban con vasta experiencia en las travesías oceánicas, no se dejaron engañar por la locura de la tormenta ni se sometieron a la influencia de los menos experimentados que rogaban que virara a un lado o al otro. Con calma, él nos guió hacia adelante. Una gran oleada nos arrojó a través del paso y nos condujo hacia aguas más tranquilas.

El bramido del arrecife había quedado atrás; el plan de destrucción se había frustrado. Estábamos en el puerto resguardado; habíamos llegado a nuestro destino. Sólo entonces pudimos ver a través de la oscuridad aquella pequeña luz exactamente en el lugar en donde el capitán había dicho que estaba. Si hubiésemos esperado a divisarla nosotros, hubiéramos terminado hechos añicos, destrozados en el arrecife de la incredulidad. Sin embargo, confiamos en aquellos ojos experimentados y vivimos.

Esa noche aprendí esta gran lección: hay quienes, gracias a los años de experiencia y capacitación y en virtud de llamamientos divinos, pueden ver más lejos, mejor y con más claridad que nosotros; si nos encontramos en circunstancias en las que corramos peligro de resultar heridos o morir —tanto espiritual como físicamente— ellos podrán salvarnos, y de hecho nos salvarán, incluso antes de que nosotros mismos lleguemos a ver ese peligro claramente.

Percibo que en el mundo de hoy en día hay una réplica casi perfecta de ese viaje que tuvo lugar tantos años atrás: nos encontramos en medio de una terrible tempestad en la cual están en juego los valores morales y que empeorará antes de que lleguemos al hogar.

Solo daré un ejemplo: Escuchamos muchas cosas acerca del supuesto problema de la superpoblación y las posibles atrocidades que podría causar; escuchamos acerca de demandas y contrademandas, hechos imaginarios y cifras alteradas; oímos exhortaciones a planificar la familia, a posponer el momento de formarla, a los abortos gratuitos y al enaltecimiento personal, el cual toma muchísimas formas.

Es cierto que tenemos entre manos a un mundo debilitado que necesita auxilio; pero si deseamos ayudar a este paciente, no debemos dar oído a los cuidadosos y calculados planes de tal o cual profesor, ni a los argumentos de ciertos grupos, ni a los clamores histéricos de ninguna facción, ni a ninguna mezcla de filosofías de los hombres, sino a la voz suave del profeta cuando dice: «Formen su familia normalmente; acepten todos los espíritus que el Señor considere apropiado enviarles; no retrasen la formación de la familia; sean siempre considerados los unos con los otros; no se mezclen en el pecado del aborto». En eso se encuentra la seguridad. Él nos guiará a través de ésta o de cualquier otra tormenta.

Al recordar el suceso, doy gracias al Señor por aquel maravilloso capitán polinesio que nos salvó la vida a mí y al misionero enfermo. Estoy eternamente agradecido por esa experiencia, gran parte de la cual no fue agradable. Agradezco la sabiduría que demostró, su vista, el hecho de que no se haya rendido ante las circunstancias tan brutales sino que se haya mantenido firme en el curso que nos conduciría a un lugar seguro.

En aquella oportunidad, sentí que él no estaba solo, que contaba con mucho más que toda su experiencia. De una manera increíble, en el momento de extrema necesidad, se valió de un poder y una fortaleza que provenían de generaciones de marinos fidedignos, a quienes solo aquellos que conozcan bien a los polinesios pueden intentar comprender. La admiración y el amor que sentí por él y por todos los descendientes fieles de nuestro padre Lehi no tienen límites.

De la misma manera, e incluso en forma mucho más profunda, doy gracias al Señor por nuestro gran líder y Profeta de la actualidad. En estos momentos de mayor necesidad, el Señor nos ha proporcionado a alguien preparado, moldeado, capacitado, instruido e investido con autoridad divina que, además de contar con toda su grandiosa experiencia personal, se vale de la fortaleza y el poder que provienen no solo de generaciones de líderes fieles, sino también de ángeles y de Dioses.

Al llegar a ese puerto tranquilo y deslizarnos a través de la oscuridad que nos llevaba al fondeadero, no dejaba de darle gracias a Dios por haber sido tan bondadoso con nosotros; le agradecí aquel maravilloso capitán que vio la luz a tiempo; le agradecí nuestros profetas modernos, cuyos ojos pueden ver la luz que nos salvará a nosotros y al mundo entero; le agradecí la seguridad de que, incluso cuando todo a nuestro alrededor se esté hundiendo en la oscuridad y haya temor y desesperación, cuando la destrucción parezca estar muy cerca y la ira encarnizada de los hombres y los demonios nos tengan atrapados en problemas aparentemente sin solución, podemos escuchar las serenas palabras del profeta: «Allí está la luz. Este es el camino».

39

Entre lodo, caballos y voces conocidas

Cuando ya era tiempo de recorrer uno de nuestros circuitos para predicar en la cercana isla de Foa, estaban arreglando nuestro velero, así que cinco hombres navegamos hasta allá en otra embarcación. Unos días después, luego de terminar la labor en el circuito, no encontramos ningún barco que regresara a nuestra isla, por lo cual decidimos volver a pie. Yo había prometido que iría a una reunión en Pangai la noche siguiente, pero pensamos que podríamos regresar sin problemas para ese momento.

Las islas Foa y Lifuka están cerca una de la otra. En aquella época, con la marea baja, uno podía ir caminando de una a otra por un angosto istmo; había que tener cuidado, porque el istmo estaba lleno de rocas irregulares y filosas y de charcos profundos. En una ocasión el gobierno había intentado unir las dos islas mediante un estrecho e ininterrumpido camino de cemento, pero, como cualquier persona que conozca el océano sabe, eso no se puede hacer: cuando el mar se enfurece, la marea barre con todo lo que esté obstruyendo su paso y se deshace de ello; eso fue lo que hizo con el cemento y el resultado fue que el istmo se convirtió en un pasaje mucho más peligroso que antes. Hoy en día hay un camino elevado que une las dos islas, con arcos que dejan espacio para pasar las mareas, pero en aquella época el cruce era muy peligroso.

Normalmente, nos hubiera llevado casi un día entero caminar hasta Pangai; en esa oportunidad, había llovido mucho y nos resultaba difícil transitar ya que a menudo quedábamos enterrados hasta las rodillas en el pegajoso lodo.

Después de varias horas de una caminata sumamente trabajosa, llegamos a la aldea de Fotua, cerca del extremo de la isla más cercana a Pangai. Como estábamos muy cansados y llenos de barro, algunos de los miembros de Fotua se compadecieron de nosotros, nos dieron de comer y de beber y nos prestaron caballos para el resto del viaje. Nos alegramos mucho por eso, pero en seguida nos dimos cuenta de que hasta los caballos no podían arreglárselas bien en el lodo profundo.

Como la marea todavía estaba bastante baja, pensamos que teníamos tiempo suficiente para llevarlos hasta la orilla y llegar al extremo de la isla por la playa, puesto que la arena era mucho más firme que el camino cubierto de barro que tendríamos que atravesar si íbamos por el centro de la isla. Fuimos hacia el océano, encontramos una de las pocas brechas que había en la pared de coral que protegía la fértil isla y descendimos entre seis y diez metros hasta la angosta playa de arena.

Durante más o menos una hora, avanzamos bastante por la playa, pero entonces la marea comenzó a subir con mucha fuerza. Debido al angosto margen de arena que había entre el océano y los altos acantilados de coral y a que eran escasos los lugares por los cuales pudiéramos ascender a través del coral, nos encontramos en una situación muy precaria. Algunos de los hombres del grupo decían que debíamos buscar una brecha y volver a subir a la parte más alta, porque era demasiado peligroso quedarnos allí abajo donde una ola grande podía fácilmente lanzarnos contra el filoso coral y lastimarnos o matarnos.

No obstante, a esa altura ya podíamos ver el extremo de la isla y nos parecía que, como no nos quedaba mucho camino por recorrer, probablemente llegaríamos bien. Sabíamos que si subíamos a la parte alta e intentábamos atravesar el lodo, demoraríamos una eternidad en llegar al otro extremo. Oramos para saber qué decisión debíamos tomar, pero, como no recibimos ninguna impresión definitiva, votamos y tres de los cinco coincidimos en que debíamos apresurarnos a llegar al extremo de la isla.

La marea comenzó a subir mucho más rápidamente de lo que esperábamos y estuvimos cerca de perder la vida o al menos de resultar gravemente heridos pues empezaron a formarse olas enormes que nos estrellaban contra el coral y nos magullaban y cortaban, tanto a nosotros como a los caballos. Daba miedo.

Nuestra mayor preocupación eran los animales, porque si éstos se lastimaban, nosotros estaríamos perdidos. Los caballos son muy fuertes, pero incluso ellos resisten sólo hasta cierto punto. Las olas tienen mucha fuerza y el coral es filoso y no se debe jugar con él. En varias ocasiones estuvimos en peligro, pero, finalmente, llegamos al extremo de la isla; para ese momento, la marea había subido casi por completo. ¡Cuan agradecidos estuvimos por encontrarnos al fin allí, lejos del implacable estrellarse de las olas contra los peligrosos acantilados de coral! Ofrecimos una profunda y sincera oración de gratitud por encontrarnos a salvo. Ya había caído la noche.

Entonces tuvimos que tomar otra decisión: ¿Debíamos intentar el cruce del istmo con marea alta o esperar hasta la mañana para cruzarlo? Todos opinamos: algunos consideraban que debíamos esperar y otros decían: «Tenemos los caballos y debemos llegar a Pangai. Vayamos ahora». Oramos al respecto, pero tuvimos que volver a votar: tres de los cinco votos fueron a favor de seguir.

Nos sentíamos bastante seguros porque los caballos son animales que se mantienen firmes, incluso en el agua. Recorrimos las dos terceras partes del istmo sin demasiado problema, pero la última fue la peor: era la parte donde la marea y la corriente eran más fuertes.

Cuando dirigimos la mirada hacia el tramo profundo que nos quedaba por delante y vimos la fuerte corriente que había allí, algunos comenzamos a reconsiderar la decisión de seguir avanzando; estábamos mojados y cansados, y nos sentimos atrapados entre dos posibilidades desfavorables. No queríamos retroceder, pero, al mismo tiempo, el tramo que nos quedaba parecía peligroso y los caballos estaban agotados. Intercambiamos opiniones y, una vez más por el voto de tres a dos, decidimos continuar.

De pronto, a mitad de camino, mi caballo se metió en un *loloto* (pozo profundo) y perdió el equilibrio. Cuando el caballo cayó y comenzó a luchar por salir del pozo, me sentí despedido hacia el océano turbulento; el fuerte oleaje arrasó con todos mis libros, las Escrituras y la muda de ropa que llevaba; de repente, me encontré luchando desesperadamente por mantener la cabeza fuera del agua. La marea, con su fuerza, nos expulsó de la senda a mí y al caballo y nos lanzó a las profundidades del agua; los dos luchamos por nuestra vida. Milagrosamente pude asirme a la crin del animal, que tuvo que usar hasta la última pizca de energía que le quedaba para poder nadar hasta la senda sin que nos llevara la corriente. No tuve duda de que el asirme a la crin del caballo me había salvado la vida.

Finalmente, todo el grupo logró llegar al otro lado. Aunque los caballos y nosotros cinco estábamos completamente exhaustos, lo primero que hicimos fue arrodillarnos y agradecer al Señor que nos hubiera preservado la vida; sabíamos que así había sido. También le dimos gracias por los fuertes y fieles caballos; sin ellos no nos habríamos salvado.

Ya habíamos llegado al otro extremo de Lifuka. Esa noche teníamos que estar de regreso en Pangai, que se encontraba en medio de la isla, para cumplir con un compromiso; pero estábamos tan cansados que decidimos detenernos a descansar allí mismo antes de continuar. Ascendimos lo suficiente por la playa para estar fuera del alcance de la marea, nos tiramos en la arena y nos quedamos dormidos.

Cerca de la mañana, cuando aún dormíamos, escuché muy claramente que alguien me llamaba por mi nombre en tongano y me desperté de inmediato; reconocí la voz de una persona que había muerto hacía mucho tiempo: era el padre de alguien que me había ayudado mucho en Ha'apai; nunca lo había visto en persona, pero había oído hablar de él y sabía que había sido un miembro fiel de la Iglesia en Ha'apai. No tenía dudas de quién era. Escuché atentamente y esto fue lo que le oí decir solamente una vez: «Kolipoki, kuo pau ke ke alu ki Uiha 'i he vavetaha (Élder Groberg, tiene que ir a Uiha ahora mismo)».

El mensaje fue perfectamente audible y claro. Me puse de pie y miré alrededor para ver quién me había llamado; a pesar de que sabía que aquel hombre había fallecido mucho tiempo atrás, miré de todos modos, ya que la voz había sido muy real; pero no vi a nadie ni oí nada más.

Todos los demás seguían durmiendo, así que los desperté y les dije: «Vamos, levantémonos. Tenemos que ir a Uiha».

Con somnolencia, me dijeron:

—¡¿Cómo que a Uiha?! ¡Estábamos regresando a Pangai! ¿Por qué a Uiha?

—No sé por qué —contesté—, pero eso es lo que tenemos que hacer.

¡Qué buenos hombres eran mis compañeros! No se quejaron; simplemente se levantaron y preguntaron cómo íbamos a llegar a Uiha, a lo cual les contesté que no estaba seguro pero que sabía que teníamos que llegar allí y que el Señor proveería la forma de hacerlo. Todos nos arrodillamos y pedimos ayuda. Cuando terminamos, todavía no estábamos seguros de lo que debíamos hacer; no obstante, poco después salió el sol y vimos una embarcación que partía hacia el sur. Les hicimos señas y les preguntamos a dónde se dirigían; nos respondieron que iban a Pangai y desde allí a Uiha.

Les pregunté: «¿Podrían cambiar de rumbo y llevarnos directamente a Uiha y después llevarnos de regreso a Pangai?».

Me respondieron que preferían no hacerlo, a lo cual les dije:

—Miren, lo que sucede es que tengo que ir a Uiha ahora mismo.

—¿Por qué? —me preguntaron.

—Porque hay algunos problemas allí —dije.

—¿Qué tipo de problemas? —volvieron a preguntar.

—No lo sé. Pero hay problemas y debo ir ya mismo.

Según las reglas de la lógica, aquello no tenía mucho sentido, pero hay algo en el poder del Espíritu que resulta muy persuasivo. De todos modos, por medio de la influencia del Espíritu junto con un poco de firme determinación, su respuesta fue: «Bueno, pero podemos llevar sólo a dos personas; e iremos primero a Uiha si eso es lo que necesitan». Así que enviamos a tres compañeros a Pangai con los caballos y los otros dos fuimos nadando hasta la embarcación.

El viento era fuerte y llegamos rápido a Uiha. Cuando nos acercamos al puerto, vi varias personas a lo largo de la orilla, entre las cuales me di cuenta de que había algunos miembros; unas cuantas mujeres estaban llorando y lamentándose. Las llamé y les pregunté:

—¿Qué sucede?

—¡Están matando al misionero! —contestaron.

Apenas las escuché, me zambullí en el agua y nadé hasta la orilla lo más rápido que pude. Una vez que estuve allí, fui corriendo directamente hasta la capilla; al llegar, escuché mucho alboroto y gritos, y vi a un grupo de hombres con martillos y palancas derribando un excusado hecho de madera y chapa, que ya estaba a punto de caer a pedazos debido a los golpes que le estaban dando esos seis hombres enfurecidos.

Corrí hasta allí y les grité: «¡Tuku ia!» («¡Deténganse!»). Supongo que la sorpresa de que alguien de afuera llegara y les gritara los hizo entrar en razón; en realidad fue, por supuesto, el poder del Espíritu. Con ese mismo poder y autoridad, les dije: «¿Qué están haciendo? ¿Qué pasa aquí? Sea lo que sea, ¡deténganse!».

Todos se dieron vuelta, me miraron y comenzaron a susurrar: «Ah, es el Kolipoki». Fue como si se hubiera detenido el tiempo. Tenían los ojos muy abiertos y la ira desenfrenada que se había apoderado de ellos hasta solo un segundo atrás comenzó a disiparse; bajaron la cabeza, las manos y los martillos y todos se retiraron tímidamente. En ese momento oí lo que parecía el gemido de un animal. Cuando abrí la puerta, vi al joven misionero hecho un ovillo, cubriéndose la cabeza con las manos y emitiendo sonidos extraños. Me quedé allí de pie sin saber qué hacer.

Intenté tomarlo de la mano, pero él se apartó bruscamente y se acurrucó aún más. Finalmente, con la ayuda de otras personas, lo llevamos hasta una casa cercana e hicimos que se acostara. En seguida comencé a investigar para averiguar cuál había sido el origen de la situación. El presidente de la misión ya me había pedido que trabajara con aquel joven debido a que había tenido problemas graves en otro lugar. Aparentemente, en aquel lugar había estado molestando a los obreros locales, quienes le habían dicho que los dejara en paz y no se metiera en lo que no le incumbía; a pesar de eso, siguió fastidiándolos y aquella mañana, después que algunos de ellos llegaron al límite, fueron tras él. Para protegerse, había entrado allí y los hombres estaban tratando de derribar el excusado para atraparlo.

¿Cómo supo el difunto padre de aquel miembro lo que iba a suceder para decírmelo la noche anterior? No tengo la menor idea. Me imagino que se lo vio venir e hizo su parte para que yo llegara al lugar lo antes posible. Aun así, no faltó mucho para que ocurriera una verdadera tragedia.

¿Por qué envió el Señor a alguien que me advirtiera que debía ir? Aunque supongo que en parte Él no querría que le ocurriera nada malo al misionero, estoy seguro de que esa no fue la única razón, puesto que hay misioneros que mueren o a quienes matan durante la misión. También pensé que quizás otra de las razones fuera que aquellos hombres, cuya ira estaba fuera de control y por eso lo atacaron, eran miembros de la Iglesia, y habría sido terrible para ellos, y para la obra, si le hubieran causado algún daño. No sé todas las respuestas, pero estoy muy agradecido de que el disturbio no haya llegado más lejos.

Más tarde, reunimos al ofensor y a los ofendidos y, entre lágrimas, sollozos y disculpas, solucionamos el asunto; dijimos a los miembros de la rama que la situación se había solucionado, y poco después todos estaban sentados juntos almorzando y riéndose del incidente. Yo sentía la seriedad del suceso porque me daba cuenta de lo cerca que habíamos estado de que ocurriera un verdadero desastre; sabía que todo aquello era mi responsabilidad y me preguntaba qué haría si volviera a ocurrir algo similar. Logramos que se comprometieran seriamente y llegamos a determinados acuerdos, con los cuales sentí que cumplirían.

Todo ese procedimiento llevó unas horas y, en el preciso momento en que terminamos, alguien se me acercó y me dijo: «En el puerto hay unas personas en una embarcación, que dicen que usted les prometió que no se quedaría mucho tiempo y quieren salir ahora mismo hacia Pangai». Como sentía que todo estaba en orden, regresé a la embarcación y partimos para allá. Hubo buen viento y esa misma noche ya me encontraba en Pangai para cumplir con los compromisos que tenía.

Esa noche, escribí en mi diario: «Tuve algunos problemas para regresar de Foa a Pangai. Tuve que ir a Uiha, pero con la ayuda del Señor, regresé justo a tiempo para la reunión que tenía aquí».

Al meditar acerca de lo ocurrido, sentí aún más gratitud hacia el Señor. Contemplé cuidadosamente lo ocurrido con el misionero de Uiha. Afortunadamente, los acuerdos funcionaron y nunca volvimos a tener un problema de esa índole. Seguimos trabajando con aquel misionero y él pudo terminar su misión.

Cuando nos arriesgamos y pasamos por una experiencia angustiosa por la causa del Señor, y si dura no sólo unos minutos sino horas y horas, nos sucede algo especial. Me imagino que el caminar dificultosamente a través del lodo, ser zarandeados por las olas, ser lanzados de un caballo y luchar por la propia vida nos ablanda; uno siente un agradecimiento sincero a Dios por haberle preservado la vida. Sé que mis compañeros sentían lo mismo.

Me he preguntado si podremos oír esa voz, recibir esas instrucciones o tener ese tipo de guía si nos encontramos en circunstancias diferentes. Quizá sean necesarias estas experiencias que nos ablandan a fin de ser suficientemente receptivos y realmente escuchar. A pesar de que la mayor parte de lo que sucedió tuvo que ver con lo físico, fue el Espíritu el que me dio dominio y poder.

En retrospectiva, todo aquello fue un milagro; sé que las circunstancias físicas de conseguir un bote que fuera a Uiha tan rápidamente, de tener la fuerza para nadar hasta la costa, y luego correr y detener a aquellos hombres furiosos en el momento preciso sólo pueden haber venido de Dios. Únicamente el poder del Espíritu podía haberme habilitado para mandar a aquellos hombres que se detuvieran y lograr que me obedecieran. Sólo el poder del Espíritu podría haber hecho que las personas que iban en el bote, y que no eran miembros de la Iglesia, aceptaran llevarme hasta Uiha, me esperaran allí y luego me llevaran de regreso a Pangai, a tiempo para cumplir con mi compromiso. Aún me maravilla pensar en todo lo que tenía que ocurrir de una manera precisa y resultó exactamente así.

En aquel momento, todo parecía natural y lógico, y mi preocupación principal era regresar a Pangai a tiempo para no faltar al compromiso que

Conferencia misional en Ha'apai.
La mayoría de los misioneros eran matrimonios con sus familias.
El élder Groberg es el segundo de pie, a la izquierda.

tenía. Todavía sigo sin saber por qué ocurrió todo de esa manera pero, fuera por lo que fuere, me parece que a aquel difunto hermano fiel se le había dado la responsabilidad de encargarse de esa situación en particular. Me imagino que los tonganos que se encuentran del otro lado del velo tienen tanta fe como sus coterráneos que se encuentran aquí. ¡Qué agradecido estaba por la forma en que resultó todo! Los demás no hicieron muchos comentarios al respecto; ellos se toman las cosas con calma, no cuestionan nada, solo se limitan a actuar.

Pedimos a unos miembros que se dirigían a Foa que llevaran los caballos de regreso a Fotua al día siguiente. Un tiempo después, regresé a Foa y volví a agradecer a los miembros el habernos prestado los caballos; les dije que esperaba que no hubieran quedado demasiado cansados y me contestaron que los animales estaban bien y que en cualquier momento que los necesitara, no tenía más que avisarles.

Cuando ya me iba, uno de los miembros me dijo: «Supe que le resultó difícil regresar a Pangai, pero me alegro de que al fin todo haya salido bien. De todos modos, no me extraña, ya que a los misioneros las cosas les salen bien». En aquel momento deseé que eso fuera siempre cierto.

40

Los formularios y la sustancia

Aunque raras veces veía al presidente de la misión, sentía gran respeto y admiración por él. Todos nos esforzábamos por hacer lo que pensábamos que él deseaba que hiciéramos: trabajábamos arduamente en la escuela, en el distrito, en la obra misional y con las ramas; constantemente andábamos de un lado para otro enseñando, predicando, bautizando, construyendo, entrevistando y cosas por el estilo. Recuerdo que pensaba: «Si yo estoy así de ocupado, ¡cuánto más ocupado debe de estar el presidente!» Por esta razón, jamás puse en tela de juicio el hecho de no poder hablar mucho con él.

Pasados varios meses, recibí un telegrama en el cual se me avisaba que el presidente de la misión iría a Vava'u y que, en el trayecto, el barco iba a detenerse en Ha'apai y pasar la noche allí; él quería que nos reuniéramos y que yo le diera un informe; por mi parte, estaba feliz y ansioso por informarle sobre lo que habíamos estado haciendo.

Cuando llegó el barco, fuimos a recibirlo al muelle y lo llevamos a la casa de huéspedes donde se quedaría. Él me pidió que me sentara y, después de intercambiar algunas cortesías, me preguntó:

—Bien, ¿y qué es lo que están haciendo?

—Creo que estamos haciendo todo lo que usted nos pidió —respondí con entusiasmo—. Estamos trabajando en la escuela, enseñando todo lo que podemos, viajando mucho a las otras islas, predicando el Evangelio, bautizando personas, fortaleciendo la Iglesia, edificando ramas y construyendo capillas... —Fui bastante general, pero en seguida me di cuenta de que quería información específica.

—¿A quiénes han bautizado? ¿Qué capillas han construido? ¿Qué ramas han formado? ¿A quién han puesto como presidente de rama?

—Bueno, bautizamos a Sione, a Mele y a Vika... —le respondí.

—No tengo ningún registro de ellos ni tampoco informes de su trabajo.

—¿Qué registros? ¿Qué informes? —le pregunté.

—Cuando se bautiza a alguien, se espera que se llene una ficha bautismal. Además, también debe enviar informes semanales en los cuales me diga qué ha estado haciendo.

Me di cuenta de que estaba un poco molesto.

En lo que a mí respectaba, quedé desconcertado, ya que nadie me había hablado de ningún informe ni de ningún formulario que debiera enviar; le recordé que las instrucciones que él me había dado eran: «arreglar el lío que había en Ha'apai, abrir una escuela, poner en marcha la obra misional y, a grandes rasgos, edificar y fortalecer la Iglesia»; y le dije que me parecía que eso era lo que estábamos haciendo.

Él reconoció que esas habían sido sus instrucciones y me agradeció todo lo que hacíamos; pero repitió que necesitaba formularios e informes con nombres y fechas. Le dije que llevaba un diario y que podía conseguir esa información si así lo deseaba; él volvió a decirme que necesitaba los nombres y las fechas de todas las personas que hubiéramos bautizado, ordenado al sacerdocio y apartado para diferentes llamamientos, además de una lista de todos los misioneros que hubiésemos llamado... ¡Y lo necesitaba de inmediato!

Le contesté: «Está bien. Comenzaré ya mismo y tendré todo listo para entregárselo mañana por la mañana, antes de que se vaya».

Yo había mencionado una buena rama que teníamos en Felemea, y antes de que me fuera, les echó un vistazo a algunos papeles y me dijo:

—Una cosa más: no tenemos ninguna rama ni capilla en Felemea.

—Sí, sí la tenemos, y es una buena y fuerte rama de treinta y dos miembros; y además tenemos una capilla allí.

—¿Quién lo autorizó a organizar una rama en Felemea? ¿Quién le dio autorización para construir una capilla? ¿Dónde consiguió el dinero y en la propiedad de quién la construyeron?

Percibí en su voz algo más que irritación y le respondí:

—Lo siento, presidente; pero cuando usted me dijo que edificara la Iglesia en Ha'apai, pensé que esa era la autorización que necesitaba. Bautizamos a muchas personas de Felemea y ellos necesitaban una capilla, así que trabajamos juntos y la construimos. No sé con certeza a quién pertenece la tierra en la que se encuentra, pero todos los que viven en Felemea saben que es nuestra capilla. Hemos realizado nuestras reuniones allí durante varios meses y no hemos tenido problemas.

A continuación, me dio un sermón en el cual me dijo que el organizar una rama o construir una capilla sin aprobación previa iba en contra de las normas de la Iglesia. Parecía fastidiado y siguió hablándome de dinero y autorizaciones. Yo le repetí que no había dinero implicado y que me daba cuenta de que no contábamos con ninguna autorización. Me disculpé y le pregunté qué *era* lo que debíamos hacer.

Su respuesta fue la siguiente: «Tienen que hacer una lista en papel de todas estas cosas: todas las ramas que han organizado, todas las capillas que han construido y todos los presidentes de rama que han apartado; luego yo veré si puedo conseguir la autorización para todo ello. Y además, ¡no vuelva a hacer ninguna de esas cosas sin autorización previa de mi parte!».

Le aseguré que no lo haría. Me quedé preocupado pensando: «¿Y qué sucederá si no consigue la aprobación de todo lo que hemos hecho?

¿Qué haremos en ese caso?». Quería preguntárselo, pero no me pareció bien hacerlo.

No quiero dar la impresión equivocada: él era un hombre amable a quien yo respetaba muchísimo. Podría ser que hubiera tenido un mal viaje o quizá hubiera recibido una reprimenda de alguien de Salt Lake City, o tal vez hubiera estado bajo la presión de otros problemas importantes. Fuera como fuere, en aquel momento se lo veía bastante estresado y parecía muy preocupado por las autorizaciones. Me pregunté si no lo habría metido en problemas al bautizar a tantas personas, organizar varias ramas y construir algunas capillas. Esperaba que no se inquietara demasiado cuando viera la lista considerablemente larga que le llevaría a la mañana.

Me quedé despierto toda la noche con algunos secretarios de las ramas y otros miembros que vivían cerca; usamos sus registros y mi diario y recabamos la información de las personas a quienes habíamos ordenado, bautizado y llamado como misioneros; de las ramas que habíamos organizado, de quiénes eran los presidentes de rama y de las capillas que habíamos construido. Después de pasar en vela la noche entera, teníamos varias hojas con una lista bastante buena de toda la información.

Tanto la casa de huéspedes como nuestra casa estaban cerca del muelle, aunque en lados opuestos de él. El barco tenía que zarpar a las ocho de la mañana y nosotros terminamos nuestras listas alrededor de las siete y media. Corrí lo más rápido que pude hasta el muelle a fin de poder explicarle al presidente cómo habíamos organizado las hojas. Una vez que llegué, esperé, esperé y esperé, pero no llegaba nadie de la casa de huéspedes.

El capitán, a quien yo conocía, caminaba de un lado a otro; al fin me dijo: «Mira, nosotros saldremos a las ocho en punto. ¡No me importa si el hombre llega o no!». Casi en ese preciso momento, vimos al presidente de la misión que se acercaba por el camino con otras personas; llegó al muelle pocos minutos antes de las ocho, justo cuando empezaban a levantar la plancha.

Me acerqué a él y le dije: «Presidente, aquí está la información que nos pidió. Lamento sinceramente haber hecho estas cosas en un orden aparentemente incorrecto y haberle causado problemas. Espero que esta información le sirva. En el futuro, ¿quiere que le envíe informes en una hoja o hay ciertos formularios que debamos usar? ¿Qué debo hacer de ahora en adelante para no poner en aprietos ni a usted ni a la Iglesia ni a mí? No volveré a hacer nada sin su autorización. Solo déjemelo saber y haré lo que usted diga».

A continuación, siguió una de esas experiencias que nunca se olvidan. Con una beatífica sonrisa, tomó los papeles y, sin siquiera mirarlos, me puso la mano en el hombro y me dijo: «Élder Groberg, no dormí en toda la noche. Olvide todo lo que le dije ayer y simplemente siga haciendo lo mismo que ha estado haciendo hasta ahora. Que Dios lo bendiga». Luego se dio vuelta, subió al barco y se fue. Y eso fue todo; nunca pedí más explicaciones y él nunca me las dio tampoco.

La interpretación de todo eso queda a criterio del lector: puede ser que no hubiera dormido en toda la noche por haber comido algo en mal estado, porque estaba cansado del viaje o quizá por alguna otra cosa que lo molestara. Fuera lo que fuere, siempre estaré agradecido por su mirada amable y por el amor que transmitía su voz cuando respondió a mis preocupaciones con estas palabras: «Simplemente siga haciendo lo que hace; olvide lo que le dije ayer».

Nosotros seguimos esforzándonos en el trabajo que hacíamos, pero también llenábamos formularios, hacíamos listas y las enviábamos a las oficinas de la misión. No se habló más del asunto.

Aprendí que es importante mantener informados a nuestros superiores, llenar los formularios que corresponda y conseguir las autorizaciones necesarias; pero también aprendí que la sustancia es más importante que la forma. Me alegraba que el Padre Celestial supiera lo que estábamos haciendo y que Él estuviera complacido (al menos Él siguió bendiciéndonos para que tuviéramos éxito), incluso aunque no hubiéramos llenado los formularios correctos.

También me alegraba sentir que los formularios, tal como los conocemos ahora, probablemente tengan aplicación solo en este mundo. Me imagino que cuando contemos con un medio de comunicación mejor, como el percibir los cambios personales esenciales y no sólo limitarnos a leer informes (lo que esperamos hacer cuando nos vayamos de este mundo y hasta quizás aquí, durante el Milenio), tendremos la capacidad de concentrarnos más en las cosas que realmente tengan trascendencia. Usar papel y llevar registros no formaba parte de la cultura tongana de aquella época; el calor, la humedad y la falta de lugares que se pudieran emplear como depósitos, así como también el costo de las lapiceras y el papel, hacían que eso fuera básicamente imposible. Sin embargo, más aún me pregunto si no será que ellos entienden mejor que nosotros que la sustancia es mucho más importante que la forma y que el Espíritu siempre tiene en cuenta la sustancia y justifica nuestras acciones.

Por supuesto, los formularios y los registros son importantes, al menos lo son en esta vida y quizá también lo sean después de ella. El Señor ha puesto mucho énfasis en ellos: tomemos, por ejemplo, las planchas de bronce, las planchas de oro de las cuales salió el Libro de Mormón, la Biblia, otros registros sagrados, las bendiciones patriarcales, los registros de las ordenanzas y todo tipo de registros históricos y de historia familiar que se guardan con tanto cuidado.

Pero a veces también me pregunto si el otro Libro de la Vida no será la verdadera sustancia de lo que somos, nuestro carácter, formado por nuestros pensamientos y hechos y grabado para siempre en nosotros. Tengo la impresión de que en la eternidad, los signos externos de poder de cualquier tipo —un documento universitario, las insignias de una fuerza militar o las riquezas provenientes del oro o la plata— no tendrán significado alguno. El único poder que va a tener algún valor será aquel que llevemos dentro de nosotros. Es por esa razón que la oración que el Salvador ofreció por nosotros —que seamos uno con Él como Él es uno con el Padre— es tan importante. El Padre Celestial y Jesucristo son realmente omnipotentes y están dispuestos a compartir todo ese poder con los humildes, los mansos y los obedientes.

Aunque esta puede parecer una doctrina profunda, a mí me parece muy sencilla. Estoy seguro de que muchos de los buenos tonganos lo comprendían y lo vivían mejor que muchos de nosotros, los *palangis*. Aprendí que sólo porque algo sea «legalmente» posible, no significa necesariamente que sea correcto ante la vista de Dios, ni tampoco lo inviste con ningún tipo de poder eterno ni autoridad. Eso se logra solamente por medio de la obediencia a la voluntad de Dios.

Entretanto, aprendí que aunque los formularios y los registros son importantes porque proporcionan información de mucho valor, la sustancia sigue siendo la esencia del verdadero progreso.

41

El viento del Señor

Encontrar a alguien que estuviera dispuesto a escuchar las charlas era como hallar una pepita de oro, sobre todo si había sido un miembro quien había dado la referencia. Un día recibimos una de esas referencias: nos dijeron que si el día siguiente estábamos en cierto puerto de una isla determinada, a la puesta del sol, nos estaría esperando una familia que iba a escuchar las charlas.

¡Qué gozo producen esas noticias en los misioneros! En seguida fui a buscar a cuatro miembros que eran navegantes experimentados y me llevarían a la isla.

Temprano a la mañana siguiente, después de orar, los cinco partimos en nuestro velero. La brisa era buena; avanzamos con rapidez por la costa, atravesamos el paso del arrecife y salimos hacia la amplia extensión del mar abierto. Adelantamos bastante durante unas horas, pero luego, a medida que el sol ascendía y el velero se alejaba cada vez más de la tierra firme, el viento empezó a amainar y poco después desapareció por completo y nos dejó balanceándonos sin rumbo en la mar tranquila.

Los que tienen mucho conocimiento de navegación saben que, a fin de llegar a cualquier parte, se necesita viento. A veces hay brisas muy buenas sin que haya tormentas ni grandes olas; pero, por lo general, todo eso ocurre al mismo tiempo. Un navegante experimentado no les teme a las tormentas ni a las grandes olas, que contienen el elemento vital de la navegación: el viento. A lo que sí temen es a la ausencia de viento, o sea, a quedar inmóviles.

El tiempo pasaba; el sol estaba cada vez más alto y el mar más calmo. Nada se movía. No nos llevó mucho tiempo darnos cuenta de que, a menos que algo cambiara, no llegaríamos a nuestra cita a la hora de la puesta del sol. Propuse que oráramos y le rogáramos al Señor que enviara un poco de viento para que pudiéramos llegar hasta el puerto. ¿Acaso puede un grupo de hombres tener un deseo más justo que ése? ¡Queríamos llegar a encontrarnos con una familia para enseñarles el Evangelio! Ofrecí una oración y, cuando terminé, todo estaba más tranquilo que antes. Cuando fue obvio que no sucedía nada, dije a mis compañeros: «Bueno, ¿cuál de ustedes es como Jonás? ¿A quién le falta fe? A quien sea que le falte lo echaremos por la borda para que el Señor pueda mandar el viento que necesitamos y podamos continuar con nuestro viaje». Nadie quería admitir que era como Jonás, así que seguimos a la deriva.

Entonces uno de los hombres de más edad sugirió que todos nos arrodilláramos y uniéramos nuestra fe y nuestras oraciones, pero que cada uno ofreciera su oración en silencio al mismo tiempo que el resto; y así lo hicimos. Nos esforzamos mucho en el espíritu; no obstante, cuando el último de nosotros abrió los ojos, ¡nada! Ni el más mínimo movimiento. Las velas se veían lánguidas y sin energías; hasta las ondas más insignificantes que daban contra el costado del velero habían cesado. El océano parecía un mar de vidrio.

El tiempo seguía pasando y comenzábamos a desesperarnos. El mismo hombre mayor propuso que todos nos volviéramos a arrodillar para orar y que nos turnáramos para ofrecer una oración en voz alta para el resto del grupo. Muchas hermosas oraciones de súplica ascendieron al cielo; sin embargo, cuando la última llegó a su fin y todos abrimos los ojos, el calor abrasador del sol era más intenso que antes; el océano parecía un espejo gigante y nos daba la impresión de que Satanás estaba riéndose y diciéndonos: «¿Ven? No pueden ir a ninguna parte. No hay viento. Los tengo en mi poder».

Yo pensé: «Hay una familia en el puerto que desea escuchar el Evangelio. Nosotros estamos aquí y queremos enseñarles. El Señor controla los elementos. Lo único que nos impide llegar hasta esa familia es un poquito de viento. ¿Por qué no lo envía el Señor? Es un deseo justo».

Mientras así pensaba, noté que aquel fiel hombre mayor se dirigía a la parte trasera del velero. Lo observé desamarrar el pequeñísimo bote salvavidas, colocar los dos remos en su lugar y, con cuidado, bajarlo por el costado del velero.

Luego me miró y, con voz suave, me dijo:

—Suba.

—¿Qué está haciendo? —exclamé— ¡A duras penas hay lugar para dos personas en eso tan pequeño!

—No pierda tiempo ni esfuerzo —me contestó—. Lo llevaré remando hasta la costa y debemos irnos ya mismo si queremos llegar para el atardecer.

—¿Llevarme remando *a dónde*? —le pregunté mirándolo incrédulamente.

—Hasta donde estará la familia que quiere escuchar el Evangelio. El Señor nos ha dado una asignación. Suba al bote.

Quedé estupefacto. La costa se encontraba a muchos kilómetros de distancia; el sol calentaba muchísimo y él era un hombre ya entrado en años. A pesar de eso, al fijar la mirada en el rostro de aquel hermano fiel, percibí una intensa expresión en sus ojos, una voluntad de hierro en su ser y una firme determinación en su voz cuando me dijo:

—Antes de que se ponga el sol este mismo día, estará enseñando el Evangelio y expresando su testimonio a una familia que desea escuchar.

—Mire —protesté—, usted tiene tres veces mi edad. Si vamos a hacer eso, está bien, pero déjeme remar a mí.

Con esa misma mirada de determinación y fe, él me contestó:

—No, déjeme a mí. Suba al bote. No pierda tiempo hablando o moviéndose más de lo necesario. ¡Vamos!

Se subió al bote conmigo; yo iba en la parte delantera y él en el medio, con los pies estirados hacia la parte trasera del bote, dándome la espalda.

El movimiento del pequeño bote perturbó la superficie cristalina del océano, que parecía quejarse: «Este es mi territorio. ¡Salgan de aquí!». No había ni una mínima brisa ni tampoco se oía sonido alguno, a excepción del crujir de los remos y el repiqueteo de las clavijas a medida que la pequeña embarcación comenzaba a alejarse del costado del velero.

El hombre dobló la espalda y comenzó a remar: sumergir, tirar, levantar los remos; sumergir, tirar, levantar. Cada vez que sumergía los remos parecía que se debilitaba la resolución de aquel océano que se asemejaba a un espejo; cada vez que los levantaba, el botecito avanzaba y separaba las aguas cristalinas para abrir paso al mensajero del Señor.

Sumergir, tirar, levantar los remos. El hombre, a pesar de su edad, no levantó la vista, no descansó ni habló, sino que, hora tras hora, remó, remó y remó. Los músculos de la espalda y de los brazos, fortalecidos por la fe y movidos por una determinación inquebrantable, se flexionaban con una cadencia maravillosa que se asemejaba a un reloj finamente calibrado. Nos movíamos serenamente pero sin cesar hacia un destino ineludible. El anciano concentraba sus esfuerzos y energías en cumplir el llamamiento que había recibido del Señor: llevar al misionero hasta la familia que quería escuchar el Evangelio. Aquel día, él fue el viento del Señor.

Justo cuando el sol se hundía en el océano, el bote tocó la orilla del puerto. Una familia nos esperaba allí. El hombre habló por primera vez en horas, diciéndome: «Vaya. Enséñeles la verdad. Yo estaré esperándolo aquí».

Caminé hasta la orilla, me encontré con la familia, fui hasta la casa de ellos y les enseñé el Evangelio. Mientras les daba mi testimonio acerca del poder de Dios en esta Iglesia, me parecía ver con la imaginación a aquel hombre entrado en años remando hacia un puerto lejano y luego esperando allí. Testifiqué, con un fervor tan grande como he sentido pocas veces, que Dios realmente da poder a los hombres para que hagan Su voluntad si tienen fe en Él, y les dije: «Cuando ejercemos fe en el Señor Jesucristo, tenemos la capacidad de hacer cosas que no podríamos lograr de otro modo. Si nuestro corazón está decidido a hacer lo correcto, el Señor nos da el poder para hacerlo».

La familia creyó y, con el tiempo, se bautizó.

En los anales de la historia de la Iglesia, pocos llegarán al conocimiento de este pequeño incidente; casi nadie sabrá de aquella diminuta isla, de la familia que esperó ni del desconocido de edad avanzada que ni una sola vez se quejó de estar fatigado ni de que le dolieran los brazos, la espalda o el cuerpo. Aquel día, mientras remaba hora tras hora incansablemente y sin quejarse, jamás habló de tener sed, del sol abrasador ni del calor; únicamente se refirió al privilegio de ser un agente de Dios que llevaba a un misionero para que enseñara la verdad a aquellos que deseaban escucharla. Pero ¡Dios lo sabe todo! Él le dio la fortaleza para que fuera Su viento aquel día y Él nos la dará a nosotros para que seamos Su viento en el momento preciso.

¿Cuántas veces no hacemos más porque pedimos un viento que no llega? Oramos pidiendo lo bueno pero nos parece que no sucede nada, así que nos quedamos sentamos esperando y no hacemos nada más. Siempre debemos orar pidiendo ayuda, pero en nuestras oraciones debemos pedir constantemente inspiración e impresiones para actuar de un modo diferente de lo que se nos haya ocurrido. Dios escucha nuestras oraciones y sabe más que nosotros; Su experiencia es infinitamente más amplia que la nuestra. Nunca debemos detenernos por pensar que el camino que tenemos por delante está obstruido ni porque la única puerta por la que podemos pasar esté aparentemente cerrada.

Sean cuales sean las pruebas que tengamos, nunca debemos decir: «Lo que he hecho es suficiente». Sólo Dios tiene derecho a decirlo. Nuestra responsabilidad, si somos fieles, es preguntar: «¿Qué más puedo hacer?»; y luego prestar atención a la respuesta y ¡poner manos a la obra!

Nunca olvidaré el ejemplo de aquel hombre ya entrado en años.

42

Completamente exhausto

En general, el presidente de la misión nos dejaba manejarnos por nuestra cuenta en Ha'apai. De vez en cuando, iba a mi isla o yo iba a la de él, pero no muy a menudo. Mis consejeros, los miembros y los misioneros locales eran grandiosos. Dado que habíamos logrado más unidad, efectivamente nos dejaron solos hasta cierto punto; sin embargo, en un sentido más amplio, no estábamos solos, sino que nos dirigía el Espíritu de Dios. ¡Qué guía maravilloso es el Espíritu!

Constantemente recorríamos los circuitos para predicar; ya fuera que lo hiciéramos por tierra o por mar, las jornadas eran extenuantes. Viajábamos largas distancias por caminos de lodo y por el océano. Hay un pasaje de las Escrituras que dice que debemos «consum[ir] y agot[ar] nuestras vidas» en el servicio de Dios (véase D. y C. 123:13). Al esforzarnos por hacerlo, sentimos un gran gozo. Recuerdo muchas ocasiones en las que estaba tan cansado que apenas podía moverme; enseñar a las familias, especialmente cuando hay que viajar tanto para llegar hasta ellas y esforzarse al máximo por expresarles su testimonio y tratar de ayudarles en todo lo posible, es agotador. No había ni autos ni bicicletas, así que caminábamos o andábamos a caballo; esto último se me hacía difícil, especialmente cuando teníamos que recorrer grandes distancias; siempre montábamos en pelo o con una bolsa de arpillera, pues nadie tenía dinero para comprar sillas de montar. Como uno va a los saltos cuando cabalga, la mayor parte del tiempo yo prefería caminar.

Siempre era bueno regresar a casa después de haber recorrido los circuitos, ya fuera por tierra o por mar. Recuerdo cuando regresábamos de largas travesías marítimas y entrábamos en el calmo puerto de Pangai, llamado Fanga Ko Paluki, con profundos sentimientos de gratitud. Los peligros son muchos en mar abierto pero, una vez en el arrecife, reina la calma y uno sabe que ya casi está en su localidad. Qué sensación maravillosa la de llegar a la tranquilidad del puerto seguro después de una travesía difícil y sentir esa serenidad que proviene de saber que uno ha hecho lo que el Señor quería que hiciera. El mismo principio de gratitud se aplicaba cuando regresábamos por tierra después de haber estado predicando en aldeas lejanas.

Recuerdo una ocasión en particular en que teníamos que enseñar a unas familias que vivían en el extremo norte de nuestra isla. Cuando tres de nosotros ya estábamos listos para partir, una buena familia de miembros nos llevó un poco de carne salada de ballena para que comiéramos antes de irnos; como teníamos hambre, comimos bastante y en seguida emprendimos el viaje. Pocas horas después, nos dimos cuenta de que estábamos en dificultades; la carne no había sido curada correctamente y pagamos el precio: diarrea, vómitos y todo lo que implica el comer carne en mal estado. De todos modos, seguimos nuestro camino, puesto que no teníamos manera de avisar a las familias que estábamos enfermos. Dimos todas las lecciones y emprendimos el regreso.

Era muy tarde y ya no dábamos más. Creo que sé lo que significa estar completamente exhausto; quizá todavía no lo haya experimentado por completo, pero el estar enfermo y tener que caminar kilómetros y kilómetros en el lodo, la arena, el agua y la opresión de una noche calurosa seguramente se acerca bastante.

Por lo general, gocé de buena salud durante la misión, pero aquélla fue una de las pocas veces en que me quedé sin fuerzas; empecé a caer en la cuenta de que para una persona que esté enferma, tal vez unos cuantos pasos requieran un esfuerzo interno equivalente a una carrera de cien metros para un corredor joven y hábil. Aprendí que, a cualquier edad y cualquiera que sea la circunstancia, ¡nuestra determinación puede ponerse a prueba completamente!

Quería llegar a casa esa misma noche porque al otro día tenía que dar clases en la escuela, pero el solo hecho de dar un paso era muy difícil y tenía dudas de que pudiéramos llegar; descansábamos bastante seguido y al fin llegamos a aproximadamente dos kilómetros de nuestra casa, justo cuando la poca fuerza que nos quedaba estaba a punto de acabarse. Todos nos tiramos en una elevación que encontramos en el medio del camino y dormimos unos diez o quince minutos; luego nos levantamos, caminamos otros pocos metros y volvimos a tirarnos al suelo.

A pesar de estar totalmente agotado, seguía decidido a llegar esa noche, así que continuamos: caminábamos unos metros y luego descansábamos en el medio del camino. No nos preocupaba dormir en el camino, ya que lo único que pasaba por allí eran personas a pie, a caballo y en carros, y los caballos tienen muy buen olfato. Mientras recorríamos los últimos metros, debemos de haber parado para descansar unas veinte veces.

Finalmente, subimos arrastrándonos hasta nuestra casa, que se había construido sobre bloques de cemento, a bastante distancia del suelo. Había que subir tres escalones para llegar al piso de la casa. ¡Cuántas veces salté sobre ellos sin esfuerzo alguno! En cambio esa noche, subir a gatas aquellos tres pequeños escalones me exigió un esfuerzo formidable.

Cuando por fin llegamos hasta nuestras esteras, solo queríamos dejarnos caer en ellas y dormir indefinidamente. Sin embargo, antes de hacerlo, nos miramos y, casi al unísono, dijimos: «Oremos para dar

Se llamó a algunos jóvenes tonganos para misiones proselitistas.
Todo lo que tenían lo llevaban en esteras enrolladas y en canastos.
Pintura de Clark Kelley Price.

gracias. ¡Estamos en casa!» Siempre lo hacíamos al regresar. Yo ofrecí la oración; no sé si ha habido otro momento en que haya sido más sincero al expresar gratitud y manifestar a Dios el sentimiento de bienestar que teníamos por haber llegado a casa.

Después de orar, caí rendido en la estera y sentí que me hundía en el olvido. Sin embargo, en esos breves momentos, experimenté otra sensación: sentí una alegría, una tranquilidad, y percibí una hermosura que no admiten descripción; no vi a nadie ni oí nada, pero sentí una paz y una calma que pocas veces había sentido. Fue como estar totalmente envuelto en paz y belleza, amor y tranquilidad, certeza y sosiego, y en todo lo que era bueno y bello. ¡Qué bien descansé!

Aquella sensación de alegría permaneció conmigo algunos días y luego, de a poco, se fue extinguiendo. Incluso ahora, a veces recuerdo lo que sentí y ansío volver a experimentar todos aquellos sentimientos. Sé que hay una relación entre el esfuerzo sincero que hacemos, especialmente en lo que se refiere a edificar el reino de Dios, y los buenos sentimientos que experimentamos. Cuando esta existencia llegue a su fin, estoy seguro de que quienes hayan dedicado su vida al servicio de los demás, lo cual equivale a servir a Dios, sentirán algo que es imposible describir pero que comprende un sentimiento de gran amor. Los que no se hayan sacrificado por otros sencillamente no pueden sentirlo, no porque alguien esté enojado con ellos sino porque no habrán hecho lo necesario para experimentarlo.

El Señor dijo algo sobre lo importante que es para nosotros probar lo amargo a fin de llegar a conocer lo dulce (véase Moisés 6:55; 2 Nefi 2:15). Sé que debemos trabajar arduamente en Su causa a fin de sentirnos bien y sé que, si es así, Dios puede darnos profundos sentimientos de amor, paz y consuelo, y de hecho lo hace. Y el sentirnos completamente exhaustos por la causa del Señor no nos hace ningún mal.

43

En busca de alguien dispuesto a ayudar

La presidencia del distrito llamábamos a muchos matrimonios a la misión; eran muy buenos y aceptaban ir a cualquier lugar, en cualquier momento que les pidiéramos. En una ocasión me enteré de que uno de esos matrimonios, que vivía en una isla cercana, estaba muy enfermo; partimos de inmediato para averiguar lo que pasaba y, en efecto, los encontramos gravemente enfermos así que los llevamos de regreso a Pangai, donde estaba el hospital.

Cuando los vio el médico, se alarmó: tenían fiebre tifoidea y su salud se había deteriorado hasta tal punto que se encontraban completamente debilitados y el doctor no quería que estuvieran cerca de ninguno de los otros pacientes. En aquella época y lugar, la única manera de tratar la fiebre tifoidea era llevar a las personas afectadas a una vivienda en una parcela cercada con alambre de púas, lejos de todos, y esperar que se recuperaran. No era que los trataran mal, sino que los aislaban.

En esos tiempos, en Tonga, los hospitales proporcionaban los medicamentos y otros tratamientos médicos, pero cada familia era responsable de alimentar, dar una cama y cuidar a sus propios pacientes en todo lo que les hiciera falta. Dado que éramos la «familia» del matrimonio enfermo, recaía en nosotros la responsabilidad de cuidarlos. Mientras les dábamos una bendición del sacerdocio, sentí la certeza de que se pondrían bien aunque llevaría algo de tiempo. Hicimos los arreglos necesarios para que alguien se encargara de sus dos hijos pequeños; luego yo ayudé a atender al matrimonio y me turnaba con algunos de los misioneros para hacernos cargo de lo que necesitaran.

La ley establecía que ellos no podían salir de la parcela alambrada hasta que estuvieran bien. No podíamos contratar a nadie que les ayudara porque, por lo general, la gente tenía mucho miedo de contagiarse; por eso, asigné a otro matrimonio misionero para que lo hiciera; aunque eran obedientes, también estaban asustados, así que el cuidado de los enfermos se convirtió en una gran dificultad.

Como me daba cuenta de que necesitábamos a alguien que pudiera estar allí más tiempo, recorrí a pie las ramas de los alrededores y luego tomé el velero de la misión y fui hasta las ramas cercanas; en todos lados preguntaba: «¿Quién puede ayudarnos? ¿Hay alguien que esté dispuesto a quedarse con los misioneros para atenderlos hasta que recuperen la salud?» Sabía que el Señor deseaba que vivieran. Tras visitar muchas ramas, descubrí que nadie estaba dispuesto; yo no los presionaba, simplemente les preguntaba; pero todos tenían excusas.

Finalmente, en la isla de Uiha, había una jovencita de unos dieciséis años que, después que explicamos lo que necesitábamos, miró a su padre y le dijo: «Me gustaría ir». Él le contestó sin vacilar: «Si quieres, puedes hacerlo». Y así fue que ella regresó a nuestra isla con nosotros.

¡Qué gran acto de amor! Una jovencita en la flor de la vida, dispuesta a acompañarnos y, efectivamente, dar su vida (porque podía contagiarse la enfermedad) para ayudar a una familia misionera que lo necesitaba.

Nos preguntó cuánto tiempo tendría que estar allí y le dije que ni yo ni el médico lo sabíamos. La joven se fue directamente al sector del hospital. Cuando cerré el cerco de alambre de púa detrás de ella, pensé: «¿Qué he hecho?». En realidad, era tan prisionera como ellos; de todos modos, supe que todo saldría bien debido a su disposición maravillosa.

Llevó varios meses para que el matrimonio se recuperara por completo. La jovencita se quedó con ellos día y noche, y los atendió hasta que volvieron a estar saludables, cumpliendo así con su deber a pesar de todo el tiempo que tuvo que pasar allí. Cuando finalmente los misioneros se recuperaron, se había desarrollado en mí un profundo sentimiento de amor y admiración por ella.

La joven provenía de una familia pobre y lo único que se me ocurría hacer para devolverle en parte la bondad que había demostrado era inscribirla en el colegio universitario Liahona, en Tongatapu. Sin embargo, no llenaba los requisitos porque no le había ido bien en la escuela. Empleé la autoridad que tenía y le conté al presidente de la misión el sacrificio que ella había hecho; así logramos que ingresara en el colegio y le fue bien. Con el tiempo, se casó con un ex misionero y más tarde salieron juntos a una misión. Tuvieron una familia grande y casi todos sus hijos cumplieron misiones y se casaron en el templo. El esposo ha sido fiel y ha tenido la mayoría de los llamamientos de responsabilidad que hay en la Iglesia; y ella no se ha quedado atrás en lo más mínimo.

Cada vez que la veo, redescubro las bendiciones que recibimos después de haber probado nuestro amor por el prójimo. Le he preguntado qué sintió cuando fuimos en busca de voluntarios y esta es la respuesta: «Estaba tan asustada como el resto, pero sabía que alguien necesitaba ayuda y que mi deber era proporcionársela».

Aprendió a amar a aquellas personas del mismo modo que amaba a la Iglesia, y después al esposo y a su familia, por haberles prestado servicio. Tanto esa joven y como muchas otras personas que de buena voluntad prestaban servicio desinteresado causaron una profunda impresión en mí. En una carta a mi familia, escribí:

«Pangai, Ha'apai, 29 de septiembre de 1956

«Después de la conferencia, una de las hermanas mayores me invitó a comer a su casa y me pidió que le diera una bendición a su madre. Me enteré de que la señora tenía aproximadamente noventa y cinco años y que desde cinco años atrás estaba ciega y acostada boca arriba; su hija llevaba el mismo tiempo cuidándola; además, también cuidaba a la hija pequeña de su hermana desde que ésta se había separado del esposo. Así que se encontraba confinada en su pequeña vivienda; durante más de cinco años, no había ido más allá de la casa que servía de capilla y del almacén; lo único que hacía era cuidar a su madre anciana y a la pequeñita. En Tonga no existe nada de ayuda del gobierno para cuidar ancianos. La familia se encarga de todo y lo hacen de buena gana. Considero que esta hermana está cumpliendo la voluntad del Señor mucho más que algunos de nosotros, que damos vueltas y vueltas tratando de hacer algún bien en las muchas responsabilidades que se nos han dado. Supongo que lo más importante es hacer aquello que se nos haya pedido, y hacerlo bien, y no preocuparnos por el trabajo que se le haya asignado a otra persona. Estoy seguro de que lo que nos salvará no será el tipo de labor que nos hayan asignado ni dónde la llevemos a cabo, sino la actitud que tengamos hacia nuestra tarea. He visto algunos grandes ejemplos de buena voluntad en lo que respecta a olvidarse de uno mismo por el bien de otras personas. Creo que la base de toda espiritualidad y los medios para obtener la exaltación son simplemente olvidarse de sí mismo y ayudar a los demás. Ojalá supiera cómo prestar mejor servicio. Me imagino que todas estas cosas llegan con el tiempo y la experiencia.

»Cuando nos acercamos más al Señor, la importancia del amor y el servicio verdaderos sale a la luz. Estoy seguro de que, cuando mi servicio en Tonga llegue a su fin, lo único que se recordará será el amor haya albergado en mi corazón por estas personas. Quizá lo único que quede cuando partamos de esta tierra sea cuánto hayamos amado a nuestros semejantes».

Aprendí que las acciones preceden a los sentimientos, y aprendí cuán importante es realizar actos buenos y altruistas a fin de tener sentimientos buenos y divinos.

44

La trompeta

Mi trompeta tuvo un papel bastante importante durante la misión; la había tocado en la escuela secundaria y me pidieron que la llevara a Tonga. Al principio me preguntaba el porqué, pero poco después me di cuenta de que era un éxito entre aquella gente con tanto talento musical. No tocaba muy seguido pero cuando lo hacía, siempre había una multitud a mi alrededor. Me pedían que tocara en los partidos de rugby, en las ceremonias de izamiento de la bandera y en unos pocos acontecimientos más; incluso aprendí varios toques de clarín ingleses.

Todos querían tocar la trompeta y yo los dejaba probar. Creo que fue un milagro que nadie se haya contagiado de alguna enfermedad, porque solo tenía una boquilla; por esa razón, trataba de limpiarla bien antes de tocar. La trompeta se volvió tan famosa que a cualquier lugar al que iba me llamaban el *palangi* de la trompeta. La usaba principalmente en la escuela y durante días festivos.

Recuerdo que un día enseñé a mis alumnos la canción del estado de Idaho: «And Here We Have Idaho» («Aquí está Idaho»). Escribí la letra en la pizarra y toqué la canción con la trompeta una vez; después surgió algo por lo que tuve que ausentarme para responder a una emergencia. Cuando regresé una hora después, todos tenían sonrisas de oreja a oreja; las edades de los alumnos estaban entre seis y dieciséis años, y al verlos me pregunté qué clase de travesura habrían hecho. «Escuche», me dijeron. Entonces, cantando de manera absolutamente armónica a cuatro voces, entonaron la canción, ¡la que habían escuchado una sola vez! Los tonganos tienen una facilidad increíble para la música y ésta constituye gran parte de su vida.

Un diecisiete de marzo, dirigí un grupo de miembros de nuestra rama de Vaipoa, en Niuatoputapu, que iba a un partido de rugby en la aldea vecina. Aunque el gran acontecimiento del día era el juego, los miembros de la Iglesia llevaban pancartas para celebrar el aniversario de la organización de la Sociedad de Socorro. Nadie nos habría prestado atención si no hubiera sido por la trompeta. El hecho de que estuviera dirigiendo a aquel pequeño grupo con una trompeta llamó la atención de todos y, a partir de aquel día, la isla entera estaba al tanto de que la Sociedad de Socorro de La Iglesia de Jesucristo de los Santos de los Últimos Días había sido organizada un diecisiete de marzo.

En diversas ocasiones, algunas personas me dijeron que podrían llegar a olvidarse de mí y de lo que les predicaba, ¡pero que seguramente no se olvidarían de la trompeta! Yo esperaba que tampoco se olvidaran de mi testimonio.

La reina Salote era la que gobernaba Tonga durante el tiempo en que fui misionero. ¡Qué majestuosa era! Algunas veces fue de visita a Ha'apai; era una mujer muy agradable y muy fuerte en la Iglesia Metodista; aunque no se oponía a nuestra Iglesia, debido a que era la representante oficial de su iglesia en Tonga consideraba que tenía ciertas obligaciones para con su religión. Durante muchos años, se habían tomado algunas decisiones que iban en contra de la Iglesia mormona, pero no eran realmente motivadas por el enojo, sino que más bien tenían el propósito de evitar la competencia.

Aunque teníamos una escuela bastante grande, cuando la reina Salote visitaba Ha'apai, siempre nos decían que no estábamos invitados a los grandes banquetes y que tampoco podíamos verla en persona. Todo eso cambió cuando, para una de sus visitas, los líderes del gobierno de Ha'apai quisieron llevar a cabo una ceremonia de izamiento de la bandera en la que estarían todos los niños de las escuelas con sus uniformes. Se había acordado que la reina se cuadraría mientras se izaba la bandera y luego pasaría caminando junto a todos los escolares, que iban a estar alineados a los lados del camino.

—Nosotros tenemos una escuela —les dije a los oficiales del gobierno local—; deberíamos ser parte de la ceremonia.

—Es que no podemos incluirlos —contestaron, tras lo cual les recordé que el Comisionado de Educación de Tonga había autorizado nuestra escuela, por lo que no debían dejarnos fuera. Sin embargo, aun así rehusaron.

—Tocaré la trompeta para el izamiento de la bandera —les propuse, y se les iluminaron los ojos.

—Quizá podamos arreglar algo —dijeron al escuchar mi propuesta; y eso fue lo que hicieron.

Nos pusieron a la cabeza de todas las escuelas para que estuviéramos más cerca del asta, lo cual fue un gran acontecimiento, ya que hasta aquel momento no habían incluido a nuestra escuela en ningún acto oficial. Estoy seguro de que la trompeta fue el factor decisivo.

Practicamos hasta el cansancio. Había cientos, miles de niños en edad escolar, y todos iban a estar vestidos de uniforme.

Finalmente, llegó el gran día; estaba hermoso y despejado. Todos nos pusimos en fila tal como indicaba el plan: los mormones vestidos de verde, los católicos de rojo, los metodistas de azul, etc. Reinaba un gran entusiasmo. La reina se acercó, nos sonrió y les estrechó la mano a algunos de los niños, que estaban de pie, en posición de firme. ¡Había que ver sus sonrisas! Yo toqué la trompeta mientras izaban la bandera; lo que toqué era el equivalente a la composición británica «A los colores» [un toque de clarín para rendir honores a la nación].

Cuando terminamos, la reina se volvió y me dijo:

—Tengo entendido que usted es el director de la escuela mormona.

—Así es.

—Me gustaría que fuera a tomar el té conmigo —me dijo; «el té» en este caso es una comida y no una bebida.

Fue así que tuve la oportunidad de sentarme junto a la reina y charlar con ella largo rato. Era encantadora y muy amable, e incluso se aseguró de que sus sirvientes me llevaran jugo de naranja. Fue muy halagüeña, me hizo muchas preguntas y nos agradeció lo que estábamos haciendo.

En la conversación, dejó bien claro que estaba interesada en nuestra escuela y en lo que hacíamos por su gente, pero no en hablar de religión. Ese acontecimiento probablemente haya sido más simbólico que otra cosa, pero fue un momento clave: de allí en adelante, la reputación de nuestra escuela y de nuestra Iglesia mejoró muchísimo entre la gente en general y también aumentó el orgullo justo que sentían los miembros por su religión; debido a ello, les decían a sus amigos y vecinos: «¿Saben que nuestro misionero estuvo sentado junto a la reina y que nuestra escuela izó la bandera?». A partir de entonces, se empezó a reconocer el buen prestigio de la escuela mormona y muchos de los problemas sutiles que teníamos comenzaron a desaparecer. Aunque seguían existiendo nuestros detractores, todo comenzaba a avanzar en la dirección correcta. Esto fue lo que escribí a mi familia:

«Me acaban de mandar cuatro nuevos matrimonios y familias misioneros, así que me mantengo bien ocupado ayudándolos a familiarizarse con la obra misional. Los misioneros que tenían fiebre tifoidea ya están mejor lo que significa que tendremos más ayuda. El mantener en funcionamiento las ramas es una verdadera tarea y la labor en la escuela es muy agradable; ya tenemos más de cien alumnos. Aunque sigo tratando de convencer a algunas personas de lo buena que es esta escuela, me resulta divertido ya que estoy muy seguro de lo que hago. La trompeta ha sido muy útil para la escuela».

Recordé todas las veces que había eludido las lecciones y las prácticas de música. Sin embargo, en aquel momento me alegraba de que mi madre me hubiera presionado para que lo hiciera. He oído decir que detrás de cada niño que toque cualquier instrumento musical hay una madre insistente. No estoy seguro de que eso sea verdad en todos los casos, pero probablemente sí lo sea en el mío.

Disfruto de la buena música. Recuerdo que de niño a veces me despertaba a la mañana y oía que mamá estaba tocando en el piano obras de Grieg y yo pensaba: «¿Existirá algo más hermoso que esto?».

Me alegraba de tener la trompeta, ya que estaba seguro de que en muchas ocasiones había sido un elemento decisivo en favor de la Iglesia.

45

Con dolor en la espalda

Teníamos muchas oportunidades de predicar el Evangelio y efectuábamos bautismos regularmente; todos los de Ha'apai se realizaban en el océano. Al bautizar más personas y formar más ramas, las casas de reuniones empezaban a quedarles chicas; cuando esto sucedía, les sugeríamos a los miembros que construyeran sus propias capillas. En todos los casos, ayudaban y mostraban entusiasmo. No se usaban los fondos de la Iglesia, sino que les pedíamos que proporcionaran todos los materiales, la mano de obra y un terreno en el cual pudiéramos edificar; los de la presidencia del distrito llevábamos un control de quiénes ayudaban, evaluábamos el futuro, decidíamos cuál sería el tamaño de la capilla que se iba a construir, sometíamos la decisión a voto y luego dábamos nuestra autorización oficial. Por lo general, trabajábamos con los miembros cuando empezaban las edificaciones que, normalmente, eran pequeñas *fales* (casas) con techo de paja.

Lo corriente era que llevara varias semanas terminar una buena capilla de aproximadamente nueve metros de largo por cuatro y medio de ancho. Casi siempre las construían en el terreno de algún miembro y nunca se necesitaba nada de dinero, ya que todo provenía de donaciones. La construcción de capillas era una experiencia positiva para los miembros de las ramas; los que se esforzaban más en el trabajo de construcción siempre eran los que más asistían y los miembros más activos. Además, varias personas que no habían sido muy activas participaban en la construcción y, en muchos casos, se reactivaban; también había una cantidad de gente que no eran miembros de la Iglesia y colaboraban; algunos se unieron a la Iglesia, pero no muchos.

En una ocasión, fui a una rama pequeña para ayudarles a comenzar la construcción de su capilla. Con anticipación, habíamos acordado que ésta tendría un determinado tamaño. Cuando llegué, ya habían colocado los cuatro postes de las esquinas y estaban empezando a construir la estructura del techo; me percaté de que uno de los postes era demasiado pequeño para el tamaño del edificio que habíamos aprobado.

Me molesté un poco y les dije: «Escuchen: habíamos acordado construir esta capilla de una medida determinada y este poste no soportará ese tamaño, así que hay que quitarlo y colocar uno más grande». No quedaron contentos con la sugerencia, porque ya habían colocado y rellenado todos los postes; además, decían que los otros tres eran más grandes y serían suficientemente fuertes para sostener el techo. «¡De ninguna manera!», insistí. «Hay que sacar ese poste y poner uno más grande en su lugar».

Todos rehusaron hacerlo y se sentaron. A esa altura ya estaba muy fastidiado, así que tomé una pala y comencé a cavar para quitar el poste más pequeño. Una o dos personas se unieron para ayudarme, pero la mayoría se negó, diciendo: «Si no quiere ese poste, sáquelo usted mismo». No demostraban enojo pero sí que estaban en total desacuerdo conmigo.

Yo estaba decidido a sacar aquel poste; no era una tarea sencilla y parecía que la tierra húmeda no quería soltarlo. Cavábamos un rato de un lado y luego girábamos y tirábamos para aflojarlo, pero era difícil lograr que se moviera ni siquiera un poquito. Mientras tirábamos de aquel poste tan firmemente clavado, sentí que algo me sonaba en la espalda y caí al suelo retorciéndome de dolor; inmediatamente me di cuenta de que estaba en aprietos. Los otros se acercaron para ver qué había sucedido; al verme, me llevaron hasta unas esteras y se disculparon diciendo que lo lamentaban; me preguntaron qué podían hacer para ayudarme.

«Si quieren ayudar, saquen el poste», les dije. Rápidamente se juntaron y, en un abrir y cerrar de ojos, lo sacaron; me daba cuenta de que estaban asustados, y yo también lo estaba; el dolor físico que sentía era muy intenso y ellos pensaron que mi sufrimiento era consecuencia de su desobediencia y esperaban que al sacar el poste, el dolor desapareciera; pero no fue así.

Me dieron una bendición en la que me dijeron que debía ir a Tongatapu. Yo tenía miedo de desmayarme porque comenzaba a perder la noción de lo que me estaba sucediendo. Era consciente de su gran preocupación y de que querían ayudarme; me daba cuenta de que me miraban y escuché que alguien decía que había un pequeño velero que estaba por salir hacia Tongatapu. Hicieron señas a la embarcación y cuando ésta se acercó a la costa, le explicaron al capitán lo que había sucedido y le preguntaron si me podía llevar hasta Tongatapu; él dijo que sí y ellos me llevaron en brazos, se metieron en el agua y me pusieron en el velero; me dijeron que no me moviera, que recordara la bendición que me habían dado y que todo saldría bien. En cuanto a mí, no me hallaba en condiciones de oponerme a nada.

Aunque ya había unas diez personas apiñadas en el pequeño velero, en seguida se movieron y me hicieron lugar; incluso sacaron unas lindas esteras y algo de tela de *tapa* y me armaron un lugar lo más cómodo que les fue posible; ninguno de ellos era miembro de la Iglesia, pero todos fueron amables y estuvieron dispuestos a ayudarme. Uno de los hombres mayores tenía una botella de aceite especial tongano y me preguntó si podía usarlo para frotarme el lugar de la espalda que me dolía; me dijo que estaba seguro de que me haría sentir mejor. Como consideraba que no tenía nada que perder, le dije que lo hiciera. Sus hábiles manos comenzaron a producir un milagro y, poco después, empecé a sentir que el intenso dolor iba aliviándose y a pensar que al menos no me desmayaría.

Si bien todavía seguía con mucho dolor, parte de lo que sentía era aprensión y la incertidumbre de lo que me había sucedido; sabía que tenía la espalda en mal estado, pero no qué era ni cuán grave sería, y me encontraba imposibilitado para hacer algo al respecto. Cuando estaba en la secundaria, me había quebrado huesos y sabía lo que se sentía al tener alguno fracturado; pero esa vez era diferente: no sabía qué era lo que estaba mal.

Era media tarde y la mar estaba bastante agitada pero el viento era bueno y me daba cuenta de que llegaríamos a una hora apropiada. El movimiento ondulante del velero, sumado al calorcito del sol de la tarde y al sentimiento cálido de saber que todos se preocupaban por mí terminaron por arrullarme hasta que me quedé dormido, estado en el que permanecí unas horas.

De repente, me desperté salpicado por la espuma fría del océano procedente de una ola que había chocado contra la proa del barco. Intenté incorporarme, pero manos firmes me sostuvieron y voces amables me aseguraron que todo estaba bien; me dijeron que lamentaban que el mar se estuviera poniendo más picado, pero que no debía preocuparme. «Trate de descansar», me aconsejaron, y lo intenté, pero me di cuenta de que ya estaba completamente despierto. La espalda seguía doliéndome, aunque no tanto como antes.

Ya estaba por ponerse el sol y podía pensar con más claridad; empecé a darme cuenta de que estaba prácticamente solo en un pequeño bote, entre extraños, en medio del gran océano de Dios y sin tierra a la vista. Aunque confiaba en la experiencia del capitán, era consciente de que todos poníamos nuestra confianza en la bondad de Dios y en los vientos y las corrientes que Él controla; pensé en algo que había leído en el Libro de Mormón que habla de ser «peregrinos en una tierra extraña» (Alma 13:23).

Estaba un poco melancólico y no me sentía muy cómodo con el subir y bajar del bote, sus giros y vueltas mientras yo hacía lo posible por mantenerme firme. Todos eran muy serviciales, pero no era mucho lo que podían hacer; todavía estaba dolorido y me preguntaba qué estaría sucediendo.

Probablemente esa haya sido la primera vez en que pensé mucho sobre la buena salud; al igual que muchas personas jóvenes, era algo que daba por sentado; me parecía que podía hacer cualquier cosa; pensaba que mi cuerpo era fuerte y ágil y que siempre lo sería. Supongo que lo consideraba invulnerable a los problemas físicos; pero en aquel momento sentía mucho dolor y no podía hacer lo que quería. Fue muy duro estar consciente de eso y me vi obligado a pensar en el don de la buena salud, el don de un cuerpo fuerte y la responsabilidad que tenemos de tratar este don de Dios con más respeto y cuidado.

El sol casi se había puesto. Me incorporé un poco y miré los rostros amigables y preocupados de esas personas fieles que se preparaban para pasar la noche en el océano abierto, confiando su vida a las hábiles manos del capitán y a Dios; noté que tenían una profunda fe en Dios: fe en que el velero no se daría vuelta y en que las aguas no los arrastrarían durante la noche, y fe en que finalmente llegarían al destino deseado.

El capitán me dijo que en la travesía anterior tres personas habían sido arrastradas por la borda durante la noche y que solo habían podido recuperar a dos de ellas; la tercera, una jovencita, se encontraba en las «manos del Señor», según sus palabras.

Parecían contentos al percibir que me sentía un poco mejor. Sabían que yo era misionero y me preguntaron si estaría dispuesto a ofrecer una oración y encomendar nuestras almas en las manos del Señor durante las horas largas y oscuras que teníamos por delante. Les dije que sí.

Cantaron varios hermosos himnos de alabanza y súplica, como «Guíame, oh Salvador» y «Brillan rayos de clemencia». Pensé en todos los himnos cuyo tema son los viajes por agua y me vino a la memoria «Paz, cálmense», sobre todo la frase: «Mas todos ellos se domarán. ¡Paz, cálmense!» (*Himnos*, N° 54).

Me preguntaba si alguien que no haya estado en una «furiosa tempestad» en el mar podrá comprender completamente las palabras y las súplicas de estas canciones; y pensé que probablemente eso supere el entendimiento de la mayoría de las personas que nunca se hayan encontrado en un bote pequeño, durante una noche oscura, y que por eso no puedan comprender totalmente el gran valor de la luz de un faro cuando uno se encuentra en aguas peligrosas. No sé por qué pero sentí lástima, no de mí mismo, sino de aquellos que jamás hubieran estado en una pequeña embarcación, en aguas tempestuosas, donde pudieran sentir la verdad y la belleza del verso en el que se suplica: «Mi timón es Tu amor. Guíame, oh Salvador» (*Himnos*, N° 51).

Después de las canciones, ofrecí la oración. Fue una experiencia espiritual conmovedora; las palabras de agradecimiento acudieron a mi mente con facilidad y recordé muchos pasajes de las Escrituras, como «Humillaos, pues, bajo la poderosa mano de Dios, para que él os exalte a su debido tiempo» (1 Pedro 5:6). Parecía que las palabras de alabanza y súplicas penetraban en mi corazón y llenaban aquella noche oscura con la fluida lengua tongana, rica en frases de loor y metáforas que expresan gratitud. Por un momento, tuve la sensación de elevarme por encima del pequeño bote y ver la mano de Dios cubriéndonos durante la noche con una sonrisa en Su rostro, y reconociendo nuestros sinceros himnos de adoración y nuestras oraciones de agradecimiento. Fue una clara confirmación espiritual de Su benevolencia para con todas las personas, así como también de la bondad de la gente honrada de todas partes del mundo que trata de ayudar a otros y que con humildad se somete a Dios. Sé que Él escucha las oraciones sinceras.

Al concluir ese tranquilo momento espiritual, hubo muchas lágrimas: lágrimas de gratitud, de súplica, de amor y lágrimas de simple emoción, por haber sentido profundamente aquel pequeño grupo de creyentes cuánto necesitaba la ayuda del Señor. Dios estuvo muy cerca de nosotros aquella noche.

Durante la larga jornada nocturna, el viento bramó, la espuma voló, el bote crujió y las velas y sogas gimieron mientras unas veces montábamos las crestas de las olas y otras nos zambullíamos en valles de oscuridad. A pesar de ello, nadie sentía pavor, porque todos sabíamos que estábamos en las manos de Dios. Muchas veces durante el correr de la noche oí que algunas personas susurraban: «Aunque ande en valle de sombra de muerte, no temeré mal alguno, porque tú estarás conmigo» (Salmos 23:4). La fe y el amor nos cobijaron aquella noche, y ¡qué abrigo tan cálido y maravilloso resultaron!

Estuve despierto la mayor parte de la noche, un poco por el dolor pero más que nada por sentirme sobrecogido, maravillado y deseoso de ayudar a los demás tal como ellos me habían ayudado a mí. Hablé con el capitán y con algunos otros e intenté expresarles el amor y el agradecimiento que sentía hacia ellos y hacia Dios; conversamos bastante sobre el Evangelio y puedo decir que estuve lleno del Espíritu.

Aunque había estado en muchos botes, en ninguno había tenido una experiencia como en aquél, en el que no me sentía entero físicamente. Se siente algo particular cuando uno sabe que no tiene mucha fortaleza física y que debe confiar completamente en otras personas y en Dios por el bienestar de su vida y su futuro; las circunstancias no son realidad placenteras, pero los sentimientos de amor y agradecimiento sí lo son.

En algún momento de la noche caí en la cuenta de que no había llevado nada conmigo; por lo general, cuando viajaba de una isla a otra, llevaba las Escrituras, algunos folletos, una muda de ropa, quizá un poco de comida y tenía por lo menos un compañero. En esas circunstancias no tenía nada: ni muda de ropa, ni Escrituras, ni reloj, ni comida, ni billetera, ni dinero, ni pasaporte… ni siquiera buena salud. No tenía nada más que la ropa que llevaba puesta.

Al principio me estremecí y me preguntaba qué haría; más tarde me di cuenta de que no importaba: el dinero, la ropa, los pasajes, los pasaportes, todas esas cosas del mundo no eran importantes; incluso la salud no era imprescindible. En cambio, tenía lo que era importante: tenía un testimonio; sabía que Dios era mi Padre; sabía que yo era misionero, un testigo de Su Hijo, Jesucristo; sabía que Él sabía quién era yo, dónde me encontraba, cuáles eran mis necesidades y a dónde debía ir; sabía con certeza que Él era el «Rey de los cielos y de la mar» y que por medio de

Él «todos ellos se domarán» hasta que llegue el cumplimiento: «¡Paz, cálmense!».

Pensé en Moisés cuando se encontraba en el desierto después de haber dejado atrás Egipto; seguramente no tenía pasaporte ni dinero, y quizá ni siquiera tuviera una muda de ropa. Pensé en Abraham y en otros que atravesaron desiertos y tierras desoladas, y también en los pioneros que anduvieron entre artemisas y arena. Probablemente sea más fácil encontrar a Dios en lugares y circunstancias como ésos; al menos en ellos no hay tantas distracciones de este mundo. Me sentí agradecido por aquella noche y también agradecí que hubiera terminado.

Cuando el cielo comenzó a aclararse por el oriente, todos volvieron a reunirse y entonamos otra vez canciones de alabanza y gratitud; una vez más me pidieron que ofreciera una oración para agradecer la protección que habíamos tenido durante la noche, el encontrarnos en el camino correcto y no haber perdido a nadie. En la oración, alabé a Dios, le agradecí Su ayuda y le pedí que siguiera brindándonos Su protección durante el día que comenzaba. Espontáneamente acudieron a mi memoria palabras de los Salmos y tanto el significado como el escenario parecían muy naturales; llegaban a lo profundo de cada corazón, incluso el de algunos que ya no se hallaban en esta tierra. Pensé en la dulce niña de la última travesía, que ya se encontraba en las «manos del Señor».

Las aguas estaban picadas, pero avanzábamos a buen ritmo. Fijándome en los que me rodeaban, reparé en el considerable tamaño de una mujer que se encontraba cerca de mí; recuerdo haber pensado con cierta desaprobación: «Es enorme». No mucho después intenté ponerme de pie y me invadió un repentino dolor en la espalda que me hizo caer justo cuando una ola grande daba contra el bote; perdí el equilibrio y fácilmente podría haber caído por la borda; pero sentí que algo fuerte me rodeaba y me encontré a salvo entre unos brazos fornidos. Entonces me di cuenta de que me encontraba en el regazo de aquella pesada mujer y de que todos los mares del mundo no habrían podido arrancarme de su firme abrazo ni lograr moverla de la cubierta del velero. Cuando pasó el peligro, me soltó y me advirtió que no debía volver a pararme sino quedarme sentado, andar a gatas o simplemente permanecer acostado. Lamenté haber tenido aunque fuera un mínimo pensamiento negativo hacia ella.

Durante el día, el hombre mayor volvió a masajearme la espalda por horas usando ungüentos especiales; gracias a eso me sentí mucho mejor. Otros compartieron conmigo bananas hervidas y cocos que sabían muy bien. ¡Qué solícitos fueron para atenderme! ¡Qué gente maravillosa!

Cerca del atardecer apareció tierra a la vista; momentos antes de caer la noche llegamos al puerto de Nuku'alofa. Me sentía tanto mejor que hasta cierto punto me daba vergüenza haber ido hasta allí. Cuando pisé la orilla, mi espíritu literalmente rebosaba de alegría y de un entendimiento que se había profundizado mucho. Habíamos llegado sanos y salvos y ya casi no me dolía la espalda.

Di las gracias a todos por su ayuda; se negaron a aceptar ningún tipo de pago, lo cual agradecí ya que no tenía nada de dinero. Les aseguré que serían enormemente recompensados por su bondad y ellos me dieron gracias por mis oraciones y afirmaron que habían sentido la protección del Señor al llevar un misionero a bordo. El hombre de las «manos mágicas» me aseguró que me iba a sentir bien; yo le di un abrazo sincero para expresar mi gratitud. Nos despedimos con lágrimas de gozo y agradecimiento mutuo; había sido una buena experiencia. Supe que dos personas que se encontraban en aquel grupo más tarde se unieron a la Iglesia.

Ya podía caminar sin sentir mucho dolor, así que me dirigí hacia el pueblo; tenía hambre y sed y estaba cansado; sin embargo, sentía un maravilloso bienestar. Todavía no sabía qué me había sucedido ni lo que iba a pasar, pero recordé que me habían dado una bendición y una promesa; reflexioné acerca de la bendición y también de la seguridad con que el hombre del velero me había dicho que estaría bien; aunque pensaba que así sería, estaba un tanto preocupado.

Finalmente encontré al presidente de la misión y le expliqué lo acontecido. Él me llevó al hospital; no era gran cosa, pero era mejor que lo que teníamos en Ha'apai.

Un médico tongano me revisó y me hizo algunas pruebas; estaba al tanto de que había viajado desde Ha'apai hasta allí en bote, en un mar tempestuoso, así que me preguntó si me había golpeado contra el costado de la embarcación o si algo me había pegado durante el viaje; le respondí que no pensaba que fuera así pero no recordaba bien.

Me dijo que tenía toda la espalda amoratada y que había sufrido un traumatismo grave; también se me habían desgarrado algunos músculos, pero no me había quebrado ningún hueso ni se me había dañado ningún disco. «Fuera lo que fuera, ahora está bien», me dijo. «Puede volver a su casa; simplemente cuídese y no levante nada pesado ni realice trabajos de mucho esfuerzo en las dos próximas semanas».

El presidente de la misión quería que me quedara unos días para cerciorarse de que todo marchaba bien, pero le aseguré que me sentía perfectamente y que quería regresar a Ha'apai lo antes posible. Él suspiró, pero al fin asintió. Pasé la noche en la casa de la misión y partí a la mañana siguiente. Desde aquel entonces no he tenido ningún problema con la espalda.

46

Los perdidos y desconocidos

La mañana que partí hacia Ha'apai, el presidente me dijo:

—Tenemos cien tarjetas de miembro de personas perdidas o desconocidas que son de Ha'apai; llevan mucho tiempo en la oficina así que las enviaremos a Salt Lake City.

—¿A qué se refiere con eso de perdidas y desconocidas? —le pregunté . No hay nadie perdido ni desconocido en Ha'apai.

—No lo sé —me contestó—, pero aquí hay cien tarjetas de miembros que aparentemente nadie conoce. ¿Usted conoce a alguna de estas personas?

Me fijé y no reconocí a nadie; de todos modos, le pregunté si antes de enviarlas a Salt Lake City, me daría un par de meses para ver si podía encontrarlas, con lo cual estuvo de acuerdo.

Regresé a Ha'apai y, a pesar de que todavía me dolía un poco la espalda, me sentía mucho mejor, sobre todo porque sabía que no era nada grave.

Durante los meses que siguieron preguntamos por todos lados si reconocían los nombres que aparecían en las tarjetas de «perdidos y desconocidos». Uno de los problemas que teníamos en aquella época con los registros era que en Tonga la gente solía cambiarse de nombre; yo siempre los regañaba por esos cambios, tras lo cual iban y me decían:

—¿Ustedes los *palangis* mueren con el mismo nombre con el que nacieron?

—Sí —les respondía, y les explicaba que eso era lo mejor para los registros de la Iglesia. Ellos se quedaban mirándome con incredulidad y me decían

—Entonces ¿no progresan en ningún sentido durante toda la vida?

Al principio no lo comprendía, pero me explicaron que en su cultura, cuando cambiaban de actitud o de posición o demostraban su capacidad, se cambiaban el nombre como muestra de su nueva situación. Citaban el Antiguo Testamento y me hacían notar que el nombre de Abram se había cambiado por Abraham, el de Sarai por Sara y el de Jacob por Israel. Usaban muchos ejemplos del Antiguo Testamento y me explicaban que cuando uno hace algo que lo pone a prueba y tiene éxito, luego se cambia el nombre de acuerdo con el resultado. Parece que pensaban que Dios procede del mismo modo.

Señalaban que en occidente la mujer toma el apellido del esposo y que todos los fieles toman sobre sí el nombre de Cristo. No tuve mucho para contestar al respecto y ellos continuaron explicándome que, según sus costumbres, si uno muere con el mismo nombre que se le dio al nacer, es señal de que fracasó en la vida. Lo que sostenían me dio más razones para pensar que, a fin de entender al pueblo de Tonga, uno debe comprender el Antiguo Testamento.

Aunque la mayoría de los ejemplos que utilizaban provenían del Antiguo Testamento, también tomaban ejemplos del Nuevo Testamento y del Libro de Mormón, tal como los casos de Saulo que se convirtió en Pablo, los lamanitas que pasaron a ser anti-nefi-lehitas y el rey Benjamín que dio un nombre nuevo a su pueblo cuando se produjo en ellos un cambio de corazón.

Además, me dieron otras referencias más oscuras de las que yo jamás había oído hablar pero que, sin embargo, para ellos eran importantes. Quizá esa sea una de las razones por las cuales a los tonganos la obra del templo les resulta tan natural. A sus reyes se les da un nombre nuevo cuando pasan a reinar (tal como sucede en muchos casos de los reyes ingleses y de otros países). Hay tantas semejanzas entre el Antiguo Testamento, el templo y la cultura tongana que estoy convencido de que por sus venas corre sangre de Israel, que sus antepasados poseían la verdad y tenían templos y que, en alguna época, ellos entendían los principios correctos del Evangelio. Una persona de afuera quizá no lo piense, pero a mí no me cabe duda.

Seguimos investigando y haciendo preguntas acerca de las «personas perdidas y desconocidas» en todos los lugares adonde íbamos. A pesar de que en Ha'apai vivían más de quince mil personas, todos se conocían entre sí o por lo menos podían establecer una conexión rápidamente. Cuando no hay muchas cosas materiales que ocupen nuestro tiempo o atención, uno tiende a concentrarse más en lo que tiene, como la familia, los amigos y las relaciones. Lo único que teníamos que hacer era hablar con bastante gente; al poco tiempo, ya habíamos encontrado a noventa y nueve de esas cien personas, ya fuera personalmente o por saber qué había sido de ellas; la mayoría aún se hallaban en Ha'apai, varias habían fallecido o se habían mudado y muchas se habían cambiado de nombre; fuera como fuere, todas eran personas reales y las encontramos. Fue una de las aventuras detectivescas más fascinantes que he tenido en mi vida.

En el proceso de averiguar con respecto a las tarjetas, hallamos a muchas personas a quienes enseñar y finalmente llegamos a la última tarjeta de miembro, que parecía ser el misterio más grande de todos. Nos dábamos cuenta de que noventa y nueve de cien era un buen porcentaje, pero seguíamos deseando que nuestra labor fuera perfecta por lo que teníamos que hallar a las cien personas.

Un día nos encontrábamos en una embarcación que pocas veces usábamos para ir a otra isla; la mayoría de las veces utilizábamos nuestro velero, pero a menudo éste estaba en tan malas condiciones que no podíamos llevarlo y teníamos que viajar en otras embarcaciones. Durante aquel viaje, hablamos de la persona cuyo nombre aparecía en la última tarjeta. En aquella época, esas tarjetas proporcionaban mucha información tal como quién había bautizado a la persona, quiénes eran sus padres y datos por el estilo. Cuando mencioné el nombre del élder que había bautizado a la persona «perdida», noté de refilón que el capitán agachaba la cabeza o al menos eso me pareció. Fui hasta el timón para hablar con él y, efectivamente, era el hombre que faltaba. Se había bautizado mucho tiempo atrás y esa había sido la última ocasión en que había tenido algo que ver con la Iglesia. Sin embargo, cuando mencionamos el nombre del élder que lo había bautizado, le vino a la memoria el recuerdo de aquel distante bautismo y reaccionó al oírlo. Después de aquel acontecimiento, se había cambiado el nombre y nadie sabía que era miembro.

Eso ha ido cambiando poco a poco en Tonga, ya que se dan cuenta de que deben ser constantes con los nombres que usan al expedir certificados de nacimiento y pasaportes para viajar. Estoy seguro de que es más conveniente pero no tan seguro de que sea un signo de progreso.

La mayoría de las personas que encontramos volvieron a ser activas en la Iglesia. En aquella época estaba convencido, y todavía lo estoy, de que en la Iglesia no existe tal cosa como una persona perdida y desconocida, especialmente en Tonga; sólo hay «personas no identificadas» a quienes, con esfuerzo, se puede encontrar.

47

Mis conversaciones particulares

Aunque seguíamos encontrando nuevas dificultades con los miembros, con los misioneros y con la escuela, eran básicamente de poca importancia comparadas con las que ya habíamos pasado. Todos los días surgía algo emocionante y provocativo para lograr y tratábamos de realizar nuestro trabajo con entusiasmo. Había poco tiempo para descansar. Recuerdo haber pensado que no existía bendición más grande que la de tener una labor estimulante e importante para hacer, con la autoridad para llevarla a cabo y buenas personas que ayuden. Fueron tiempos gloriosos.

Los días se convirtieron en semanas y las semanas en meses. Había un poquito de progreso por aquí y sentimientos un tanto mejores por allá. Los nuevos misioneros que se encontraban en la escuela tenían una gran influencia; reinaba más armonía entre los misioneros que eran presidentes de rama y los proselitistas, y entre estos dos grupos y los miembros; además, la asistencia a las reuniones estaba aumentando. El sentimiento de unidad comenzaba a hacerse realidad. De vez en cuando, surgía alguna discusión o algún problema desagradable, pero en general, de a poco íbamos acercándonos al cumplimiento de la meta que nos había puesto el presidente de la misión: poner fin a las peleas y discusiones y lograr más unidad entre las personas.

En ningún lugar esto era tan evidente como en la escuela, donde se podía decir que el espíritu de amabilidad, de amor y de unión que había entre los maestros era maravilloso; no sé si es posible que una persona albergue sentimientos mejores que esos. Nadie se quejaba; todos se esforzaban por ayudarse los unos a los otros; todos trabajaban arduamente y había mucho de ese tipo de trabajo laborioso para hacer.

Los maestros me decían constantemente que les diera más responsabilidades si era necesario a fin de estar libre para cumplir con mis deberes de presidente del distrito. Conocían mis obligaciones para con los otros misioneros y miembros que se encontraban en las islas remotas. «Cuando tenga que irse, no tiene más que avisarnos; cuando regrese, no se arrepentirá: si es preciso, trabajaremos las veinticuatro horas del día», afirmaban. Poco a poco, fui dándoles más responsabilidades a los misioneros maestros y sentía que la escuela mejoraba a medida que lo hacía.

Este mismo sentimiento de unidad comenzó a extenderse entre los integrantes de la presidencia y del consejo del distrito y entre el resto de los misioneros y miembros. Todos tomaban sus deberes con más seriedad y, a medida que se afanaban conscientemente por ayudar a los demás, el distrito entero empezó a impregnarse con un sentimiento de unidad que nos producía a todos grandísimo gozo.

En esa misma época, me fui a pasar diez días en Lulunga (un grupo de islas que se encontraba al sur) para predicar. A mi partida, los sentimientos que había entre los miembros eran muy positivos, y, al visitar las islas más alejadas, descubrí que entre los miembros y los misioneros existía el mismo tipo de afecto. Daba la impresión de que todos *deseaban* ayudar, que querían cumplir con su porción del trabajo e incluso hacer más. ¡Qué cambio maravilloso!

Una vez que completamos ese circuito para predicar, emprendimos el regreso a casa; el viento no estaba a nuestro favor, así que tuvimos que dar grandes bordadas con el velero a fin de avanzar aunque fuera un poco; esto quiere decir que para avanzar un kilómetro y medio, teníamos que recorrer varios kilómetros hacia un costado y hacia atrás, en un ángulo pequeño, con el fin de acercarnos un poquito más a nuestro destino.

Aunque el mar no estaba demasiado agitado, debido al viento en contra el viaje que podríamos haber hecho en medio día nos llevó más de dos. Como había dejado atrás la actitud inmadura de quejarme por el viento, mientras navegábamos de un lado hacia otro, tuve muchísimo tiempo para pensar y meditar.

Al hacerlo, me sobrevino un espíritu de maravilla. ¡Estaba tan contento con las condiciones en que había quedado todo en la isla cuando me fui, así como con lo que había encontrado en las islas más lejanas! Y también por lo que sentía al estar con mis compañeros. Estaba seguro de que encontraría buenos sentimientos entre todos al regresar a casa y percibía que la unidad y las bendiciones que se reciben al tenerla comenzaban a convertirse en realidad.

Mientras me encontraba sentado en un estado de ánimo contemplativo, reflexioné en cuanto al gran contraste que había entre lo bien que parecían estar las cosas en ese momento y lo mal que me habían parecido unos meses atrás. Éramos solo cinco en el velero y, con el fuerte viento que daba contra nosotros y el océano que también estaba turbulento, había mucho trabajo que hacer a fin de poder avanzar; me ofrecí a ayudar pero, dado que eran comprensivos y se daban cuenta de que estaba estudiando y meditando, me dijeron que ellos se encargaban y me dejaron a solas con mis pensamientos. No se quejaron ni una sola vez por el hecho de que yo no les ayudara. Gracias a sus manos habilidosas y a su actitud cooperativa, me recosté y caí en un estado de profunda meditación.

Sin darme cuenta o sin siquiera pensar al respecto, di comienzo a una especie de conversación con Dios; no fue un diálogo real, con lo que quiero decir que no fue como los que podría tener ahora con mi esposa o mis hijos, pero de todos modos fue una conversación. Para mí fue muy real. Fue básicamente con un solo participante, ya que yo hacía las preguntas y también daba las respuestas. Había estado leyendo mucho las Escrituras y pensando en cuanto a los cambios que habían ocurrido en Ha'apai. A pesar de que era yo quien proporcionaba las respuestas a mis propias preguntas, me sentía bien al respecto y pensaba que de todos modos eran inspiradas por una fuente divina.

Espero que no sea un sacrilegio compartir parte de esa conversación. Comencé así: «Es grandioso ver y sentir el cambio que se produjo en el Distrito de Ha'apai. ¿Cómo sucedió?».

Por medio de la fe en Mi Hijo Amado. Todo lo bueno procede de la fe en Él.

«Pero había tanto caos, tantas peleas, tantas disensiones. Todo parecía estar tan desorganizado. Y ahora reina tanta paz y tanto orden y parece que todos tenemos el mismo objetivo. ¿De qué modo se lleva a cabo ese cambio? Es como un milagro».

Tengo mucha experiencia en lograr que el caos se convierta en orden. Lo he hecho muchísimas veces. Puedo convertir las peleas en amor y el caos en orden, tanto entre las personas individualmente como entre las familias, las ramas o los distritos, e incluso entre mundos y universos. Solo se trata de obedecer leyes eternas.

Me ocupo de la gente y de todas mis creaciones hasta que obedecen, y entonces la paz y el orden pasan a ocupar el lugar del enojo y del caos. La desobediencia es lo que produce el caos y la obediencia lo que engendra paz. Algunos elementos y algunas personas requieren más tiempo, pero finalmente aprenden.

«Parece tan maravilloso y deseable tener paz y unidad. ¿Por qué existen la falta de armonía y los desacuerdos y qué mueve a las personas a causarlos?»

Es que el principio de albedrío moral debe mantenerse intacto. Algunos aprenden más rápidamente o mejor que otros, pero todos aprenden. Al final, las realidades de la eternidad se hacen evidentes y la verdad prevalece. La luz siempre vence a la oscuridad.

«Pero entonces ¿qué les sucede a los que parecen estar empeñados en hacer el mal y en engañar y mentir? ¿Cómo se resuelve eso?»

También tengo mucha experiencia en tales situaciones. Enseñas principios correctos y testificas fervientemente, pero también aprendes a amar con todo tu corazón y a cultivar paciencia, una paciencia tan profunda como la eternidad.

«¿Cómo se logran ese amor y paciencia?»

El amor se logra amando y la paciencia practicándola; pero recuerda lo que dije antes: Todo progreso viene por medio de la fe en Mi Hijo Amado. Síguelo. Estudia Su vida y Sus enseñanzas. Aprende de Él. Todo lo que hay en la Iglesia e incluso en la tierra y en el cielo testifican de Él. Percíbelo a Él y ve Su vida y Sus enseñanzas en todo lo que te rodea. Confía en Él. Sé paciente, acepta Su guía y así aprenderás.

«Sigo sin entender cómo debo trabajar con las personas que no parecen dispuestas a cambiar y que, en efecto, más bien quieren desobedecer. ¿Cómo se hace?»

Actúa de acuerdo con lo que te dije.

A veces hacía preguntas y no sentía ninguna respuesta. Sin embargo, en otros momentos mis preguntas se contestaban con un «Ahora no», «Todavía no» o «Aún no lo puedes comprender». En general, fue una experiencia maravillosamente grata en la cual leí las Escrituras y sentí que obtenía respuestas que, aunque quizá no habían estado ocultas, no había comprendido hasta el momento.

Esas conversaciones continuaron durante horas y horas. Quizá haya dicho más de lo que debía, pero no creo haber dicho nada que no se encuentre en las Escrituras. Fue un tiempo maravilloso para mí; me sentía como un niño que mira un lago y se maravilla por su belleza, por su profundidad y anchura, preguntándose todo lo que sucede en su interior, pero presintiendo que más allá de la próxima cadena de montañas hay un océano entero, incluso una eternidad de océanos. Me sentía feliz por haberlas tenido, pero sabía que apenas había comenzado.

Dos días más tarde, cuando finalmente entramos en el arrecife y logramos llegar al puerto, todavía seguía pensando y reflexionando, maravillándome y agradeciendo. Me preguntaba cómo hacen las personas para entender estas cosas si no tienen unos días para sentarse y reflexionar en un bote en el Pacífico Sur, con una tripulación fiel que nunca se queja. Supuse que toda persona encuentra días y lugares para meditar; sin embargo, me alegraba de que hubiéramos tenido viento en contra y que nos hubiera llevado dos días llegar a casa.

Cuando volví a la escuela y a las ramas y cuando me reencontré con los misioneros, no me desilusioné; de hecho, la situación superaba las expectativas más optimistas que había albergado: la escuela funcionaba sin problemas, lo que es más, funcionaba a las mil maravillas; los miembros y los misioneros estaban unidos y se hallaban muy cerca de llegar a ser uno en corazón y propósito. ¡Qué gran bendición!

Qué grandioso todo lo que el Señor da a aquellos que lo obedecen y ayudan a otros, que son humildes y unidos y no buscan su propio bienestar sino que constantemente procuran el bien de los demás.

Aprendí que, en realidad, ni el idioma, ni la cultura, ni el entorno físico, ni la tecnología, ni el tiempo ni el lugar, ninguna de esas cosas tiene influencia; solo la unidad, la obediencia, el amor, la amabilidad, el trabajo arduo, la paciencia, la humildad, la disposición a dar al albedrío el lugar que le corresponde y, además, el hecho de tener una profunda fe en el Señor Jesucristo son los elementos que realmente logran un cambio. Esas son las cosas importantes que debemos aprender en esta existencia y las únicas que pueden traernos bendiciones.

Aprendí que Dios participa activamente en nuestra vida y que, cuanta más fe tengamos en Él, más comprenderemos esa participación; y que, cuanto menor sea nuestra fe, menos lograremos comprenderla. Aprendí que, sea cual sea la apariencia que tengan las situaciones, siempre podemos recurrir a Dios. Debemos obedecer, perseverar fielmente en Cristo y recordar siempre que, para nosotros, el último capítulo aún no se ha escrito.

48

Auhangamea

A diferencia de Niuatoputapu, en Ha'apai llegaban y salían muchos barcos. Dudo que pasara una semana sin que llegara algún tipo de embarcación; algunos transportaban correo, pero la mayoría de los botes pequeños no lo hacían. Después que llegaban los barcos que venían de Tongatapu, siempre pasaba por la casilla 6 de la oficina de correos para ver si había algo para mí; como cualquier otro misionero, me sentía muy feliz cuando recibía cartas. Allí la correspondencia salía y llegaba con mucho más frecuencia y estaba seguro de que mi familia se sentía un poco más tranquila.

Un día llegó una carta del presidente de la misión que decía que le habían dado permiso para construir varias capillas de ladrillos en Tonga, entre las cuales se encontraban dos para el distrito de Ha'apai: una en Pangai y otra en Uiha. ¡Qué emoción! La voz se corrió rápidamente. Tras años de reunirnos en capillas más bien precarias, ¡al fin los mormones hacían algo de primera!

Circulaban rumores por todas partes, tanto entre los miembros como entre las personas que no lo eran: «He oído que los mormones compraron una lancha a motor y que vendrá para aquí». «He oído que van edificar con cemento, que es duro como el coral». «He oído que vendrán constructores de los Estados Unidos». Los rumores y las preguntas seguían corriendo, pero yo no podía decir mucho porque no era mucho lo que sabía.

En su carta, el presidente me decía que debíamos conseguir contratos de arrendamiento a largo plazo en Pangai y en Uiha antes de comenzar a construir; y agregaba que debíamos juntar una suma de dinero considerable (500 libras o alrededor de 2.500 dólares estadounidenses) y proporcionar varios hombres sanos que prestaran servicio como misioneros de construcción. Me pidió que le avisara cuando lográramos todo eso y entonces iría uno de los constructores de los Estados Unidos, llevaría a cabo una inspección y nos diría qué debíamos hacer a continuación.

Me preocupaba que alguien que no conocía el idioma ni entendía las costumbres del lugar fuera a Ha'apai para darnos órdenes; de todos modos, tenía fe en el presidente de la misión y traté de hacer todo lo que me había pedido.

Hicimos nuestra parte y poco después llegó el constructor: era un hombre amable y comprensivo; aunque se le exigía que hiciera ciertas cosas, también estaba dispuesto a escuchar y a cambiar lo necesario a fin de obtener mejores resultados en lo que se debía hacer. Fue así que se puso en funcionamiento el programa de construcción de la Iglesia en Ha'apai y al poco tiempo comenzamos a edificar las dos capillas de ladrillos. Para bien o para mal, nada volvería a ser lo mismo.

Es difícil imaginar el alcance que tuvieron los nuevos procedimientos. El choque más grande fue la presentación de nuevos métodos: se empezó el uso de lanchas a motor en vez de veleros; comenzaron a utilizarse la madera, el cemento, el techado de chapa y los clavos como materiales de construcción; se utilizó electricidad (obtenida por medio de generadores) que proporcionaba la energía para realizar tareas que antes se hacían a mano; se emplearon calendarios de trabajo, se les pagaba a las personas por su labor, se seguía un plan escrito, se llevaban registros, se esperaba que los obreros trabajaran una cantidad determinada de horas o que terminaran cierta cantidad de trabajo por día o por semana. Todos estos eran conceptos básicamente ajenos a la manera habitual de hacer las cosas en Ha'apai; sin embargo, comenzaron a ser de gran importancia y se aplicaron a casi todos los aspectos de nuestras actividades.

Era interesante ver aquel choque de dos culturas: mientras que la tongana tendía en gran medida a moverse junto con la naturaleza, la cultura occidental tendía en gran medida a moverse a pesar de los procesos naturales; mientras que la tongana se inclinaba a someterse a la voluntad de la naturaleza, la otra quería someter la naturaleza a su propia voluntad. Muchas veces era triste e incluso doloroso ver varias de las características de una cultura de siglos absorbidas por una más poderosa que se movía con el avance de la tecnología, ideas nuevas y maneras diferentes de llevarlas a cabo; una cultura que se llevaba por delante los mares, las tormentas, la oscuridad y, a veces, hasta los sentimientos de las personas.

Durante un tiempo, hubo un poco de confusión; hasta yo estaba confundido. Sin embargo, en seguida me di cuenta de que los principios básicos del Evangelio permanecían intactos. Aunque a partir de aquel momento a menudo viajábamos en lanchas a motor, en vez de veleros, todavía se necesitaba la fe; aunque a los trabajadores se les pagaba un sueldo, todavía se necesitaba la honradez; a pesar de que se daban asignaciones específicas a las personas, todavía existía la oportunidad de hacer más de lo que se requería y de ayudar a otros; y, a pesar de que se debía usar un cronograma, esto no le impedía a nadie realizar esos pequeños actos de bondad que forman parte de la cristiandad. Fueran cuales fueran las consecuencias que acarreara la nueva tecnología, la fe y la bondad seguirían siendo necesarias y nunca pasarían de moda.

Los constructores llevaron una lancha a motor a Ha'apai y nos avisaron que debíamos usarla «únicamente con fines de construcción», ya que el Departamento de Construcción era el que pagaba ese gasto (no tengo idea de quien lo administraba); dejaron bien claro que no se debía usar para la rama ni para la obra proselitista, pero aun así querían que yo estuviera a cargo de la lancha.

¡Qué confundido quedé! Pensaba que el trabajo de la rama, la obra proselitista y la labor de construcción eran todo lo mismo; sin embargo, aunque me parecía que no se podían separar, les dije que haría mi mejor esfuerzo.

Cuando el constructor se fue, me prometió que enviaría un mecánico para el mantenimiento de la lancha; yo no sabía nada de motores que funcionaran con gasóleo (gasoil). También dijo que, como el único embarcadero que había en Ha'apai se encontraba en Pangai, enviarían una carga doble de cemento allí y me preguntaron si yo podría llevar la mitad a Uiha, a lo cual les respondí que lo haría, pero ¡no sabía en qué lío me había metido!

Cuando llegó el envío de barriles de cemento a Pangai, era tan pesado que nadie sabía qué hacer; muy probablemente habrá sido la carga más pesada que había llegado hasta aquel momento. Nos dábamos cuenta de que, ya fuera que usáramos nuestro velero o la lancha a motor, nos iba a llevar una eternidad transportar hasta Uiha las decenas de pesados barriles de cemento a prueba de agua.

El mercado de copra (pulpa seca de coco) tenía una gran *lafa lafa* (barcaza) que utilizaban para transportar sus cargas hasta los monumentales navíos ingleses, que eran demasiado grandes para entrar en el puerto. Tras negociar un poco, llegamos a un acuerdo para usar la barcaza a fin de transportar el cemento hasta Uiha.

El día que habíamos acordado, los miembros bajaron al embarcadero y cargaron los pesados barriles de cemento en la barcaza de madera. Una vez que estuvieron cargados, ésta estaba tan cerca del nivel del agua que pensé que se hundiría; pero se mantuvo a flote.

Compramos muchos metros de una soga bien fuerte (nos parecía un milagro que el Departamento de Construcción siempre tuviera dinero para comprar esas cosas; nosotros nunca podíamos comprar suficiente cuerda de buena calidad para nuestro viejo velero); enganchamos la barcaza a la lancha a motor con un trozo largo de la soga nueva y pesada. Luego encendimos la lancha y comenzamos a avanzar; cuando la soga se tensó y emergió del agua, la lancha intentó seguir adelante pero no pudo. Parecía que la vieja y pesada barcaza se quedaba allí plantada y riéndose, como si nos dijera: «¡A ver si pueden moverme!».

Fue terriblemente frustrante. Muchos de los miembros no dejaban de saltar del muelle a la barcaza y de la barcaza al muelle, gritando y riéndose y divirtiéndose en gran manera. Aunque me alegraba verlos disfrutar, incluso a costa nuestra, no pude evitar la idea de que quizás estuviéramos metiéndonos en algo que superaba nuestra capacidad. Éramos cinco en la lancha y la situación no me causaba nada de gracia.

Después de mucho esfuerzo, la barcaza comenzó a moverse a regañadientes: primero unos cuantos centímetros, pero finalmente con un ritmo un poco más constante. Cuando me di cuenta de que ya estábamos en marcha, hice señas de que se bajaran de la barcaza y nadaran hasta la orilla todos, excepto los diez hombres que llevábamos para que nos ayudaran a descargar en Uiha; entre ellos había muchas risas y correteo jugando al gato y al ratón, y los muchachitos escapaban de los mayores que trataban de tirarlos al agua. Al final, solo quedaron diez hombres y, para ese entonces, ya estábamos cerca de la entrada del arrecife que nos separaba de la protección del puerto y de la mar abierta.

Una vez que nos adentramos en el océano, el oleaje comenzó a hacer subir y bajar la barcaza y la lancha, muchas veces no al mismo tiempo. A pesar de que habíamos sometido nuestra empresa a la oración, volví a sentir aquella sensación latente de que algo iba a suceder. De vez en cuando, una ola grande empujaba hacia atrás la barcaza y el resultado era que ésta hacía retroceder la lancha también, fuera cual fuera la velocidad con que marchara el motor. Daba miedo. La barcaza debía de pesar cien veces más que la lancha; me sentí agradecido de que la soga fuera tan larga. Poco a poco, aprendimos cuándo avanzar, cuándo aminorar la marcha y cómo usar las sogas y valernos de las olas para avanzar lo más que pudiéramos.

Habíamos partido temprano por la mañana, cuando el cielo estaba casi completamente cubierto de nubes; el mar se veía muy agitado y la espuma de las olas nos rodeaba por todas partes. La lancha había viajado hasta Uiha en una sola ocasión y había llegado en cuatro horas; pero con aquella carga tan pesada, preveíamos que nos llevaría casi todo el día llegar a destino.

Lo que más nos preocupaba era pasar por el *auhangamea* (el destructor); era un lugar donde diversas islas se encontraban unas muy cerca de las otras, por lo cual desviaban y encauzaban las corrientes y las oleadas con una fuerza multidireccional tan fuerte e impredecible que convertía ésa en una de las principales zonas de peligro.

En un viaje anterior, había tirado con todas mis fuerzas un palo largo como una lanza hacia el *auhangamea*; el palo descendió y descendió hasta que salió a la superficie a treinta metros de distancia. Un poco después, lancé otro y salió a la superficie a poco más de veinte metros de nosotros, en una dirección completamente diferente. Me imaginaba que allí abajo debía de librarse una batalla gigante entre las corrientes opuestas.

Llegamos al *auhangamea* durante las primeras horas de la tarde, lo cual significaba que ya habíamos recorrido las tres cuartas partes del camino hacia Uiha; sin embargo, todos sabíamos que el último tramo sería el más difícil. Hasta allí habíamos ido tranquilos y cantando; pero cuando nos íbamos acercando al *auhangamea*, la situación cambió y la tensión se apoderó de nosotros. ¿Sería fácil o nos encontraríamos con aguas revueltas? Y si era así, ¿qué efectos tendría en la lancha, las sogas y la barcaza que iba tan pesada? Todos sabíamos que aquel lugar era impredecible, ¿pero cómo sería ese día? Muchas oraciones sinceras se elevaron al cielo.

Cuando entramos en las aguas del destructor, tuvimos la extraña sensación de que las poderosas corrientes nos tironeaban violentamente. La lancha oscilaba hacia un lado y luego salía disparada hacia atrás como si la estuviera arrastrando una fuerza siniestra.

Al principio, avanzamos lentamente; pero cuando la pesada barcaza entró en el *auhangamea*, supimos que estábamos en dificultades. Las fuertes corrientes parecían agarrarla y moverla de costado alejándola de la lancha; la soga se ponía tirante y sentíamos que tiraba la lancha hacia atrás; entonces surgía otra corriente dominante y la barcaza se movía rápidamente hacia el otro lado hundiendo la soga en el agua; luego, cuando la lancha avanzaba y la volvía a tensar, la barcaza se movía en otra dirección y nos tiraba hacia atrás o hacia un costado. Era una locura y nos aterraba.

El conductor aceleró el motor pero dijo que éste no soportaría tanta presión durante mucho tiempo; trabajando en colaboración con el vigía intentó coordinar los diversos movimientos de ambas embarcaciones. De a ratos, todo parecía marchar mejor, pero entonces inesperadamente se producía un cambio que lanzaba la lancha bruscamente en una u otra dirección. Nos daba la impresión de que las olas se hacían cada vez más grandes; estábamos todos empapados, porque el océano rompía constantemente sobre nosotros. De todos modos, la peor parte era la imprevisibilidad de la situación.

Las fuertes corrientes nos obligaban a ir en una dirección que no era la que deseábamos y la barcaza se bamboleaba cada vez con más fuerza; de a momentos se hundía casi hasta desaparecer, pero luego se elevaba por encima de nosotros. ¡Parecía que no teníamos ningún control sobre ella! La lancha había quedado a merced de la barcaza pesada y sin rumbo, que varias veces estuvo a punto de sepultarnos bajo el agua.

Por lo general, los tonganos mantienen la calma en situaciones tensas; se necesita mucho para asustarlos, pero en aquella ocasión no pasó mucho tiempo hasta que empecé a percibir verdadero terror en los ojos y en las voces de los que me rodeaban; no cabía duda de que estábamos en grave peligro y ninguno de nosotros sabía qué hacer.

El oleaje era cada vez más fuerte y los vientos soplaban cada vez con más ferocidad. A veces no podíamos ver la barcaza, ¡pero sentíamos su fuerza! Sin previo aviso, nos sumergía parcialmente o nos volteaba para un lado o para el otro. El lanchero mantenía el motor tan acelerado como era posible previniéndome que, a esa velocidad, en poco tiempo se quemaría; cuando le bajábamos la aceleración, nos sacudíamos muchísimo más, así que parecía no haber otra alternativa que mantenerlo al máximo de su potencia.

Aunque no veía con claridad a los diez hombres que iban en la barcaza, percibía una profunda preocupación entre ellos. Las olas que rompían llenaban de agua el fondo plano de la embarcación y, dado que ésta iba tan cargada, les resultaba casi imposible achicar; por otra parte, el peso extra del agua de mar hacía que se hundiera cada vez más; achicaban lo más rápido que podían, pero diez hombres con baldes pequeños no contrarrestaban el efecto de las grandes olas. Parecía que aquel mar de terror estuviera tratando de hacernos añicos; sabíamos que si nos íbamos a salvar, algo tenía que cambiar, pero ¿qué podíamos hacer?

Hay momentos de la vida en los que parece que nada sale bien, que nada tiene sentido, en los que uno no sabe qué hacer. Quizá sintamos que nuestras oraciones no nos dan guía ni inspiración o que la confusión que hay a nuestro alrededor nos tragará en cualquier momento, y deseamos gritar de angustia. A pesar de eso, y aun cuando por lo general no sabemos cómo actuar, en la mayoría de los casos sabemos lo que *no debemos* hacer. Dios se ocupa de eso. Aquella fue una de esas ocasiones.

Veía pánico en los rostros de los que se encontraban a mi alrededor, sentía el temor en mi propio corazón y percibía que los que iban en la barcaza albergaban los mismos sentimientos. El motor comenzó a toser y a fallar un poco; a nosotros también nos estaba entrando demasiada agua y apenas podíamos sacar lo suficiente a toda velocidad; trabajábamos con todas nuestras energías. Finalmente, el capitán se encogió de hombros y dijo: «El motor ya no tiene más potencia y en cualquier momento se le acabará la poca fuerza que le queda. ¡Tenemos que hacer algo!». Me miró como si estuviera seguro de que yo sabía lo que debíamos hacer.

No supe qué responderle. Había orado con todas mis fuerzas pero no había recibido ninguna impresión, solo un miedo que iba en aumento. De repente, uno de los jóvenes que más pánico tenía gritó:

—La próxima vez que la soga se afloje, suéltela. Al menos de ese modo podremos escapar.

—¿Y qué les sucederá a los que van en la barcaza? —pregunté—. Sin la soga que la tira, no durará ni un minuto.

—Quizá puedan nadar cuando se hunda; después nosotros podríamos virar y recogerlos.

—¿Y el cemento?

—¡Olvídese del cemento! ¡Suelte la barcaza ya mismo!

Aquello no me parecía bien. En ese preciso momento la soga volvió a tensarse, y de un tirón quedamos completamente envueltos en una ola. Cuando el agua se retiró, el mismo hombre gritó: «¡Si ellos se hunden, nos arrastrarán a nosotros también! ¡Suelte la soga ahora!». Miré y vi que la soga estaba tirante y que no podíamos soltarla. El joven sacó el machete y dijo: «Yo la cortaré; sólo dígame que lo haga. ¡Tenemos que salvarnos nosotros para intentar salvarlos a ellos!».

Me había quedado inmóvil; no podía hablar, ni siquiera pensar. Permanecí allí de pie recorriendo con la mirada la soga, la barcaza y la lancha, una y otra vez. Todos estaban esperando.

Yo seguía mirando. *¿Por qué no hay respuesta a mis oraciones? ¿Por qué no recibo guía?* Otra ola volvió a cubrirnos por completo. Miré hacia atrás: parecía que la barcaza se inclinaba hacia un costado por el peso y los hombres se habían agolpado del lado que se mantenía más alto sobre el nivel del agua. Percibía su miedo, que parecía hacer eco del mío.

El joven que tenía el machete volvió a gritar: «¡Corte la soga! ¡Corte la soga!». Con la imaginación, casi podía ver cómo se hundía la barcaza y nos arrastraba con ella. Sentí que si no me ponía en acción, bien podíamos perder la barcaza, el cemento, la lancha y nuestras vidas. Sabía que debía decir algo pero, inexplicablemente, no podía. Otro hombre me gritó frenético: «¡Usted es misionero y no puede ser un buen misionero ni trabajar en la obra misional si está muerto! ¡Corte la soga ahora mismo!».

Lo que me decían tenía sentido. Nadie se imagina cuánto deseaba decirles que cortaran la soga; sin embargo, el tiempo pasaba y yo no me movía. *¿Por qué no puedo responder?*

Finalmente recibí una impresión; no fue una voz, ni una manifestación, ni tampoco se calmaron las aguas; solo sentí que debía hablar, e incluso llegué a sorprenderme por las palabras que salieron de mi boca, diciéndoles: «No puedo ser un buen misionero ni trabajar en la obra misional si considero que mi vida tiene más valor que la de otras personas. No corte la soga. Mantengan el motor a toda máquina».

Se produjo un silencio sepulcral. Todos quedaron estupefactos, incluso yo. Me miraron sin poder creerlo. Yo estaba paralizado. Me llevó unos momentos darme cuenta de lo que acababa de suceder: había recibido la respuesta a mis oraciones. No estaba precisamente tranquilo, pero sí seguro en cuanto a qué era lo correcto; sabía que no importaba si sobrevivíamos o moríamos; lo único que importaba era que fuéramos leales a Dios y a las otras personas de las cuales éramos responsables.

Lentamente, el joven bajó el machete; el vigía volvió a su puesto y el capitán comenzó a hacer pequeños ajustes en el motor. El encargado de la soga se ocupó de que todo estuviera bien asegurado. Yo permanecí de pie mirando la barcaza. Estaba hecho; aunque no tenía idea de cómo terminaría todo, la decisión ya se había tomado. La situación ya no estaba en mis manos, sino en otras mucho mejores.

Casi de manera imperceptible, comenzamos a avanzar. El miedo, el viento, las sacudidas y el mar que rompía contra nosotros aún no se calmaban, pero a partir de aquel momento empezamos a tener la impresión de que la escena cambiaba levemente. Sabía que lo que tenía verdadera importancia no era si llegábamos o no a Uiha; ya habíamos tomado la decisión importante y todos habíamos sido obedientes.

Tendemos a preocuparnos tanto por nuestra vida quizás porque sea lo natural o porque no nos hayamos arrepentido completamente, o porque nuestra existencia todavía no esté llena de amor, compasión y caridad, o porque no hayamos sido bastante altruistas al ayudar a los demás; o tal vez todavía no hayamos logrado toda la fe en Dios que debemos tener y por eso no nos damos cuenta aún de que, cuando nuestra vida está llena de estos y otros atributos cristianos, no importa realmente si continúa aquí o en otro lugar.

En medio de aquel mar embravecido medité estas cosas. La tensión que se reflejaba en mis ojos y que sentía en el corazón comenzó a ceder. Traté en lo posible de hacer señas a los hombres que iban en la barcaza para avisarles que estábamos avanzando, y vi varias manos juntas que se movían hacia atrás y hacia adelante como símbolo de aliento y gratitud e incluso me pareció ver sonrisas en algunos de aquellos rostros cansados. Todos redoblamos nuestros esfuerzos para achicar, lo cual nos mantuvo ocupados.

Al poco rato, no tuvimos dudas de que estábamos avanzando. El motor marchaba sin problemas y las corrientes parecían haberse tranquilizado un poco; la barcaza ya no giraba ni rebotaba tanto y poco después ya habíamos dejado atrás el *auhangamea*.

Uno podría explicar de muchas maneras aquel cambio físico de los acontecimientos: quizás hubiera pasado el tiempo suficiente para que las corrientes se neutralizaran entre sí o quizás alguna corriente errante hubiera ayudado a lograr un equilibrio entre la fuerza de las otras. Fuera cual fuera el modo en que Dios lo logró, la verdad es que fue Él quien nos permitió avanzar; Él hizo que las fuerzas destructoras aflojaran sus potentes garras. Él es todopoderoso, bondadoso y está lleno de amor. ¡Eso lo sé!

Lentamente, poco a poco nos movimos en dirección a Uiha. Entramos a la relativa tranquilidad del puerto justo cuando el sol se escondía en el mar. Después de asegurar la lancha y la barcaza, nadamos hasta la costa. Los miembros nos habían preparado un gran banquete. ¡Qué hermosa sensación la de estar en tierra firme y ver las sonrisas y sentir la felicidad de las personas que habían dado todo de sí para transportar el cemento del Señor hasta Uiha! En cuanto al viaje, no se dijo mucho; cuando la gente nos preguntaba, la respuesta era sencillamente: «Dios nos protegió. Él nos ayudó a traer a salvo Su cemento hasta aquí». En otras palabras, la respuesta podría haber sido: «¿Qué más queda por decir?».

Traté de estar tan tranquilo como el resto, pero mis nervios de *palangi* no me dejaban. Todos los hombres de la barcaza estaban riéndose, comiendo y pidiendo ayuda para descargar el cemento por la mañana y ninguno de ellos habló mucho de la traumática experiencia. Sin embargo, en un momento de tranquilidad que hubo antes de retirarnos, uno de los hombres mayores que había estado en la barcaza se acercó y me dijo en un susurro: «Gracias por no cortar la soga. Sabíamos que Dios nos ayudaría. Gracias por escucharlo».

Yo sabía que había sido el poder de esa fe lo que había permitido que Dios nos ayudara a llegar a salvo. Sentí que para Él la fe y la vida de ellos tenían la misma importancia. Esa noche descansé bien gracias a que tanto ellos como su fe habían llegado indemnes.

49

La nieta

En Tonga hace calor durante la época navideña, el clima es húmedo y cálido, pero el espíritu de la Navidad es bellísimo. Las personas son más propensas a pensar más en los demás y menos en sí mismas, ¡y qué dicha que sea así! Aquel año recordaba mi primera Navidad en Liahona, cuando pasé esperando un barco que fuera hasta Niuatoputapu; la segunda, en Niuatoputapu; y en ese momento me aproximaba a la tercera, en Pangai, Ha'apai.

En Tonga no se hacían muchos regalos materiales, ya que sencillamente no había muchas cosas para regalar; la gente era pobre en lo que a posesiones materiales se refiere, pero, a pesar de eso, sabían dar maravillosos presentes de amor, servicio y bondad. Durante las cálidas noches que preceden a la Navidad, muchos grupos cantantes y bandas de diferentes tipos salían a dar serenatas. Aun rodeados de un calor agobiante, daba la sensación de que el espíritu de paz y buen ánimo estaba en todas partes.

Algunos meses atrás, se nos había pedido que juntáramos 500 libras esterlinas para comenzar a construir nuestra nueva capilla de ladrillos en Pangai. Hicimos el cálculo de que diez familias tendrían que poner 50 libras cada una y que todos debían reunir el dinero para el 1º de enero. Todas las familias ya habían juntado lo que se les había asignado, menos un matrimonio mayor que vivía cerca de nuestra casa y que todavía tenía dificultades para alcanzar la suma establecida; era un fiel matrimonio, ya con nietos, y todos sus hijos estaban casados y no vivían más con ellos; aunque la mayoría de éstos eran activos en la Iglesia, no todos lo eran.

En un principio el hermano había pensado obtener el dinero acudiendo a otras fuentes, pero cada una le había fallado; finalmente, se dio cuenta de que tendría que ir a su plantación en otra isla y hacer copra para vender. La elaboración de la copra consistía en juntar cocos, abrirlos, retirar la pulpa, secarla al sol y venderla al *mataka* (mercado de copra) para conseguir dinero. (La copra se comercia para hacer jabón, aceites y otras cosas.) Él estaba decidido a cumplir con la fecha de vencimiento que se había establecido, así que dos semanas antes de Navidad se fue a su plantación; aunque había hecho planes de regresar para Navidad, no llegó.

Poco después de su partida, había llegado una nieta de nueve años que iba desde Tongatapu a pasar las fiestas. Si bien su arribo fue una sorpresa, la abuela la recibió con alegría ya que la madre de la niña era una de sus hijas más rebeldes.

Abuela y nieta pasaron muy bien juntas, pero unos días antes de Navidad la niña cayó enferma con fiebre muy alta. Si bien la abuela la hizo quedarse en cama y la cuidaba mucho, la fiebre seguía empeorando; la hermana nos pidió entonces que diéramos una bendición de salud a su nieta y así lo hicimos; sentí que ella estaría bien y seguimos con el resto de nuestras actividades.

La víspera de Navidad, uno de los misioneros maestros de la escuela y yo visitamos a algunas familias y les expresamos nuestros mejores deseos para esas fechas. Cuando terminamos nuestras visitas, le pregunté a mi compañero a qué otro lugar le parecía que debíamos ir ese día; su respuesta fue: «Escuché que la nieta de los hermanos tal todavía no está bien y que el abuelo aún no ha regresado. Estoy seguro de que la hermana estará muy cansada de cuidarla constantemente. ¿Por qué no vamos a su casa y nos ofrecemos a cuidar a la niña esta noche para que ella pueda descansar un poco?».

«¡Qué buena idea! —pensé—. ¿Por qué a mí no se me ocurren esas cosas?»

Ya era el anochecer cuando llegamos a la casa y le explicamos cuál era nuestra intención. Muy pocas veces he visto ojos que expresen tanta gratitud o he sentido un agradecimiento tan sincero. La abuela se quedó mirándonos por largo rato, supongo que asegurándose de que estuviéramos hablando en serio, y luego dijo:

—Está muy enferma. Me he quedado despierta junto a ella día y noche durante estos últimos tres días. Estoy muy cansada y no sé si podría seguir con el mismo ritmo esta noche. Gracias. ¡Gracias! He estado usando este paño y el recipiente con agua fría para refrescarle la frente y este abanico para hacerle un poco de aire. No ha pronunciado palabra durante los últimos días, lo único que ha hecho es gemir. No sé si se recuperará; quizá debería quedarme y ayudar.

—No —le dijo mi compañero—, usted vaya a descansar. *Kolipoki* y yo la abanicaremos, le refrescaremos la frente y ella estará bien. Ahora váyase a dormir.

Otra vez se quedó mirándonos por un buen rato y luego se fue. Me imagino que se debe de haber dormido apenas entró en la habitación.

Estábamos en el porche delantero de la casa, donde hacía un poquito menos de calor; inmediatamente comenzamos a abanicar a la niña y a refrescarle la frente con el paño húmedo. Parecía estar muy mal; su respiración era extraña, tenía fiebre muy alta y los ojos cerrados y sus gemidos eran lastimosos. Ideamos un sistema: mientras uno sostenía el paño húmedo, el otro movía el abanico a su alrededor para que el aire que le llegaba a la boca y a la cabeza fuera frío.

Aunque el trabajo no parezca muy arduo, la ansiedad que causa una situación así, la noche tan calurosa, el esfuerzo que implicaba ir a buscar el agua, escurrir el paño y mover constantemente el abanico hacían que los dos nos cansáramos rápidamente. En esos momentos, más que nunca, valoré muchísimo a aquella abuela y el cuidado constante que había brindado a su nieta durante los últimos días.

Había un reloj a cuerda en el porche y alrededor de las once nos dimos cuenta de que teníamos que modificar nuestro sistema para mantenernos en pie toda la noche, porque los dos estábamos ya muy cansados. Una vez más, fue a mi compañero a quien se le ocurrió la idea:

—¿Por qué no nos turnamos? —me propuso—. Usted duerme una hora mientras yo la cuido; luego lo despierto y usted se encarga de cuidarla otra hora mientras yo duermo; después, me despierta y así sucesivamente. De ese modo, por lo menos lograremos aguantar toda la noche.

—Me parece bien —le dije—. ¿Quién empieza?

—Yo lo haré —contestó—. Usted descanse primero.

Así que me acosté y él comenzó a cuidarla solo. A medianoche me despertó; con una mano la abanicaba y con la otra le ponía el paño en la frente; yo seguí haciendo eso hasta la una y entonces lo desperté. Él me despertó a las dos y yo volví a despertarlo a las tres. Esperaba que me despertara a las cuatro para mi próximo turno; aunque estaba muy cansado, eso era lo justo.

Lo próximo que recuerdo es que la luz del sol me daba en los ojos. Me desperté, me puse de pie de un salto y pregunté:

—¿Qué hora es?

—Son las seis —contestó mi compañero.

—¡Las seis! ¡Se suponía que me tenía que despertar a las cuatro! ¿Por qué no me despertó? —le pregunté.

Tenía en el rostro una gran sonrisa que los resplandecientes rayos del sol de la mañana hacían más radiante. Al responderme, aquella sonrisa pareció surgir de lo profundo de su alma y llenar el resto de su ser:

—Ay, es que se lo veía tan cansado que decidí dejarlo dormir. Es mi regalo para usted. ¡Feliz Navidad!

Me quedé *mudo*. Me limité a mirarlo con admiración y asombro, preguntándome: «¿Por qué no se me ocurren esas cosas, por qué no hago algo así? Mi compañero es un gran hombre; Dios lo ama. ¡Se quedó despierto por mí! ¿Por qué soy tan débil?». Pensé en la ocasión en que el Salvador se acercó a Sus discípulos que dormían y les preguntó: «¿Así que no habéis podido velar conmigo una hora?» (Mateo 26:40.) Él había permanecido despierto toda la noche llevando a cabo la obra de amor más grande del mundo mientras Sus más allegados dormían. Aun así, al regresar y encontrarlos dormidos, sencillamente los miró y con serenidad, les dijo: «Dormid ya».

Me sentí avergonzado; sin embargo, también me sentía feliz, por ver la alegría que reflejaba el rostro de mi compañero: ¡tenía una sonrisa tan radiante que parecía casi angelical!

En algún momento de las primeras horas de la mañana cesaron los gemidos casi delirantes de la niña, le bajó la fiebre y, al rato, ya podíamos decir que la crisis había pasado; se movió un poco y abrió los ojos; aunque seguía muy débil, sabíamos que se recuperaría. Esperamos hasta media mañana y luego fuimos a golpear la puerta de la habitación de la abuela para despertarla; contestó en seguida, probablemente porque esperaba lo peor. Cuando salió al porche, la niña estaba sentada. Nosotros teníamos una sonrisa de oreja a oreja al decirle: «¡Feliz Navidad!». Estábamos muy contentos de que tanto ella como la nieta se sintieran mucho mejor. Como teníamos varias otras cosas que hacer, nos fuimos y emprendimos nuestras actividades misionales de todos los días; fue una manera grandiosa de comenzar el día de Navidad.

Con el tiempo, me había olvidado casi por completo de esa experiencia, pero muchos años después me pidieron que hablara en el funeral de mi compañero de esa noche, aquel fiel hermano de Tonga que había llevado una buena vida y muerto de cáncer. Mientras hablaba en tongano, de pronto se iluminó mi entendimiento y, aunque totalmente inesperado, aquello produjo una profunda y clara impresión en mí. Deseo hacer hincapié en que no fue una visión, ni una revelación ni un sueño, sino más bien un sentimiento mediante el cual obtuve más comprensión. Esto fue lo que percibí:

Vi un lugar bellísimo donde había una muchedumbre de gente esperando ansiosa por llegar a cierto lugar; no había nadie que atropellara ni empujara a los demás, sino que todos avanzaban con respeto y emoción hacia aquel lugar en particular.

Entre el gentío vi a un joven que sonreía y que, con paciencia, se movía en la misma dirección que el resto; de pronto, lo llamaron por el nombre y alguien que tenía autoridad se le acercó, lo tomó del brazo y lo guió, a través de las multitudes que esperaban, directamente hasta el lugar deseado. El guía dijo unas pocas palabras a alguien que parecía controlar el ingreso y la persona sonrió y condujo al joven por la puerta de entrada.

A pesar de la inmensa cantidad de personas que aguardaban, parecía que todos estaban al tanto de lo que acababa de ocurrir y empezaron a volverse y a comentar entre sí, pero los comentarios no eran a causa de enojo ni de celos sino más bien por el asombro y la felicidad que sentían porque el joven había llegado tan rápidamente al lugar deseado.

El guía volvió y comenzó a esperar pacientemente con la multitud. Alguien se le acercó y le preguntó por el joven, a lo cual el guía respondió con un susurro e inmediatamente el rostro de la persona que había hecho la pregunta se iluminó con una grande y sincera sonrisa; asintió a modo de aprobación, se volvió y le habló al que se hallaba a su lado. De repente parecía que todos sabían cuál había sido la respuesta. Hice un gran esfuerzo por entender y finalmente escuché a alguien decir: «Ah, es que él dejó dormir a su compañero porque estaba muy cansado».

No voy a dar más explicaciones aparte de que lo que he dicho Aprendí que los sacrificios que realizamos, los actos de altruismo y honradez, los esfuerzos que sinceramente hacemos para ayudar a otras personas, especialmente cuando es a costa de nuestra propia comodidad, nunca pasan inadvertidos en los cielos.

50

Una manera diferente de pensar

En Ha'apai todos trabajaban arduamente. Ni en la Iglesia ni en el gobierno se practicaba la asistencia pública tal como la conocemos en la actualidad; si bien todos ayudaban a quienquiera que lo necesitara, esto se hacía casi exclusivamente por medio de la familia. Allá el término *kainga* (familia) se refiere a un grupo familiar mucho más amplio y extenso que aquel en el que por lo general pensamos; parecía que todos estaban emparentados entre sí y a menudo reclamaban los privilegios de ese parentesco; pero por supuesto, si una de las partes reclamaba los privilegios, estaba también obligada a cumplir con los deberes para con los otros, por lo cual el sistema era maravillosamente equilibrado. La idea de que alguien le diera algo a uno sencillamente porque sí era completamente extraña; todos trabajaban por cualquier cosa que recibieran y también lo hacían por lo que dieran a los demás.

En cierto sentido, la vida era dura; sin embargo, desde otro punto de vista, era bastante sencilla. Recuerdo una ocasión en la cual varios hombres usamos nuestro pequeño velero para ir a otra isla; justo cuando estábamos por llegar a la entrada del arrecife, notamos que algo se movía debajo de unas lonas, en la parte delantera del velero, y resultó ser el hijo de diez años de uno de los hombres que iba en el barco; el niño se había escondido allí con la esperanza de viajar con nosotros. Me acuerdo que de pequeño trataba de hacer lo mismo (pero en un automóvil), por lo que en aquel momento sentí un poco de admiración por él, porque había permanecido quieto tanto tiempo. Ciertamente no podíamos volver atrás porque estábamos muy lejos de la orilla; pero yo no estaba seguro de lo que haría su padre.

Imaginen mi preocupación cuando el padre levantó al niño y lo reprendió diciéndole que no podía faltar a la escuela; le dijo que estaba mal esconderse, le dio una palmada y lo tiró al océano; entonces le gritó: «¡Ahora nada hasta la playa y hazlo rápido!».

Yo protesté afirmando que la orilla estaba muy lejos y que era un niño pequeño, pero el padre no quiso oír hablar del asunto. «¿Cómo aprenderán si uno da el brazo a torcer?», me contestó. Mencioné que existía la posibilidad de que le dieran calambres o que hubiera peces peligrosos y que podíamos dar vuelta si lo deseaba; no obstante, él me dijo: «Va a estar bien, no se preocupe»; se mantuvo firme y ni siquiera miró hacia atrás.

De todos modos, yo me preocupé pero unos días después, cuando regresamos, la primera persona en recibirnos fue el niño, que no dejaba de sonreír sobre todo a su padre; estoy seguro de que se sentía orgulloso de demostrarle que había hecho lo que él le había mandado. Disimuladamente, el padre me hizo una guiñada pero no dijo nada. Creo que debería haber aprendido más de aquel ejemplo pero a algunos de nosotros, los *palangis*, nos cuesta mantenernos siempre tan firmes.

En nuestro velero les había prohibido que llevaran un arpón; les explicaba que éramos pescadores o cazadores de hombres, no de ballenas. Muchas veces las veíamos y de vez en cuando pasábamos muy cerca de ellas, pero nunca las perseguíamos ni las lastimábamos; a su vez, las ballenas nunca nos perseguían ni nos lastimaban ni nos ponían en peligro a nosotros. Son mamíferos hermosos y el respeto que siento por los seres del mar que Dios ha creado creció enormemente a partir de entonces.

Muchos de los hombres de la isla cazaban ballenas, no por la grasa sino por la carne. Cuando arponeaban una, se desataba una lucha violenta hasta que la ballena finalmente se cansaba y salía a la superficie; en ese momento la mataban con un arpón que tenía un extremo largo parecido al de una lanza. Una vez que la ballena dejaba de luchar, en seguida se zambullían en el agua y trataban de coserle la boca para que no tragara demasiada agua y se hundiera. Entonces levantaban una bandera como señal y alguien salía en una lancha a motor para arrastrar la ballena hasta la costa. Me dolía ver cómo arrastraban a uno de esos animales hasta el arrecife que estuviera más cerca de la costa. ¡Son criaturas tan espléndidas!

Por otro lado, siempre era una ocasión de bullicio y alegría cuando alguien atrapaba una ballena, lo cual no sucedía muy a menudo. La llevaban hasta el arrecife y comenzaban a quitarle toda la carne; se deshacían de la grasa para quedarse con la carne, que vendían por libra a los ansiosos isleños; después de unas horas, cuando ya habían sacado casi toda la carne, los dueños cumplían con el requisito del gobierno: llevar los restos más allá del arrecife para que los tiburones terminaran con el proceso de deshacerse de ellos.

Las ballenas son tan grandes que la mayor parte de la carne se salaba, se secaba o se hacían ambas cosas; por supuesto que mucha de la pulpa se cocinaba y se comía en ese momento, pero el salado parecía ser el medio principal de conservación (aunque por experiencia aprendí que esa forma no siempre era buena). Para mí, la carne de ballena era más bien insípida, más parecida a la carne de vacuno que al pescado, pero de todos modos su sabor no era muy similar a ninguna de las dos; no me gustaba y la comía pocas veces, excepto cuando no me quedaba otra alternativa como cuando comíamos con alguna familia.

No aprendí ninguna receta buena con carne de ballena; de hecho, no aprendí ninguna receta, ya que los santos no me dejaban prepararme la comida; siempre me la llevaban o me invitaban a comer con otras familias. Lo mismo sucedía con el lavado y remendado de la ropa, por lo cual me temo que no llegué a ser muy autosuficiente en ninguno de esos quehaceres.

Usábamos camisa blanca de manga corta, corbata y pantalones de trabajo. Los misioneros que eran nativos usaban un *tupenu* y una *ta'ovola* (falda con una faja tejida) y andaban descalzos; en cuanto a mí, el primer presidente de la misión me había dicho que siempre debía usar medias y al menos sandalias, así que eso era lo que usaba. Para lavar se usaba un jabón fuerte de lejía y piedras o tablas de lavar corrugadas, por lo que la ropa se gastaba rápidamente; en las rodillas, mis pantalones siempre estaban gastados: llegaba a tener tres o cuatro remiendos, uno sobre otro, antes de tener un pantalón nuevo.

Recuerdo cuando una de las hermanas le colocó el cuarto parche a una pierna de mi pantalón y me dijo que le parecía que estaba tan gastado que debía conseguir uno nuevo. Para mí todavía tenía buen aspecto, pero cuando ella insistió, diciendo: «Si usted no tiene dinero para comprarlo, yo y algunas otras personas compraremos algo de tela y le confeccionaremos uno nuevo», en seguida conseguí yo mismo un pantalón nuevo.

Me di cuenta de que en Tonga, en aquella época, la actitud con respecto a la ropa era muy diferente a la que teníamos en mi país. Recuerdo una charla que tuve con uno de los hombres más ricos de la isla que, a pesar de no ser miembro, me había regalado una camisa muy buena; yo le agradecí y le comenté que era una linda camisa nueva, pero que no recordaba haberlo visto usar nunca ropa nueva. Me pidió que me sentara y hablamos un rato; me dijo que él contaba con muchísimos medios para comprarse ropa, pero me explicó lo siguiente: «Si yo uso ropa nueva, ¿qué cree que sentiría el resto de las personas? Una de dos: o tratarían de comprarse más ropa, lo cual está fuera de su alcance; o yo no les caería bien. Considero que ninguna de las dos es una buena opción».

Y agregó que aunque tenía dinero, pensaba que parte de su deber para con su pueblo era vestirse como ellos a fin de no ofenderlos ni provocarles celos o causar que trataran de hacer algo que en verdad no era necesario. La gente, aunque pobre, era aseada y limpia, y él tenía la idea de que debía ayudar a cumplir con la ya comprobada y verdadera teoría de «úsalo, gástalo, arréglate con lo que tienes o prescinde de ello». Pensé: «¡Qué buen hombre!».

Aquella conversación tuvo una profunda influencia en mí, por lo cual traté de seguir su teoría y literalmente usé toda la ropa hasta que casi no me quedó nada. Desde entonces, me resulta difícil comprarme ropa o zapatos nuevos; incluso cuando alguien me insinúa que mi traje ya se está poniendo brillante o que tengo los zapatos bastante gastados, vacilo en cambiarlos por otros porque pienso que todavía puedo seguir usándolos. Supongo que debe de ser porque recuerdo muy bien lo feliz que era la gente de Ha'apai con ropa vieja pero limpia.

A veces escuchamos el dicho: «Como te ven, te tratan». Quizás en nuestra sociedad esto tenga algo de verdad, pero en aquella época, en Ha'apai, los tonganos se daban cuenta de que no era la forma de vestir lo que hace a la persona sino su carácter. No se dejaban engañar por la manera de pensar del mundo y eran conscientes de que aun las mejores galas —ropa, maquillaje, anillos u otras joyas— no podían compensar lo que le faltara en cualidades.

Eso me hizo pensar en el relato que encontramos en 3 Nefi 11:8, en el cual el Salvador, el más grande de todos, apareció ante los nefitas vestido simplemente con un manto blanco. Me figuro que deberíamos acostumbrarnos a la ropa sencilla puesto que parece ser el tipo de atuendo que usaremos después de esta vida.

Hubo muchas otras huellas de aquellos días que quedaron grabadas en mi memoria. Recuerdo una ocasión en la que regresamos de una gira en la que habíamos salido a predicar y llegamos a Pangai antes del atardecer; había algunas personas en el muelle y otras esperando en la orilla. Amarramos el bote y me fui a nuestra casa a guardar mis cosas; entonces escuché unos golpecitos suaves: era una de nuestras vecinas que en voz baja me avisó que había comida caliente y bebida esperándome en su casa. Yo tenía mucha hambre y sed, así que fui a comer.

—Estuvimos ausentes mucho tiempo —le dije mientras comíamos—. Su esposo iba en el barco con nosotros, ¿por qué no fue a recibirnos al muelle?

—Élder Groberg —me contestó—, escuche bien. Usted tiene mucho que aprender. Algunas personas tienen buenas razones para ir al muelle a recibirlos, pero recuerde que, por lo general, la gente se encuentra en uno de estos tres grupos: aquellos que estarán en el muelle para recibirlo con grandes sonrisas; si no los conoce bien, tenga cuidado porque quizás intenten aprovecharse de usted. Luego están los que esperan en la orilla; es probable que le ayuden si se lo pide, pero muchos sólo estarán tratando de encontrar la oportunidad de ganar algo de dinero. Y por último están los que se quedan en casa y le preparan una buena comida; esos son sus verdaderos amigos. Muchos le darán la impresión de querer ayudar, pero encontrará a muy pocos que realmente lo hagan. Confíe en éstos más que en ninguna otra persona.

Lo que me dijo quizá no sea muy profundo, pero tuvo una gran influencia en mí. He descubierto que en gran parte eso es cierto: la amistad y la lealtad solo pueden medirse de acuerdo con lo que hagamos por otras personas o lo que los demás hagan por nosotros y no de acuerdo con lo que se ofrezcan a hacer. Jesús no sólo ofreció Su vida para rescatarnos a todos sino que además la dio.

Me acuerdo de una vez que tenía hambre y me dieron una banana para comer; la pelé y empecé a comerla de pie; en seguida alguien me pidió que me sentara. Me senté y más tarde pregunté a qué se debía que me lo hubieran pedido; me explicaron que en la cultura tongana una de las peores violaciones de las reglas de etiqueta era *kaitu'u* (comer de pie). Ese concepto radica en la idea de que los alimentos provienen de Dios y que muchas veces los preparan otras personas con gran esfuerzo, por lo que los tonganos piensan que, a fin de demostrar respeto a Dios y a quienes los prepararon, debemos tomarnos el tiempo de sentarnos y disfrutar de lo que comamos. Si tenemos tanto apuro que pensamos que debemos comer de pie —o como decimos nosotros, «comer a la carrera»—, entonces, de acuerdo con sus costumbres, no deberíamos hacerlo; en otras palabras, si no tenemos tiempo para demostrar respeto y disfrutar de la comida, no somos dignos de ella. Me imagino que esto debe de tener algo que ver con la salud también: esa costumbre tongana es el extremo opuesto de nuestro concepto de «comida al paso», que parece ser una parte esencial de nuestra cultura occidental. Yo crecí en una familia grande y aprendí a comer rápidamente, más por el instinto de supervivencia que por otra cosa, así que aprecio la influencia que esta costumbre tongana ha tenido en mejorar mis hábitos de alimentación.

En las culturas occidentales es de mala educación eructar durante o después de la comida. En Tonga, por lo menos en aquella época, al eructar se demostraba respeto o agradecimiento por los alimentos; era un símbolo de que la comida había sido buena y que se había disfrutado de ella. Aunque algunos dicen que cuanto más fuerte y largo sea el eructo, mayor es la demostración de gratitud, nunca supe que ese fuera el caso. Un sencillo y espontáneo eructo funcionaba a la perfección.

Algunas de las cualidades que los tonganos valoraban más eran la cortesía y la lealtad, las cuales por lo general se expresaban por medio del canto, el baile y la palabra; entre ellos había grandes oradores, bailarines y cantantes. Se ha dicho que los tonganos nacen con oído perfecto, con la capacidad de moverse con mucha gracia y con lengua de plata; no lo creo, pero sí que nacían en una sociedad en la cual crecían aprendiendo esas cosas; tanto hombres como mujeres bailaban, cantaban e incluso predicaban con el mismo vigor.

A menudo miraba la práctica del *laka laka* (baile en línea), bailado por los habitantes de una aldea en particular donde tomaba parte literalmente toda la población; observaba cómo participaban los niños pequeños y los adolescentes, imitando los movimientos llenos de donaire de sus padres. Detrás de la línea de los que danzaban había un grupo que cantaba, compuesto por personas mayores, madres amamantando a sus bebés y otros que, por lo que fuere, en ese momento no bailaban.

Contemplaba a aquellos niños pequeños e incluso a los bebés que tomaban el pecho y me daba cuenta de que, desde sus primeros días de vida, escuchaban música, armonía y ritmo, y observaban y participaban

Un grupo que bailaba y cantaba el laka laka era un suceso en el que participaba toda la comunidad. Por ese medio se contaban historias y se expresaban alabanzas.

en bailes con movimientos sumamente gráciles; sencillamente llegaba a ser parte de ellos. En esas circunstancias, efectivamente se podría decir que esa aptitud era algo que les salía naturalmente.

Recuerdo que una noche, ya tarde, vi a una madre bailando con gracia y cantando de un modo sumamente bello junto con un grupo de la aldea; su cuerpo entero se balanceaba con movimientos perfectamente coordinados: uno de sus brazos seguía con exactitud los del baile con los dedos que ondulaban y luego se extendían en una sinfonía de belleza que sería difícil imitar; con el otro brazo mecía a un bebé recién nacido, que tomaba el pecho con los ojos cerrados y tenía una expresión de total contentamiento.

Al observarlos durante unos instantes, descubrí de dónde sacaban los tonganos su instinto natural por la música y los movimientos llenos de gracia, y por qué la lealtad a la familia y a la comunidad era una parte tan importante de su vida. Hay mucho que aprender de estos isleños.

51

El gobernador

No hacía mucho que estaba en Ha'apai cuando la gente empezó a preguntarme si ya conocía al gobernador; todavía no nos habían presentado y la verdad era que tenía un poco de miedo de conocerlo. Me habían dicho que era un hombre bueno pero que, igual que otras personas, estaba muy en contra de la Iglesia. Lo había visto de lejos unas pocas veces y había reparado en que tenía algún defecto en una de las piernas, pues renqueaba al caminar.

Al poco tiempo, ya era más que obvio que en algún momento tendría que conocerlo personalmente y hablar con él, así que concerté una cita y decidí terminar con el asunto de una buena vez. Llegué vestido con lo mejor que tenía y, al encontrarme ante él, me di cuenta de cuánto me opacaba su brillante atuendo blanco con botones de bronce, su *ta'ovola* tan finamente trabajada y sus muchos asistentes, todos muy bien vestidos y que se ponían en movimiento de inmediato ante su menor deseo.

Por supuesto, me quedé muy impresionado y algo intimidado por la finura del lugar en el que me encontraba y la formalidad de todo lo que allí ocurría. Afortunadamente, sobre todo tenía la sensación de que, en esencia, el hombre era una buena persona y que me caía bien; sabía que ese sentimiento provenía de Dios y me sentía agradecido por ello.

Me invitó a sentarme y en seguida ordenó a sus sirvientes que llevaran bizcochos y bebidas; entonces me dijo: «Yo tomaré té, pero será mejor que usted no tome lo mismo, ya que estoy seguro de que alguien lo delataría». Aunque lo dijo con naturalidad, percibí una leve sonrisa. Cuando les pidió a los sirvientes que me llevaran jugo de naranja, me di cuenta de que me llevaría bien con él; el hielo de la formalidad ya se había roto.

Charlamos con desenvoltura durante largo rato. Ese primer encuentro dio lugar a una serie ininterrumpida de conversaciones, durante las cuales sentía que había ganado un amigo. A pesar de que él no estaba de acuerdo con nuestra Iglesia y que incluso se le podría haber considerado anti mormón, era amable y servicial conmigo.

A menudo me llamaba «simplemente para charlar». Estaba muy a favor de la Iglesia Metodista y no tenía problemas en decir que se oponía al programa proselitista de la Iglesia Mormona; de todos modos, su oposición no tenía que ver con la doctrina, sino con la historia. Me explicó que los nativos habían matado a los primeros misioneros metodistas que llegaron a Tonga, que a los siguientes misioneros los habían expulsado y que otros habían sufrido muchísimo antes de ganarse la confianza de la gente. Él pensaba que «su» religión había pagado el precio y que debía obtener las recompensas de ello; consideraba que nosotros éramos una especie de intrusos y, según lo explicaba: «Ustedes llegan y se llevan nuestras ovejas; pero ¿qué precio han pagado por ellas?».

Yo le explicaba que muchos de nuestros misioneros habían muerto en Tonga, no porque los hubieran matado sino por haber contraído enfermedades. Básicamente, trataba de hacerle comprender que en asuntos de religión no se trataba de quién tuviera más derechos sino más bien de donde estaba la verdad.

Casi cada vez que abordaba algún tema desde un punto de vista doctrinal o de las Escrituras, me respondía con hechos históricos, y, dado que él sabía tanto más que yo de historia, yo no llegaba muy lejos. Con frecuencia, le expresaba mi testimonio pero eso no parecía tener mucho efecto en él.

Era un buen maestro y, para mí, hablar con él era casi como estar tomando un curso avanzado de historia tongana. Durante una de nuestras conversaciones, sacó a colación un hecho histórico del cual yo no estaba al tanto; entonces, al ver que no sabía mucho al respecto, me dijo: «Si usted no sabe de historia, no es mucho lo que sabe ». Sin darme cuenta del porqué, eso me llevó a decirle: «¡Yo sé más acerca de la historia de sus antepasados que lo que usted jamás sabrá!».

Eso le llamó la atención y me preguntó a qué me refería y cómo sabía de sus antepasados. Hasta aquel momento, no era mucho lo que yo le había dicho, pues sabía poco en cuanto a la historia de los primeros reyes de Tonga o de los primeros misioneros, así como de lo interesante que había sido la interacción entre esos dos grupos, cosa que él me había explicado con sumo cuidado.

Le conté acerca de Libro de Mormón y le expliqué parte de la historia de los verdaderos «primeros reyes» de los tonganos. Resultó ser que alguien ya le había dado un ejemplar del Libro de Mormón años atrás, pero nunca lo había leído y no tenía ni idea de qué trataba porque lo consideraba un libro fino que había recibido de regalo y no quería ensuciarlo; por eso, le di un ejemplar para «uso diario» y empezamos a estudiarlo juntos.

Pasamos muchas noches, a veces hasta muy tarde, leyendo el Libro de Mormón y hablando sobre él. Sus asesores a veces se molestaban un poco y entraban y le decían: «Debemos repasar este caso (o esta cuenta o esta propuesta) con usted ahora. Tenemos cita en el tribunal mañana». Al oírlos, intentaba retirarme pero casi siempre él les respondía: «¿No se dan cuenta de que estoy hablando con el misionero mormón? Déjenme tranquilo. Me encargaré de esos asuntos cuando termine con esto».

No me tenía misericordia y me discutía algunas de las cosas que leíamos. Yo trataba de no llevarle la contra sino de expresarle mi testimonio y explicarle que el libro hablaba por sí solo. Él era un buen estudioso de cultura e historia, y de vez en cuando reconocía: «Sí, eso tiene sentido; probablemente sea así».

Si bien conmigo era amistoso, yo opinaba que era demasiado duro con la Iglesia; él definía esa oposición como «correcta» y no nos daba ningún privilegio extra. Por ejemplo: tenía un barco del gobierno pero no permitía que nosotros, los misioneros, nos subiéramos a él, ya que era para uso exclusivo del gobierno. Cuando le decía que había notado que algunos de los predicadores de su iglesia lo usaban, sencillamente cambiaba de tema.

El capitán también pensaba que era injusto que no nos permitieran usarlo así que, cuando se enteraba de que el barco del gobierno iba a un lugar adonde nosotros también queríamos ir, salía del muelle y mandaba a alguien que nos avisara que fuéramos a la isla más cercana; allí se arrimaba a la costa y nosotros remábamos hasta la embarcación en una canoa, nos subíamos a la lancha e íbamos con él. Al poco tiempo, la gente le contó al gobernador lo que estaba sucediendo; reprendieron al capitán con severidad y le advirtieron que no lo hiciera. El gobernador jamás me dijo nada al respecto, así que nosotros seguimos usando el barco de vez en cuando. Nuestros planes casi nunca coincidían con los del barco pero, cuando viajaban a islas lejanas, tratábamos de ir con ellos.

Como pasajeros no oficiales de esos viajes, teníamos muchas horas e incluso días para hablar con el capitán. Una vez nos preguntó: «¿Por qué los odian tanto?». Le respondí que no lo sabía pero que si le explicaba en qué creíamos, quizás él mismo podría darse cuenta de qué era lo que no les gustaba de nosotros; estuvo de acuerdo, así que le dimos todas las charlas y aprovechamos las horas de viaje para responder a sus preguntas. Con el tiempo, empezó a creer y nos pidió que fuéramos a visitarlos a él y a su familia en su casa; entonces volvió a correrse el rumor de que se llevaba muy bien con los mormones y le advirtieron otra vez que debía dejar de hablar con nosotros; a pesar de eso, nuestras charlas continuaron.

Un sábado bautizamos al capitán y a su familia y el domingo los confirmamos miembros de la Iglesia. El lunes, cuando fue a trabajar, se encontró con un paquete que contenía sus pertenencias personales y una nota que decía que estaba despedido y que no volviera a trabajar. Él me lo contó y me dijo que había presentido que eso iba a suceder pero que no le importaba, puesto que había encontrado la verdad y, con Dios de su lado, le iría bien.

Le dije al gobernador que consideraba que había sido muy injusto al despedir al capitán, pero él me dijo que no me metiera en lo que no era de mi incumbencia y no se habló más del asunto. En algunos aspectos, me parecía que el gobernador era un hombre muy duro pero como seguía sintiendo que en el fondo era una buena persona, mantuvimos nuestra amistad. En cuanto al capitán, a pesar de las dificultades por las que pasó durante un tiempo se mantuvo fiel y, finalmente, consiguió otro trabajo y todo comenzó a mejorar.

En aquella época, casi todas las personas que bautizábamos se mantenían fieles, principalmente porque la presión que había en contra de la Iglesia era tan grande que, una vez que se comprometían, no podían volverse atrás. En la actualidad, algunos creen que es muy bueno que ya no se persiga tanto a la Iglesia, y me imagino que es así; sin embargo, no dejo de ver las cosas desde otro punto de vista: ahora hay muchos «menos activos» mientras que antes casi no había ninguno. Tengo la sensación de que todos deben soportar algún tipo de pruebas o «persecución» en algún momento de su vida, ya sea antes de bautizarse, después de bautizarse o en ambos períodos. Solo quienes sean fieles lograrán superarlo, y supongo que no importa mucho en qué momento llegue esa persecución o prueba; lo que realmente importa es que permanezcamos fieles.

En aquellas épocas, cuando el gobierno aprobaba leyes, la manera de difundirlas era enviándolas a cada gobernador quien, a su vez, tomaba su barco y recorría las diversas islas para leer las nuevas leyes a la gente; parecía el sistema de pregoneros que se usaba en la antigüedad. Cada distrito y cada pequeña aldea tenía un *pule fakavahe* (oficial del distrito) y *pule fakakolo* (oficial del pueblo), que convocaba a la gente en nombre del gobernador y además tenía la obligación de hacer cumplir las leyes.

Poco después que el gobernador había echado al capitán, su barco se rompió; esto sucedió en muy mal momento, ya que acababa de recibir una serie de leyes nuevas del palacio y debía leerlas en seguida en las varias islas que se encontraban bajo su mando. Un día me citó y me preguntó si podía usar la lancha de la Iglesia para hacer el recorrido y leer las leyes; yo le recordé que él no nos había permitido usar su lancha, que había reprendido al capitán cuando supo que viajábamos con él y que lo había echado por haberse unido a la Iglesia. «Sí, lo sé y lo siento —me dijo—. Pero eso no fue obra mía; fueron instrucciones que recibí de más arriba».

Aunque me imaginaba que estaba diciendo la verdad y seguía teniendo buenos sentimientos hacia él, mi respuesta fue: «No, la lancha se usa estrictamente para el trabajo de la Iglesia; lo siento, pero esas son las instrucciones que me han dado», lo cual era cierto. Me fui de su oficina y regresé a casa sintiendo un poco de lástima de él, pero también pensando que, aunque solo fuera en pequeña medida, se había hecho justicia.

Esa noche me sentí incómodo. Al ofrecer la oración, me pregunté qué clase de pan estaba echando sobre las aguas. Me parecía escuchar al Salvador hablando de devolver bien por mal, pero pensaba: «¿Quién soy yo para cambiar las normas?». No podía entender por qué seguía sintiéndome inquieto. Aunque la situación tenía toda la apariencia de una justicia irónicamente apropiada, no dormí bien aquella noche.

Afortunadamente, al día siguiente volvió a llamarme y me dijo: «Escúcheme, estoy desesperado; tengo que dar a conocer estas leyes. Si no lo hago, perderé mi trabajo y si asignan a otra persona para que ocupe mi cargo, sería lo peor que podría pasarles a ustedes; al menos, nosotros somos amigos. Por favor, ¿no puede hacer una excepción? Le pagaré la suma de dinero que me pida».

No me parecía que debía hacer una excepción, pero pensé que lo mejor era que le diera alguna explicación. Cuando comencé a explicarle cuáles eran las normas, una corriente de luz me iluminó y supe exactamente lo que debía decirle: «Mire, su Señoría, podemos hacer un trato: El barco tiene que usarse para el trabajo de la Iglesia y no se puede alquilar; de todos modos, acabo de decidir que haré un recorrido para predicar precisamente por las islas a las que usted desea ir, y puede acompañarme. No puedo alquilarle el bote por dinero, así que esto es lo que me dará en alquiler: cuando lleguemos a las islas, reunirá a toda la gente y les dirá que hay muchos asuntos para tratar y que tienen que quedarse ahí dos horas en vez de una sola como generalmente es el caso. Dígales que durante la primera hora se llevará a cabo la *faifono* (lectura de las leyes nuevas), pero que luego deben quedarse una hora más para escuchar al misionero mormón, ya que usted viajó en el barco de él y debe cumplir con sus normas. Explíqueles que, si no se quedan a escuchar, yo no lo llevaré hasta la siguiente isla y usted estará en dificultades». Se atragantó un tanto al escucharme pero, supongo que debido a que no le quedaba otra opción y estaba desesperado por leer las leyes al pueblo, accedió.

La mañana siguiente salimos hacia la primera isla. Por medio del oficial del pueblo, el gobernador convocó a toda la gente y les dijo exactamente lo que habíamos acordado. Cuando terminó su hora, repitió: «Ahora tendremos una hora para el misionero mormón. Ninguno de ustedes se irá y yo tampoco lo haré». Me puse de pie y expliqué los principios del Evangelio que consideraba de mayor importancia. Testifiqué del Salvador, de José Smith, del Libro de Mormón y de los profetas vivientes y la autoridad del sacerdocio.

Me pareció que algunas personas se habían enojado y no estaban dispuestas a escuchar, pero se quedaron igual; en cambio, hubo otras que escucharon con atención. A pesar de que no bautizamos a nadie durante ese viaje, desde esa época muchos miembros me han dicho que probablemente jamás hubieran escuchado a los misioneros si no hubiera sido por aquella presentación. El Señor en verdad procede de manera misteriosa.

Continuamos con nuestro recorrido y, en todas las islas, el gobernador y la gente se quedaron durante toda la hora en que yo predicaba. Él fue un buen ejemplo y cumplió con su palabra. En cada isla terminábamos con un banquete; comíamos prácticamente el mismo tipo de comida una y otra vez, pero nunca nos cansábamos, ya que siempre teníamos hambre. Me di cuenta de que nosotros, y en esto incluyo al gobernador, también estábamos disfrutando de un banquete espiritual; y, a pesar de que escuchábamos los mismos principios y testimonios una vez tras otra, no nos cansábamos de oírlos porque cada vez sentíamos hambre espiritual.

A veces nos olvidamos de que el alimento espiritual básico que necesitamos está compuesto por los primeros principios y ordenanzas del Evangelio: fe en el Señor Jesucristo; arrepentimiento por medio de Él; bautismo por Su autoridad; el don del Espíritu Santo para testificar de Él; y el perseverar fielmente en Él hasta el fin de nuestra vida. Esto es lo más importante, del mismo modo que el taro, el arroz, las patatas o el pan nos brindan sustento y también nos permiten disfrutar de algunos postres, los cuales, aunque sabrosos, sin la nutrición de los alimentos básicos ningún poder tienen para sostener la vida por sí solos, ni física ni espiritualmente.

Cuando el gobierno envió otro barco a Nuku'alofa para poner a disposición del gobernador, solo habíamos visitado unas pocas islas; no sé si se enteraron de lo que estaba sucediendo o si sencillamente tenían un barco extra. Él no me comentó nada y yo nunca le pregunté nada tampoco. De todos modos, habíamos estado en varias de las islas más difíciles y yo sentía que habíamos podido hacer cosas que no hubiéramos logrado de otro modo.

Después de aquel viaje con el gobernador, noté que si bien nuestras conversaciones eran cada vez menos frecuentes se habían tornado un poco más profundas. Él ya había escuchado la verdad bastantes veces como para hacerse preguntas al respecto. Poco después, un día me dijo que tenía diabetes bastante avanzada, por lo cual sabía que estaba a punto de morir.

Una o dos veces estuvo cerca de reconocer que había entendido, pero nunca llegó a reconocerlo por completo; lo que sí me dijo fue que creía que el Libro de Mormón contenía la historia correcta de sus antepasados. Una vez comentó que, si llegaba a unirse a los mormones o incluso si demostraba demasiada simpatía hacia ellos, lo echarían de inmediato. Él sentía que por el bien de su salud y de su familia, e incluso por el bien de la tradición, debía permanecer en el lugar en el que se encontraba.

Fue muy interesante notar cómo cambiaron los papeles durante el año y medio que lo conocí. La primera vez, fui a su oficina asustado y sobrecogido por su solemnidad y poder; él era un oficial que podía otorgar o quitar privilegios, y yo era el extraño que se preguntaba qué debía hacer. Sin embargo, en esos días en que me preparaba para irme de Ha'apai, lo contaba entre mis buenos amigos, hablábamos abiertamente y con un grado de confianza que no dejaba ver la gran diferencia de edad que había entre los dos.

De hecho, a veces me pedía que le ayudara a entender sus sentimientos y a tener la fortaleza que necesitaba para hacer lo que debía. Yo le rogaba que actuara de acuerdo con lo que sabía que era verdad (y no dudaba de que él lo sabía), pero siempre fue el gobernador y por las venas le corría el orgullo de generaciones de feroces guerreros y gobernantes. Nunca dio un paso más de lo que consideró necesario pero cuando me fui de Ha'apai, tenía un sentimiento bueno y afectuoso hacia él. Creo que ese sentimiento era mutuo.

Murió poco después de mi partida de Ha'apai. Estoy seguro de que al menos tenía un testimonio del Libro de Mormón. Aunque nunca lo hubiera admitido en público, en más de una ocasión me dijo que los tonganos descendían de Israel y que ese era el registro de sus antepasados. No era sencillo para él reconocerlo públicamente, pero aun así era un buen hombre y un buen amigo. Ojalá hubiera podido ayudarlo más y quizá todavía pueda hacerlo; espero que alguien lo esté haciendo. A veces me pregunto cómo harán las cosas en el más allá. Me encantaría poder salir con él en algún momento y hacer otro recorrido de lectura de leyes y predicación.

52

«Las 10 libras mejor invertidas»

Seguimos trabajando arduamente todos los días y sentíamos que la cantidad de cosas que teníamos que hacer era mayor que las horas de las que disponíamos para llevarlas a cabo. ¡Qué linda sensación la de estar ocupado en asuntos importantes! Una noche recibí un telegrama del presidente de la misión que me decía que iba a pasar la noche en Ha'apai mientras se encontraba en camino a Vava'u, y que debía tener un consejo disciplinario de la Iglesia para un miembro prominente. Me pidió que me pusiera en contacto con ese hombre, que le informara cuáles eran los cargos y que le pidiera que la noche designada estuviera presente con los testigos que él deseara.

Unos días más tarde, fuimos al muelle a recibir al presidente y a uno de sus consejeros y los ayudamos a instalarse en la casa de huéspedes. Después de la cena, todos fuimos a la capilla donde él llevaría a cabo el consejo disciplinario; no nos pidió ni a su consejero ni a mí que participáramos, sino que decidió encargarse solo del asunto. Yo no le hice ninguna pregunta, ya que sabía que él era el responsable.

Había bastante revuelo por el caso: la persona involucrada era muy conocida y prácticamente todos estaban al tanto de lo que sucedía. Era casi imposible que tanto los que eran miembros como los que no lo eran no se enteraran de un acontecimiento de ese tipo; en aquellas islas pequeñas, parece que todos supieran todo sobre todos los demás.

Esperamos afuera, charlando con las muchas personas que andaban alrededor de la capilla aquella noche. Cada tanto, el presidente pedía a alguien que pasara y contara lo que supiera de la situación. Había muchas conjeturas al respecto. El hombre en cuestión pasó mucho tiempo en la capilla con el presidente de la misión. Finalmente, entró también la mujer involucrada y todos pensamos que el asunto pronto llegaría a su fin; sabíamos cuáles eran los cargos y qué era lo que realmente había ocurrido.

Después que hubo pasado lo que pareció una eternidad, la puerta se abrió y salieron el presidente, el hombre, la mujer y otras dos personas. Pregunté qué había sucedido, pues tenía que saber qué debía hacer con el hombre.

Cuando el presidente de la misión me dijo que podía darle la asignación que quisiera porque lo habían declarado «inocente», quedé estupefacto, tal como los demás. Le pregunté cómo era posible y me respondió: «No había suficientes evidencias. Probablemente, lo mejor sea que se desentienda de él, de la joven y de toda la situación. Yo ya me ocupé del caso y, en lo que a mí respecta, el asunto está terminado».

No podía entender qué era lo que había sucedido, porque la evidencia parecía sumamente clara. Tenía miedo de que aquello fuera en detrimento del avance que habíamos tenido en Ha'apai en lo que respectaba a las condiciones de convivencia. Sin embargo, dado que él era el presidente de la misión y que sus instrucciones habían sido muy claras, decidí no preocuparme y continuar con mis deberes. Estaba seguro de que el Señor seguiría ayudándonos.

A la mañana siguiente, el presidente partió hacia Vava'u. Casi inmediatamente después, varias personas se acercaron a mí y me contaron lo que había ocurrido: el hombre sabía que era culpable, algo que todos también sabían y, al parecer, anduvo dando vueltas rogando a la gente que no testificara en su contra. La joven involucrada provenía de una familia pobre y él le había dado 10 libras esterlinas (alrededor de 50 dólares estadounidenses, lo cual era una suma muy grande en aquella época) para que se retractara de su testimonio y dijera que él era inocente; así que eso dijo y él no fue disciplinado, al menos no por aquel consejo.

Este fue el comentario de tono arrogante que hizo el hombre: «Esas fueron las 10 libras mejor invertidas». Él sabía que era culpable y que todos los demás también lo sabían, y pensaba que realmente había logrado engañar al presidente de la misión.

Hubo personas que se me acercaron para decirme: «Podrá engañar a un *palangi*, pero a nosotros no nos puede engañar. ¿Por qué no habla con el presidente y le dice lo que sucedió?». Mi respuesta fue que el presidente me había pedido que me desentendiera del asunto y eso era lo que iba a hacer.

—¡Pero no puede ser que él se salga con la suya! —, exclamaron.

—Por supuesto que no —les respondí—. Dios es el juez supremo y Él sabe la verdad. El hombre sabe la verdad; está intentando engañar al Señor, pero no tendrá éxito. Uno puede engañar a otras personas, pero a Dios no. Mírenlo y aprendan una gran lección: uno no puede mentir y al mismo tiempo tener éxito, al menos no en las vías de Dios y ésas son las únicas que cuentan.

A partir de entonces, todos dejaron el asunto de lado porque yo se lo había pedido, tal como me habían indicado a mí que lo hiciera. El caso no afectó mucho nuestro progreso; de hecho, probablemente lo haya impulsado debido a que el engaño era tan obvio.

Seguí observando a aquel hombre, no solo durante el resto del tiempo que pasé en Ha'apai, sino más tarde cuando presté servicio como presidente de misión, luego como Representante Regional y más adelante como Autoridad General. Con el tiempo, se mudó de Ha'apai y luego se fue de Tonga.

Se mantuvo activo en cuanto a asistir a las reuniones, pero nunca pudo hacer mucho ni en la Iglesia ni en su trabajo. Aunque parecía muy capaz, cada vez que estaba por lograr algo ocurría un cambio extraño, todo se venía abajo y volvía al punto de partida; era como si hubiese una barrera sobre su cabeza contra la cual no dejaba de golpearse, sin poder elevarse por encima de ella.

De vez en cuando hablábamos pero se negaba a reconocer que sus problemas tuvieran algo que ver con otra cosa que no fuera la «mala suerte» o «la intervención de otra persona». Cada tanto trataba de explicarle que la raíz de sus dificultades no era la «mala suerte», sino su mal proceder.

«No puede tratar de engañar a Dios y pensar con sensatez al mismo tiempo», le decía. Traté de ayudarle a entender que su mal proceder no era solamente lo que había hecho la primera vez, sino que posiblemente lo peor fuera su negativa a arrepentirse de ello como es debido. Le explicaba: «Todos cometemos errores, pero no debemos agravarlos tratando de esconderlos. El error más grande que cualquiera de nosotros puede cometer es el no arrepentirnos y no reconocer nuestros errores ante Dios, ante nosotros mismos y, si es necesario, ante los demás».

Hay personas que ven el arrepentimiento como si fuera perjudicial o como si se debiera recurrir a él únicamente cuando hacemos algo malo. Recuerdo lo que contó una maestra de las Damitas que les preguntó a sus alumnas cuál era el primer paso del arrepentimiento. Una de las jovencitas que se encontraba en la primera fila rápidamente contestó: «Lo primero que uno hace es cometer un pecado así tiene algo de qué arrepentirse». Se me ocurre que muchos deben de pensar así y por eso ven el constante llamado de sus líderes al arrepentimiento como un acto negativo y de censura. La realidad es que todos hacemos cosas malas y debemos arrepentirnos de nuestras malas acciones; de todos modos, si nuestra meta es el reino celestial y lo único que hacemos cada vez que procedemos mal es tratar de anular nuestra mala conducta por medio del arrepentimiento, ¿cómo llegaremos a alcanzar nuestra meta?

Traté de explicarle que el arrepentimiento implica progreso, que es un cambio positivo y total, e implica acercarse a Dios. Dibujé el siguiente cuadro.

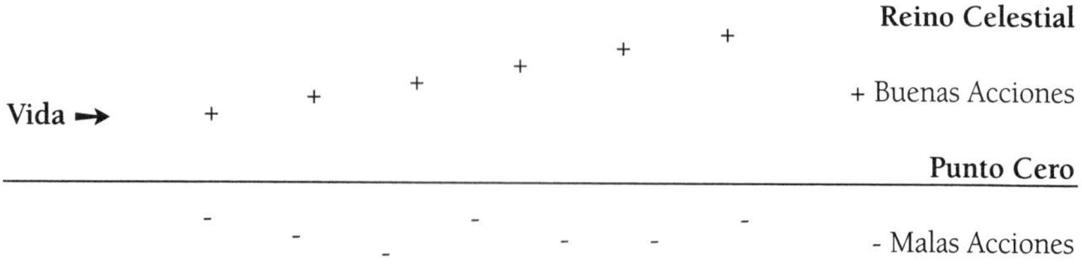

Le expliqué que si empleamos el arrepentimiento solo para volver del comportamiento negativo al punto cero, seguiremos estando muy lejos de nuestra meta. Una vez me preguntó:

—¿Me está diciendo que nos podemos arrepentir también de lo bueno?

—Sí —le respondí—, si es que podemos mejorar lo bueno. Ya sea que hagamos lo bueno o lo malo, si podemos mejorarlo, debemos hacerlo. De eso se trata el arrepentimiento, que es un don que proviene de Dios, y Él está tan ansioso por ayudarnos a aumentar el lado positivo de la ecuación como lo está por alejarnos del lado de Satanás.

Él siguió negándose a aceptar mi consejo y decía que lo estaba «juzgando». Intenté explicarle que no era así y que al pedir a las personas que se arrepientan, sencillamente estamos invitándolas a mejorar su vida, dondequiera que se encuentren. Es fácil darnos cuenta de que aún tenemos que mejorar porque todavía somos seres mortales; los que piensan que no tienen que arrepentirse sencillamente no comprenden. Al decir que no tenemos de qué arrepentirnos, afirmamos que somos perfectos lo cual no es cierto, y no lo será hasta que no nos hayamos arrepentido completamente. Jamás podremos ocultar el pecado, solo podemos arrepentirnos de haberlo cometido; no existe otra manera de deshacernos de él.

Me escuchó y se quedó pensando un rato, pero al final volvió a decir que el presidente de la misión lo había absuelto, así que yo debía «desentenderme » y dejarlo tranquilo.

Nunca tuvo éxito en nada; hasta el final de su vida siguió sintiendo que había logrado engañar a alguien sin darse cuenta de que la única persona a quien había engañado era a sí mismo. En ocasiones parecía estar a punto de abrirse y reconocer la verdad, pero nunca llegó a hacerlo; finalmente murió. Ahora me imagino que debe de estar «a punto» de hacerlo y dándose cuenta de que no se puede engañar a Dios. Si bien no pude asistir a su funeral porque estaba ocupado, me enteré cuando ocurrió y pensé en lo triste de la situación: la vida de aquel hombre se había convertido en un desperdicio de talento. Parece que el viejo mal llamado orgullo se llevó otra víctima.

Para que el progreso sea realmente significativo tiene que estar fundado en el arrepentimiento sincero. Cuanto más sincero sea el arrepentimiento, mayor será nuestro progreso. Mientras pensaba en su vida desperdiciada, recordé que en las Escrituras se nos dice que no debemos predicar a esta generación nada sino el arrepentimiento (por ejemplo, en D. y C. 6:9; 11:9).

Supongo que no tuve mucho éxito con él pues, que yo sepa, se fue de esta vida sin haber reconocido cuál era el verdadero problema. Espero que a esta altura ya lo haya hecho. Muchas veces he pensado que aquellas palabras que pronunció: «Esas fueron las 10 libras mejor invertidas», deberían ser y quizá ya sean: «Esas fueron las 10 libras más desperdiciadas de mi vida».

53

De niñero y otras actividades

La reina de Tonga tenía dos hijos. El mayor, Tungi, era el príncipe heredero; él y su esposa, Mata'aho, de vez en cuando iban a Ha'apai y se quedaban en la casa real de verano que se encontraba junto al puerto. Por lo general, iban a pasar unas vacaciones y se quedaban alrededor de dos semanas.

Cuando se enteraron de que había un misionero *palangi* en Ha'apai, me invitaron a su casa. Fueron muy amables, serviciales y comprensivos, y disfruté mucho de charlar con ellos. Con el tiempo, llegamos a ser buenos amigos y muchas veces cenamos juntos y charlamos.

A veces me pedían que los ayudara con los niños; lo que yo hacía no era realmente cumplir la función de una niñera, como alimentarlos o prepararlos para que se acostaran, porque tenían sirvientes que se encargaban de eso; era jugar con ellos, leerles cuentos y, en general, mantenerlos entretenidos en muchas de las ocasiones en que sus padres tenían que salir para cumplir con diferentes obligaciones.

En broma, la princesa Mata'aho me decía que no existían los «almuerzos gratis», por lo cual el leerles historias a sus hijos era la forma en que yo les pagaba por las comidas que me daban. Me volví muy unido a sus hermosos hijos, especialmente a los dos mayores: Tupouto'a (el nuevo príncipe heredero) y Pilolevu (la hija mayor).

Nueve años más tarde, tras la muerte de su madre, Tungi se convirtió en el rey Taufa'ahau Tupou IV y, por supuesto, Mata'aho se convirtió en la reina. Tupouto'a y Pilolevu crecieron y Pilolevu ahora tiene cuatro hijos. Hemos mantenido una buena amistad a través de los años.

Recuerdo un día en que les conté la historia de «Ricitos de oro y los tres osos». Ya se la había contado muchas veces, pero en esa ocasión en particular Pilolevu me detuvo a cierta altura del cuento y dijo:

—Eso no es así.

—¿A qué te refieres con que no es así? ¡Soy yo el que está contándolo!

Sus palabras me sorprendieron:

—¡Sé que eso no es así, porque no coincide con el relato que nos contó ayer! —afirmó—. Esto es lo que usted debería haber dicho…

Entonces repitió casi con las mismas palabras lo que yo les había contado el día anterior.

Pensé: «¡Qué niña tan inteligente! ¡Todos son niños inteligentes! Mejor empiezo a escribir lo que les digo para contarles lo mismo cada vez». El tiempo que pasábamos juntos era divertido y, a lo largo de los años, en muchas ocasiones a todos nos resultó útil el habernos conocido. La bondad que me demostraron, tal como sucede con la que se demuestre a cualquier persona, jamás se pasará por alto ni dejará de recibir la recompensa de los poderes de los cielos.

En cierta ocasión el presidente de la misión me envió a un misionero local de quien se decía que era haragán; me pidió que lo pusiera a trabajar en la escuela o en algún lugar en donde no tuviera que hacer mucho y que viera si podía ayudarle a terminar la misión. El joven llegó a caerme bien: daba la impresión de que deseaba esforzarse, pero se cansaba fácilmente y perdía las energías; trabajaba tanto como le era posible y ayudaba un poco en la escuela.

Después de unos meses, recibí una nota en la que se me decía que debía trasladarlo a otro distrito. Él lloró y me dijo que no quería irse pero era fiel y obediente, y de todos modos partió hacia su nueva asignación. Jamás olvidaré la mirada de aquellos ojos amarillentos cuando, al despedirse, me dijo claramente: «Nos veremos en el cielo». Dos meses después de su partida de Ha'apai murió de ictericia. La atención médica no era muy avanzada en aquella época. ¡Qué alegría sentí porque, en su caso, el Señor nunca permitió que la palabra *haragán* me cruzara por la mente!

En Ha'apai contábamos con muy poco; aunque había tiendas, en la mayoría de los casos los estantes estaban vacíos. Cada vez que recibíamos un paquete de nuestra casa o de las oficinas de la misión, desatábamos el cordel, deshacíamos los nudos y formábamos un ovillo para volver a usarlo en otro momento; jamás se nos cruzaba por la mente la posibilidad de cortarlo ni de romper el envoltorio. Siempre sacábamos con sumo cuidado el papel, lo doblábamos y lo guardábamos para uso futuro. No había revistas ni periódicos; y guardábamos todo trocito de cualquier cosa que diera la impresión de que podría ser útil.

Recuerdo cuando miraba a los niños pequeños que se divertían muchísimo con un palo y algunas piedras o una cáscara de coco arrastrándolas por la tierra y la arena. Si llegaban a conseguir una lata o una botella para jugar, gritaban de alegría como si hubieran recibido el último juguete que estuviera de moda; se reían, corrían y empujaban el objeto sonriendo con un gozo tan sincero que me pregunto si nosotros, con nuestras casas de muñecas y juegos de computadora, podemos siquiera acercarnos a sentir esa felicidad.

En Ha'apai, gran parte de los diezmos y de las ofrendas de ayuno se pagaban «en especie», o sea, con cocos, gallinas o cerdos o *ufi*. Una parte la pagaban con monedas también y nosotros tratábamos de vender los productos que recibíamos a cambio de dinero. Llevaba bastante tiempo dar cuenta de todo lo que se entregaba como diezmo, ofrendas de ayuno, presupuesto y fondos de construcción; y, aunque no había muchos problemas con robos, generalmente llevábamos el dinero a la oficina de correos el primer lunes después de haberlo recibido.

Una noche, llegamos en silencio y a una hora inesperada y encontramos a uno de los alumnos mayores revolviendo los fondos de los diezmos y las ofrendas de ayuno. Me tomó completamente por sorpresa. Él volvió a poner todo donde estaba y yo asigné a uno de los buenos maestros de la escuela para que tratara de ayudarle; con el tiempo, llegó a ser un alumno ejemplar y, que yo sepa, superó aquel terrible problema de tomar cosas que no le pertenecían. Qué agradecido me sentí por aquel maestro que estuvo dispuesto a aceptar el desafío y salvó al jovencito.

Tuve muchas oportunidades de participar en actividades de diversos tipos: desde trabajo legal y bienes raíces hasta supervisor de construcción. Varias veces escribí a mí familia:

«El presidente de la misión no puede venir y me pidió que vaya el próximo martes a la ceremonia de la palada inicial, en representación de él. Será una gran ocasión, ya que la isla entera estará presente. También me ha dado el dinero y la autoridad para llegar a un acuerdo en la compra de otras tierras, así que obtendré un poco de experiencia práctica en el negocio de bienes raíces. Me gusta ese tipo de trabajo. La tierra tiene mucho valor, incluso en estas islas remotas, sobre todo si hay más de una persona que esté interesada en ella. Hay que tener en cuenta muchos factores, pero el principal es la equidad.

«Considero que aquí he tenido la bendición de ganar una experiencia que es de mucho valor y siento que los tiempos que no fueron muy placenteros se encuentran entre las épocas más valiosas.

«A medida que el trabajo se vuelve más arduo y más prolongado, las personas en las que yo confiaba van desapareciendo cada vez más y van quedando muy pocos de aquellos en los que realmente puedo confiar. Sin embargo, son los mejores. El asunto de ser líder en la Iglesia es a veces muy difícil».

Más adelante les escribí:

«Uno de los misioneros tonganos se subió a un viejo tractor Ford sin permiso y comenzó a llevar cosas desde el muelle hasta la Iglesia para el proyecto de construcción. El tractor tiene un elevador hidráulico con una pala en el frente a la cual alguien se subió y, una vez que la hubieron levantado, aprovechó para arrancar algunos cocos para beber. De repente, mientras estábamos comiendo, oímos un grito que provenía como de una cuadra de distancia; me puse de pie de un salto y fui corriendo hasta allí lo más rápido que pude. Efectivamente, había habido un accidente: la pala se había aflojado, había tirado al hombre que iba montado en ella y el tractor le había pasado por arriba; al intentar apartarse del hombre, el conductor chocó contra una tienda y rompió parte del porche, que cayó sobre él haciendo que perdiera el conocimiento. Él sólo estaba aturdido y sumamente trastornado, pero al otro hombre se lo veía en muy mal estado. No hay duda de que los accidentes son muy desagradables. Yo

La familia real.
La reina Salote en el centro, el príncipe Tungi y la princesa Mata'aho a la izquierda; y el príncipe Tu'ipelehake y la princesa Melenaite a la derecha.
Al fondo, un oficial del gobierno.

pensé que el hombre al que le había pasado el tractor por arriba estaba muerto, ya que parecía tener todo el cuerpo lesionado y ensangrentado; pero lo llevamos en seguida al hospital y, una vez allí, volvió en sí y nos pidió que le diéramos una bendición de salud. Milagrosamente, después de revisarlo dijeron que no tenía ningún daño ni fractura grave, solo estaba muy magullado. Resulta que el conductor no tenía permiso para conducir así que tendrá que comparecer ante un tribunal de justicia. Por ser el representante oficial de la Iglesia en Ha'apai, tendré que encargarme del caso en representación de ésta. También he tenido que llegar a algunos acuerdos por los daños causados a la tienda y, realmente, la experiencia que he sacado de todo eso ha sido muy buena. Con los dos misioneros nuevos que acaban de llegar hemos alcanzado un total de cuarenta misioneros en el distrito; el cuidar de ellos es una labor de tiempo completo».

54

Las emociones que despierta el mar

Siempre que uno se mezcla con el mar o con los viajes por el océano, se experimentan muchísimas emociones. Recuerdo que un día di a un grupo de siete hermanos poseedores del sacerdocio la asignación de ir a una pequeña isla y conseguir un tipo especial de arena para un edificio que estábamos construyendo; yo me quedé porque tenía que dar clases. El día comenzó bien, pero a la tarde se puso tormentoso. Cerca de la hora en que el bote tenía que emprender el regreso, se desató una gran tormenta; los vientos bramaban, las nubes se volvieron más espesas y el sol quedó escondido en la oscuridad. Seis de los siete hombres eran casados y las respectivas esposas y familias estaban muy preocupadas.

Fuimos hasta la costa con ellas y otros familiares a ver si los divisábamos, pero no veíamos nada. El tiempo parecía estar cada vez peor y el bote ya estaba muy atrasado. Era tanto el esfuerzo que hacíamos por ver y escuchar que nos dolían los ojos y los oídos; aun así, a pesar de todo el esfuerzo y las oraciones, la situación no cambió. Las emociones que observaba en aquellas mujeres y aquellos niños eran indescriptibles; yo trataba de consolarlos e infundirles ánimo.

Pasaron una o dos horas más, pero el bote no aparecía. Algunos ya se habían resignado a lo peor, otros no perdían la esperanza, y todos orábamos con fervor. Los botes casi nunca entraban en el puerto después de oscurecer y en ese momento ya estaba completamente oscuro y era difícil ver cualquier cosa. Algunos sugerían que volviéramos a nuestras casas, pero la mayoría decía que se quedarían toda la noche. Yo sentí que debía quedarme, ya que había sido quien les había pedido que fueran.

No hay palabras para describir el sentimiento de desazón e impotencia que tenía. Sentía como si estuviera vacío por dentro. Aunque nadie decía nada, percibía lo que sentían algunas de las mujeres que allí se encontraban: «Usted es el siervo de Dios. Si había peligro, ¿por qué les pidió que fueran?». Aunque no sabía lo que iba a suceder, trataba de calmarlas y asegurarles que todo saldría bien. Oraba fervientemente y sentía el peso de una gran responsabilidad. *¿Acaso había actuado precipitadamente?* Esperaba que no. Rogué a Dios que no lastimara a aquellas familias por mis errores. Deseaba haber ido con ellos. Estaba deshecho pero, finalmente, después de una gran lucha espiritual, empecé a sentir una paz que significaba que todo iba a salir bien.

Pasamos toda la noche de sobresalto en sobresalto ante cualquier ruido insólito, cada uno de los cuales interpretábamos como una posibilidad de esperanza, que luego desaparecía hasta quedar en la nada. Al fin, ya cerca del amanecer, escuchamos un grito distante; venía de muy lejos pero todos aguzamos el oído y cobramos ánimo. Pasaron varios minutos y… nada. Entonces volvió a escucharse un grito lejano: «Oku 'ife'ae uafu?» (¿Dónde está el muelle?).

Todos nos habíamos puesto de pie con los ojos clavados en la oscuridad y el corazón latiendo con fuerza por la expectativa y el amor. Se elevó un coro de voces: unos lloraban y otros gritaban, algunos casi en estado de histeria, mientras otros respondían con calma: «¡El muelle está aquí!». La luz de las lámparas de kerosene comenzó a parpadear con más intensidad cuando levantaron las mechas y limpiaron los tubos. Una vez más, aunque ya provenía de más cerca, se oyó una voz que preguntaba: «Oku 'ife'ae uafu?»; y entonces comenzó la comunicación y el reconocimiento de las personas que venían en el bote. Eran ellos; ¡habían regresado! El que los dirigía dijo, restando importancia al asunto: «Nos costó un poquito regresar, pero trajimos la arena para la capilla del Señor». Por supuesto, al decir eso, se quedó muy, pero muy corto.

Apenas amarraron el velero al muelle, los hombres fueron a la orilla a reencontrarse con sus respectivas esposas y otros integrantes de su familia. Creo que jamás experimenté con tal fuerza los sentimientos de amor, fe puesta en práctica y gratitud a Dios por Su ayuda. No hace falta decir que todos nos sentimos aliviados cuando concluyó aquella noche casi entera en vela.

Esto me hace pensar en la noche de vigilia que tiene lugar en la escena final de la ópera *Madame Butterfly*. Afortunadamente, la de Ha'apai tuvo un final más feliz aunque las emociones que experimentamos allá tienen algo en común con las de la ópera. Supongo que debemos llegar a conocer esos sentimientos para poder al menos vislumbrar lo que Dios debe de sentir cuando tantos de Sus seres queridos parecen perderse en las tinieblas del mal. Percibo algo de la emoción que se describe en el pasaje de las Escrituras que dice: «¡Cuán grande es su gozo por el alma que se arrepiente!» (que sale de la oscuridad y regresa al hogar) (D. y C. 18:13). Sentí ese gran gozo en Pangai cuando esposos e hijos salieron de la oscuridad, regresaron a los brazos de sus seres queridos y volvieron a salvo a su hogar.

Las emociones tienen mucho poder y los sentimientos profundos no se olvidan con facilidad. Aprendí que esas sensaciones deben seguir la dirección correcta; y cualquiera que diga que tiene que apartarse de la religión a fin de expresar sus emociones jamás ha sentido la fuerza completa de la verdadera fe y del amor puro por Dios, los cuales se encuentran en su plenitud dentro de la religión. Ese sentimiento lo abarca todo.

55

«Tahi kula»

Un día me despertó un grito: *«Tahi kula, tahi kula»* («¡Marea roja, marea roja!»). Era algo que jamás había oído y me pregunté qué significaría. Una de las islas de Ha'apai es un volcán más o menos activo y los temblores ocurren bastante a menudo. Algunos de los temblores eran bastante fuertes, pero la mayoría eran suaves. La gente me explicó que de vez en cuando algún movimiento sísmico hacía que la marea bajara muchísimo (marea roja) y todos corrían a la orilla; para los isleños, la marea roja es el paraíso de un cazador de alimentos ya que, al bajar tanto y tan rápido, deja charcos de agua llenos de peces y otra vida marina, todos listos para pescar con la mano.

Sin embargo, noté que nadie se alejaba mucho de la costa; me dijeron que si lo hacían, podían quedar atrapados, ya que cuando la marea sube, lo hace muy rápido. Me maravilló observar su disciplina: lo que hacían era sencillamente no ir más allá de cierto punto, no obstante lo tentador que fuera el siguiente pozo. Además, me asombró la velocidad con la que subió la marea y me di cuenta de que si no hubieran permanecido cerca de la orilla, sin duda algunos se hubieran perdido. Los más pequeños se quedaban cerca de su madre y otros integrantes de la familia, y una vez más noté cuán diferente era la manera de pensar que se les estaba inculcando a causa de las circunstancias en las que crecían.

Las situaciones que vivía muchas veces me recordaban las ventajas y desventajas de esas sociedades más bien pequeñas y unidas, donde todos sabían todo de la vida de los demás. Una de las ventajas era la ausencia casi total de delitos, ya que, si alguien hacía algo malo, el pueblo entero llegaba a saberlo; otro punto a favor era el sentimiento de lealtad e identidad hacia la familia y la comunidad. Además, todos comprendían claramente qué se esperaba de ellos y qué lugar ocupaban y, de una u otra manera, cada uno cumplía una función; a algunos les gustaba y a otros no. Creo que, en mayor o menor grado, todas las personas sentimos algo así.

Uno de los aspectos negativos era la frustración de aquellos cuya personalidad parecía no encajar en el lugar que les habían asignado. El hecho de que los demás conocieran a fondo su vida les hacía sentirse muy oprimidos; muchas veces, los que integraban ese grupo deseaban irse a donde pudieran estar solos.

Cada tanto, algún tongano llegaba a Ha'apai con historias del mundo exterior, de autos y grandes ciudades, de trabajo y dinero y de la vida en lugares donde las personas no se conocen e incluso lo ignoran a uno y lo dejan tranquilo. Para algunos, aquello era aterrador; para otros, era el paraíso.

Creo que una de las razones por las que los tonganos tienen problemas cuando van a las grandes ciudades es que no tienen allí una sociedad unida de la cual formar parte, como en las islas, en las que funciona tan bien; pero eso no existe en las grandes ciudades. El ser anónimo o desconocido es un concepto extraño en su entorno, y por eso, a algunos las pandillas y otras formas de unión falsa les parecen muy importantes.

Cuando leo las Escrituras, pienso que la sociedad a la cual aspiramos es mucho más similar a la sociedad tongana que conocí a mediados de los años cincuenta que a nuestra sociedad actual, acostumbrada a la vida de ciudad grande: distante y reservada, donde cada uno se ocupa exclusivamente de sus asuntos. Si Dios conoce nuestros pensamientos, nuestras acciones e incluso los deseos de nuestro corazón (véase Alma 18:32), y así es, entonces debemos acostumbrarnos a ser abiertos en nuestros tratos y no tratar de aparentar algo que no somos.

Ahora entiendo por qué Jesús fue tan duro cuando habló en contra de los hipócritas, no solo los de Sus días, sino los de todas las épocas. Cuando tratamos de ocultar nuestros pecados, cuando intentamos enmascarar nuestras ambiciones vanas o ejercemos control, dominio o coacción sobre cualquier persona con mucha o poca mala intención, dentro de lo cual se encuentra cualquier tipo de engaño (véase D. y C. 121:39–42), no existe ninguna posibilidad de que obtengamos verdadero poder, puesto que éste sólo proviene de Dios y lo recibimos por medio de la fe y la obediencia, no mediante las apariencias ni las palabras lisonjeras. Él desea que tengamos ese poder, pero lo obtendremos solamente si nuestra vida está en perfecta armonía con Sus mandamientos.

Llegaremos a ese estado poco a poco; el proceso de «línea sobre línea» quizá parezca frustrante y lento, o al menos de eso trata de convencernos Satanás, pero si tenemos fe (si reconocemos la mano de Dios en nuestra vida) y humildad (si estamos dispuestos a reconocer nuestros errores y la necesidad que tenemos de recibir ayuda) y nos arrepentimos constantemente (si mejoramos), nos adaptaremos a esa sociedad celestial aquí y en la vida venidera. Y repito, si logramos este ideal, se encontrará más cerca del modelo tongano que conocí que de los modelos que promovemos en la actualidad.

¡Me sentía tan bien cuando oía a los tonganos cantar de manera tan hermosa y los observaba bailar con tanta alegría y unidad! Tenía la sensación de que aquello por lo que estamos luchando incluirá más canto, baile, gracia y lealtad que lo que muchos de nosotros estamos acostumbrados a ver. Quizás entonces ellos se sientan más a gusto y eso les resulte más natural a los tonganos y a todos los polinesios, así como a otras personas que se hayan criado en las mismas circunstancias.

El concepto del cuerpo que tenían los tonganos también me resultaba muy interesante. A los que nacían con deformaciones o problemas mentales los consideraban parte de la sociedad y los aceptaban por lo que eran; normalmente, los trataban con respeto y los cuidaban con cariño.

Las debilidades de las personas (sobre todo las del cuerpo) se aceptaban abiertamente. Si bien se cometían muchos pecados, tal como en cualquier otra sociedad, me di cuenta de que entre los tonganos había menos hipocresía y no se esforzaban tanto por esconder sus transgresiones. Hay quien dice que, por lo general, los polinesios son mucho más permisivos en asuntos de moral que la gente de cultura occidental, pero no creo que eso sea cierto. Lo que pienso es que cuando se sepa toda la verdad, lo cual finalmente ocurrirá, en estos aspectos los tonganos tendrán bastante ventaja con respecto a otras culturas. Según mi experiencia, el vivir las leyes morales de Dios tiene mucho más que ver con las personas en particular que con la cultura en general.

Los tonganos ven el cuerpo no solo como la morada de nuestro espíritu, sino además como un medio para expresar gratitud a Dios por todo lo que Él nos da. De esa manera, su hermosa y hábil forma de cantar y bailar, con tanta gracia y refinamiento, puede a veces llegar a ser otro testimonio y otro medio de alabar a Dios. Además, son buenos oradores y poetas maravillosos, y no hay un solo tongano digno de llamarse tal que no pueda citar varios poemas. Por supuesto, algunos son mucho mejores que otros.

El ser corpulento era un punto en favor y no en contra. Recuerdo una ocasión en que unos amigos me pidieron que fuera al cine con ellos a fin de interpretarles la película. El presidente de la misión no me había dicho que no fuera y, como las películas allá eran un lujo en aquella época, casi todas las personas que vivían en la isla también fueron. En aquellos tiempos, ir al cine era todo un acontecimiento que no tenía lugar muy a menudo; en Niuatoputapu jamás habían mostrado una película y en Ha'apai solo recuerdo aquella en particular: la pasaron al aire libre, con un generador de energía y una sábana que hacía las veces de pantalla.

Mis amigos estaban interesados en verla porque habían escuchado que actuaba una hermosa estrella de cine estadounidense. A medida que avanzaba la película, no dejaban de preguntarme dónde estaba la hermosa dama; a eso respondía señalándoles cuál era, pero ellos pensaban que estaba equivocado. Cuando ya había pasado casi la mitad de la cinta, al fin aceptaron que esa actriz realmente era la «hermosa» dama de la que se había hablado, pero se sentían engañados; se volvieron hacia mí y me dijeron: «Esa mujer no es hermosa. ¡Es flaca!».

Traté de explicarles que en nuestra sociedad esa dama representaba el ideal que deseaban los hombres estadounidenses. Quedaron horrorizados. Una traducción aproximada de lo que me dijeron es: «Seguro que los hombres estadounidenses serán más inteligentes. ¡Seguramente querrán una *esposa* y no una *muñeca*! Tienen que ser bastante inteligentes para saber que las muñecas no tienen ningún valor; en cambio, una buena esposa y madre vale su peso en oro». Como no tenía mucho para decir, me limité a escuchar.

Dado que era misionero, no estaba muy compenetrado con el romance o el matrimonio, excepto cuando se trataba de realizar casamientos y dar consejos cuando me los pedían. A menudo, hombres jóvenes me preguntaban qué me parecía Fulanita como posible esposa. Los miembros de la Iglesia buscaban en primer lugar fortaleza de testimonio y, muy de cerca, en segundo lugar, les interesaba la capacidad de tener hijos y de conservarse saludable. Definitivamente, el ser delgado era un inconveniente.

Recuerdo haber oído varias veces a algún joven que me decía con tristeza: «¡Ay, no puedo casarme con ella! Es demasiado delgada» o «Parece enferma». Yo trataba de convencerlos de que había otras cualidades que eran más importantes y que las jóvenes delgadas también podían tener bebés, pero ya tenían la idea bastante fija y no prestaban mucha atención a mi manera de razonar. Supongo que en eso reflejaban parte de su procedencia israelita, lo que me recordaba un pasaje del Antiguo Testamento en Proverbios 31:30: «Engañosa es la gracia y vana la hermosura; la mujer que teme a Jehová, ésa será alabada».

Tener hijos y familia era muy importante para los tonganos. La mayoría de las familias eran grandes y unidas; el tener seis, ocho, diez o doce hijos era normal; conozco a varias familias que tenían más de veinte de la misma madre. No había hijos no deseados ni hijos descuidados; incluso los que nacían fuera de los lazos del matrimonio eran aceptados por la toda familia y los cuidaban como a cualquier otro.

A veces «regalaban» niños, pero en un sentido diferente del que se pueda interpretar esa palabra. Muchas personas de occidente se horrorizan ante esta práctica, pero cuando se tienen en cuenta las circunstancias, es más fácil de entender: por ejemplo, si un matrimonio no podía tener hijos, algunos de los parientes que tenían muchos les «regalaban» uno o dos para que los criaran, como un *pusiaki* (especie de adopción). Ser *pusiaki* era lo mismo que cualquier otro tipo de hijo.

Una vez hice un comentario un poco negativo acerca de dar un hijo a otra persona para que lo criara y el matrimonio que daba al niño me dijo: «¡Es que usted no entiende! Estamos todos unidos. Nosotros confiamos en nuestra hermana, que no puede tener hijos de manera natural. Nuestro hijo se va a criar en buenas manos». Y luego me dejaron sin palabras cuando agregaron: «¿En su cultura serían tan crueles como para permitir que un matrimonio pasara por esta vida sin hijos siendo tan sencillo satisfacerles esa necesidad? Dios desea que nos ayudemos unos a otros y que cuidemos de los nuestros, ¡y eso incluye a *toda* nuestra familia!».

No pude responder o al menos sentí que no debía hacerlo. Traté de hacer lo que el Profeta aconsejó: enseñar principios correctos y dejar que las personas se gobernaran ellas mismas. Finalmente, tendrán que enfrentar a su Hacedor y rendirle cuentas a Él, tal como todos haremos. Si el deseo de ayudar y la falta de egoísmo son aspectos primordiales que nos llevan hacia la perfección, tengo la sensación de que algunos de ellos quizás estén mucho más avanzados en ese camino de lo que otros piensen.

Otra costumbre interesante era que los abuelos tuvieran una función importante en la crianza de un niño. Era normal que un matrimonio joven viviera con los abuelos o que éstos vivieran con ellos, y la división de responsabilidades era tal que mientras ambos padres trabajaban en la huerta, los abuelos se encargaban de criar, enseñar, capacitar y disciplinar a los niños y jugar con ellos. Cuando puse en tela de juicio esa costumbre, la abuela en cuestión me dijo que cuando su hija, la madre de los pequeños, fuera mayor y tuviera más experiencia, iba a realizar una mejor labor en criar a los hijos; y luego, con sus siguientes palabras, me hizo pensar mucho: «¿De qué sirven mi experiencia y mi vida si no puedo ayudar a criar a mis nietos?».

Los nietos sentían un profundo respeto por los abuelos y, a su vez, éstos sentían inmenso amor por los nietos. Supongo que eso se debía a la gran interacción que había entre ellos y que no parecía disminuir ni el amor ni el respeto que había entre padres e hijos. Las ventajas de este estilo de vida en familia eran muchas.

La Iglesia enseña los conceptos correctos de que la familia es importante y es eterna. Debemos hacer algo más que simplemente comprender el concepto: debemos poner en práctica los principios que permitirán que éste se vuelva realidad. Hemos oído la frase que dice: «El futuro es de quienes se preparen»; yo he parafraseado ese dicho: «El futuro es de los que estén presentes». Uno no tiene que mirar muy lejos para darse cuenta de cuáles son las culturas que no mantienen intactas a sus familias y que no se reproducen, a fin de saber quiénes son los que «estarán presentes» en las generaciones futuras.

A Ha'apai llegaban muy pocos turistas; sin embargo, una vez llegó un yate de turistas que se quedó unos días. Varios miembros me preguntaron si sabía de una «pobre mujer» que se encontraba en el yate, que no tenía mucha protección de los rayos solares y que obviamente estaba enferma, pues se pasaba tirada en la cubierta del barco, casi sin ropa, mientras el sol brillaba en todo su esplendor; se preguntaban qué podían hacer por ella. Yo no logré convencerlos de que realmente hay en este mundo personas a quienes *les gusta* tomar el sol; para ellos era inconcebible que alguien en sus cabales quisiera hacer eso.

Creo que para las personas blancas el lograr que su piel sea más oscura o esté más bronceada debe de ser más importante que los riesgos que se corren al hacerlo. A pesar de la explicación que les di, los tonganos seguían pensando que la mujer debía de estar loca, enferma o ambas cosas. La gente de Tonga trata de protegerse del sol tanto como es posible; el color de piel que prefieren es más bien claro y no oscuro. He oído decir que los padres tonganos hacen que sus niños jueguen en cuevas y bajo techo todo el día a fin de que crezcan menos expuestos al sol. Me imagino que la mayoría de nosotros valoramos más aquello que no tenemos y le restamos valor a lo que nos resulta común.

Los tonganos eran muy conscientes de su estatus y todos trataban de establecer algún contacto con el rey, con personas de la nobleza u otras de noble cuna. Durante el tiempo que estuve allí, el sentimiento de lealtad a la realeza era muy profundo y sincero; todos querían a la reina y sentían por la familia real un respeto reverencial que se extendía a casi todos los aspectos de la vida. El único cariz negativo del que yo estaba al tanto era que cuando las personas creían en la Iglesia verdadera, no podían alejarse completamente de «la iglesia de la reina» porque no deseaban ser desleales. Por mucho que me esforzara, había gente que no lograba captar la diferencia entre ser leal a un monarca terrenal y ser leal a un monarca celestial. En Tonga había, y todavía hay, libertad religiosa, y muchas personas se unían a la Iglesia cuando obtenían el testimonio, a pesar de la presión social.

En las aldeas tonganas, parecía que todos sabían cuál era la función que debían cumplir; si alguien no estaba contento con el papel que le había tocado, casi nunca lo demostraba. Cada uno respetaba las responsabilidades de los demás y a toda persona le llegaba el momento de «lucirse». En nuestra sociedad, respetamos a los que tienen riquezas, capacitación o un puesto importante, como los presidentes de compañías, los médicos o los alcaldes o intendentes; en cambio, según la jerarquía de las aldeas de Tonga, el *punaki* (el poeta, cantante, director de coro, bailarín o coreógrafo más respetado y talentoso) era quien se encontraba en la cima. A ellos les encantan las personas que tienen esos talentos y, si alguien es bueno en eso, no tiene por qué preocuparse por la comida, la ropa ni otras necesidades.

Recuerdo que en una ocasión llamé a un hombre para que fuera presidente de rama; él me preguntó si el puesto de director de coro ya estaba ocupado; cuando le dije que sí, dejó escapar un suspiro y aceptó el llamamiento «inferior» de presidente de rama. A los santos tonganos les encantaba cantar en un coro y no era nada fuera de lo común que asistieran más personas a los ensayos del coro que tenían lugar después de las reuniones de la Iglesia que a la reunión sacramental.

Las competencias y los festivales de coros atraían a grandes multitudes y se asemejaban un poco a los eventos deportivos de nuestra sociedad en cuanto a interés, participación, etc. Los miembros cantaban los himnos casi exclusivamente de memoria y con muchísima fuerza y sentimiento; aunque no había ni pianos ni órganos, la armonía perfecta de la congregación y los coros (que eran prácticamente lo mismo) me hacía sentir que escuchaba el sonido más majestuoso que pueda existir sobre la tierra: el de un órgano de tubos humano.

Dado que era extranjero y misionero, no estoy seguro de cómo me veían los tonganos; sin embargo, sentía que me querían y respetaban; admiraban a todos los misioneros y eso nos hacía sentir más la responsabilidad de ser prudentes en todo lo que hiciéramos. Una de las funciones que me tocó desempeñar en Ha'apai, algo que no busqué ni me gustaba mucho, era calmar a uno de los borrachos perennes del lugar. La mayoría de la gente no tenía dinero para comprar bebidas alcohólicas y les tenían miedo a los efectos secundarios de la cerveza de arbusto y otras bebidas más baratas; pero había una persona que no era miembro de la Iglesia, que parecía tener dinero suficiente y tomaba en exceso bastante a menudo. Sin que se supiera por qué, cuando estaba ebrio, comenzaba a deambular por las calles gritando muy fuerte; eso molestaba a los demás, que entonces me pedían que hablara con él; una vez que volvía a estar sobrio le hablaba, pero eso no tenía mucha influencia y él seguía tomando.

No sé por qué, una vez que se emborrachó empezó a deambular por las calles gritando: «*¡Kolipoki, Kolipoki!*». Intenté hacer caso omiso de él ya que sabía que aunque le hablara, estando borracho no le iba hacer ningún bien, pero llegó un momento en que gritaba tan fuerte que salí y le dije: «¡Aquí estoy; entre!».

Entró, se tranquilizó y se echó a llorar. Tuvimos una linda charla. No estoy seguro de cuánto haya entendido él pero se calmó y poco después se durmió. La gente quedó tan contenta (incluso la esposa) que ese día adquirí automáticamente un nuevo papel: Cuando yo me encontraba en la isla los días en que él bebía demasiado, quizás una vez cada uno o dos meses, tenía la responsabilidad de hablar con mi amigo hasta que comenzara a llorar y se durmiera. No sé si aprendí algo de esa experiencia ni estoy seguro de haber hecho algún bien, pues no creo que la situación haya cambiado mucho; pero a pesar de eso, me complacía sentir que al menos trataba de ayudarle; además, las personas del pueblo también estaban agradecidas.

56

Mi océano

A esa altura ya me sentía tan cómodo con la gente y las islas que escribí lo siguiente a mi familia: «A veces, cuando navegamos sobre las ondulantes aguas, siento que esta parte del océano me pertenece porque puedo ir y venir por él según me plazca y, por lo general, el mar coopera; es para mí como un segundo hogar».

Sentía profundo respeto por el océano y sus diferentes estados de ánimo. Tal como tantos otros lo han hecho en diversas épocas, lo comparaba con una dama. Escribí esto a mi familia: «El mar es como una dama encantadora: hermoso, misterioso, determinado, profundo, temperamental, impredecible, cariñoso, servicial y dador de vida. Me doy cuenta de que a veces los dos pueden mostrarse feroces y encolerizados, pero en otras ocasiones son suaves y tiernos. Amo el océano. Espero llegar a amar a mi esposa con igual intensidad; seguramente así será».

En tongano, el término *hala* significa camino o sendero, pero el significado permanece incompleto a no ser que se le agregue un modificador, como *hala uta* (sendero por tierra) o *hala tahi* (sendero por mar). Llegué a convencerme de que muchos de aquellos viejos capitanes se sentían tan seguros en sus senderos del mar como nosotros nos sentimos en los nuestros de la tierra. El océano es su hogar y desarrollan una sensibilidad que a nosotros nos resulta difícil de comprender. Permítanme dar un ejemplo: Recuerdo una ocasión en que regresaba a casa después de un largo viaje con clima desfavorable: mar gruesa, vientos fuertes y cielo nublado y lluvioso. Pasamos toda la tarde, toda la noche y toda la mañana siguiente sin tierra a la vista; empecé a preocuparme un poco y le pregunté al capitán si estaba seguro de dónde nos encontrábamos.

Me miró sorprendido y luego observó atentamente la forma del sol a través de las nubes espesas, consideró el viento mientras movía la cabeza lentamente de atrás hacia adelante e introdujo una mano en el agua mientras que con la otra sostenía el timón; después de varios minutos, sacó la mano del agua, la movió señalando el cielo y anunció: «Cuando el sol esté allí, la isla de Lofanga aparecerá por allá».

Sus palabras fueron estrictamente fácticas y objetivas y, cuando vio que no las cuestioné, volvió a concentrarse en mover la vela y el timón con cuidado, percibir el movimiento de las corrientes y mirar atentamente el cielo.

Pasaron varias horas, pero cuando el sol se encontraba exactamente en el lugar que él había señalado, las cortinas de niebla que nos tapaban la visión se evaporaron casi como por arte de magia y la isla de Lofanga «na'e kite mai» (apareció). Parecía como si se hubiese materializado de la nada para dar cumplimiento a sus palabras.

Dirigí la mirada a la isla y luego miré al viejo capitán; él se limitó a sonreír y asentir y continuó concentrándose en el cielo, el viento y la corriente.

Yo estaba maravillado y pensé: «Pasamos años yendo a la universidad, estudiando astronomía, el pronóstico del tiempo, ingeniería náutica o maniobras electrónicas de diferentes tipos y sólo entonces decimos que *sabemos* algo. Sin embargo, dentro de este hombre mayor hay más conocimiento sobre navegación cósmica que el que todos los títulos del mundo puedan aportar». Me di cuenta de que sus ojos, sus manos, su cara de frente al viento, sus sentidos de la vista, el oído, el olfato y su capacidad para percibir la temperatura eran tan refinados que sabía cuál era el lugar preciso en que nos encontrábamos y conocía la forma exacta en que debíamos colocar la vela, usar el viento y mover el timón para llegar sanos y salvos a destino.

Esa noche llegamos a nuestra isla y le agradecí al capitán por el viaje seguro. Le pregunté cómo había sabido dónde nos encontrábamos y él me habló de la temperatura y la fuerza de las corrientes, del sol, la luna y las estrellas y de cómo percibía el viento y las olas; de todos modos, básicamente lo que dijo fue: «Simplemente lo sabía». Él no pudo explicármelo o quizá se diera cuenta de que yo no lo iba a entender. Fuera como fuera, me alegraba tener a «mi capitán» para que me condujera por los senderos de «mi océano».

Pensé en cuánto honor rendimos a nuestros grandes científicos, ingenieros y matemáticos por su inteligencia y comprensión; aquel hombre ya mayor no tenía ningún título y, sin embargo, sabía mucho más de las corrientes y la dirección del océano que cualquier otra persona que yo haya conocido.

Poco antes de irme de Ha'apai, falleció y fue un día triste para mí. He visto más bien con nostalgia cómo sus compatriotas fueron dejando esta existencia, uno por uno; no sé de ninguno de los integrantes de aquel viejo grupo que quede con vida. Me imagino que estarán trazando hermosas rutas de navegación por entre los reinos sin fin del espacio y la eternidad. Tengo la seguridad de que el conocimiento verdadero que obtenemos aquí, especialmente aquel que empleamos para ayudar a otros, jamás se perderá y siempre seguirá siendo útil.

Recuerdo otra ocasión en que regresábamos a Pangai: el viento nos había abandonado por completo y estuvimos un par de días flotando sin avanzar. Éramos diez los que íbamos en el barco; hacía calor y no pasó mucho tiempo hasta que comenzamos a sentir sed y hambre. Uno de los hombres tenía un sedal y, con paciencia, lo dejaba flotando en el océano hora tras hora. Durante la tarde del segundo día, el sedal de pronto se tensó y todos dieron un salto de alegría y comenzaron a gritar para dar ánimo al pescador; el pez comenzó a nadar enganchado del sedal y llevó mucho tiempo lograr sacarlo del agua pues el atún, de tamaño considerable, ofreció mucha resistencia. Después de un buen rato, el hombre logró arrastrar al cansado pez hasta el costado de la embarcación y varias manos fuertes lo metieron rápidamente dentro del barco.

Los hombres tenían tanta hambre y tanta sed que, en vez de gastar tiempo para matar y limpiar el pescado como correspondía, le dieron un golpe fuerte en la cabeza que lo dejó suficientemente atontado para calmar un poco sus movimientos frenéticos y luego empezaron a comerlo crudo. Mientras se pasaban el pescado de mano en mano, alguien mencionó que debían dejar algo para mí, ya que probablemente yo también tuviera hambre y sed, a lo cual les contesté: «Corten un trozo para mí y luego sigan comiendo hasta terminarlo». Me dieron un buen trozo y lo comí y lo disfruté muchísimo; ellos siguieron comiendo el pescado hasta que no quedaron más que los huesos. No me chocó ni me asombró contemplarlos, simplemente me despertó el interés. Mientras observaba el proceso y veía las sonrisas que se dibujaban en sus rostros, recuerdo haber pensado en lo bueno de que hubieran atrapado un pez y se nutrieran un poco con él, y cuán maravillosamente bien podían funcionar juntos el hombre, la naturaleza y el océano. Aquella noche se levantó un buen viento y temprano a la mañana siguiente llegamos a Pangai.

Me acuerdo que uno de mis consejeros siempre llevaba consigo en nuestros viajes una lata cuadrada que medía aproximadamente 23 cm de lado y tenía unos 30 cm de profundidad; una vez le pregunté qué contenía y él me contestó que no tenía importancia. Después de un rato, me olvidé por completo de la lata, hasta que en un viaje en particular noté que la estaba escondiendo e insistí en que me dijera qué tenía adentro. Finalmente, me mostró una carta escrita en inglés e ingeniosamente sellada a uno de los costados del recipiente; al leerla, me enteré de que la lata estaba sellada herméticamente y contenía ropa del templo que debía ponérsele a cualquier misionero estadounidense que muriera por una enfermedad u otra causa y tuviera que ser enterrado en Ha'apai.

Sabía de algunos élderes que habían muerto en Ha'apai, ya que nuestra rama se encargaba del mantenimiento de los lugares donde se les había enterrado. Le pregunté si sabía qué tenía que hacer en caso de que me sucediera algo; él me contestó que no sabía leer en inglés, pero que no dudaba de que, llegado el momento, sabría qué hacer. Le pregunté entonces si en alguna ocasión había vestido a un muerto, a lo cual respondió que no; luego volví a preguntarle cómo sabría lo que tenía que hacer y me miró como diciendo: «¿Por qué se hace siempre ese tipo de preguntas? El Señor me diría por medio de un ángel o de alguna otra

Velero típico entrando en el tranquilo puerto de Pangai, al regreso de islas lejanas.

manera. ¿Por qué ustedes, los *palangis*, se preocupan continuamente por detalles tan insignificantes?».

Siempre aprendía algo al ver el grado de fe que tenía esa gente maravillosa y me sentí reconfortado cuando sonrió y me dijo: «No se preocupe; no va a morir aquí; de eso estoy seguro. Todavía tiene mucho trabajo que realizar». No supe si hablaba cualitativamente y se refería a que tenía mucho que aprender y debía enseñarme más o si estaba hablando cuantitativamente. Esperaba que se refiriera a las dos cosas.

Después que se dedicó el templo de Nueva Zelanda muchos tonganos fueron allí y la ropa para el templo empezó a ser más común, así que cada vez se necesitaban menos aquellas latas selladas herméticamente. Dudo de que sigan existiendo.

A veces no quería viajar en el velero, sobre todo cuando el viento y el mar estaban turbulentos; sin embargo, excepto en las peores situaciones, viajábamos de todos modos. En otras oportunidades, cuando navegábamos por esas hermosas aguas plateadas, sentía la brisa que llenaba las velas y nos impulsaba, percibía el movimiento ascendente y descendente de la madera sólida y curva sobre la que me encontraba, escuchaba el silbido del viento y me maravillaba ante la gran cantidad de hermosos matices de azul, verde y blanco que me rodeaban, me daba cuenta de que me estaba enamorando del mar. Para mí, en aquella época, realmente se trataba de «mi océano».

57

Mis cartas al hogar

A pesar de que estaba ocupado, me sentía impelido a escribir con regularidad cartas a mi familia y otros seres queridos.

Cuán agradecido estoy a mi madre, que pasó a máquina todas esas cartas. Incluyo aquí algunas que he escogido como ejemplos, la mayoría escritas hacia el final de mi misión.

«Pangai, Lifuka, Tonga.

»Considero que el hecho de que se frustren nuestros planes y aun así no permitamos que eso nos moleste es una señal de madurez. Creo que esta misión me ha hecho madurar en muchos sentidos, aunque no digo que haya aprendido a tomar las desilusiones como sé que debo hacerlo.

»A menudo me pregunto si permitiré que las demoras vuelvan a provocarme frustración; me imagino que no bien regrese al trajín de la vida de mi país, probablemente todavía me fastidien.

»A esta altura, la mayor parte de la misión me parece como un sueño, sobre todo el año que pasé en Niuatoputapu. Estoy seguro de que ese año tiene mucho más significado e importancia de lo que cualquiera de nosotros pueda llegar a darse cuenta».

«Pangai, Ha'apai.

«Una de las razones por las cuales la misión es una época de tanta felicidad es que su misma naturaleza requiere que se busque sólo lo bueno en las personas, cosa que a uno le produce felicidad en todo momento. El ver lo bueno en la gente, el tratar de desarrollar esas características de bondad y de deshacerse de lo malo que haya en uno mismo a fin de llegar a ser un buen ejemplo para los demás son los elementos que hacen la felicidad. Cualquier persona puede ser feliz en cualquier tipo de circunstancia; lo único que tiene que hacer es decidirse a serlo. Antes de aprender a hablar tongano, pensaba que esa era para mí la clave de la felicidad en la misión de Tonga; cuando aprendí el idioma, sentí el contento que acompaña ese logro en particular, pero esa no era la clave de la felicidad. La clave de la felicidad es prestar servicio a los demás.

«En este mundo, todos buscamos la felicidad y estoy seguro de que se han escrito miles y miles de tomos sobre el tema y que el tiempo que se le ha dedicado en conferencias o charlas asciende a muchos años.

Asimismo, por encima de todo, los verdaderos componentes de la felicidad son: amar al Señor con todo nuestro corazón y amar a nuestro prójimo como a nosotros mismos. No hay nada más que decir aparte de eso, ninguna otra explicación. Al fin de cuentas, si deseamos ser felices, debemos tomar la decisión de serlo, y lo seremos si albergamos mucho amor en nuestro corazón».

«Pangai, Ha'apai, Tonga.

«Varios de los misioneros han estado enfermos e incluso yo he caído con alguna molestia una o dos veces; nada serio, pero lo suficiente para hacerme reconocer el valor de la salud. Espero que no estén preocupados por mí; todo anda bien. Agradezco la bendición que papá me dio antes de salir a la misión. Si todos pudiéramos mantener nuestra salud espiritual y física en su condición óptima por medio de constante ejercicio, realmente seríamos mucho más felices. Confío en que nos tomemos el tiempo para ser amigables, amables y considerados con aquellos que no gocen de buena salud, sea física o espiritual. Verdaderamente, tenemos el deber de visitar y ayudar a los enfermos y a los afligidos tanto física como espiritualmente. Estoy muy agradecido por el buen ejemplo de papá y mamá».

«Pangai, Tonga.

«Espero no olvidar jamás las grandes lecciones que aprendí de estas personas maravillosas; su humildad y su fe son grandiosas. He aprendido a amarlos y he tenido que ser humilde para lograrlo. El Señor me ha acompañado en esta adaptación y también me ayudará a volver a acostumbrarme a mi lugar de origen. El idioma tongano es parte de mí; cada vez valoro más los diferentes idiomas y el lugar que ocupan en el mundo. El lenguaje del amor es el más importante de todos; una vez que uno lo aprende, puede hablar al corazón de toda persona. El amor es la única cosa duradera de este mundo. Al final, quizás nuestra valía quede resumida en la pregunta: '¿Cuánto amor sentía?'. El amor es más profundo de lo que nosotros llegamos a comprender. Creo que si somos amables y considerados y nunca nos enojamos ni nos resentimos, podemos sentir más amor; estoy seguro de que la ira lo aleja de nuestro corazón; las palabras de ira y el mal genio controlan y terminan por matar las semillas de amor que se encuentren dentro de nosotros. El amor, la confianza y el sacrificio por los demás son las fuerzas más grandes que existen en el mundo. El amor se demuestra en la forma en que estemos dispuestos a negarnos a nosotros mismos por el bien de los demás, en lo que estemos dispuestos a hacer en beneficio de otras personas; se necesita mucho más de eso en el mundo. Al final de cuentas, los demás solo recordarán '¿Cuánto nos amó?', solo recordaremos el amor que nos demostraron. El Salvador nos dio el ejemplo; es mucho más profundo de lo que llego a comprender, pero aun así espero abarcar absolutamente todo su significado cuando digo: 'Los amo a todos'».

«Pangai, Lifuka, Ha'apai, Tonga.

«A todos mis seres queridos de Estados Unidos quiero asegurarles que ese gran lazo de amor que siempre nos unirá lo siento incluso desde aquí, en los confines más lejanos de la tierra. Pero, además de ese amor, hay otro dentro de mi alma: amor por cierta gente, amor por cierta cultura, por cierto modo de vida; amor por cierto idioma, que es hermoso y siento como si fuera mi lengua materna tal como la primera lengua que hablaba cuando era pequeño. Es un idioma que comencé a hablar en la niñez, en mi niñez espiritual; y es la lengua con la cual he pasado de un estado de infancia espiritual a estar, probablemente, un poquito por encima de lo infantil en los grandes elementos espirituales de la vida. Amor por las canciones, amor por la naturaleza, amor por el mar: el mar con todos sus encantos, el mar con su influencia ineludible sobre los hombres, el mar con sus misterios que los animan a ir en pos de objetivos más grandes, que inspira a algunos de los mejores poetas a escribir palabras que, aunque de hondo significado, apenas empiezan a descifrar las profundidades de la fuente de su inspiración. Aquí me encuentro entre mis seres queridos, tal como si estuviera en Estados Unidos. Este es mi segundo hogar, mi segunda lengua, mi segundo amor».

«Ha'apai, Tonga.

«Si tuviera que resumir las palabras del Salvador que se encuentran en Mateo 5:43–48, lo haría de la siguiente manera: En la antigüedad fue dicho que amáramos a aquellos que nos amaban y que aborreciéramos a nuestros enemigos; sin embargo, yo les digo: amen a todos. De esa manera, no se pusieron más límites a esta gran fuente de amor; si los límites realmente existían o si simplemente se hallaban en la mente confusa de los hombres de aquella época no es lo que importa, sino que se dio una nueva ley. Así de sencillo era el nuevo mandamiento: 'Amarás'. Amen con todo su corazón. Amen a Dios y a Sus hijos, donde quiera que se encuentren o sea como sea que los demás los traten. No tiene mucha importancia cómo los traten a ustedes, lo importante es aprender a amar a todos. ¿Podemos amar realmente a los pecadores? A mí me parece que ese es uno de los requisitos para nuestro progreso eterno. Si esperamos estar donde se encuentran hoy los Dioses, y ellos han amado a todo el género humano, tanto pecadores como santos, entonces definitivamente, si aspiramos a encontrarnos a esa altura, debemos aprender a amar a los pecadores así como a los santos, a los de piel oscura como a los de piel blanca, a las lenguas extranjeras como a nuestra lengua materna».

«Ha'apai, Tonga.

«Si Dios es amor (y lo es) y si el propósito de la vida es llegar a parecernos más a Él (y lo es), entonces las bendiciones más grandes de esta existencia son las oportunidades de llegar a tener más amor divino.

«Dios debe de amar muchísimo a las mujeres, ya que les dio el poder sagrado de dar a luz y criar hijos, y eso instiga el amor más que cualquier otra cosa. En cierto sentido, quizá Dios les haya dado el sacerdocio a los hombres como una especie de compensación a fin de que, si lo usan de manera adecuada, pueda ayudarles a convertirse en siervos de todos y tener así mejor oportunidad de lograr el amor que se necesita para la vida eterna.

«Supongo que tanto el hombre como la mujer pueden degradar las oportunidades sagradas que Dios les da para desarrollar amor y pueden emplearlo con fines egoístas; de todos modos, jamás tendrán el poder de Dios con ellos si lo hacen; Él podrá bendecirlos y magnificarlos únicamente si utilizan Sus poderes de acuerdo con Su voluntad.

«De vez en cuando oigo a la gente hablar de posición y discutir en cuanto a la autoridad, y percibo enojo en el corazón de algunos por esa causa; siento que Satanás realmente ha engañado a esas personas al desviar su atención y así evita que se concentren en lo que produce amor (y que por ende es importante) para que se concentren en las actitudes mundanas (en lo que no es importante); y los incita a la ira unos contra otros (3 Nefi 11:29) y no les permite ver la intención de Dios de ayudarles a llegar a ser personas llenas de amor».

«Pangai, Ha'apai, Tonga.

«Si sentimos enojo, tenemos celos, somos egoístas o ejercemos injusto dominio, o si cuestionamos a Dios y Sus vías, no logramos amor; únicamente lo logramos al servir (amar) a los demás con todo nuestro corazón. Amar a Dios con todo nuestro corazón y a nuestro prójimo como a nosotros mismos siempre ha sido y será, no sólo lo mejor sino además la única manera de llegar a tener el amor que necesitamos a fin de entrar algún día al reino celestial.

«El principio parece ser muy sencillo: si actuamos con egoísmo, nos convertimos en personas egoístas; si nuestra conducta es abnegada, nos convertimos en personas altruistas. Satanás nos tienta a actuar de manera egoísta; Dios trata de ayudarnos a ser altruistas. La Iglesia, las ordenanzas, los convenios, la maternidad, el sacerdocio y nuestros llamamientos se han establecido para desarrollar un amor profundo que sea la esencia misma de nuestro ser; para eso, necesitamos la ayuda de Dios.

«A todos nos hacen falta la fortaleza y la gracia salvadora del sacrificio expiatorio del Salvador, que es lo supremo en cuanto al amor; sencillamente, sin ese sacrificio no puede haber suficiente amor en nuestra vida. Siempre está a nuestra disposición y siempre lo necesitamos, pero debemos reconocer esa necesidad personal antes de ser capaces de permitirle a Él ser el centro de nuestra vida a fin de que pueda ayudarnos a que se produzca 'un cambio en nuestro corazón' y éste se llene de amor».

«Pangai, Ha'apai, Tonga.

«Si las riquezas terrenales tuvieran algún valor eterno, o si lo tuvieran los trabajos, los títulos, los ingresos, la belleza física o la destreza, entonces Dios sería un dios parcial, algo que Él dice específicamente que no es. Pero todo eso no tiene ningún valor.

«Entonces ¿cuál es el común denominador que comparten todos los hombres y todas las mujeres de todos los tiempos, sean cuales sean sus circunstancias? ¡La proporción de amor que decidan albergar en su corazón! Todos nos encontramos al mismo nivel para lograrlo y podemos llegar a la altura que deseemos. Lo único que se debe hacer es, primero, amar a Dios de todo corazón, mente y alma, y luego proceder a expresarlo como se expresa aquí en la tierra: amando al prójimo como a sí mismo (véase Mateo 22:35–40).

«Me resulta interesante el hecho de que Jesús hablara de la manera de amar como preludio de Su gran mandato o petición de que seamos perfectos» (véase Mateo 5:48).

Pensé que había aprendido algunas cosas después de la misión, pero al releer estas cartas me entran las dudas; quizás haya olvidado tantas cosas de verdadero valor como las que he aprendido en los años que siguieron.

Pero sí sé que debemos albergar en el corazón más amor por todas las personas; y agradezco al pueblo tongano que me ayudó a entender mejor esta gran verdad.

58

Islas y más islas

Si bien los bautismos en Ha'apai nunca eran muchos, siguieron aumentando todos los meses. No pensaba en mi regreso a casa, pero sabía que en algún momento iba a suceder. Por esas fechas, el presidente de la misión me escribió y me preguntó cómo me sentiría si tuviera que quedarme en la misión unos cuantos meses más; muy entusiasmado, le respondí que me gustaría muchísimo. Entonces volvió a escribirme para decirme que sentía que sería bueno que me quedara para acompañar al primer grupo de miembros tonganos al Templo de Nueva Zelanda, el cual sería dedicado como en un año, añadiendo que les escribiría a las autoridades de Salt Lake City y haría la solicitud para que me permitieran quedarme. Yo di por hecho que me darían permiso para extender la misión, así que me hice a la idea de que me quedaría; incluso escribí algunas cartas a mi familia y seres queridos en las cuales les explicaba lo que el presidente de la misión y yo esperábamos que ocurriera, aunque todavía no sabía si era seguro.

Podrán imaginarse mi conmoción y asombro cuando, dos meses más tarde, recibí un telegrama del presidente en el cual me decía: *Solicitud de extensión denegada. Debe presentarse ante junta de reclutamiento dentro de próximos dos meses.* SS Tofua *sale de Nuku'alofa en una semana. Esté en Nuku'alofa por lo menos un día antes. Si está de acuerdo, propongo a [élder X] como nuevo presidente del distrito. Envíe pronta respuesta y costos e información del regreso.*

Quedé atónito y salí de la oficina del telégrafo moviendo la cabeza de un lado a otro. Si bien se suponía que los telegramas eran privados, ¡quien quiera que pensara eso no conocía Tonga ni a los tonganos! La noticia se extendió de inmediato y me inundaron todo tipo de reacciones: incredulidad, amor, lágrimas, felicitaciones, peticiones para banquetes, preguntas de los detalles y, seguramente, alivio en el caso de algunas personas.

Pensé: *¿Élder X como presidente de distrito? ¡Qué chiste! Me alegra que el presidente me haya pedido mi opinión; le avisaré de inmediato, aunque quizá sea mejor que primero encuentre un barco que vaya a Tonga y así me ahorraré un telegrama. ¿Tengo que irme de Ha'apai? ¿Cómo es posible?*

Me invadió un sentimiento de melancolía. En parte se debía a lo repentino del anuncio, sobre todo porque estaba dispuesto a quedarme más tiempo y ansioso por hacerlo; sin embargo, también se debía a que me daba cuenta de que era algo definitivo; me era difícil aceptar que mi misión en Tonga realmente estaba llegando a su fin. Me estremecí al pensar que pronto tendría que dejar a esas personas, esas islas, ese idioma. ¿Cómo haría para dejar el viento, las aguas, la navegación, la escuela, los miembros, los niños, el amor, la fe, los desafíos y los testimonios?, en fin, todo aquello que era tan importante y preciado para mí.

Me llevó un día o dos admitir que no debía seguir haciéndome preguntas, sino más bien ser obediente y continuar con el resto de mi vida. A pesar de eso, durante varios días, cada vez que me parecía que había hecho frente a la realidad, tenía una recaída, retrocedía hacia la protección de lo conocido e intentaba posponer el futuro desconocido.

Empecé a averiguar si había algún barco que fuera a Tongatapu y me enteré de que no había ninguno disponible por el momento; pregunté a todas las personas, pero me dijeron que todos los barcos o bien acababan de partir o de llegar, y no había ningún viaje planeado para el futuro cercano. Parecía que no había forma de llegar a Tongatapu. *Quizá esa sea mi respuesta*, pensé. Jamás se me ocurriría ser abiertamente desobediente, pero si no aparecía porque no había conseguido barco, ¡eso era completamente distinto! La esperanza que sentí fue efímera, no duró más que unos pocos minutos, ya que me daba cuenta de que, en el peor de los casos, podría presionar a algunos de los buenos miembros de la Iglesia para que me llevaran hasta Tongatapu en nuestro viejo velero de la misión; aunque se le filtraba muchísima agua y las velas y las sogas se encontraban en un estado deplorable, sabía que, si realmente teníamos que hacerlo, el Señor nos bendeciría para que tuviéramos un viaje seguro.

Hablé con el mejor capitán que conocía y me sorprendí cuando me dijo que no era prudente siquiera pensar en llevar el velero de la misión.

—Ese velero está en muy malas condiciones y no deberíamos tentar al Señor cuando sabemos que las perspectivas no son buenas y tenemos otra alternativa —agregó.

—¿Qué otra alternativa?

—¿Alguna vez fue a Ha'ano? Allí hay un buen barco.

Ya casi no me quedaba tiempo y tenía que conseguir un barco, así que él se ofreció a llevarme hasta Ha'ano en el viejo velero de la misión para ver si encontraba uno mejor que me trasladara a Tongatapu. Ese último viaje en el velero fue lleno de nostalgia y al mismo tiempo fue revelador. El viento estuvo a nuestro favor y llegamos en muy buen tiempo a Ha'ano. También tuvimos que esforzarnos muchísimo por sacar del barco toda el agua que fuera posible, gracias a lo cual terminé de convencerme de que en ese estado el gastado velero no llegaría a Tongatapu.

En Ha'ano hablé con el capitán y dueño del único velero que había disponible. La noticia de mi partida inminente ya había llegado allí y él sabía que yo tenía que estar en Tongatapu en los próximos días. El capitán no era miembro y era pobre, como la mayoría de las personas que viven en Ha'apai, así que fue muy difícil llegar a un acuerdo como lo es negociar cuando la otra parte tiene la ventaja. De todos modos, acordamos algunas cosas, por ejemplo, usar el barco como chárter para esa travesía y otorgarme el derecho de recaudar el dinero que obtuviéramos de los pasajes y de la carga que se transportara y guardármelo. Aun así, cuando cerramos el trato con un apretón de manos, sentí que estaba pagando un precio demasiado alto pero, como no veía otra opción, decidí no exigir más, dejar contento al capitán y así asegurarme de que fuera a buscarme.

Acordamos que él iría a Pangai dos días más tarde y nos llevaría hasta Tongatapu antes de que terminara el cuarto día, el día anterior a que zarpara el *SS Tofua*. Al regreso, el viento siguió a nuestro favor y nos condujo rápidamente, con lo cual llegamos en buen tiempo a nuestra isla. A pesar de eso, cuando entramos en el puerto de Pangai, la vela se nos había rasgado en varios lugares, las sogas tenían algunos nudos más que al principio del viaje y había una cantidad considerable de agua sucia en el pantoque. «Qué bueno que no probemos al Señor intentando llevar este velero hasta Tongatapu», pensé.

A nuestro arribo a Pangai, encontré otro telegrama del presidente de la misión que decía: *Envíe aprobación y planes ya. En cuatro días debe estar aquí. Pasaje en el* Tofua *confirmado*. Me daba vergüenza decirle al presidente cuánto dinero iba a costar llegar a Tongatapu: 40 libras (casi 200 dólares estadounidenses); además estaba preocupado porque no sabía cómo decirle lo que realmente sentía en cuanto a llamar al élder X como presidente del distrito. Decidí que volvería a orar al respecto y que le enviaría un telegrama la mañana siguiente.

Con tantos banquetes, fiestas de despedida y visitas conmovedoras de todos los amigos, me di cuenta de que no podría hacer todo lo que quería y además dedicar algo de tiempo a dormir. «Ya podré dormir durante el viaje en barco», pensé; así que di comienzo a esa noche empacando, orando y pensando; también la pasé charlando hora tras hora.

Llegaba un grupo, luego otro y otro más; de repente, un golpe tímido y apareció una niña de la escuela con su familia, algunas bananas y una piña (ananá); tenían ganas de charlar un rato. «¿Sabe qué? Vamos a bautizarnos —me dijeron los padres—. Apenas nuestra hija vaya a la escuela Liahona, iremos a Tongatapu y nos bautizaremos. Gracias por enseñarle a ella y por lograr que entrara a Liahona, y gracias por enseñarnos el Evangelio». Las visitas siguieron una tras otra y, antes de que terminara la noche, tenía mucho más comida de la que podría comer en semanas; pero no me importaba pues los alimentos representaban amor y agradecimiento, y eso nunca se echa a perder.

Me quedaban dos días en Ha'apai y faltaban tres para llegar a Tongatapu. Momentos antes del amanecer, me dormí una hora más o menos. Sabía que debía mandar un telegrama al presidente de la misión esa misma mañana, pero todavía no estaba seguro de lo que iba a decirle;

había orado sinceramente con respecto a mis sentimientos, pero no me sentía cómodo ante la idea de aconsejar al presidente.

Al despertar esa mañana, experimenté uno de los sentimientos hermosos y cálidos que todos tenemos cada tanto; el alma se me llenó de palabras y pensamientos que formaban una hermosísima e inexplicable sinfonía: «Escucha. Esta no es tu obra, es la mía. Yo me encargaré de que avance. Apoya a tus líderes. Apoya al presidente de la misión con todo tu corazón. No te preocupes por lo que saldrá el chárter; el dinero volverá. Sé obediente, sé comprensivo. Sé amoroso y amable. Perdona a los demás. Sé diligente. Bendice a estas personas. Esta es mi obra. Tú puedes ayudar, pero no te preocupes. Es *mi* obra». No fue ni una voz ni una revelación: fue un hermoso sentimiento de paz.

Fui corriendo hasta la oficina de telegramas y le mandé el siguiente mensaje al presidente de la misión: *Élder X será un buen presidente del distrito. Envíe 40 libras para chárter. El dinero se repondrá. Llegaré a Nuku'alofa jueves por la noche listo para el* Tofua *viernes. Élder Groberg.*

En seguida hice los arreglos necesarios para que el élder X, que estaba trabajando en otra isla, fuera a Pangai. Repasé el cronograma de la escuela con él y le presenté a mis consejeros, junto a quienes trabajaría al menos hasta que el presidente de la misión fuera a Ha'apai e hiciera el cambio oficial. Yo ya no estaría, pero eso no importaba. Lo llevé para presentarlo al jefe de la oficina de correos, al telegrafista, al gobernador y a otras personas que le resultaría útil conocer. Me sentía feliz, porque sabía que todo andaría bien.

El barco de Ha'ano llegó: era pequeño, pero resistente; tenía velas de lona gruesa y fuerte, sogas nuevas y casco sólido. ¡Qué placer viajar en un barco así! Aunque el mar y el viento estaban tranquilos, sabíamos que tendríamos que partir antes del mediodía del día siguiente para asegurarnos de llegar a Nuku'alofa de tarde o al anochecer; de no ser así, no estaría a tiempo para tomar el *Tofua* que salía al otro día.

Dado que no habían salido barcos para Tongatapu recientemente, pude vender bastantes pasajes y había conseguido bastante carga para transportar. Los veleros siempre viajan mejor cuando llevan algo de peso que cuando van muy livianos, así que el capitán estaba contento.

Hice arreglos para que las personas cargaran sus cosas ese mismo día y, con el capitán, acordamos partir poco antes del mediodía del día siguiente. Como la gente ya había pagado sus pasajes y lo que llevarían con ellos, puse el dinero en una bolsita y no me preocupé por contarlo en ese momento.

Me quedaban sólo veinticuatro horas en Ha'apai. ¿Qué podía hacer? ¿Qué debía hacer? Ya había puesto las responsabilidades en manos del élder X; lo que tenía para empacar era muy poco, pues había regalado la mayor parte de las cosas y me había quedado apenas con lo indispensable para regresar a mi hogar. Hice algunas visitas, asistí a varios banquetes de despedida y me reuní con algunos investigadores y con miembros que se habían apartado para animarlos. A esa altura, ya estaba tan cansado que apenas podía mantener los ojos abiertos, así que durante las primeras horas de la tarde, después de otro banquete, me escabullí hasta la parte trasera de la casa de un miembro y dormí durante un par de horas.

Cuando me desperté, regresé a casa. Unos cuantos miembros estaban llevando a cabo una ceremonia de *kava* y estuve con ellos unas horas. Algunos de los misioneros que daban clases en la escuela me habían escrito una canción de despedida y la cantaron de manera muy hermosa (hay una traducción en la siguiente página); hablaba de un pájaro blanco que se había ido, pero que un día regresó. Hubo muchas lágrimas. La gente iba y venía durante casi toda la noche. Finalmente, a eso de las dos de la madrugada, me disculpé y salí a caminar solo por la playa.

Había luna llena y la orilla estaba levemente iluminada de a ratos y en otros bastante oscura, ya que las nubes se movían, ocultaban a la luna durante largos períodos y sólo de vez en cuando permitían que brillara en todo su esplendor. Soplaba una brisa suave y cálida que alzaba y bajaba suavemente las hojas de los cocoteros, y cada tanto las agitaba con una rápida ráfaga. La arena estaba calentita y la escena en su totalidad propiciaba las emociones más básicas del hombre. Reflexioné: «En verdad estoy por irme de Ha‘apai. Después que la luna, el viento y las nubes se hayan puesto en escena como todas las noches, una vez más el sol tomará el control y despachará a la luna, disipará el ligero manto de la frescura nocturna y entonces me iré de Ha‘apai. Cuando el sol envíe sus rayos penetrantes y haga que vuelva a reinar la realidad, abordaré el barco, me despediré agitando la mano y poco después desapareceré tras el horizonte y ya no veré más a Ha‘apai». Aceptaba esos pensamientos y al mismo tiempo luchaba contra ellos.

Todavía me quedaban unas horas para permanecer en ese mundo donde reinaban la suavidad, la luz de la luna y las sombras y estar a solas con mis pensamientos y sentimientos; podía pensar, orar, meditar e intentar comprender ese remolino de emociones.

Durante algún tiempo me había estado molestando el hecho de que sólo había llegado a visitar en persona dieciséis de las diecisiete islas con habitantes que había en Ha‘apai. Las instrucciones de que debía irme llegaron con tan poco tiempo de anticipación y de manera tan inesperada que tuve que cancelar el viaje a esa última isla. Me sentía mal pensando que había fallado en ese aspecto; a pesar de haber sido presidente del distrito durante casi un año y medio, no había llegado a visitar las diecisiete islas. «Tendría que haberlo logrado —pensé—. ¿Cómo puede Dios estar contento conmigo? ¿Cómo puedo yo estar contento conmigo mismo? ¡Me faltó visitar una de las islas que estaba a mi cargo!».

Cada vez me sentía peor; fue como si todos los buenos sentimientos y las despedidas se hubiesen esfumado o quedado en suspenso mientras

Traducir un poema o una canción del tongano al inglés es muy difícil, por no decir imposible. Muchos de los símbolos tonganos tienen un significado tan arraigado a su contexto que se necesitaría un párrafo en inglés para empezar a captar un tanto la intención de unas pocas palabras simbólicas de ese idioma. Dos tonganos que hablan muy bien el inglés tradujeron la canción a este idioma [y del inglés se tradujo al español]. Este es su mejor intento:

Siu'e Tavake

Mientras la suave brisa del norte comienza a soplar, permanecemos aquí con nuestro corazón lleno del misterio que todo lo abarca. La fragancia de su espíritu ha de perdurar en las islas; en nuestros corazones percibimos profundamente sus sentimientos al partir, e intentamos comprender.

Llegó atravesando las grandes aguas y proclamó la luz de la verdad a estas islas; nos ayudó a comprender que hay un Dios y que somos Sus hijos, estableció lo que se esperaba de nosotros y nos elevó por encima del hombre común.

Fue llamado por el profeta y nos brindó todo lo que había en su persona. Aunque ha terminado su obra cubierto de gloria, el dicho de los ancianos de Tonga se cumple: «Cuando uno se entrega por completo a los demás, se convierte en parte de ellos y en un atisbo del futuro».

Por medio de usted hemos visto la obra del Gran Escultor. Hemos hecho mal muchas cosas pero siempre nos brindó una sonrisa y nos demostró que, a fin de tener ese precioso fervor interior, debemos amar a los demás, sonreírles y asirnos a la roca de la verdad.

Su presencia aquí ha sido como un sueño hermoso, como la visión de una nube del oeste que llora. Nuestros corazones rebosan y derraman lágrimas por su partida. Las flores que se abren a nuestro alrededor están deslucidas. La abundancia de peces no tiene sentido porque usted se va.

ESTRIBILLO

Tal como la leyenda de la paloma, vino y se fue pero volverá. Nos rige un poder superior: vino a nosotros, debe irse, mas regresará. Nosotros, los de las islas, debemos prepararnos y continuar haciendo lo que nos enseñó, a fin de estar listos para su regreso y para el del Salvador. Solo aquellos que vencen y se superan heredarán el reino.

yo me preocupaba por esa parte de la asignación que había dejado incumplida. Me daba cuenta de que había fuerzas potentes que casi no podía controlar y que estaban apoderándose de mis emociones. ¿Por qué no había ido a aquella última isla? Oré pidiendo perdón; oré para recibir entendimiento; aunque sabía que no tenía excusas, de todos modos alegué: *Tenía la intención de visitarla pero me quedé sin tiempo. ¿Realmente tuve yo la culpa?* Entonces razoné: *Por supuesto que fue culpa tuya. No intentes inventar excusas; no cumpliste con todo tu deber.*

Se batían a duelo la luz y la oscuridad, la paz y la ausencia de ella, los buenos y los malos sentimientos. *Tengo que encontrar algo de paz*, pensé. *No puedo irme sintiéndome de esta manera. Me había sentido tan bien hasta ahora. ¿Por qué descubrí mis errores a último momento? ¿Por qué tanto hincapié en una isla? ¡Ay!, ¡¿por qué no habré ido?!*

Derramé mi alma en procura de paz. Lo había intentado y lo hubiera logrado si otros no hubieran tomado decisiones sobre las cuales yo no tenía ningún control. ¿Qué debía hacer? En medio de amargas lágrimas de remordimiento, supliqué recibir comprensión.

Entonces, dulcemente, un suave manto de paz comenzó a cubrirme el corazón; cada vez fue más claro y más intenso hasta que de pronto, como si se hubiera encendido una luz, prevaleció una fuerza nueva y conmovedora que disipó todo lo demás. Sentí una voz que me hablaba al corazón y me decía: «¡Mira!». Abrí los ojos y dirigí la mirada por encima de la bella costa arenosa, hacia la vasta y abierta extensión del océano magnífico y ondulante. Veía claramente el contorno de esa isla a la que no había ido; la reconocí sin lugar a dudas. Ese mismo sentimiento de calidez que había experimentado unos días antes volvió y continuaron las voces que resonaban en mi mente y las visiones que percibía mi alma.

Me quedé observando mientras una isla se levantaba detrás de la primera, y luego otra detrás de esa, y otras más, y aún otra más grande e impresionante que la anterior. Me encontré maravillándome y diciendo: «Se levanta una isla tras otra ».

La voz que resonaba en mi mente continuó: «Sí. Se levanta una isla tras otra, y otras detrás de ellas. ¡Mira!».

Volví a mirar y vi más islas, y detrás de ellas escenas más grandiosas, incluso mundos que se alzaban esplendorosos. A mi mente acudieron las palabras: «Se eleva un mundo tras otro, y tras esos otros más».

Estaba completamente absorto en la experiencia. Los sentimientos o palabras que me ocupaban la mente continuaban: «La meta física de visitar las diecisiete islas no es lo más importante; incluso si hubieras alcanzado esa meta, aún te quedaría mucho más por hacer. Lo importante es seguir al Espíritu, obedecer, amar, prestar servicio, bendecir, enseñar, sanar, testificar y explicar que Dios está sobre todas las cosas, que es omnipotente, que está lleno de amor y de bondad; que Jesús es el Salvador del mundo, que José Smith es el Profeta de esta última dispensación y que en esta época, sobre la tierra, hay profetas vivientes y autoridad del sacerdocio. Si esas verdades ocupan el lugar que les corresponde, no importa cuál sea la cantidad de islas, mundos o universos, puesto que son verdades eternas y controlan todas las islas y los mundos y mucho más».

Me sentí satisfecho. Si bien sé que se requerirá mucho más de nosotros, estoy seguro de que uno de los sentimientos más grandiosos que podemos experimentar en esta vida es el de saber que Dios está complacido con nuestra labor; nada se le puede comparar. Debemos esforzarnos por saber que nuestra labor es aceptable y que la fe, el amor, el testimonio y las acciones correctas siempre nos traerán bendiciones eternas. ¿Qué más podría desear una persona?

Además, aprendí otra gran lección: Sabía que podría haber hecho las cosas mucho mejor y el ser consciente de mis faltas era doloroso; sin embargo, nuestro bondadoso Padre Celestial me permitía irme con buenos recuerdos y con el sentimiento de Su aprobación por aquello que había logrado, en lugar de partir cargado con la culpa que yo mismo me había adjudicado por lo que no había podido hacer. Sabía que debía empeñarme y lograr más, y estaba decidido a hacerlo; pero en medio de aquel perdón y aprobación totales, percibía una vislumbre de sucesos por venir. Entendí que, al tratar con otras personas, especialmente con mi familia y amigos, debía criticar mucho menos los fracasos y encomiar mucho más los logros. Esa era la manera en que lo haría Dios y yo lo sabía.

Esa meditación debe de haber ocupado el resto de la noche, porque de pronto me di cuenta de que el sol estaba, en realidad, ahuyentando a la luna. El día de mi partida había llegado. Regresé a casa, junté las pocas cosas que tenía y las llevé al barco. Había muchísimas personas en el muelle: algunos iban a viajar con nosotros, otros estaban allí para enviar cosas y muchos se habían reunido para despedirme.

No tengo palabras para describir esas últimas horas de abrazos, lágrimas y sentimientos profundos: sentimientos de gozo incomparable, de seguridad, de bendiciones y de un profundo entendimiento. Todo ello sencillamente supera la capacidad humana de descripción.

Finalmente, el barco partió. Hubo canciones, lágrimas y manos que se agitaban en señal de despedida; hubo sollozos sinceros y testimonios que expresaban la seguridad de que volveríamos a encontrarnos en algún momento, en algún lugar, fuera como fuera. Sabía que así sería. Sabía que el reencuentro con nuestros seres queridos, en algún momento y en algún lugar, inevitablemente nos tocará a todos; y si bien el momento de ese reencuentro no es algo que podamos controlar, lo que sintamos en esa reunión depende, en efecto, de nosotros; si hemos sido fieles, será un reencuentro glorioso; pero si no lo hemos sido, no nos resultará tan glorioso como hubiera podido ser. Conocía y amaba a aquellos fieles tonganos y sabía que ellos, mis hermanos y hermanas, eran fieles y lo seguirían siendo. ¡Qué gran incentivo es ese para mantenernos leales y devotos! Una vez más, tomé la decisión de mantenerme siempre fiel. Esperaba estar preparado para el siguiente paso.

Tenía la total seguridad de que lo más importante de esta vida es permanecer con devoción a Dios y a Su causa a fin de que, cuando nos reencontremos con nuestros seres queridos, podamos experimentar ese mismo tipo de gozo que sentí en aquel momento pero en toda su plenitud. Sabía que si permanecemos fieles, tendremos una reunión gloriosa y sabremos con mucho mayor seguridad que se alzará una isla tras otra, y sobre ellas otras más, ¡por siempre!

59

El viaje de regreso

Durante los últimos días y noches había estado casi todo el tiempo despierto y estaba tan agotado física y emocionalmente que, poco después de salir del puerto de Pangai e introducirnos en océano abierto, me desplomé y caí en un sueño profundo. Dormí la mayor parte de ese día y de esa noche y parte del día siguiente.

Por supuesto, de vez en cuando me levantaba, sobre todo porque teníamos reuniones espirituales de mañana y de noche, pero no podía deshacerme de una sensación de cansancio aplastante. Cuando uno está cansado, la noche y el día parecen fundirse en uno y el descanso, en vez de la hora, es lo más importante.

Durante la noche, me despertaba varias veces y charlaba con el capitán, como era mi costumbre durante las travesías largas. Era un hombre bueno y un marino muy hábil. En ningún momento mencioné el precio excesivo que me había cobrado por el alquiler del barco, pero percibía que él estaba un poco incómodo; yo no tocaba el tema, sino más bien trataba de preguntarle sobre su vida, su familia y su futuro. Cuando se dio cuenta de que estaba interesado en él y no en pedirle que me devolviera algo del dinero, se relajó un poco y tuvimos algunas charlas muy buenas: hablamos acerca de Dios, del viento, el océano, las corrientes; sobre las familias, el precio de la copra, las huertas y las embarcaciones; acerca de la Iglesia y la autoridad del sacerdocio, y sobre muchas otras cosas.

Después de charlar un rato con el capitán, me acostaba y dormía hasta que un repentino cambio en el viento o un movimiento inesperado o una fuerte ola que chocaba contra el barco me despertaban; entonces me levantaba e iba a charlar otro rato con él. En general, fue un viaje tranquilo y dormí durante casi toda la travesía.

Años más tarde, me encontré con un hombre mayor en una conferencia de estaca, en Tonga, y me preguntó si me acordaba de él; aunque me parecía conocido, no estaba seguro de quién era; me explicó que él era el capitán que me había cobrado mucho dinero por llevarme en el barco que iba de Pangai a Nuku'alofa y entonces lo recordé. Siguió diciéndome que siempre le había molestado el hecho de haberse aprovechado de un misionero que necesitaba ayuda. Según sus propias palabras: «Lo que más me molestaba era que usted no se hubiera quejado más, pero cuando me di cuenta de que estaba interesado en mí y en devolver bien por mal, decidí que algún día investigaría la Iglesia. Me llevó muchos años pero finalmente lo hice. Mi esposa y yo estamos sellados en el templo; ahora soy sumo sacerdote y serví durante algún tiempo en el sumo consejo. Gracias por no haberse enojado conmigo». La verdad es que en aquel momento me había enojado, pero me alegraba de no habérselo demostrado y de que el Espíritu me hubiera inspirado a no preocuparme más por el asunto en aquel momento.

Durante las primeras horas de la tarde del día siguiente, me despertaron y me dijeron que Tongatapu ya estaba a la vista y que estaríamos llegando a media tarde, dentro de la hora que le había prometido al presidente de la misión. Antes de atracar, abrí la bolsita y conté el dinero que había juntado; verifiqué la lista de pasajeros y de carga para asegurarme de que todos hubieran pagado, y así era. Cuando sumé la cantidad que había recibido, ascendía a la suma de £54,10,6 (libras esterlinas), ¡casi £15 más de lo que había tenido que pagar por el alquiler del barco! Estaba maravillado; medité sobre la impresión que había tenido y el telegrama que le había enviado al presidente de la misión, en el cual le decía que le devolvería el dinero. Quizá parezca algo sin importancia pero, si tenemos en cuenta las circunstancias de ese momento, para mí fue un verdadero milagro.

Mientras entrábamos lentamente al puerto de Nuku'alofa, no encontraba la manera de expresar a Dios toda la gratitud que sentía por el viaje seguro, la llegada puntual y el cumplimiento de las impresiones que había sentido; una vez más traté de expresar todo mi agradecimiento por la experiencia de incalculable valor que había sido ser misionero a Su servicio, saber y sentir Su poder y Su bondad y conocer el amor y la misericordia del Salvador. Esos sentimientos de gratitud, que eran inmensamente profundos, volvían una y otra vez y provenían de un lugar tan íntimo de mi ser que, cuando finalmente atracamos, una vez más me hallaba física y emocionalmente agotado y casi tan débil como cuando partimos de Ha'apai.

El presidente de la misión estaba en el muelle para recibirnos, ya que algunos de los miembros habían visto que nos acercábamos y le habían dado la noticia. Allí cerca, en el puerto, también se encontraba el *SS Tofua*. ¡Qué barco gigantesco comparado con nuestro velerito! *De todos modos*, pensé, *nuestro fuerte velero podría llevarnos a destino y ofrecernos la misma seguridad.* Pensé en las largas travesías de los polinesios de la antigüedad y, una vez más, me di cuenta de que ellos estaban igual de preparados y eran tan habilidosos como nuestros ingenieros, constructores de barcos o capitanes modernos.

Lo primero que hice fue entregarle al presidente de la misión las £54,10,6 (libras esterlinas) y le dije que con eso le devolvía sus £40 más los intereses del Señor, y que hiciera lo que quisiera con el dinero extra pero que ni pensara en dármelos a mí ni al capitán. Él sonrió y me contestó: «¿Además me lee la mente?». Nos reímos, puso el dinero en el bolsillo y luego fuimos a la casa de la misión para tener la última entrevista.

En aquella época, los presidentes de misión relevaban a los misioneros en el campo misional así que, después de una entrevista muy especial, el presidente me entregó mi certificado de relevo junto con el pasaje para el *SS Tofua*, el cual, camino a Nueva Zelanda, pasaba por Vava'u; Niue; Pago Pago, Samoa; Apia, Samoa; y Suva, Fiji.

Le agradecí todo lo que había hecho para ayudarme. Me di cuenta de que probablemente la ayuda más grande que me había dado había sido el depositar su confianza en mí. Sentía profundamente que él era un buen hombre; lo amaba y lo respetaba, y se lo dije. Feki estaba cumpliendo una asignación de construcción en otra isla, así que esa noche me quedé en la casa de la misión.

Al otro día, por la mañana, cuando estaba por embarcarme en el *Tofua*, había una gran multitud; no entendí a qué se debía, ya que no conocía prácticamente a nadie en Tongatapu. Cuando me dijeron que el príncipe Tungi y la princesa Mata'aho iban a tomar el mismo barco, finalmente entendí. Le hice la broma al presidente de la misión diciéndole que me había organizado "una gran despedida". Todo parecía estar en orden y pronto estaríamos en camino.

El presidente me pidió que hablara en algunas reuniones en Vava'u y en Niue, camino a Nueva Zelanda; fue un placer hacerlo. Además, gocé de la compañía del príncipe y de la princesa durante el viaje. Una noche, el mar estaba muy agitado y, poco a poco, todos fueron saliendo del comedor hasta que el príncipe Tungi y yo éramos los únicos que quedábamos. No sé por qué ni él ni yo nos sentíamos mal; charlamos, nos reímos e incluso tocamos el piano por un largo rato. El príncipe tocaba muy bien y yo todavía recordaba algunas piezas, a pesar de que hacía casi tres años que no lo tocaba. Tocar aquel piano fuertemente encadenado, en medio del mar turbulento, era como intentar montar un caballo mientras corcovea. Nos divertimos mientras charlábamos, nos reíamos e intentábamos pegarles a las notas correctas. Finalmente, nosotros también nos retiramos.

Mi padre me había enviado un telegrama en el que decía que se encontraría conmigo en Nueva Zelanda una vez que terminara la misión; cuando llegamos a Suva, Fiji, recibí otro que decía que estaba en Nadi y que tomaría un vuelo desde allí hasta Auckland, Nueva Zelanda. El barco iba a pasar un día en Suva, así que en seguida llamé al Aeropuerto Internacional de Nadi, que está del otro lado de la isla; le expliqué mi situación a la persona que me atendió y le pregunté si habría alguna manera de que mi padre pudiera ir hasta Suva y que desde allí nos fuéramos juntos a Nueva Zelanda en el *Tofua*, o si yo podría ir a Nadi y desde allí tomar un vuelo con él que nos llevara hasta Nueva Zelanda.

El personal de la aerolínea Air New Zealand fue muy servicial y me dijeron que se fijarían y me avisarían. Más tarde, me avisaron que mi padre ya había tomado un vuelo para Nueva Zelanda la noche anterior pero me dijeron que, si yo lo deseaba, aceptarían mi pasaje del buque como pago y que podía tomar un vuelo que fuera a Nueva Zelanda esa misma noche; si así lo hacía, me ahorraría dos o tres días de viaje. Decidí que eso iba hacer. Sabía que el precio del pasaje aéreo era más alto que el del buque, pero cuando tomé el gran avión de Air New Zealand y me di cuenta de que era el único pasajero, ¡entendí por qué habían aceptado mi pasaje del barco con tanto entusiasmo!

Llegué a Nueva Zelanda la mañana siguiente y tomé un taxi que me llevó hasta la casa de la misión. En el hemisferio sur era invierno y tenía mucho frío; sin embargo, volver a reunirme con mi padre fue una experiencia tan cálida que el frío no me molestaba en absoluto. Los abuelos de mi padre se habían convertido y bautizado en Christchurch, Nueva Zelanda, y habían emigrado a los Estados Unidos durante la década de 1870; eran los únicos integrantes de su familia que se habían unido a la Iglesia, así que todavía teníamos muchos parientes en Nueva Zelanda.

Fue muy agradable buscar y visitar familiares, ninguno de los cuales era miembro de la Iglesia en ese momento. Tuvimos algunas charlas muy buenas y conseguimos mucha información genealógica y de historia familiar. Visitamos algunos cementerios, nos encargamos de que colocaran lápidas más apropiadas y tuvimos muchas experiencias maravillosas y reconfortantes. Hay un sentimiento especial al visitar las tumbas de antepasados que se encuentran en tierras lejanas; se siente un parentesco o vínculo que resulta difícil explicar.

Después de pasar un tiempo en Nueva Zelanda, tomamos un vuelo que nos llevó hasta Australia y allí mi padre me propuso que, en el viaje de regreso a casa, pasáramos por India, Medio Oriente y Europa. Aunque había disfrutado mucho de trabajar en nuestra historia familiar mientras estuvimos en Nueva Zelanda, la idea de ser turista o sencillamente pasear no me llamaba particularmente la atención. Empezaba a sentirme cansado y lo único que quería era llegar a casa. Además, estaba ansioso por volver a ver a Jean.

Por eso le expliqué que, aunque agradecía su amabilidad, si a él le parecía bien, lo que deseaba era tomar el siguiente avión que fuera directo a los Estados Unidos; le dije que me gustaría regresar a Idaho Falls, acomodarme y simplemente quedarme allí y no volver a viajar nunca más. Él me sonrió con complicidad y me dijo que esos eran deseos buenos, pero que probablemente todo resultara diferente. Gentilmente aceptó mi pedido e hizo los arreglos necesarios para cumplir con él, así que, después de unas paradas de reabastecimiento en la Isla Kanton y en Hawai, aterrizamos en Los Ángeles dos días más tarde.

60

El siguiente paso

¡Cuánto ruido y movimiento había en Los Ángeles! Si bien había estado en Nueva Zelanda, Australia y Hawai durante algunos días, todavía me aterrorizaba ver tanta gente, tantos autos y que todo y todos se movieran a tanta velocidad. El inglés me resultaba extraño también; sin embargo, lo que más incómodo me hacía sentir era el color pálido de la piel de las personas y los movimientos apurados y el ritmo veloz de todo lo que me rodeaba.

Teníamos varios parientes en la zona de Los Ángeles y fuimos a visitarlos; cuando llegamos a la casa de mi tía y tuve un teléfono cerca, lo primero que hice fue llamar a Jean. Tuvimos una larga charla y le pregunté qué iba a hacer esa noche; ella me dijo que iría a la Mutual y me preguntó si quería ir. «Por supuesto que sí —contesté—. Nos vemos esta noche». Me parecía que todavía recordaba cómo llegar hasta su casa.

Fui con papá a visitar a otras personas y, cuando el sol ya estaba bastante bajo, le dije que le había prometido a Jean que nos veríamos en North Hollywood e iríamos juntos a la Mutual.

—¿A qué hora es la Mutual? —me preguntó.

—A las siete y media de la tarde. ¿Cuánto lleva llegar hasta allí?

—No mucho, pero ¿sabes qué hora es?

—No. No tengo reloj, pero el sol está bajo, así que deben de ser como las seis de la tarde.

—Estamos en el hemisferio norte ahora —me respondió—. ¡Son casi las nueve de la noche!

Casi me desmayo. Por primera vez le había prometido algo a Jean y ¡había faltado abiertamente a mi promesa! Pregunté si podíamos ir a North Hollywood de todos modos y así lo hicimos.

Cuando llegamos a North Hollywood, la Mutual había terminado hacía rato, pero Jean me estaba esperando en su casa. ¡Qué maravilloso fue volver a hablar con ella! A pesar de que había pasado casi tres años ausente, me sentía muy cómodo estando con ella y eso me hacía mucho bien. Como ya era tarde, acordamos encontrarnos y charlar al día siguiente; yo le prometí que me compraría un reloj o pediría uno prestado y no volvería a faltar a la próxima cita. Me disculpé con ella por haberla hecho esperarme durante tanto tiempo, lo cual, según han resultado las cosas, podría perfectamente haber sido un presagio de lo que habría de venir.

Al día siguiente, mi padre me dijo que tenía otras cosas que hacer y que me podía llevar el auto para ir hasta North Hollywood y regresar una vez que hubiera terminado. Yo estaba muerto de miedo, ya que hacía tres años que no manejaba un auto y me aterrorizaba volver a hacerlo, ¡sobre todo en esas locas autopistas de Los Ángeles! Es difícil de entender, pero cuando uno no ha estado rodeado de autos y solamente ha caminado, montado a caballo o viajado en veleros durante tres años, la velocidad y el poder de los autos es algo que produce mucho miedo. De todos modos, finalmente las ganas que tenía de ver a Jean superaron el temor que tenía de manejar y me enfrenté a las autopistas y llegué a North Hollywood sano y salvo y a tiempo. Pasamos la mayor parte del día conversando, yendo de aquí para allá, caminando, hablando y simplemente disfrutando de estar juntos. Esa noche, cuando regresé a la casa de mi tía, papá me preguntó cómo me había ido.

—Genial —dije—. He decidido que me casaré con Jean.

—Ah, ¿sí? Qué interesante. ¿Y qué dice ella al respecto?

—En realidad todavía no he hablado con ella de eso, pero estoy seguro de que estará de acuerdo.

¡Qué arrogantes somos los hombres a veces!

Papá me dijo que no debía dar nada por sentado ni suponer cosas de las que no estaba seguro. No pude decir mucho, ya que sabía que tenía razón; sin embargo, yo *estaba* seguro.

Al otro día, mi padre y yo partimos hacia Idaho Falls y con Jean acordamos que seguiríamos escribiéndonos. Cuando llegamos a casa, nos encontramos con una populosa recepción de padres, hermanos, hermanas, familiares, amigos y vecinos. ¡Qué lindo era estar en casa! La agenda de la reunión sacramental estaba llena durante las semanas que seguían, así que pospusieron la bienvenida de la Iglesia para aproximadamente un mes más tarde. Aunque durante los primeros días disfruté mucho de estar de nuevo en mi hogar, al poco tiempo ya quería regresar a North Hollywood; mis padres estuvieron de acuerdo y entonces viajé en tren hasta Los Ángeles.

Durante el viaje iba preguntándome qué debía hacer. Sabía que la tradición era dar a la mujer un anillo de diamantes para el compromiso, pero también sabía que no tenía dinero, por lo cual tendría que pensar en una alternativa. No se me ocurría nada muy profundo, así que decidí que lo único que quedaba por hacer era decir la verdad: simplemente le diría a Jean que la amaba, que quería casarme con ella y que no tenía mucho para ofrecerle, excepto mi amor y mi vida.

No entraré en detalles, pero Jean consideró mi propuesta cuidadosamente y orando al respecto y, una vez que hubo recibido su propia confirmación, aceptó. Esa noche miramos al cielo, escogimos una estrella a la cual llegar y nos comprometimos el uno con el otro y con el Señor por la eternidad.

Pasamos algunos días haciendo planes y viendo de qué manera y en qué momentos haríamos lo que teníamos que hacer, y resolvimos cancelar el contrato de enseñanza que Jean tenía para ese otoño. Su padre tenía un compromiso especial por un contrato con la defensa aeronáutica y la fecha libre más próxima de que disponía era el 6 de septiembre. El Templo de Los Ángeles estaba abierto en esa fecha, así que esos serían nuestro lugar y nuestra fecha de casamiento.

Debo recalcar que ésta no fue una decisión tomada de improviso; Jean y yo habíamos sido amigos cinco años, durante los cuales habíamos salido los dos años que asistimos a la universidad y nos habíamos escrito los tres años que estuve en la misión; debido a eso, aunque antes no habíamos hablado abiertamente de casarnos, sabíamos bastante bien qué sentíamos el uno por el otro.

Tuvimos una fiesta en la que anunciamos nuestro compromiso y en la cual pude conocer a muchos de los amigos de Jean. Hablamos mucho e hicimos muchos planes también pero, sobre todo, disfrutamos de la mutua compañía.

Regresé a Idaho Falls para trabajar y prepararme para mi discurso de regreso, para nuestro casamiento y la universidad, y le pedí a Jean que fuera a mi reunión de bienvenida; aunque creo que no son muchos los misioneros que presentan a su prometida en la reunión de bienvenida de su barrio, eso fue lo que hice yo.

Elegimos un par de alianzas de casamiento económicas: pasaron once años y seis hijos antes de que le regalara un anillo de diamantes.

Jean recibió su investidura en el Templo de Idaho Falls, conoció a muchos de mis familiares y amigos y luego regresó a North Hollywood para terminar con los preparativos de la boda junto a su familia. No mucho tiempo después, partimos con mis padres hacia Los Ángeles para nuestro gran día en el templo: el 6 de septiembre.

Recuerdo muy bien ese día: estaba hermoso en Los Ángeles; llegué temprano al templo con mis padres y noté la belleza del edificio, de los árboles, el césped, las flores y el cielo; sin embargo, todo eso perdió su encanto comparado con la belleza de mi reina Jean al llegar con sus padres y bajarse del auto. Entramos al templo del brazo y yo me sentía el hombre más afortunado y feliz sobre la faz de la tierra; en cuanto a Jean, me parecía que ella también estaba contenta.

La ceremonia fue corta, encantadora e impactante. El presidente Bowring ofició maravillosamente y las palabras, las promesas y el significado de esa ceremonia perfecta fueron literalmente de otro mundo. Asistieron muchos parientes y amigos y todos comimos juntos en el comedor del templo después de terminada la ceremonia. ¡Qué momento maravilloso!

Cuando salimos del templo, acompañé a Jean hasta el automóvil de sus padres y le dije que tenía que hacer algunos recados y alquilar algo de ropa para la recepción; le expliqué que iría con mis padres, ella podría ir con los suyos y nos veríamos esa noche en el salón cultural de North Hollywood. En ningún momento me di cuenta de que, según su punto de vista, era como si la estuviera abandonando, al menos temporalmente, ¡justo inmediatamente después de habernos casado! No sé qué habrá pensado ella exactamente, pero se limitó a dedicarme una hermosa sonrisa y me contestó: «Está bien. Nos vemos dentro de un rato».

Recogí el traje que había alquilado, mi valija, le pedí prestado algo de dinero a papá y le pregunté si podía usar el auto por unos días. Tanto él como mamá me apoyaron en todo momento. Fuimos en auto hasta la casa de Jean en North Hollywood y, casi de inmediato, fuimos al salón cultural del barrio para la recepción. Fue una noche hermosa en que estuvimos con amigos y familiares; no obstante, la mejor parte fue estar con Jean.

Después de la recepción, volvimos a su casa para hacer las maletas y cambiarnos; su padre me preguntó una y otra vez adónde iríamos de luna de miel, pero yo ni siquiera había pensado en eso. Todavía no me había acostumbrado a la idea de planear mucho por adelantado; supongo que se debía a que todavía recordaba que un pequeño cambio en el viento, una pequeña rotura en la vela o un agujero en el bote podían retrasar horas o incluso días la llegada o el momento de partida; por eso pensaba que no tenía sentido molestarse en hacer planes muy detallados o específicos: solo eran una ilusión y una pérdida de tiempo.

Su padre volvió a preguntarme y finalmente caí en la cuenta de que era tarde, estaba casado con Jean y nuestras maletas estaban en el auto, por lo cual ¡realmente teníamos que tener algún lugar adonde ir! Aunque tenía un plan general, no me había preocupado por los detalles. Me resultaba muy difícil conciliar esos dos mundos. Al final, les expliqué que la verdad era que no había pensado adónde iríamos. Probablemente Jean habría dado por sentado que yo tenía todo resuelto y que la sorprendería con los detalles. Le dije a su padre: «Pienso que manejaremos por la autopista y allí decidiremos ». Parecía horrorizado. Me imagino que se estaría preguntando si estaba bromeando, si era tonto o qué; viéndolo tan preocupado, le pregunté si tenía alguna sugerencia.

Cuando se dio cuenta de que estaba hablando en serio al decirle que no tenía nada planeado, me pidió que esperara allí donde me encontraba. Su vecino, que no era miembro de la Iglesia, tenía una linda cabaña en la playa, en Lido Isle, que se encontraba en Balboa Beach. No sé cuáles fueron los arreglos que hizo, pero en seguida regresó con un juego de llaves y algunas indicaciones, por lo cual me sentí de lo más agradecido.

Nos despedimos de todos y partimos en el auto. Mientras íbamos manejando por la autopista hacia el condado de Orange, toda clase de pensamientos pasaron por mi mente. Recordé algunos de los sentimientos que había tenido tres años atrás, cuando era misionero allí, y muchos nombres de localidades que veía en los carteles comenzaron a parecerme conocidos. Las autopistas no están tan llenas por la noche y, bajo la luz de la luna, me parecía que tenía un timón entre las manos y que estaba navegando por un mar plateado con una brisa perfecta que llenaba las velas; solo que esa vez era mejor, ya que mi bella esposa estaba a mi lado. Me hubiera gustado poder seguir navegando eternamente. Traté de compartir esos sentimientos con Jean, pero me resultó imposible hacerlo con las palabras que me proporcionaba el inglés.

Entonces Jean dijo: «Tenemos que tomar la próxima salida ». Yo estaba en un mundo de ensueño, de regreso en mis amadas islas; no quería salir de la autopista, ni en ese momento ni nunca, ni hacer nada que rompiera esa ensoñación, pero ella insistió en que teníamos que doblar a la derecha allí o no llegaríamos a la cabaña. «Menudencias —pensé—; ¡siempre interfieren con las cosas importantes!». Volví a la realidad y seguí las indicaciones de Jean. Poco después, llegamos a una encantadora cabaña.

La luna de miel de todas las parejas es íntima y muy personal. Lo único que puedo decir es que fue maravillosa. Pasamos unos días gloriosos en Balboa Beach y luego manejamos hasta Idaho Falls para tener otra recepción; después volvimos a Provo, donde me inscribí en la universidad. En los caminos de ida y de regreso, fuimos a los templos de Saint George, Manti y Logan. Todo fue hermoso. Tenía a Jean junto a mí, ¡qué más podía querer!

A pesar de que tenía mis pensamientos puestos en Jean y en la universidad, a menudo pensaba en Tonga y en las lecciones que allí había aprendido. Recuerdo haber dicho que no cambiaría las experiencias que había tenido allí ni por un millón de dólares. Me di cuenta de que Tonga, el idioma que allá se hablaba, la gente que allá vivía y la obra misional constituían un mundo; y que el estar en los Estados Unidos, ir a la universidad, ser casado y trabajar para ganarme la vida eran parte de otro mundo. Aunque me costaba mucho conciliar esos dos mundos, sabía que eso era lo que debía hacer. Encontraba similitudes en todas partes y empecé a darme cuenta de que allí mismo en Provo o en cualquier otro lugar, espiritual o temporal, hay dos mundos diferentes, cosas eternas y otras que no son eternas. Sabía que jamás podrían equipararse la paz interior y el entendimiento, o la fuerza y la certeza espirituales, con la fama, la ostentación, el aprendizaje, el dinero ni nada que esté limitado a este mundo. Sabía que la paz se obtiene por hacer lo correcto y que el poder verdadero solo proviene de la obediencia a Dios, quien nos da potestad para amar, ayudar y prestar servicio.

¡Otra vez volví a pensar en qué bendición maravillosa es la misión! ¡Qué gran oportunidad para servir a Dios y, al hacerlo, aprender a amarlo y a estar más cerca de Él! De esto se deduce que el servicio es la clave. ¡Qué gran bendición recibir un llamamiento para servir!

Finalmente me di cuenta de que el matrimonio y la familia son una misión y, por ende, una oportunidad para amar, prestar servicio y acercarnos a Dios. La idea de trabajar para ganar dinero y de estudiar con el fin de tener un buen trabajo continuaba siendo difícil para mí, pero sabía que tenía que seguir adelante con mi vida; siempre y cuando tuviera una buena actitud e hiciera lo correcto, mi misión jamás terminaría. Esa era una buena idea. Percibí que, en realidad, nuestra vida entera es una misión, una oportunidad para amar y servir a Dios por medio del amor que demos a otras personas y el servicio que les prestemos; eso era algo que podía aceptar a fin de seguir avanzando.

Sabía que jamás olvidaría Tonga, pero estaba decidido a dedicarme por completo a mi matrimonio, mi familia y las oportunidades que se me presentaran en el futuro, tal como había hecho en la misión.

Me di cuenta de que no estaba más preparado para el matrimonio o para la familia de lo que había estado para la misión; ambos compromisos conllevaban responsabilidades que superaban ampliamente mis habilidades. Sin embargo, también sabía que Dios me había dado la fortaleza, la protección y el entendimiento que necesitaba para cumplir con las responsabilidades de la misión, y por eso confiaba en que Él me daría la fortaleza, la protección y el entendimiento necesarios para cumplir con las que atañían a mi matrimonio y mi familia.

Al hablar con otras personas y escuchar sus comentarios, era consciente de que, en parte, me veían como un «improvisado»: alguien que avanza sin lo que algunos podrían considerar planificación apropiada. Yo esperaba no estar apresurándome demasiado; de hecho, no sentía que lo estuviera haciendo. Siempre me he identificado con Nefi, cuando dijo (1 Nefi 4:6): «E iba guiado por el Espíritu, sin saber de antemano lo que tendría que hacer».

Lo pensé detenidamente y sentí paz en mi corazón y en mi mente. Junto con otras anotaciones, escribí lo siguiente en mi diario personal: «Comencé la siguiente etapa de la obra misional. Estoy seguro de que la disfrutaré: El 6 de septiembre de 1957 me casé con Jean Sabin en el Templo de Los Ángeles y hemos comenzamos el proceso de vivir felices para siempre».

El siguiente paso ya había comenzado.

Glosario

auhangamea (el destructor)
faifekau (predicador, ministro, misionero)
faifono (lectura de las leyes nuevas)
fakahua (maniobra de virada, cambio de las velas, que se usa principalmente cuando se enfrenta el viento)
fale (casa)
fanga ko paluki (puerto de Pangai)
fangota (pescar o cavar en busca de mariscos en la zona de arrecifes)
fau (un material parecido a la soga que se usa para escurrir *kava*)
Ha'apai veu (Ha'apai en caos)
hala tahi (ruta por mar)
hala uta (sendero por tierra)
hamu (alimentos que no sean de origen animal)
kai tunu (comida al aire libre)
kainga (familia extendida)
kaitu'u (comer de pie)
kape (grandes plantas tuberculosas que pesan más de treinta y seis kilos cada una)
kava (bebida hecha con la raíz de la planta del mismo nombre)
kiki (comida de origen animal)
ko ia (eso es)
koe maama 'e (allí está la luz)
Kolipoki (élder Groberg)
kumala (parecido al ñame o la batata o boniato)
kuo moho 'ae toupai? (¿Está listo el postre?)
lafa lafa (barcaza)
laka laka (baile en línea)
loloto (lugar profundo)
lu (verdura parecida a la espinaca)
ma pakupaku (bizcochitos secos)

mataka (mercado de copra)
matapule (cacique)
mili mili (acción de frotar y masajear)
moho (bien cocido)
ngoue fakafaifekau (una porción de tierra que se le daba a la Iglesia o a los misioneros)
oku ou'ife? (¿dónde estoy?)
palangi (persona de raza blanca)
pea na'e hoko o pehe (y aconteció que)
peito (recinto aparte para cocinar)
po malanga (reunión casera por la noche)
pola (hojas de coco tejidas)
pule fakakolo (oficial del pueblo)
pule fakavahe (oficial del distrito)
Punaki (el más respetado y talentoso poeta, cantante, director de coro, bailarín o coreógrafo)
pusiaki (especie de adopción)
saliote (carro tirado por caballos)
seilo, seilo (está llegando un barco)
ta'eaonga (inútil)
tahi kula (marea roja)
taimi kai (hora de comer)
talo (raíz de taro)
tangi lau lau (duelo por los muertos)
ta'ovola (faja tejida)
tapa (tela rústica hecha de corteza de árbol machacada)
te'eki ai (todavía no)
toe taha atu (un poco más alejado de mí)
toe taha mai (un poco más cerca de mí)
toupai (postre)
tuku ia (deténganse)
tupenu (tela grande)
ufi (tubérculo grande parecido a la patata o papa)
umu (comida que se cocina en un horno en la tierra)
vala (falda)

Índice temático

Acerca del Autor

El élder John H. Groberg fue llamado al Primer Quórum de los Setenta en abril de 1976. Prestó servicio como administrador ejecutivo de varias áreas de la Iglesia: Hawaii / Tonga / Tahití / Fiji / Samoa / Micronesia; Nevada / Arizona; el Área Central Norte de Estados Unidos; y el Área California Norte; también prestó servicio en las presidencias de las áreas Utah Norte, Utah Sur, Norteamérica Oeste, Sudamérica Sur y Asia.

Antes de recibir el llamamiento de Autoridad General, el élder Groberg fue Representante Regional, Presidente de la Misión de Tonga (donde antes había sido misionero de tiempo completo) y obispo.

El autor nació en Idaho Falls, Idaho, y durante muchos años trabajó en negocios de bienes raíces, de desarrollo y construcción en esa región. Se graduó en la Universidad Brigham Young y obtuvo un Máster en Administración de Empresas en la Universidad de Indiana.

El autor está casado con Jean Sabin Groberg y ambos son padres de once hijos. La familia ha vivido en Tonga, Hawaii, Argentina, Hong Kong y varios lugares de la región continental de los Estados Unidos.